本报告的出版得到

国家重点文物保护专项补助经费资助

茂县营盘山新石器时代遗址

（上）

成都文物考古研究院
阿坝藏族羌族自治州文物管理所　编著
茂县羌族博物馆

文物出版社

图书在版编目（CIP）数据

茂县营盘山新石器时代遗址／成都文物考古研究院，
阿坝藏族羌族自治州文物管理所，茂县羌族博物馆编著.
－北京：文物出版社，2018.8
　　ISBN 978-7-5010-5661-3

　　Ⅰ.①茂… Ⅱ.①成… ②阿…③茂… Ⅲ.①新石
器时代文化－文化遗址－考古发掘－发掘报告－茂县
Ⅳ.①K878.05

　　中国版本图书馆CIP数据核字(2018)第190376号

茂县营盘山新石器时代遗址

编　　著：　成都文物考古研究院
　　　　　　阿坝藏族羌族自治州文物管理所
　　　　　　茂县羌族博物馆

封面设计：秦　彧
责任编辑：秦　彧　唐海源
责任印制：梁秋卉

出版发行：文 物 出 版 社
地　　址：北京市东直门内北小街2号楼
邮　　编：100007
网　　址：http://www.wenwu.com
邮　　箱：web@wenwu.com
印　　刷：鑫艺佳利（天津）印刷有限公司
经　　销：新华书店
开　　本：889mm×1194mm　1/16
印　　张：69　插页3
版　　次：2018年8月第1版
印　　次：2018年8月第1次印刷
书　　号：ISBN 978-7-5010-5661-3
定　　价：900.00元（全三册）

The Yingpanshan Neolithic Site in Maoxian County (I)

by

Chengdu Municipal Institute of Cultural Relics and Archaeology

Administration of Cultural Relics of Aba Tibetan and Qiang Autonomous Prefecture

Qiang Museum of Maoxian County

Cultural Relics Press

Abstract

Yingpanshan Site is located in Fengyi Town, Maoxian County, Aba Tibetan and Qiang Autonomous Prefecture, Sichuan Province. This site is on the third-class tableland and on the floodplain of the Minjiang River Alluvial Fan. The general plan of the site resembles an irregular trapezoid, with a width from east to west of 120-200 meters, a length from south to north of some 1000 meters and a total area of nearly 150000 square meters. With a height over the sea level of 1650-1710 meter and some 160 meter over the valley of the Minjiang River, this site is surrounded by the Minjiang River on the northeast, north and west, adjoining the deep valley, Yangwugou in the east and the distance from the site to Maoxian County is about 2.5 kilometers.

In 2000, 2002-2004 and 2006, five archaeological trial digging and formal excavations were carried out at Yingpanshan Site by Chengdu Municipal Institute of Cultural Relics and Archaeology, Administration of Cultural Relics of Aba Tibetan and Qiang Autonomous Prefecture and Qiang Museum of Maoxian County. The total survey area amounts to 6000 square meters and an area of almost 2000 square meters were revealed, resulting in a number of Neolithic remains and the discovery of more than 200 stone tombs.

Among the Neolithic remains are six architectural foundations, nine pits with human sacrifice, over one hundred pits, ditches, kilns and dozens of hearths. A large and flat area with hardened ground is revealed on the west side of the center of the site. Under the ground, four human sacrificing pits were discovered, which implies that this area is of great importance to the site and speculated to be a square and the likeness where major ceremonies were performed.

As the remains of foundations show, most small houses in this site are single-roomed with square or rectangle plans. Middle-sized houses have a partition wall. Pillar holes, hearths, jars are found among the ruins. Judged from the trace on the numerous burnt soil, the wall was built of wood frame and clay.

The bottom plans of the pit are round, oval, rectangular, fan-shaped or irregular. The bottom and the wall of some pits were built with cobblestone. The function of these pit were speculated to be manufacture location of stone tools. Stones coated with bright red paint were also found in a few pits, which may have some religious implications.

By the thousand, the unearthed relics include pottery, jade, stone or micro lithic tools, bone or clam tools and so on. The pottery is mainly composed of brown or grey sandy wares and brown, grey, red or black wares made of fine clay. The most distinctive feature of the pottery is the sandy wares. Wares made of fine clay have a higher temperature, especially the painted pottery and red polished pottery. The pottery is mainly flat-bottomed, with a small amount of short foot rings.

The types of pottery include small-mouthed *ping*-bottle, collared *guan*-jar, *wan*-bowl, *pen*-basin, *fanglun*-spinning wheel, *qiu*-ball and so forth. Among them, the painted potteries have *ping*-bottles, *guan*-jar, *pen*-bin and *bo*-bowl and so on. The design on the painted pottery was drown with black pigment and the theme includes straight lines, flowers, bird and its variations, arc triangles, grids, frogs and so on. Several decorative methods such as incising, engraving and polishing are applied in the shaping of the pottery which resulted in designs of string, band, cord, or pottery with a floral mouth or smooth surface. Sculptured human face is also seen on some potteries.

Stone tools fall into two categories: the clipped and the polished. Among the former ones are copping tools, cutting tools, *chu*-pestles, *danwan*-pills, and *wangzhui*-net weights and so on. Types of the polished tools include *fu*-axe, *ben*-adze, rectangle knives with multiple perforations, *zao*-chisel, *lishi*-grinding stone, *shipian*-stone slip with perforations and so on. As for the jade, there are *zhuo*-bracelet, bi, *fu*-axe, *ben*-adze, *zao*-chisel, knives with perforations, *jiantou*-arrow ends and so forth. Among the micro lithic tools, there are a number of *ye*-backs and *he*-cores. Bone objects include *zan*-hair pins, *zhui*-drills, *zhen*-needles, *dao*-knives and *jiantou*-arrow ends.

The archaeological data shed some light on the methods of livelihood of Yingpanshan Site. With steep cliffs in the east, west and north, and surrounded by the nearby Minjiang River, this place is easy to hold but hard to attack, and thus suitable for long-term human settlement. The main way of livelihood of primitive residents at this site is basically farming. Judged from the numerous stone shots, carefully polished stone or bone arrow ends, as well as from the large amount of micro lithic *ye*-backs （细石叶）and *he*-cores（细石核） and the fishing weights, gathering and fishing were an indispensable supplement to the economic life. The densely discovery of micro lithic stools and stone clips as well as the unused finished or semi-finished stone tools or processing pieces found in large pits implies that some residents of Yingpanshan might engaged in stone tool manufacture and the area these large pits located could be the workshop of stone tools, which could provide some clues of the specialization of stone craft, especially the micro lithic stool manufacture.

Stones daubed with cinnabar, found in the pits may imply some spiritual belief of the primitive residents of Yingpanshan, who also had a high level of decorative and plastic arts, especially in the manufacturing of painted pottery wares and the reporter believes that Yingpanshan site could be one of the cradles of the pottery sculpture in Sichuan area. The customs of human sacrifice and the headhunter consist of important part in the spiritual life of the residents of Yingpanshan Site.

目　录

第六章　2004年度发掘 ………… 365

插图目录

插表目录

附表目录

第一章 绪言

一 地理环境

营盘山遗址位于茂县县城所在的凤仪镇（图1-1；彩版一），遗址地处岷江东南岸的三级阶地上，台地中部的地理位置为北纬31°39′25″，东经103°48′53.9″。台地平面约呈梯形，东西宽120～200、南北长约1000米，总面积近15万平方米（图1-2；彩版二、三）。遗址东面临深谷阳午

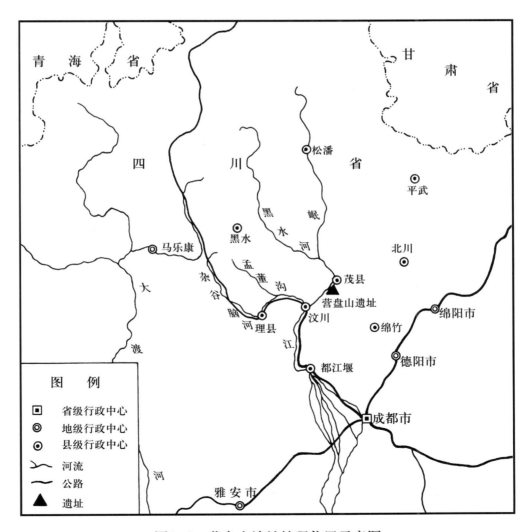

图1-1 营盘山遗址地理位置示意图

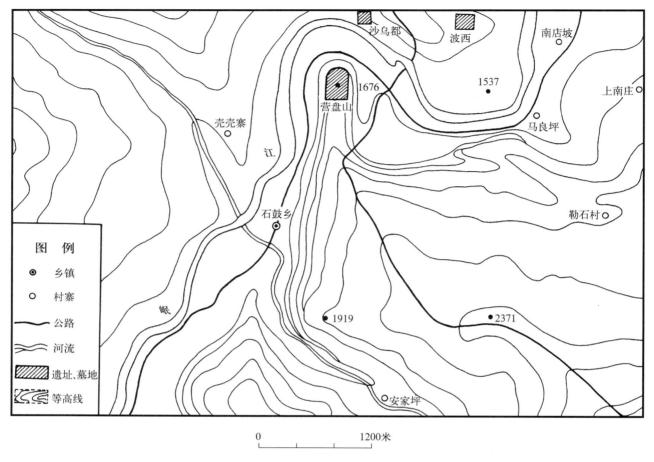

图1-2 营盘山遗址地理位置图

沟（属凤仪镇南庄村，谓该沟中午才有日照，故名，也写为牙吾沟[1]），东北面、北面、西面均为岷江所环绕，东距茂县县城约 2.5 千米，海拔高度 1650 ～ 1710 米，高出岷江河谷约 160 米，地表地势略呈缓坡状。遗址背靠九顶山（龙门山脉主峰），面向岷江河谷，堪称风水宝地，地理环境极其优越（图1-3）。遗址所在范围内地质为黄色黏土，表面地势南高北低，基本为缓坡状倾斜。遗址所在地原系成都军区联勤部的果品基地，后为阿坝州监狱一监区承包的农场，现出租给农民作为菜地及果园，并为茂县农业局的果苗种植基地。地表常年种植蔬菜及苹果、葡萄、核桃等果树。

　　茂县位于四川省西北部的岷江上游地区、阿坝藏族羌族自治州东南部，四周与北川、安县、绵竹、什邡、彭县、汶川、理县、松潘 9 县相邻。南北宽94.8、东西长116.53 千米，地理坐标北纬 31°24′～32°17′，东经 102°56′～104°10′，面积4064.35 平方千米，县城凤仪镇与省会成都相距约 193 千米。据《旧唐书》和《茂州志》载：茂州"以郡界茂湿山为名"，唐代至民国初期均用此名。1958 年曾名茂汶羌族自治县，是因茂县大部分地区处于汶山地带，后阿坝藏族自治州更名为阿坝藏族羌族自治州，始称茂县。县城凤仪镇。茂县位于龙门山隆起褶皱带和青藏高原罗字形两大构造体系的交接带，境内地质大部分属于马尔康地质分区，只有东南部的狭小部分属龙门山地质分区范围。岩层主要以夹砂灰、黑色页岩、砂板岩、火成岩等构成。土壤以暗棕壤、褐土、棕壤为主。地处龙

[1] 四川省阿坝藏族羌族自治州茂汶羌族自治县地方志编纂委员会编：《茂汶羌族自治县志》，四川辞书出版社，1997年。

图1-3 营盘山遗址地形图

门山地震带，是全国地震活跃地区之一。

茂县地处青藏高原向川西平原过渡地带、高山耸峙、峰峦叠嶂、河谷深邃、悬崖壁立，北有岷山、南有龙门山、西有邛崃山诸山脉，有"峭峰插汉多阴谷"之称[1]。地势西北高，东南低，山脉海拔多在4000米左右。茂县境内有龙门山脉主峰九顶山的狮子王峰海拔4984米，而属于邛崃山脉的万年雪峰海拔5230米，为境内最高峰；东部土门河下游谷底海拔890米为境内最低点。

茂县全境河流分属岷江和涪江两大水系，有大小河流170余条。岷江干流发源于松潘县弓杠岭，南流至太平乡牛尾村山下进入茂县，由北向南纵贯较场、沙坝、凤仪三大片区的10个乡，于南新镇水磨沟流入汶川县，县境内流长97.3千米；其主要支流黑水河流经赤不苏、沙坝片区后在两河口注入岷江；赤不苏河发源于维城乡西部的万年雪和赤马梁子一带，自西向东流经赤不苏片区的3个乡，在谷口注入黑水河；松坪沟河发源于县境北部日多沃山之鲁兹郎古东南，自西向东流经松坪沟和较场两个乡后注入岷江；岷江水系还有稳定流量较大的支沟约60余条。县城以东土地岭为岷江和涪江水系的分水岭，发源于此的土门河自西向东流经土门片区的4个乡，进入北川县后注入涪江水系的青片河，境内流长37.8千米，有稳定流量较大的支沟约20余条。此外，县境东南的九顶山南麓还有东（绵远河、沱江正源）、中（石亭江）、西（湔江）三源，为沱江的发源地。县境还有大小湖泊32个，包括堰塞湖和高山湖泊两类：1933年叠溪大地震致使岷江及其支流断流，积水成湖，形成叠溪大、

[1] 茂汶羌族自治县概况编写组：《茂汶羌族自治县概况》（国家民委民族问题五种丛书之一　中国少数民族自治地方概况丛书），四川民族出版社，1985年。四川省阿坝藏族羌族自治州茂汶羌族自治县地方志编纂委员会编：《茂汶羌族自治县志》，四川辞书出版社，1997年。

小海子、上下白腊海等 8 个堰塞湖；高山湖泊最大的九道海，水面达 390.4 亩。

茂县气候具有干燥多风，冬冷夏凉、昼夜温差大、地区差异大的特点。县城平均气温 11.1℃，最低气温 −11.6℃，最高气温 32℃。平均日照数 1557.1 小时。年降水量 490.7 毫米，平均蒸发量 1375.7 毫米。无霜期 215.8 天。河谷与高山气温悬殊，春天高山冰雪未融，河谷已是百花盛开。

茂县境内自然资源丰富，矿产资源有磷、锰、钒、钛、石膏、大理石、无烟煤等。野生动植物种类繁多，主要草本植物有 189 种，优质树种有冷杉、云杉、桦树等及珍稀树种岷江柏、银杏、红豆杉、合欢等 56 个，中药材植物类 184 科、574 种，分布总面积 50 多万亩，总蕴藏量 540 多亿公斤，其中以虫草、天麻、贝母等较著名。有兽类、鸟类野生动物 41 种、101 属，其中大熊猫、小熊猫、金丝猴、扭角羚、豹、毛冠鹿、盘羊、红腹角雉等属国家重点保护的珍稀动物。境内江河纵横，水流湍急，水能蕴藏量 127.5 万千瓦，可开发量 39.8 万千瓦，具有极大的潜能。独特的人文景观和特殊自然条件下形成的奇异自然景观融为一体，"九顶朝霞"、"四面山峦回峰映，一潭碧水狭口流"的风光及叠溪海子的湖色，以及水波湛蓝、林山幽深、山峦叠翠的松坪沟群海等有极大开发价值的旅游资源。

二　历史沿革

茂县地区人类定居的历史较为悠久，波西遗址的考古发掘成果表明 [1]，约在距今 6000 年左右，已有先民在茂县县城所处的河谷盆地进行定居农耕生活。

《华阳国志·蜀志》记载说："后有王曰杜宇……以汶山为畜牧" [2]，汶山即包括今茂县在内，曾是古蜀王国的畜牧之地。秦武王元年（公元前 310 年），设湔氐道，茂县一带应属其辖地。

汉武帝元鼎六年（公元前 111 年），以氐羌人冉、駹等部落地设置汶山郡，领绵虒、汶江、广柔、蚕陵、湔氐 5 县。汶江县、蚕陵县治地在今县境凤仪镇、叠溪镇。

东汉光武帝时，设汶江道，安帝永初三年（109 年），改为广汉属国都尉，灵帝时设汶山郡。

三国蜀汉时，绵虒仍置汶山郡，改汶江道为汶江县。西晋移郡治于绵虒县，改汶江县为广阳县。

东晋仍置汶山郡，废广阳县。南齐时，在凤仪镇复置北部都尉。

梁普通三年（522 年），设置绳州，领汶山、北部 2 郡。凤仪镇为绳州、北部郡、广阳县的州、郡、县治。西魏仍置绳州，复置甘松郡。

北周武帝保定四年（564 年），改绳州为汶州。领北部、汶山 2 郡，北部郡领广阳、北川 2 县。

隋文帝开皇三年（583 年），置蜀州，五年（585 年）改蜀州为会州，并置会州总官邸，领 7 县。文帝仁寿元年（601 年），将今凤仪镇所置广阳县改为汶山县。炀帝大业三年（607 年），罢会州、冀州，合置汶山郡，领 11 县，汶山县为郡治地。

唐高祖武德元年（618 年），改汶山郡为会州。三年（620 年）置会州总管府。四年（621 年）改为南会州。太宗贞观七年（633 年）升置都督府。八年（634 年）改南会为茂州。玄宗天宝元年（742 年），改为通化郡。肃宗乾元元年（758 年），复为茂州，属剑南道，领汶山、汶川、石泉、通化 4 县和 39 个羁縻州。

[1] 成都文物考古研究所、阿坝藏族羌族自治州文物管理所、茂县羌族博物馆：《四川茂县波西遗址试掘简报》，《2004成都考古发现》，科学出版社，2006年。

[2] 任乃强：《华阳国志校补图注》，上海古籍出版社，1987年。

五代前蜀王建天复七年（907 年），仍置茂州，领 4 县。

宋仍置茂州通化郡，领 2 县 10 个羁縻州，今凤仪镇为州、郡和汶山县治，直至元代。

元世祖至元九年（1272 年），属吐蕃宣慰司，世祖至元中仍置茂州，领汶山，亦称文山。世祖至元十九年（1282 年）废，后复置汶山、汶川 2 年。汶山县（今凤仪镇）为州治。

明太祖洪武十七年（1384 年），仍置茂州，领 1 县，并将汶山县并入州。

清顺治初，仍置茂州，隶成都府。雍正五年（1727 年），升为直隶府，属松茂道，领汶川、保县 2 县。道光十一年（1831 年），茂州领汶川 1 县及土司 12 个。

1913 年，改茂州为茂县。1927 ～ 1935 年，属松理懋茂汶屯殖督办公署（治地凤仪镇），由 28 军军长兼督办。1935 年 5 月 15 日，中国工农红军第四方面军进驻茂县。5 月 30 日，在凤仪镇建立中华苏维埃共和国川陕省茂县苏维埃政府，建区级或相当于区级政权 12 个，乡级 30 个，村级 56 个。1936 年 2 月，国民政府在今凤仪镇设四川省第十六行政督察区专员公署，辖茂县、汶川、理番、懋功、靖化、松潘 6 县。

1950 年 1 月，茂县解放。2 月 11 日，在凤仪镇建立茂县人民政府。2 月 26 日建茂县专署，隶属川西行政公署。1953 年元旦，成立四川省藏族自治区，首府设茂县。1954 年，四川省藏族自治区治所迁往刷金寺，更名为阿坝藏族自治州。1958 年 7 月 7 日，茂县、汶川、理县三县合并，成立茂汶羌族自治县，县府置威州镇。1963 年恢复汶川、理县建制，茂汶羌族自治县县治地迁回凤仪镇。1987 年 12 月 10 日，阿坝藏族自治州更名为阿坝藏族羌族自治州，茂汶羌族自治县更名为茂县。

县治凤仪镇距省会成都 193 千米，距州府马尔康 290 千米。茂县县名的来历，因唐代至民国初期所沿用"茂州"之名，皆"以郡界茂湿山得名"，民国初期改厅州为县，沿用旧名。1958 年建立茂汶羌族自治县时取"茂县"、"汶川"二名各一字得名，茂汶县大部地区处于汶山地带，故称汶山即岷山，古汶、岷通用，古人称境内之九顶山为"岷（汶）山之首"。

全县目前辖 6 镇 15 个乡 149 个行政村 3 个居委会。总人口 11 万多人，其中羌族人口 10 万余人，占全县总人口的 90%，羌族人口约占全国羌族总人口的 30%，是全国最大的羌族聚居县，境内还居住着汉、藏、回等 17 个民族。羌族是古老的民族之一，自称"日麦"、"尔玛"。远古，羌人居住于中国西部地区，甲骨文中已有了羌人活动的记载。秦时，西北羌人开始大规模迁徙，其中部分羌人来到岷江上游的今茂县等一带地区生息繁衍至今。

由此可见，茂县县城凤仪镇附近的河谷冲积平原不仅是岷江上游的地理中心位置所在，而且一直是岷江上游的政治、经济、文化中心所在，历代阿坝州及其邻近地区行政区划的管理机构驻地基本均位于县城附近。

三 发掘经过

1979 年 2 月初，在营盘山基建工程中发现石棺葬群，原茂汶羌族自治县文化馆从 2 月 5 ～ 16 日，配合该工程清理已暴露的 9 座（编号 M2 ～ M10）。参加工作的有李弟友、蒋宣忠。此外，当年元月中旬曾在这里清理了一座已暴露在水沟边的同类墓葬（编号 M1）。前后两次共清理了 10 座墓葬，出土随葬器物 250 余件[1]。这是营盘山石棺葬墓地及遗址首次进行的考古工作。

---

[1] 茂汶羌族自治县文化馆：《四川茂汶营盘山的石棺葬》，《考古》1981 年第 5 期。

2000 年以来茂县地区考古调查、营盘山遗址及石棺葬墓地发掘工作概述如下（彩版四～六）：

在较长的时期内，茂县一直是整个岷江上游地区的政治、经济、文化中心所在；又从地理位置来看，茂县恰好处于岷江上游地区的中心地带。因此，茂县在岷江上游地区的地位可谓举足轻重。但茂县境内既往考古工作的基础相对较为薄弱，除清理了一定数量的石棺葬之外，对古代文化遗址（尤其是新石器时代文化遗址）的发掘工作基本处于空白状态，这与茂县悠久历史和重要地位是不相称的。

为配合《四川文物地图集》的编写工作，在四川省文物局的统一领导下，成都市文物考古研究所会同阿坝藏族羌族自治州文管所及茂县羌族博物馆等当地文博部门于 2000 年 6 月至 9 月对岷江上游地区（含四川省汶川、茂县、理县、松潘、黑水五县）进行了全面、细致的考古调查，共计发现 82 处新石器时代文化遗址及遗物采集点。其中仅茂县境内就发现 13 处新石器时代文化遗址和 9 处遗物采集点。2000 年 7 月，在茂县营盘山调查时采集到部分新石器时代的陶片、石器等遗物，并发现了原生的文化层堆积，确认为一处新石器时代遗址。同时清理石棺葬器物坑 2 座。参加工作的人员有成都文物考古研究所蒋成、陈剑、傅秀彬、程远福、李平，茂县羌族博物馆蔡清、肖青松等。

为了更深入地认识岷江上游地区新石器时代的文化内涵，2000 年 10 月下旬至 11 月中旬，成都市文物考古研究所、阿坝藏族羌族自治州文管所、茂县羌族博物馆联合在营盘山遗址及石棺葬墓地首次进行了勘探和试掘，试掘集中在遗址的中西部进行，共布探方（沟）17 个（条），揭露面积达 240 余平方米，获得了一批实物资料[1]。参加工作的人员有成都文物考古研究所蒋成、陈剑、徐龙、刘守强，阿坝州文管所陈学志、范永刚，茂县羌族博物馆蔡清、刘永文、肖青松、张黎勇、李明等。

2001 年 6 月，三家单位又以《岷江上游新石器时代文化研究》课题联合向国家文物局申报 2001 年度文博社科基金资助项目，并获通过，目前该课题已通过了中期验收。岷江上游 2000 年的考古新发现引起四川省内考古、文博及历史学界的高度重视，来自四川大学、省社科院等高校及科研单位的专家学者对此项考古成果进行了专题论证，予以充分肯定。

为使本课题顺利完成并将该项考古成果深化，2002 年 9 月 12 日至 11 月 5 日，成都市文物考古研究所、阿坝藏族羌族自治州文管所、茂县羌族博物馆再次对营盘山遗址及石棺葬墓地进行了详细的勘探，并选点进行第二次试掘。针对 2000 年的调查和试掘成果已对岷江上游地区新石器文化的基本面貌和分布范围，以及营盘山遗址的文化内涵有了初步的了解。因此，2002 年的考古工作集中在茂县县城附近地区进行，所设计的学术目标在于更深入地认识营盘山遗址的文化内涵，确认其在岷江上游新石器时代文化发展系统中占居何等的地位；同时对营盘山遗址周围的其他遗址进行复查并选点试掘，以了解岷江上游新石器时代大型中心聚落与中小型聚落之间的时空关系与聚合模式。试掘中首先在遗址中部偏东地带（编号为第一地点）布探方 02T1，以了解该地点的文化层堆积情况。又在遗址中部偏西地带（编号为第二地点）按正南北方向集中布探方 02T2 ～ T14，实际按间隔探方开挖，由于发现了大面积的踩踏硬土面（可能类似于广场性质的遗迹），遂扩大发掘面积。在遗址中部（编号为第三地点）布小型探沟 3 条进行发掘。在遗址的北部地带进行全面勘探，面积达 6000 平方米，选择个别堆积较厚的地点布方发掘（编号为第四地点）。这一工作基本达到了预期性目的。总计揭露面积近 400 平方米。并清理完整及残损石棺葬、器物坑 43 座[2]。本次发掘参加人员包括成都

　　[1]　成都文物考古研究所、阿坝藏族羌族自治州文物管理所、茂县羌族博物馆：《茂县营盘山遗址试掘报告》，《成都考古发现·2000》，科学出版社，2002 年。蒋成、陈剑、陈学志、蔡清、范永刚：《岷江上游考古发现新石器遗址》，《中国文物报》2002 年 1 月 2 日第 2 版。

　　[2]　蒋成、陈剑：《2002 年岷江上游考古的收获与探索》，《中华文化论坛》2003 年第 4 期。

市文物考古研究所蒋成、陈剑、傅秀彬、李平、杨兵，成都博物馆王天佑，阿坝州文物管理所陈学志、范永刚，茂县羌族博物馆蔡清、刘永文、张黎勇、魏宏浩等。

2002 年 10 月 12 日，著名考古学家、时任中国考古学会副理事长、故宫博物院原院长张忠培先生、杨晶研究员一行至茂县仔细察看了营盘山遗址及石棺葬墓地、波西遗址出土陶器、玉石器等器物标本。他对本项发掘予以高度评价，并为茂县羌族博物馆题字"羌族窗口，传承文化"。2002 年 11 月 15 日，时任中国考古学会副理事长、北京大学严文明教授，国家文物局考古专家组组长、中国考古学会常务理事黄景略研究员，夏商周断代工程专家组首席专家、北京大学李伯谦教授，国家文物局专家组成员、中国考古学会常务理事、中国社会科学院考古研究所徐光冀研究员，中国社会科学院考古研究所边疆考古中心主任王仁湘研究员，时任中国国家博物馆副馆长李季研究员在成都参观了营盘山遗址及石棺葬墓地出土的实物标本及发掘现场的图片，对本次发掘成果给以较高评价。张忠培先生返回成都后与四川省文物局、四川省文物考古研究所、成都文物考古研究所的领导进行座谈，提出省市考古研究所合作进行岷江上游新石器文化的综合研究，并请国家文物局为此专门立项。具体工作安排为：四川省文物考古研究院负责汶川县姜维城遗址的发掘，成都文物考古研究所负责茂县营盘山遗址的发掘。

2002 年，课题组成员撰写的论文还荣获了成都市人民政府社会科学优秀成果三等奖表彰[1]。

2003、2004、2006 年，经过国家文物局的批准，由成都文物考古研究承担，阿坝藏族羌族自治州文管所、茂县羌族博物馆配合，在营盘山遗址及石棺葬墓地进行了三次正式的大规模发掘，发掘面积达 2200 平方米。

其中，2003 年 10 月 9 日至 12 月 17 日，经国家文物局批准（中华人民共和国考古发掘证照考执字 [2003] 第 078 号，发掘面积 1000 平方米，领队：蒋成），成都文物考古研究所对营盘山遗址及石棺葬墓地进行第一次正式发掘。发掘成员包括成都市文物考古研究所蒋成、陈剑、徐龙、李平、程远福、刘守强、倪林忠及新都文管所陈立新等，阿坝州文管所陈学志、范永刚，茂县羌族博物馆蔡清、刘永文、张黎勇等。

本次发掘的第一轮工作在遗址中部偏西地带（即 2000、2002 年重点发掘区以北地带）布 5 米 ×5 米探方 10 个（方向为 0°，按东西方向分两列进行排列，各探方留下东、北两个隔梁，编号为 03T1～T10，待测绘了遗址的详细平面图以后再按分区的象限进行统一编号）。之后在遗址中部新开 5 米 ×5 米探方 2 个（方向为 0°，按东西方向排列，各探方留下东、北两个隔梁，编号为 03T11、T12）。接着在 03T11 北面新开 5 米 ×5 米探方 1 个（方向为 0°，留下东隔梁，编号为 03T13）。

为了解遗址中部偏北地带的文化堆积情况，接第二轮发掘工作在 2002 年发掘的探方 02T1 的北面新开 5 米 ×5 米探方 1 个（方向为 0°，其东部留下一个探方的位置，编号为 03T14）；在遗址中部、探方 03T10 的东面相隔 1 个探方的位置新开 5 米 ×5 米探方 1 个（方向为 0°，其东部留下一个探方的位置，编号为 03T15）；并在 03T9 的北面新开 5 米 ×5 米探方 1 个（方向为 0°，留下东隔梁，编号为 03T16）；在 03T10 的北面新开 5 米 ×5 米探方 1 个（方向为 0°，编号为 03T17）；在 03T1 西面新开 5 米 ×5 米探方 1 个（方向为 0°，编号为 03T18）；在 T3 南面新开 5 米 ×5 米探方 1 个（方向为 0°，编号为 03T19）。又在遗址中部西侧的养猪场以西的空地上新开 5 米 ×5 米探方 1 个（方

---

[1] 蒋成、陈剑：《岷江上游考古新发现述析》，《中华文化论坛》2001 年第 3 期。

向为 0°，编号为 03T20）；在 03T14 西面新开 5 米 ×5 米探方 1 个（方向为 0°，留下东隔梁，编号为 03T21）；在 03T17 的北面新开 5 米 ×5 米探方 1 个（方向为 0°，编号为 03T22）；在 03T17 的东面新开 5 米 ×5 米探方 1 个（方向为 0°，留下东隔梁，编号为 03T23）；在 03T15 的南面新开 5 米 ×5 米探方 1 个（方向为 0°，编号为 03T24，留下北隔梁）；在 03T20 的东面新开 4 米 ×5 米探方 1 个（方向为 0°，留下 03T20 的东隔梁，编号为 03T25）。

　　第三轮发掘工作在 03T14 及 03T21 的北面新开 5 米 ×5 米探方 2 个（方向为 0°，编号为 03T26、T27，留下东、北隔梁），目的在于全面揭露新发现的大型房屋遗迹；在 03T25 北面（间隔 5 米）新开 4 米 ×5 米探方 1 个（方向为 0°，留下东隔梁，编号为 03T28，留下东隔梁）；在 03T24 南面新开 5 米 ×5 米探方 1 个（方向为 0°，编号为 03T29），以便发掘新发现的窑址 03Y4；在 03T29 以东（间隔 5 米）新开 5 米 ×5 米探方 1 个（方向为 0°，编号为 03T30），以便了解高处台地之上的文化层情况；在 03T14 以东（间隔 5 米，跨过水沟）新开 5 米 ×5 米探方 1 个（方向为 0°，编号为 03T31）；又在 03T31 南面新开 5 米 ×5 米探方 1 个（方向为 0°，编号为 03T32，并留下北隔梁）；在 03T26 北面新开 5 米 ×5 米探方 1 个（方向为 0°，编号为 03T33，并留下 03T26 的北隔梁）；在 03T33 的北面新开 5 米 ×5 米探方 1 个（方向为 0°，编号为 03T34，留下北隔梁）；在 03T21 的西面新开 5 米 ×5 米探方 1 个（方向为 0°，编号为 03T36，留下北隔梁，目的在于发掘出土文物丰富、呈长条形的灰坑 03H43）；在 03T32 的北面新开 5 米 ×5 米探方 1 个（方向为 0°，编号为 03T35，留下北隔梁）。

　　2003 年度共计发掘面积 1000 平方米，并一共清理完整及残损石棺葬、器物坑 38 座。

　　2003 年 11 月 14、15 日，由四川省文物管理局、成都市文化局、阿坝藏族羌族自治州文化局主办，成都市文物考古研究所、四川省文物考古研究所、阿坝藏族羌族自治州文管所、茂县人民政府、汶川县人民政府及茂县羌族博物馆承办的岷江上游古文化遗址发掘工作汇报会在茂县举行。来自四川大学、四川省社会科学院、四川省民族研究所、西南民族大学、四川省文物考古研究所、成都市文物考古研究所、凉山彝族自治州博物馆等高校及科研单位，长期从事考古学、历史学、民族学研究的专家学者及各级领导 60 余人参加了汇报会。与会的专家学者包括四川省历史学会会长、四川省民族研究所李绍明研究员、四川大学冉光荣教授、马继贤教授、林向教授、宋治民教授、四川大学城市研究所所长何一民教授、四川省社会科学院历史研究所所长段渝研究员、四川省文物考古研究所所长高大伦教授、凉山州博物馆馆长刘弘研究员、四川省民族研究所副所长郎维伟研究员、成都市文物考古研究所副所长江章华研究员等。四川省文化厅副厅长、省文物管理局局长徐荣旋、阿坝州委常委王福耀、阿坝州文化局局长杨文建及茂县县委书记张燕等领导也参加了汇报会。汇报会由成都市文物考古研究所所长、成都博物馆馆长王毅研究员、四川省文物考古研究所副所长李昭和研究员共同主持。会议召开之前，与会专家及领导实地考察了茂县营盘山遗址、汶川姜维城遗址考古发掘工地，并观摩了两处遗址发掘出土的器物标本。汇报会上，首先由四川省文物考古研究所负责人对岷江上游地区历年来的考古调查工作进行了简要介绍。接着，姜维城遗址、营盘山遗址的考古发掘领队分别汇报了近年来的发掘情况，现场发掘人员还播放了精心编排的电脑幻灯片。然后，与会专家学者就两处遗址及整个岷江上游古文化遗址的文化内涵、性质、学术价值及开发利用等方面的内容展开了详细研讨。

　　专家们充分肯定了营盘山、姜维城遗址考古发掘所取得的丰硕成果，认为这是一项填补空白、具有划时代意义的考古新发现。遗址内揭露的遗迹种类丰富、数量众多，出土的文物规格高、总量数以万计，展现了岷江上游地区新石器时代文化的基本面貌，是四川地区乃至整个长江上游地区新石器时代考古的重大成果，令人振奋。岷江上游地区 2000 年以前的新石器时代考古多为有限的调查工作，所取得材料较为零星，难以得出深入和全面的认识，近年来经过有较大规模的科学发掘，研究工作有了突破性进展，这也是四川老中青三代考古学者辛勤工作、共同努力奋斗的结果。

与会专家认为营盘山遗址发掘者提出的营盘山文化概念符合考古学文化命名惯例，应是可以成立的，这样就使四川以及中国又增添了一种新的考古学文化，这是四川考古学研究领域的一件大事。营盘山文化是岷江上游地区的具有自身文化面貌、地域个性特征浓郁的新时代文化，它同时吸收了周边地区（尤其是西北甘青地区）多种外来文化因素，是一种内涵丰富多样、组成成分较为复杂的复合型考古学文化。以彩陶、细泥红陶器为代表的外来文化因素已被本地文化接纳和融化，成为营盘山文化自身必不可少的重要组成部分。在中国西南横断山区沟通南北、联系黄河上游及长江上游的六江流域之中，岷江上游堪称一支最为重要的文化走廊和民族走廊。早在距今 5000 年前，这一地区已有人类居住，并产生了较为发达的古代文化。以营盘山文化为代表的岷江上游新石器文化是在本地土著文化的基础上吸收融合了大量外来文化因素而形成了一种新的文化体系，堪称岷江文明。它随着人群的迁移而不断向四周辐射，对周边地区产生了较大的影响。营盘山、姜维城遗址的发掘也证明了，在 5000 年前，岷江上游地区的古文化是四川地区迄今为止考古发现的最为发达的文化，为当时四川境内的文化中心之一，是中华文明的重要组成部分。岷江上游古文化遗址的发掘，对于探讨古代黄河上游文明和长江上游文明的交流与融合，对于研究古代人群的迁移和古蜀文明的起源都有重要地位。专家们还就营盘山遗址与茂县旅游开发及县域经济发展等问题发表了建设性意见。营盘山遗址的发掘、研究及保护工作同合理利用、开发工作之间并不是对立的矛盾，只要处理好保护与开发的关系，营盘山遗址在旅游开发中可以发挥其应有的效益。遗址所出土的大量文物及遗迹现象，不仅具有重要的考古研究价值，同时在保护的前题下做好规划，其旅游潜力也是巨大的，这对于"旅游兴州"，增加大九寨旅游环线的文化氛围上一笔不可多得的，也是不可再生的宝贵财富，可以弥补阿坝州旅游开发中自然风光资源丰富而人文内涵严重不足的缺陷。专家们指出，岷江上游地区是一块考古宝地，目前所揭露的仅为众多遗址的"冰山一角"，希望省、市、州、县文物考古部门通力合作，扩大眼界，踏实工作，就会有更多惊人的发现，为四川的考古事业再铸辉煌。

阿坝州委常委王福耀代表阿坝州委、州政府向各位专家及省、市、州、县考古工作者表示慰问和感谢，他说：州委、州政府对营盘山、姜维城遗址的考古工作非常重视，州委常委会、州政府常委会进行多次讨论，州委黄新初书记及多数州级领导都到过现场视察，并给予高度评价。目前已责成大九寨管委会制定保护利用规划。他要求州、县文化、文物部门及相关单位在与四川省、成都市考古所密切配合，力争工作上更有新突破。四川省文化厅副厅长、四川省文物局局长徐荣旋在讲话中指出，今天与会专家提出的宝贵意见将成为下一步工作的基础和指导。营盘山、姜维城遗址的考古发掘将是省局明年的工作重点，省文物局要在人员、资金、政策等方面给予重点倾斜，并争取国家文物局给予更多的支持。应加大考古调查、发掘工作力度，强化资料整理和学术研究工作，揭开岷江上游古文化的面纱，弄清营盘山、姜维城遗址与周围地区文化遗存的关系。相关部门应积极争取，共同努力，力争使营盘山遗址名列本年度的全国十大考古新发现。茂县县委书记张燕代表与会的茂县四大班子领导对各位专家、领导和考古工作者表示感谢，他表示，县委、政府将一如既往的关心支持考古工作，有关单位要做好协调服务，为考古工作创造一个良好的社会氛围。营盘山遗址的保护规划要高起点，大手笔，要打造成为大九寨旅游环线上的一大文化知名品牌。

2004年10月15日至12月2日，经国家文物局批准（中华人民共和国考古发掘证照考执字[2003]第050号，发掘面积600平方米，领队：蒋成），成都文物考古研究所对营盘山遗址及石棺葬墓地进行第二次正式发掘。发掘成员包括成都市文物考古研究所蒋成、陈剑、徐龙、陈西平、李继操，新都文管所陈蒿、张浩，阿坝州文管所陈学志、范永刚，茂县羌族博物馆刘永文、张黎勇等。

第一轮发掘工作在遗址中部偏东（即2003年发掘第二地点以南约20米的地点，西面紧邻03T30）布5米×5米探方6个（方向为0°，编号为04T3～T8，04T3、T5、T7均留下1米宽的东隔梁，04T5、T6、T7、T8均留下1米宽的北隔梁），04T3西北角距离04T2东北角以东25、以南20米。

第二轮发掘工作在04T7以西5、以南10米处新开5米×5米探方04T9（方向为0°，不留隔梁，后来04T9向东扩方2米，以发掘灰坑）；在04T9以南5米处新开5米×5米探方04T10（方向为0°，不留隔梁）；在04T10以南20米处新开5米×5米探方04T12（方向为0°，留下东、北隔梁）；在04T10以西5、以南5米处新开5米×5米探方04T11（方向为0°）；在04T10以东15米处新开5米×5米探方04T13（方向为0°）；还在遗址南部的葡萄园中新开2.5米×5米探方04T14（方向为15°），已了解该地点的文化层堆积情况。

2004年度共计发掘面积600平方米，并一共清理完整及残损石棺葬42座[1]。

发掘期间，时任文化部副部长、故宫博物院院长郑欣淼、故宫博物院外事处处长段勇等领导亲临发掘工地参观和考察。

2004年上半年，成都文物考古研究所与茂县羌族博物馆筹办《远古的家园》营盘山遗址考古发掘展览。经过半年的紧张工作，9月21日，茂县羌族博物馆《远古的家园》营盘山遗址考古发掘展览举行开展仪式，这是营盘山遗址出土文物首次对外公开展览。省内文博考古专家、当地领导和大批游客来到茂县羌族博物馆开展现场，参观了营盘山遗址出土文物。

2004年，课题组成员撰写的论文还荣获了成都市人民政府社会科学优秀成果三等奖表彰[2]。

2005年4月，茂县营盘山遗址入围2004年度全国十大考古新发现终评名单。

2006年10月25日至11月22日，经国家文物局批准（中华人民共和国考古发掘证照考执字[2005]第050号，发掘面积600平方米，领队：蒋成），成都文物考古研究所对营盘山遗址及石棺葬墓地进行第三次正式发掘。发掘成员包括成都市文物考古研究所蒋成、陈剑、何锟宇、徐龙、王军、李继超及阿坝州文管所陈学志、范永刚、邓小川，茂县羌族博物馆蔡清、刘永文、张黎勇等。发掘的地点位于遗址的中部偏西及北部地点，共布5米×5米探方8个，并对个别探方进行了扩方。首先在遗址的中部偏西地点，即2003年及2004年集中发掘地点的北侧布5米×5米探方06T1、T2（方向均为0°，南北相连，不留隔梁）、T3（方向为0°，与东侧T1相隔5米）；接着在遗址中部布5米×5米探方06T4（方向为0°）；又在遗址北端偏中的地带布5米×5米探方06T5、T6、T7、T8（方向均为0°）。共计发掘面积近300平方米，并清理完整及残损石棺葬19座。

[1]　陈剑：《营盘山遗址群再现岷江上游五千年前辉煌》，《中国文物报》2004年12月22日第1版。陈剑、陈学志：《营盘山遗址面面观》，《中国文物报》2004年12月22日第4版。

[2]　蒋成、陈剑：《2002年岷江上游考古的收获与探索》，《中华文化论坛》2003年第4期。

历年来总计发掘面积近 2500 平方米，并一共清理完整及残损石棺葬、器物坑 190 余座，其中保存较好、记录资料的墓葬及器物坑 127 座。

四　整理编写

2000、2002、2003、2004、2006 年发掘工作结束后，参加发掘的工作人员对当年的出土资料进行了现场整理。

2001 及 2002 年，陈剑完成对 2000 年发掘资料的整理及试掘报告编写工作。

2005 至 2007 年，陈剑对 2002 年出土资料进行了初步整理，并编写了试掘报告。

2008 年以来，陈剑、何锟宇对 2003、2004、2006 年的发掘出土资料进行了初步整理。

党国松、逯德军对历年发掘出土的残损的随葬陶器进行了较为全面的修复，曹桂梅、卢引科对出土器物及遗迹平剖面进行绘图，代福尧、严彬拓制了陶片纹饰。

2010 年，报告编写工作全面启动，陈剑、何锟宇编写了详细的初步提纲，在征求了相关一些专家的意见后确定了报告提纲和编写体例，然后本着高效、文责自负的原则分工进行编写报告。

第二章　遗址总述

第一节　地层堆积

营盘山遗址历年来的发掘可以划分为以下四个地点（图 2-1）。

（一）第一地点

位于遗址中部偏东南地带。分布探方包括：00T1～T6；02T1、T18～T20；03T14、T21、T26、T27、T31～T36；04T9～T13。发掘面积仅次于第二地点，部分探方成片集中分布，除00T2、02T1、02T18～T20之外，均为正南北方向。

1．02T1东壁

第一地点南部地带的地层堆积情况可以02T1东壁剖面为例介绍如下（图 2-2）。

第①层：农耕土层，灰黑色，结构疏松。此层在探方南部缺失。厚0～0.40米。夹杂塑料碎片、石片、植物根系等。

第②层：浅黄色土层，结构紧密。此层南高北低，北部较厚。距地表深0～0.25、厚0.05～0.85米。包含石棺葬板残片、随葬品陶罐、豆、器盖等类器物残片及其他陶片、瓷片等。第②层下发现大量的石棺葬，均略呈南北向排列，共4排，间距0.20～0.30米，在揭露的101平方米面积内共发现30余座，出有随葬品并予以编号的有02M1～M7、M17、M21、M33、M34。

第③层：黄色粉状土层，仅在探方中局部分布，结构疏松。堆积呈南高北低状。深0～0.55、厚0～0.40米。包含夹砂陶绳纹侈口罐、泥质陶钵残片、燧石器等早期遗物和石棺葬随葬品、石块等。第③层下发现柱洞15个，洞口直径0.25～0.41、深0.30～0.50米，编号为02F1。石棺葬02M8、M37、M38及灰坑02H14、H39亦开口于第③层下（02H39开口部位之上缺失④、⑤、⑥层）。

第④层：黑色土层，结构疏松。此层在探方北部缺失，南部堆积较厚，中部较薄，呈倾斜状分布。深0～0.90、厚0.10～0.30米。包含遗物丰富，有泥质陶敛口钵、夹砂陶绳纹侈口罐、夹砂陶折沿罐、彩陶片、平底陶器、红烧土颗粒、黑色灰烬、石块、兽骨等。灰坑02H10、H11、H12、H15、H16、H17、H18、H22、H23、H29和灶坑02Z1开口于第④层下，为新石器时代地层。

第⑤层：红褐色土层，较纯净。仅分布于探方西部。厚0～0.35米。未见其他包含物。

第⑥层：黄色黏土层，结构紧密。仅分布于探方中部。深0.55～0.70、厚0～0.40米。包含少量泥质陶及夹砂陶片。

第⑦层：浅黄色土层，夹杂大量颗粒，仅分布于探方中部，土质紧密。深0.80～0.95、厚0～0.30米。包含少量陶片。房址02F2开口于第⑦层之下。

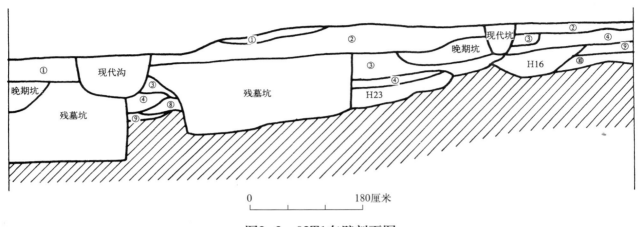

图2-2 02T1东壁剖面图

第⑧层:浅红褐色土层,夹杂灰黑色粉土及碎石颗粒,结构疏松。探方南部缺失。深0.65～1.15、厚0.15～0.35米。包含泥质灰陶高领罐、彩陶片、夹砂宽沿绳纹侈口罐等遗物。灰坑02H40、H41开口于第⑧层下。

第⑨层:红褐色土层,土质紧密,夹杂红烧土、灰烬、石块等。深0.30～1.35、厚0.05～0.15米。包含泥质灰陶钵、盆、彩陶片、夹砂褐陶绳纹侈口罐、平底器、陶珠、兽骨等遗物。灰坑02H42、H43开口于第⑨层下。

第⑩层:深红褐色土层。主要分布于探方中部、北部,呈坑状堆积,较纯净。深0.50～1.25、厚0.10～0.25米。包含少量陶片。

第⑩层以下为黄色生土。

2. 03T33西壁

2003年发掘探方的地层编号略有不同,现以03T33西壁剖面为例介绍。

第①层:灰黑色农耕土层,结构疏松。呈南高北低状分布。厚0～0.20米。夹杂塑料、布巾、植物根系及陶片等物。

第②层:浅褐色土层,结构较紧密。呈南高北低斜坡状分布。厚0.15～0.20米。夹杂小颗粒石块,包含陶片等遗物。

第③a层:浅褐色粉状土层,仅在探方内局部有分布,结构疏松,夹杂碎石颗粒。呈南高北低斜坡状分布。厚0～0.45米。包含陶片等遗物。第③a层下遗迹有石棺葬03M37、M38。

第③b层:白色粉状土,结构略紧密。仅分布于探方的西南角,呈南高北低斜坡状分布。厚0～0.25米。包含物为新石器时代地层。第③b层下的遗迹有灰坑03H42。

第④a层:在本探方内缺失。

第④b层:浅黄色粉状土,仅分布于探方的东、西两壁边缘地带,夹杂灰黑色土块和少量碎石颗粒,结构疏松。呈南高北低斜坡状分布。厚0～0.40米。包含陶片、石器、骨器、红烧土块等遗物。第④b层下的遗迹有灰坑03H57、H58,其中03H57打破03H58。

第⑤层:在本探方内缺失。

第⑥层:红褐色土层,仅分布于探方的东壁边缘地带,夹杂白色土块,结构疏松。呈南高北低斜坡状分布，仅分布于探方的东壁边缘地带。厚 0 ~ 0.20 米。包含少量陶片。

第⑦层：红色土层，结构紧密，未见包含物，似为垫土。厚 0 ~ 0.15 米。

第⑦层以下即生土。

（二）第二地点

位于遗址中部偏西地带。分布探方包括：00T7 ~ T12、T14、T15、T17；02T2、T4、T7 ~ T11、T13；03T1 ~ T13、T15 ~ T20、T22 ~ T25、T28 ~ T30；04T1、T2、T3 ~ T8；06T1 ~ T3。发掘面积最大，多数成片集中分布，除 00T8、T10、T15 之外，其余均为正南北方向。

1. 00T8北壁

第二地点的地层堆积可以探方 00T8 北壁剖面为例介绍（图 2-3）。

第①层：褐色农耕土层，结构疏松。厚 0.20 ~ 0.35 米。夹杂碎石块及植物根系等物。

第②层：浅褐色土层，结构较为紧密。深 0.20 ~ 0.35、厚 0.20 ~ 0.35 米。包含物有青瓷片、白瓷片、灰黑陶片等。

第③层：红褐色土层，结构疏松呈粉状。深 0.45 ~ 0.65、厚 0.10 ~ 0.50 米。包含物有泥质灰陶双耳、单耳罐残片、绳纹夹砂陶片等。第③层下发现石棺葬 03M22、残墓 2 座和灰坑 03H5、H6。

第④层：褐色土层，结构疏松呈粉状。该层仅在探方内局部分布。深 0.70 ~ 1.00、厚 0 ~ 0.20 米。包含物有彩陶片、泥质黑皮陶片、夹砂红、褐陶片、石器等，为新石器时代地层。

第⑤层：红色夹杂黄色土层，土质呈颗粒状，结构较紧。该层仅在探方内局部分布。深 0.70 ~ 0.85、厚 0 ~ 0.35 米。包含物有彩陶片、粗绳纹陶片、夹粗砂陶片、石器等。灰坑 03H3、H7 开口于第⑤层下。

第⑥层：红褐色花土层，结构略紧。该层仅在探方北部有分布。深 0.90 ~ 1.20、厚 0 ~ 0.50 米。包含物有彩陶片、夹粗砂陶片等。灰坑 03H4 开口于第⑥层下。

第⑥层以下为生土。

2. 02T4、T8、T13西壁

2002 年发掘探方的编号略有差异，现以 02T4、T8、T13 西壁剖面为例介绍（图 2-4）。

第①层：农耕土层，灰黑色，结构疏松。厚 0.05 ~ 0.20 米。夹杂植物根茎、玻璃碎片、石片、瓦片、陶片等。本层下发现 7 个晚期果树坑。

第②层：浅黄色土层，结构紧密。此层由东向西倾斜。深 0.05 ~ 0.20、厚 0.10 ~ 0.30 米。包含石棺葬板残片、随葬品陶罐、豆、器盖等类器物的残片及其他陶片、瓷片、瓦片等。第②层下发现大量的石棺葬，排列有序，出有随葬品并予以编号的有 02M9 ~ M16、M26、M28 ~ M30、M36、M40。

第③层：浅黄色土层，沙性重，夹杂卵石、红烧土、灰烬等。此层由东向西倾斜。深 0.14 ~ 0.30、厚 0.10 ~ 0.30 米。包含夹砂绳纹陶片、泥质陶片、彩陶片、燧石器、兽骨等，为新石器时代地层。第③层下发现大面积的踩踏形成的硬土活动面，排列规整的大型柱洞多孔（编号为 02F7，打破硬土面），人祭坑 02M32 即开口于硬土面下。灰坑 02H1、H3 ~ H6、H13、H26、H27 亦开口于第③层下。

第④层：黑黄色土层，结构紧密，夹杂红色土、红烧土等，堆积不均匀，局部较厚。深 0.10 ~ 1.25、

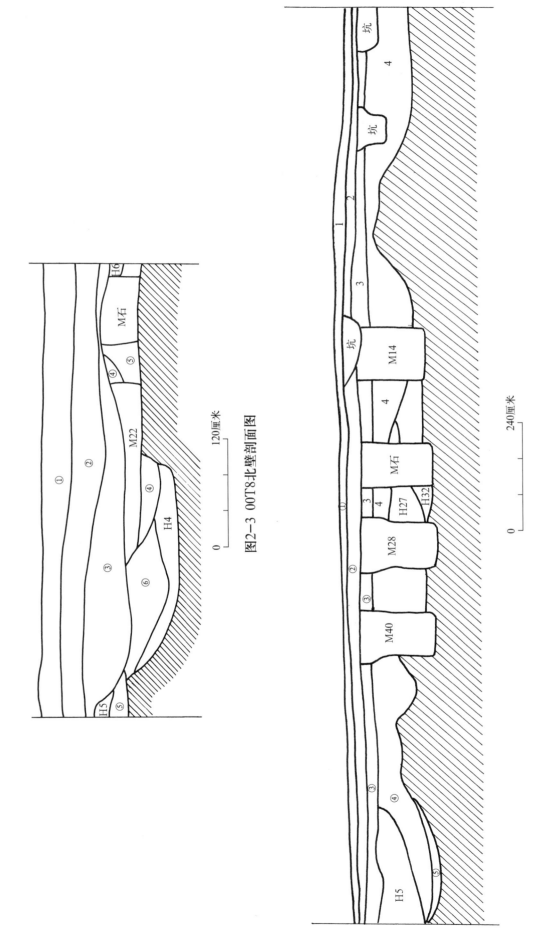

图2-3 00T8北壁剖面图

图2-4 02T4、T8、T13两壁剖面图

厚 0.10～0.82 米。包含遗物丰富，有泥质陶片、夹砂绳纹陶片、彩陶片、磨光石器、燧石器、兽骨等。灰坑 02H28、H32 开口于第④层下。

第⑤层：红褐色土层，局部缺失。深 0.46～0.53、厚 0～0.28 米。包含部分泥质和夹砂陶片、打制石器等。

第⑤层以下为黄色生土。

（三）第三地点

位于遗址中部偏北地带。2000 年选点进行了试掘，2002 年进行了全面勘探并选点进行试掘，2006 年选点进行了发掘。分布探方包括：00T13、T16，02T24～T26，06T4，为局部发掘，均为正南北方向。

1. 00T13 西壁

第三地点的地层堆积情况可以探方 00T13 西壁剖面为例介绍（图 2-5，1）。

第①层：褐色农耕土层，结构疏松。厚 0.25～0.35 米。夹杂碎石块、植物根系、玻璃片、瓷片、陶片等物。此层下有晚期果树坑 2 个。

第②层：浅褐色土层，结构较紧密。该层仅在探方局部有分布。深 0.25～0.35、厚 0～0.15 米。包含物有小石子、白瓷片、青瓷圈足、绳纹陶片、泥质灰黑陶片等。第②层下发现有圆形房址 00F1、F2、灶坑 00Z1 及晚期果树坑 1 个。

第③层：黄褐色土层，结构疏松呈粉状。深 0.30～0.65、厚 0～0.50 米。包含物有泥质灰陶双耳、单耳罐、陶杯、附加堆纹、绳纹夹砂陶片等。第③层下发现石棺葬 00M30、M31、M32、M36、M42、M43、M44、M45、M46，方形房址 00F3、F4、F5，以及灰坑 00H16、H18、H19、H20、H28，其中 00M30、M36 打破 00F3，00M31、M36 打破 00F4，00M44、M45 打破 00H28，00F3 打破 00F4，00F4 打破 00H16、H18，00H18 打破 00H19、H20。

第④层：红色土层，呈颗粒状。深 0.55、厚 0.10～0.18 米。包含物有粗绳纹夹砂陶片、附加堆纹陶片、绳纹花边口沿陶片（带穿孔）等，为新石器时代地层。

第⑤层：黄色粉状土夹杂褐色块状土层。深 0.45～0.50、厚 0.25 米。包含有少量绳纹陶片等物。灰坑 00H29、灰沟 00G1 开口于第⑤层下，00H19 打破 00H29，00H29 打破 00G1。

第⑤层以下为生土。

2. 02T25 北壁

2002 年发掘的探方编号略有不同，现以探方 02T25 北壁剖面为例介绍（图 2-5，2）。

第①层：农耕土层，灰黑色，结构疏松。厚 0.05～0.15 米。夹杂植物根茎、玻璃碎片、石片、瓦片、陶片等。第①层下发现多个晚期果树坑。

第②层：浅黄色土层，结构紧密。此层由东南向西北倾斜。深 0.05～0.15、厚 0.08～0.55 米。包含石棺葬板残片、随葬品陶罐、豆、器盖等类器物的残片及其他陶片、瓷片、瓦片等。第②层下发现 8 座残石棺葬，出有随葬品并予以编号的有 02M45、M46。

第③层：浅黄色黏土层。仅分布于探方西北部。深 0.14～0.30、厚 0～0.37 米。夹杂卵石、红

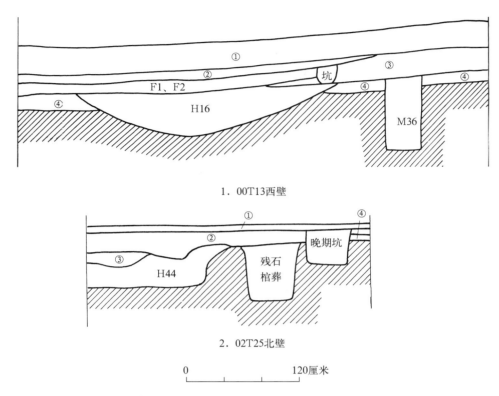

1. 00T13西壁

2. 02T25北壁

0   120厘米

图2-5 00T13西壁、02T25北壁剖面图

烧土颗粒等。包含夹砂绳纹陶片、泥质陶片、彩陶片、燧石器、兽骨等，为新石器时代地层。第③层下发现柱洞多孔（编号为02F9）和灰坑02H44。

第④层：红褐色土层，仅分布于探方西南部，结构紧密。深0.25～0.78、厚0～0.25米。包含少量陶片等。

第④层下为黄色生土。

（四）第四地点

位于遗址的北部地带。2002年进行了全面勘探，2006年选择个别地点进行了布方发掘，分布探方包括06T5～T8，为局部发掘，均为正南北方向。

06T7西壁

地层堆积地层堆积情况以06T7西壁剖面为例进行介绍（图2-6）。

第①层：农耕土层，浅褐色粉状土，结构疏松。本层南高北低，呈斜坡状堆积。厚0.20～0.45米。夹杂植物根茎、石片、陶片等。第①层下发现多个晚期坑。

第②层：灰黑色土层，结构较紧。深0.20～0.45、厚0～0.15米。包含石棺葬板残片、红烧土颗粒、陶片、石片等。此层下发现多座石棺葬，出有随葬品并予以编号的有06M14、M15、M16、M17，其余残墓未编号。灰坑06H11、H12也开口于第②层下。

第③层：黄褐色土层，结构紧密，略呈粉性。仅分布于探方西南部。深0.40、厚0～0.30米。

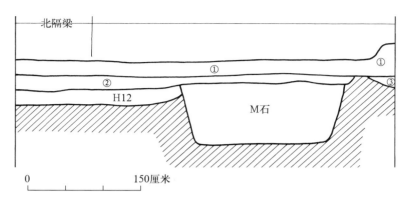

图2-6　06T7西壁剖面图

包含陶片、石器等遗物，为新石器时代地层堆积。为南高北低的斜坡状堆积。

第③层下为生土。

第二节　遗迹概述

营盘山遗址的文化堆积较为丰富，文化层最厚处可达2.20米，其上层为春秋战国时期的石棺葬遗存，下层为内涵丰富的新石器时代遗存。

通过勘探和发掘对遗址的布局分区情况有一定的了解：其中部地带发现较多的柱洞、基槽等房屋基址和窖穴类遗迹，应为居住区；遗址中部偏西地带发现有大面积的硬土活动面遗迹，地势较为平坦，硬土面下还清理出人祭坑多座，应是举行包括宗教祭祀在内的公共活动的广场区；广场区以北地带发现有多座窑址和数量丰富的灶坑遗迹，应是集中烧制陶器的手工业作坊区；另在遗址中部偏北地带发现有多处灰坑遗迹，坑内出土了大量的细石叶、细石核、燧石器、燧石原料及半成品，推测此处可能为集中制作细石器的地点。

营盘山遗址的新石器时代遗迹包括房屋基址11座、人祭坑9座、灰坑120余座、窑址4座及灶坑13座等。灰坑的大小规格各异，平面形状包括不规则形、圆形、椭圆形、长方形、扇形等种类，底部多较平整，坑内填土大多为灰黑色土。一些灰坑底部及四周采用卵石（有的内含大形砾石）垒砌而成，推测应是进行石器加工的场所或有其他用途。个别灰坑内还发现涂有鲜红色颜料的石块，可能具有某种宗教含义。有的坑内还发现数量较为丰富的陶器堆积，应是以埋藏陶器为主、具有特殊含义的器物坑。少量口小底大的圆形袋状灰坑底部平整且较深，可能为贮存粮食等实物的窖穴。房址的平面形状有圆形、方形和长方形之分，均为地面式建筑，根据面积大小可分为小型、中型房址。小型房屋基址的面积不大，多系单间建筑，平面多为方形或长方形，中型房址内有隔墙。房址之间有叠压、打破关系，发现的遗迹现象包括柱洞、基槽、灶坑及贮火罐等，房内还出土大量红烧土块，其上可见明显的棍棒插抹痕迹及拌草遗存，推测这些房址的建筑结构采用了木骨泥墙的形式。窑址均为横穴窑，根据火道的位置及走向可分为两类：一类平面略呈圆形，窑箅、火道基本位于火塘的正上方；另一类平面略呈马蹄形，双火道向外延伸。在房屋基址密集区和广场遗迹的硬土面之下发现有4座奠基性质的人祭坑，表明该遗迹在遗址的平面布局中占有非常重要的地位，这里应是举行祭祀等重大活动的场所。

第三节　遗物概述

　　营盘山遗址出土的器类有陶器、石器（含玉器）、骨角蚌牙器等，其中陶器数量最多，石器次之，有少量的骨角蚌牙器。

　　营盘山遗址的地势呈坡状兼台阶状堆积，五个年度的发掘区域也不连续，没有获得贯穿五个年度发掘区的连续地层剖面，各个年度的地层难以完全统一。因此，在对出土器物进行类型学分析时我们首先选择了发掘面积最大、地层堆积最好的 2003 年度出土的器物进行分类排序，其他四个年度则依据层位关系参考 2003 年度的器物分类标准统一进行分类排序，相互验证。对于在其他年度出土而 2003 年没有出现的器类，我们根据层位关系将其与 2003 年度的器物分类整合，形成营盘山遗址新石器时代器物群分类排序的完整格局。

一　陶器

　　从陶质陶色来看，陶器以夹砂褐陶、夹砂灰陶、泥质褐陶、泥质红陶、泥质灰陶、泥质黑皮陶为主。其中夹砂陶可分为夹粗砂和夹细砂两种，以陶胎夹有颗粒粗大的片岩砂粒的陶片最具特色。泥质陶的火候均较高，尤其是彩陶片和表面打磨光亮的细泥红陶、褐陶片的硬度更高。陶片的纹饰种类丰富，包括粗细绳纹（包括交错绳纹形成的网格纹）、附加堆纹、素面磨光、彩陶、绳纹花边口沿装饰、弦纹、瓦棱纹、划纹、复合纹饰（绳纹与附加堆纹组合成的箍带形装饰、绳纹之上饰凹弦纹）、捏塑与刻划相结合的人面像等。陶器以平底器和小平底器为主，有少量矮圈足器。其中彩陶器的器形有盆、钵、罐、瓶等，彩陶均为黑彩绘制，图案题材有草卉纹、线条纹、变体鸟纹、弧线三角形纹、网格纹、蛙纹等。泥质陶的器类有小口瓶、壶、矮领罐、高领罐、罐、缸、盆、带嘴锅、钵、碗、环、纺轮、网坠、镯、球、杯、刀、器盖等。夹砂陶器类有侈口罐、罐、小罐、筒形罐、盆、带嘴锅、甑、钵、盘、杯、器盖、圈足等。

（一）彩陶

　　彩陶可辨器类主要有彩陶瓶、罐、钵、盆，虽然数量不多，但是形制变化比较清晰。

1. 彩陶瓶

　　根据口部、颈部特征分三型。

　　A 型　侈口。分 2 式。

　　A 型 I 式　平沿，圆唇。标本 03H48 ：145（图 2-7，1）。

　　A 型 II 式　平沿下折，圆唇或尖圆唇。标本 03H48 ：146（图 2-7，2）。

　　B 型　喇叭口，卷沿。分 2 式。

　　B 型 I 式　卷沿，尖圆唇。标本 03H14 ：174（图 2-7，3）。

　　B 型 II 式　卷沿外翻，尖圆唇。标本 03T21 扩④ b ：145（图 2-7，4）。

　　C 型　直口。分 2 式。

　　C 型 I 式　侈沿，圆唇。标本 03H6 ：5（图 2-7，5）。

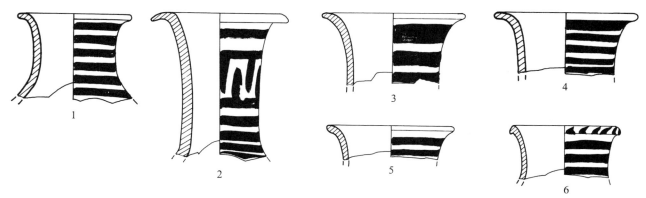

图2-7　彩陶瓶分型分式图

1. A型Ⅰ式03H48：145　2. A型Ⅱ式03H48：146　3. B型Ⅰ式03H14：174　4. B型Ⅱ式03T21扩④b：145　5. C型Ⅰ式03H6：5　6. C型Ⅱ式03H42：130

C型Ⅱ式　1件。沿微外卷，尖唇。标本03H42：130（图2-7，6）。

2. 彩陶罐

根据口部、颈部特征分五型。

A型　敛口，束颈，广肩，鼓腹。标本03T6⑤：5（图2-8，1）。

B型　侈口，卷沿，束颈，弧腹。标本02H16：22（图2-8，2）。

C型　直口，矮领，平折沿。分2式。

C型Ⅰ式　2件。尖唇。标本04H35：40（图2-8，3）。

C型Ⅱ式　1件。圆唇。标本00H21：25（图2-8，4）。

D型　敛口，平折沿，尖唇，溜肩，鼓腹。标本02H32：8（图2-8，5）。

E型　侈口，卷沿，颈较长。标本03T28④b：15（图2-8，6）。

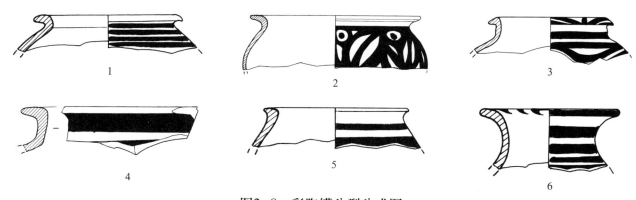

图2-8　彩陶罐分型分式图

1. A型03T6⑤：5　2. B型02H16：22　3. C型Ⅰ式04H35：40　4. C型Ⅱ式00H21：25　5. D型02H32：8　6. E型03T28④b：15

3. 彩陶钵

根据口部特征，分三型。

A型　弧腹。分两亚型。

Aa型　敛口。标本02采：95（图2-9，1）。

Ab 型　侈口。标本 03H14：135（图2-9，2）。

B 型　敛口，折沿，尖唇，弧腹。标本 03L1：15（图2-9，3）。

C 型　折腹。分两亚型。

Ca 型　侈口，折腹较浅。标本 00T15⑤：41（图2-9，4）。

Cb 型　敛口，方唇，折腹较深。标本 03H39：15（图2-9，5）。

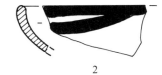

图2-9　彩陶钵分型分式图

1. Aa型02采：95　2. Ab型03H14：135　3. B型03L1：15　4. Ca型00T15⑤：41　5. Cb型03H39：15

4. 彩陶盆

根据口部、腹部特征分两型。

A 型　敛口，折腹。分2式。

A 型 I 式　仰折沿，圆唇。标本 03H58：22（图2-10，1）。

A 型 II 式　平沿，圆唇。标本 03H45：76（图2-10，2）。

B 型　弧腹。分三亚型。

Ba 型　直口。分2式。

Ba 型 I 式　平沿，圆唇。标本 00H24：30（图2-10，3）。

Ba 型 II 式　平沿下折，圆唇。标本 03H20：10（图2-10，4）。

Bb 型　敛口。标本 02采：123（图2-10，5）。

Bc 型　敞口。标本 03H14：138（图2-10，6）。

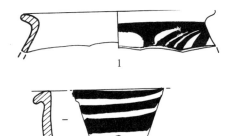

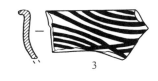
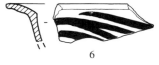

图2-10　彩陶盆分型分式图

1. A型 I 式03H58：22　2. A型 II 式03H45：76　3. Ba型 I 式00H24：30　4. Ba型 II 式03H20：10　5. Bb型02采：123　6. Bc型03H14：138

（二）泥质陶

泥质陶器类丰富，数量也最多，其中小口瓶、壶、矮领罐、高领罐、罐、缸、盆、带嘴锅等几类形式变化比较清楚，介绍如下。

1. 小口瓶

根据口部、颈部特征分五型。

A 型　退化重唇口。分 3 式。

A 型 I 式　小口内敛。标本 06F3：22（图 2-11，1）。

A 型 II 式　侈口。标本 03H48：236（图 2-11，2）。

A 型 III 式　敞口。标本 03T28 ④ b：8（图 2-11，3）。

B 型　直口，直领。分 2 式。

B 型 I 式　侈沿或仰折沿，圆唇。标本 03H57：4（图 2-11，4）。

B 型 II 式　4 件。平沿，圆唇。标本 03H14：25（图 2-11，5）。

C 型　侈口。分 2 式。

C 型 I 式　1 件。平沿，圆唇。标本 03T28 ④ b：11（图 2-11，6）。

C 型 II 式　1 件。平沿外卷，尖圆唇。标本 03H42：81（图 2-11，7）。

D 型　侈口，卷沿，束颈。标本 03H42：124（图 2-11，8）。

E 型　喇叭口，高领。分两亚型。

Ea 型　平沿。标本 02H30：8（图 2-11，9）。

Eb 型　带耳或錾。标本 02H8：2（图 2-11，10）。

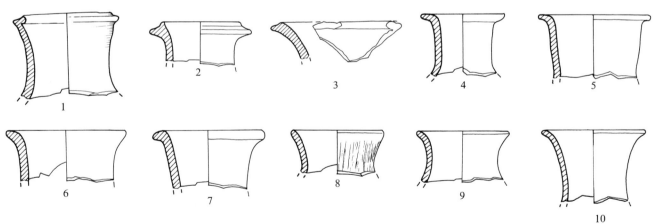

图2-11　泥质陶小口瓶分型分式图

1. A 型 I 式 06F3：22　2. A 型 II 式 03H48：236　3. A 型 III 式 03T28④b：8　4. B 型 I 式 03H57：4　5. B 型 II 式 03H14：25　6. C 型 I 式 03T28④b：11　7. C 型 II 式 03H42：81　8. D 型 03H42：124　9. Ea 型 02H30：8　10. Eb 型 02H8：2

2. 壶

分两型。

A 型　侈口，束颈，垂腹。标本 03H41 ⑤：71（图 2-12，1）。

B 型　直口，短平沿，圆唇，高领，鼓腹。标本 03H42：81（图 2-12，2）。

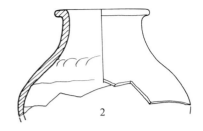

图2-12 泥质陶壶分型分式图
1. A型03H41⑤：71 2. B型03H42：81

3. 矮领罐

分两型。

A 型 侈口，卷沿。分2式。

A 型 I 式 尖圆唇。标本03H58：23（图2-13，1）。

A 型 II 式 圆唇。标本03H48：174（图2-13，2）。

B 型 侈口，平沿或折沿。分3式。

B 型 I 式 平沿，尖圆唇。标本03H14：20（图2-13，3）。

B 型 II 式 平沿，方唇。标本03T8④b：6（图2-13，4）。

B 型 III 式 斜沿，圆唇。标本03H42：37（图2-13，5）。

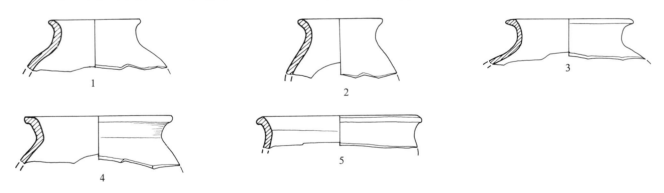

图2-13 泥质陶矮领罐分型分式图
1. A型 I 式03H58：23 2. A型 II 式03H48：174 3. B型 I 式03H14：20 4. B型 II 式03T8④b：6 5. B型 III 式03H42：37

4. 高领罐

分四型。

A 型 折沿，直领。分2式。

A 型 I 式 直口，宽平沿，圆唇或尖圆唇。标本03H58：6（图2-14，1）。

A 型 II 式 口微侈，平折沿，沿较窄，圆唇。标本03H42：23（图2-14，2）。

B 型 喇叭口，卷沿。分2式。

B 型 I 式 卷沿，圆唇或尖圆唇。标本03H14：104（图2-14，3）。

B 型 II 式 口沿外卷较甚，束颈，圆唇。标本03H2：7（图2-14，4）。

C 型 喇叭口，平沿。分2式。

C型Ⅰ式　平沿。标本03H58：10（图2-14，5）。

C型Ⅱ式　平沿下折。标本03T14④b：12（图2-14，6）。

D型　大口。标本03T30④b：4（图2-14，7）。

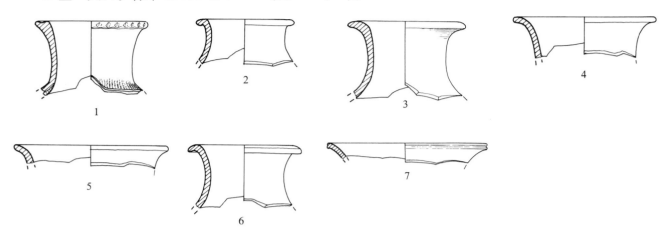

图2-14　泥质陶高领罐分型分式图

1. A型Ⅰ式03H58：6　2．A型Ⅱ式03H42：23　3．B型Ⅰ式03H14：104　4．B型Ⅱ式03H2：7　5．C型Ⅰ式03H58：10　6．C型Ⅱ式
03T14④b：12　7．D型03T30④b：4

5．罐

分五型。

A型　侈口，折沿。分两亚型。

Aa型　方唇。标本04T1④：8（图2-15，1）。

Ab型　侈口，折沿，尖唇。标本03H43：85（图2-15，2）。

B型　直口，鼓腹。分2式。

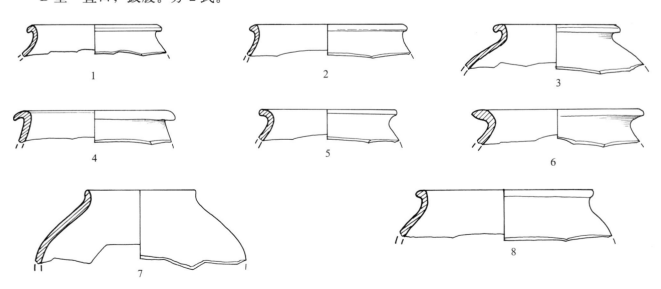

图2-15　泥质陶罐分型分式图

1. Aa型04T1④：8　2．Ab型03H43：85　3．B型Ⅰ式03H55：11　4．B型Ⅱ式06H6：24　5．C型Ⅰ式03H13：216　6．C型Ⅱ式03H17：
2　7．D型03T14④a：13　8．E型03H27：10

B 型 I 式　直口，束颈，平沿，广肩，鼓腹。标本 03H55：11（图 2-15，3）。

B 型 II 式　敛口，卷沿，圆唇，垂腹。标本 06H6：24（图 2-15，4）。

C 型　侈口，卷沿，鼓腹。分 2 式。

C 型 I 式　圆唇，短颈。标本 03H13：216（图 2-15，5）。

C 型 II 式　尖圆唇。束颈。标本 03H17：2（图 2-15，6）。

D 型　直口，尖唇，溜肩。标本 03T14 ④ a：13（图 2-15，7）。

E 型　直口，卷沿，圆唇，垂腹。标本 03H27：10（图 2-15，8）。

6. 缸

分六型。

A 型　侈口，卷沿。分 2 式。

A 型 I 式　侈口，沿略卷。标本 03H55：1（图 2-16，1）。

A 型 II 式　卷沿较宽外翻，束颈。标本 03H42：143（图 2-16，2）。

B 型　侈口，折沿，分 3 式。

B 型 I 式　仰折沿，方唇，束颈。标本 03H26：55（图 2-16，3）。

B 型 II 式　平沿下折，窄沿，圆唇。标本 03H25：6（图 2-16，4）。

B 型 III 式　平沿下折，沿较宽。标本 04H10：27（图 2-16，5）。

C 型　敛口，平沿。分 2 式。

C 型 I 式　口微敛。标本 03H43：201（图 2-16，6）。

C 型 II 式　敛口，束颈。标本 03H35：1（图 2-16，7）。

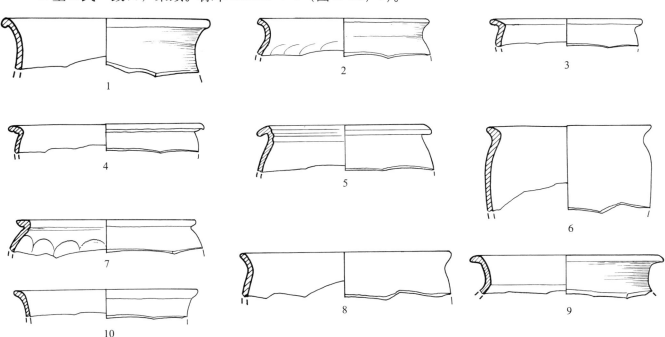

图2-16　泥质陶缸分型分式图

1. A型 I 式03H55：1　2. A型 II 式03H42：143　3. B型 I 式03H26：55　4. B型 II 式03H25：6　5. B型 III 式04H10：27　6. C型 I 式
03H43：201　7. C型 II 式03H35：1　8. D型 I 式03H48：122　9. D型 II 式04T10③：4　10. E型03H42：151

D 型　折沿。分 2 式。

D 型 I 式　敞口，弧腹。标本 03H48：122（图 2-16，8）。

D 型 II 式　侈口，弧腹略鼓。标本 04T10 ③：4（图 2-16，9）。

E 型　敞口，平沿，直腹。标本 03H42：151（图 2-16，10）。

7. 钵

分十型。

A 型　侈口，折腹，腹较深。分 2 式。

A 型 I 式　侈口微敞，口径明显大于腹径。标本 03H58：12（图 2-17，1）。

A 型 II 式　侈口。标本 03L：28（图 2-17，2）。

B 型　分两亚型。

Ba 型　侈口，深腹。分 3 式

Ba 型 I 式　直腹。标本 02H44：46（图 2-17，3）。

Ba 型 II 式　口径与腹径等大。标本 03T33 ④ b：31（图 2-17，4）。

Ba 型 III 式　口径小于腹径。标本 03H10：5（图 2-17，5）。

Bb 型　侈口，方唇，折腹。标本 06T3 ①：1（图 2-17，6）。

C 型　敛口，弧腹，器体较大。分两亚型。

Ca 型　敛口较甚。标本 03H55：15（图 2-17，7）。

Cb 型　口微敛，窄沿。标本 03H2：16（图 2-17，8）。

D 型　分两亚型。

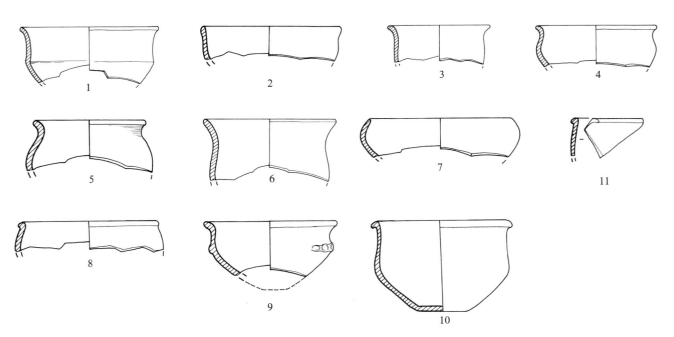

图2-17　泥质陶钵分型分式图

1. A型 I 式03H58：12　2. A型 II 式03L：28　3. Ba型 I 式02H44：46　4. Ba型 II 式03T33④b：31　5. Ba型 III 式03H10：5　6. Bb型 06T3①：1　7. Ca型03H55：15　8. Cb型03H2：16　9. Da型 I 式03H47：114　10. Da型 II 式03H37：6　11. Db型02H12：46

Da 型　直口，折腹，圆唇。分 2 式。

Da 型 I 式　卷沿。标本 03H47：114（图 2-17，9）。

Da 型 II 式　窄平沿。标本 03H37：6（图 2-17，10）。

Db 型　口微敛，窄沿。标本 02H12：46（图 2-17，11）。

E 型　直口，沿微卷，弧腹，圆唇。分 2 式。

E 型 I 式　敛口。标本 03T18⑤：16（图 2-18，1）。

E 型 II 式　口微敛。标本 03H48：212（图 2-18，2）。

F 型　直口，圆唇，弧腹较深。标本 03H42：144（图 2-18，3）。

G 型　敛口，折腹。分两亚型。

Ga 型　口微敛。标本 00T16④：78（图 2-18，4）。

Gb 型　敛口较甚，尖唇。标本 00T16②：14（图 2-18，5）。

H 型　浅腹。分两亚型。

Ha 型　侈口，尖圆唇，弧腹。标本 03H55：6（图 2-18，6）。

Hb 型　敛口，弧腹。标本 03H43：159（图 2-18，7）。

I 型　侈口弧腹，较深。标本 04H7：41（图 2-18，8）。

J 型　敛口，折腹。分两亚型。

Ja 型　腹较深。标本 03H57：8（图 2-18，9）。

Jb 型　浅腹。标本 03H41⑤：12（图 2-18，10）。

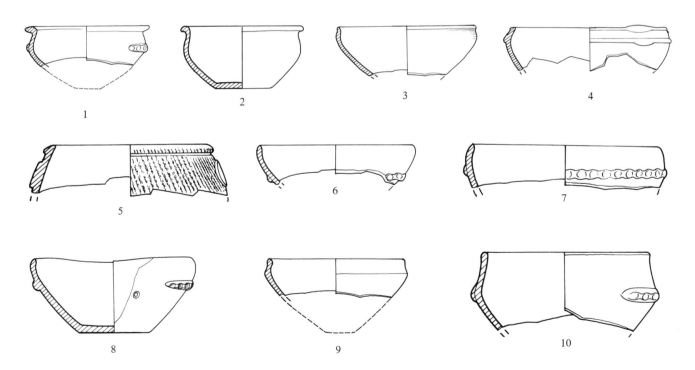

图2-18　泥质陶钵分型分式图

1. E型 I 式03T18⑤：16　2. E型 II 式03H48：212　3. F型03H42：144　4. Ga型00T16④：78　5. Gb型00T16②：14　6. Ha型03H55：6　7. Hb型03H43：159　8. I型04H7：41　9. Ja型03H57：8　10. Jb型03H41⑤：12

8. 盆

分五型。

A 型　敛口。分四亚型。

Aa 型　浅腹，腹部带双錾。标本 03T23 ④ b：12（图 2-19，1）。

Ab 型　浅腹，腹部无双錾。标本 03H19：1（图 2-19，2）。

Ac 型　深腹。标本 03H58：19（图 2-19，3）。

Ad 型　斜腹，上腹带双錾。标本 03H58：39（图 2-19，4）。

B 型　直口。分三亚型。

Ba 型　上腹较直。分 2 式。

Ba 型 I 式　平折沿，沿较宽，圆唇或尖圆唇。标本 3T23 ④ b：18（图 2-19，5）。

Ba 型 II 式　仰折沿，圆唇，折腹。标本 03H58：17（图 2-19，6）。

Bb 型　弧腹较浅。分 2 式。

Bb 型 I 式　仰折沿，圆唇。标本 00H8：69（图 2-19，7）。

Bb 型 II 式　平折沿，圆唇。标本 00T8 ⑤：110（图 2-19，8）。

Bc 型　卷沿。分 2 式。

Bc 型 I 式　圆唇。标本 02H43：2（图 2-19，9）。

Bc 型 II 式　尖唇。标本 03H48：318（图 2-19，10）。

C 型　敛口，平沿或折沿。分三亚型。

Ca 型　敛口，折沿，折腹。分 3 式。

Ca 型 I 式　仰折沿，圆唇。标本 03H48：271（图 2-20，1）。

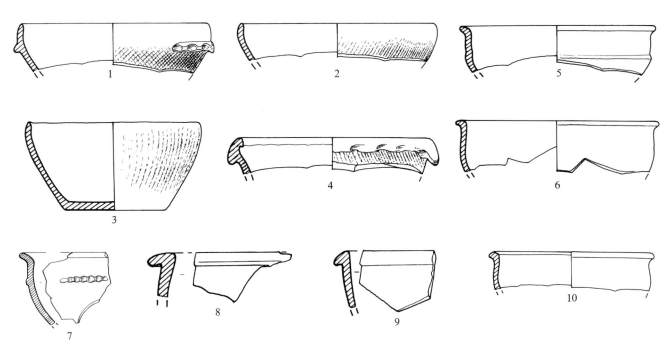

图2-19　泥质陶盆分型分式图

1. Aa型03T23④b：12　2. Ab型03H19：1　3. Ac型03H58：19　4. Ad型03H58：39　5. Ba型 I 式3T23④b：18　6. Ba型 II 式03H58：17　7. Bb型 I 式00H8：69　8. Bb型 II 式00T8⑤：110　9. Bc型 I 式02H43：2　10. Bc型 II 式03H48：318

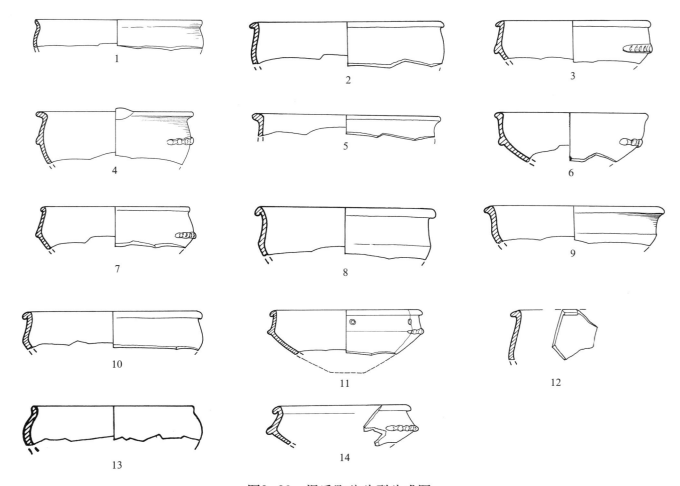

图2-20　泥质陶盆分型分式图

1. Ca型Ⅰ式03H48：271　2. Ca型Ⅱ式03H14：157　3. Ca型Ⅲ式03H42：79　4. Cb型Ⅰ式03H51：10　5. Cb型Ⅱ式03H1：9　6.
Cc型Ⅰ式03H48：286　7. Cc型Ⅱ式03H21：1　8. Da型Ⅰ式03H50：2　9. Da型Ⅱ式03T8④b：14　10. Db型Ⅰ式06H14：27　11.
Db型Ⅱ式06H13：5　12. Dc型Ⅰ式06H12：4　13. Dc型Ⅱ式00H8：48　14. Dd型06T1①：4

　　Ca型Ⅱ式　平折沿，圆唇。标本03H14：57（图2-20，2）。

　　Ca型Ⅲ式　平沿下折，尖唇。标本03H42：79（图2-20，3）。

　　Cb型　敛口，折沿，弧腹。分2式。

　　Cb型Ⅰ式　平沿，圆唇。标本03H51：10（图2-20，4）。

　　Cb型Ⅱ式　平沿下折。标本03H1：9（图2-20，5）。

　　Cc型　敛口，沿较前两亚型窄。分2式。

　　Cc型Ⅰ式　口微敛，斜沿，尖唇，弧腹。标本03H48：286（图2-20，6）。

　　Cc型Ⅱ式　敛口，平沿，尖唇或尖圆唇，弧腹略折。标本03H21：1（图2-20，7）。

　　D型　卷沿盆，分四亚型。

　　Da型　侈口，折腹。分2式。

　　Da型Ⅰ式　侈口。标本03H50：2（图2-20，8）。

　　Da型Ⅱ式　侈口微敞，卷沿，圆唇。标本03T8④b：14（图2-20，9）。

　　Db型　敛口，折腹，分2式。

Db 型 I 式　敛口。标本 06H14：27（图 2-20，10）。

Db 型 II 式　口微敛。标本 06H13：5（图 2-20，11）。

Dc 型　敛口，弧腹。分 2 式。

Dc 型 I 式　沿外卷较甚。标本 06H12：4（图 2-20，12）。

Dc 型 II 式　卷微卷。标本 00H8：48（图 2-20，13）。

Dd 型　敛口，卷沿，折腹较浅。标本 06T1 ①：4（图 2-20，14）。

E 型　大口。分五亚型。

Ea 型　方唇，斜腹较深。标本 06H11：9（图 2-21，1）。

Eb 型　圆唇，弧腹较浅。标本 06T4 ⑤：2（图 2-21，2）。

Ec 型　卷沿较短，尖圆唇。标本 00T8 ④：48（图 2-21，3）。

Ed 型　弧腹，方唇，带双鋬。标本 03H58：15（图 2-21，4）。

Ee 型　弧腹。分 3 式。

Ee 型 I 式　仰折沿，尖圆唇，腹较浅。标本 03H58：14（图 2-21，5）。

Ee 型 II 式　窄平沿，尖唇，腹较深。标本 03H26：36（图 2-21，6）。

Ee 型 III 式　平沿下折，圆唇。标本 03T28 ④ b：10（图 2-21，7）。

Ef 型　折腹较深。标本 03H39：10（图 2-21，8）。

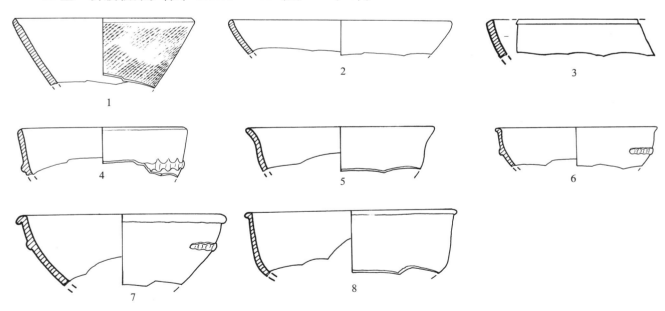

图2-21　泥质陶盆分型分式图

1. Ea型06H11：9　2. Eb型06T4⑤：2　3. Ec型00T8④：48　4. Ed型03H58：15　5. Ee型 I 式03H58：14　6. Ee型 II 式03H26：36
7. Ee型 III 式03T28④b：10　8. Ef型03H39：10

9. 带嘴锅

分三型。

A 型　敛口。分 2 式。

A 型 I 式　敛口较甚，圆唇或尖圆唇。标本 03H48：218（图 2-22，1）。

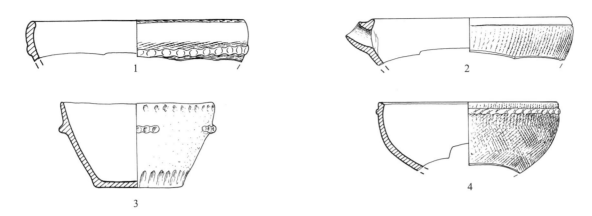

图2-22 泥质陶带嘴锅分型分式图

1. A型I式03H48：218　2. A型II式03Y1：3　3. B型03H43：57　4. C型03H23：11

A 型II式　口微敛，圆唇或尖圆唇。标本 03Y1：3（图 2-22，2）。

B 型　侈口。标本 03H43：57（图 2-22，3）。

C 型　直口，弧腹略折。标本 03H23：11（图 2-22，4）。

10. 碗

分两型。

A 型　浅腹。分四亚型。

Aa 型　侈口，尖圆唇。分 2 式。

Aa 型I式　弧腹，多为泥质橙黄色和砖红色。标本 03H47：110（图 2-23，1）。

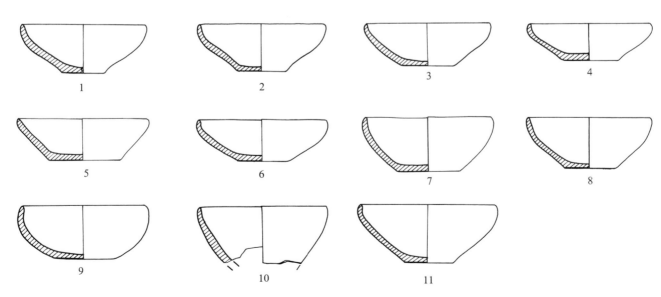

图2-23 泥质陶碗分型分式图

1. Aa型I式03H47：110　2. Aa型II式03H8：1　3. Ab型I式03T18⑤：7　4. Ab型II式03H17：7　5. Ac型03H43：58　6. Ad型
03T6④b：1　7. Ba型I式03H41⑤：98　8. Ba型II式03H48：303　9. Bb型03H41⑤：88　10. Bc型03H41⑤：101　11. Bd型03H47：11

Aa 型 II 式　侈口外敞，尖圆唇，呈双腹状。标本 03H8：1（图 2-23，2）。

Ab 型　敛口，圆唇或尖圆唇，弧腹。分 2 式。

Ab 型 I 式　弧腹。标本 03T18 ⑤：7（图 2-23，3）。

Ab 型 II 式　弧腹内收较甚，呈双腹状。标本 03H17：7（图 2-23，4）。

Ac 型　敞口，斜腹。标本 03H43：58（图 2-23，5）。

Ad 型　直口，尖唇。标本 03T6 ④ b：1（图 2-23，6）。

B 型　深腹。分四亚型。

Ba 型　侈口，尖圆唇。分 2 式。

Ba 型 I 式　弧腹。标本 03H41 ⑤：98（图 2-23，7）。

Ba 型 II 式　侈口外敞，尖圆唇，呈双腹状。标本 03H48：303（图 2-23，8）。

Bb 型　敛口。标本 03H41 ⑤：88（图 2-23，9）。

Bc 型　敞口，斜腹。标本 03H41 ⑤：101（图 2-23，10）。

Bd 型　直口，折腹。标本 03H47：11（图 2-23，11）。

11．杯

分五型。

A 型　鼓腹。分两亚型。

Aa 型　直口，鼓腹。标本 06H9：39（图 2-24，1）。

Ab 型　侈口，鼓腹。标本 03H24：5（图 2-24，2）。

B 型　弧腹，圜底。标本 03H9：1（图 2-24，3）。

C 型　直腹，平底。标本 03 采：9（图 2-24，4）。

D 型　斜腹，尖底。标本 02T4 ③：5（图 2-24，5）。

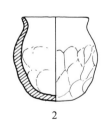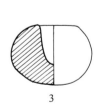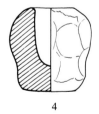

1　　　　　2　　　　　3　　　　　4　　　　　5

图2-24　泥质陶杯分型分式图
1. Aa型06H9：39　2. Ab型03H24：5　3. B型03H9：1　4. C型03采：9　5. D型02T4③：5

12．纺轮

分三型。

A 型　扁平圆饼形。标本 03H35：6（图 2-25，1）。

B 型　鼓型，呈螺旋锥体状。标本 06F2 ②：33（图 2-25，2）。

C 型　横截面呈梯形。标本 03T32 ③ a：4（图 2-25，3）。

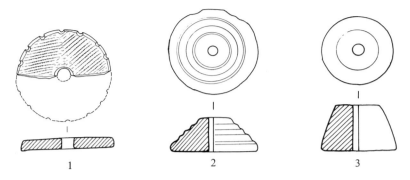

图2-25　陶纺轮分型分式图
1．A型03H35：6　2．B型06F2②：33　3．C型03T32③a：4

13．陶球

分五型。

A 型　实心，直径小于3.0厘米。标本03H47：100（图2-26，1）。

B 型　实心，直径3.0～5.0厘米。标本03H47：46（图2-26，2）。

C 型　实心，直径大于5.0厘米。标本03H43：137（图2-26，3）。

D 型　实心，表面饰细绳纹，球表有多个向心的圆锥状钻孔。标本03H39：1（图2-26，4）。

E 型　空心。标本03H42：54（图2-26，5）。

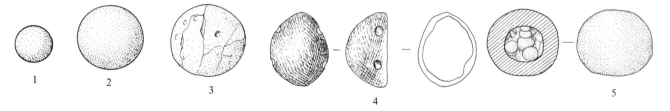

图2-26　陶球分型分式图
1．A型03H47：100　2．B型03H47：46　3．C型03H43：137　4．D型03H39：1　5．E型03H42：54

14．器耳

分两型。

A 型　桥形。标本03H48：140（图2-27，1）。

B 型　鸡冠状。标本03H43：256（图2-27，2）。

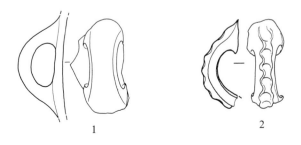

图2-27　泥质陶器耳分型分式图
1．A型03H48：140　2．B型03H43：256

15．圈足

分三型。

A 型　呈覆碗状，分为两亚型。

Aa 型　圈足较矮。标本 02G2 ：3（图 2-28，1）。

Ab 型　圈足较高。标本 02H44 ：9（图 2-28，2）。

B 型　足根陡直。标本 02H44 ：113（图 2-28，3）。

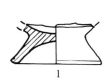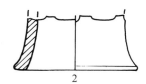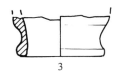

图2-28　泥质陶圈足分型分式图

1．Aa型02G2：3　2．Ab型02H44：9　3．B型02H44：113

（三）夹砂陶

夹砂陶器类有侈口罐、罐、小罐、筒形罐、瓮、盆、带嘴锅、甑、钵、盘、杯、器盖、圈足等，其中以侈口罐、罐、小罐数量最多，形式变化也较明显。

1．侈口罐

分五型。

A 型　折沿，弧腹。分两亚型。

Aa 型　沿较短。分 3 式。

Aa 型Ⅰ式　束颈，腹径明显大于口径，弧腹略鼓。标本 03H57 ：24（图 2-29，1）。

Aa 型Ⅱ式　口径与腹径基本等大，弧腹。标本 03H43 ：217（图 2-29，2）。

Aa 型Ⅲ式　侈口外敞，口径大于腹径。标本 03H17 ：5（图 2-29，3）。

Ab 型　沿较长。分 3 式。

Ab 型Ⅰ式　束颈，腹略鼓。标本 03H47 ：62（图 2-29，4）。

Ab 型Ⅱ式　弧腹。标本 03H26 ：47（图 2-29，5）。

Ab 型Ⅲ式　口径大于腹径，弧腹较直。标本 03H47 ：61（图 2-29，6）。

B 型　卷沿，弧腹。分两亚型。

Ba 型　沿较短，分 3 式。

Ba 型Ⅰ式　束颈、弧腹略鼓，腹部最大径在肩腹交接处。标本 03H14 ：62（图 2-29，7）。

Ba 型Ⅱ式　弧腹，腹部最大径下移至腹中部。标本 03H43 ：112（图 2-29，8）。

Ba 型Ⅲ式　垂腹。标本 03H42 ：55（图 2-29，9）。

Bb 型　沿较长。分 3 式。

Bb 型Ⅰ式　束颈、弧腹略鼓。标本 02H44 ：141（图 2-29，10）。

Bb 型Ⅱ式　弧腹。标本 03H43 ：103（图 2-29，11）。

Bb 型Ⅲ式　垂腹。标本 03H13 ：10（图 2-29，12）。

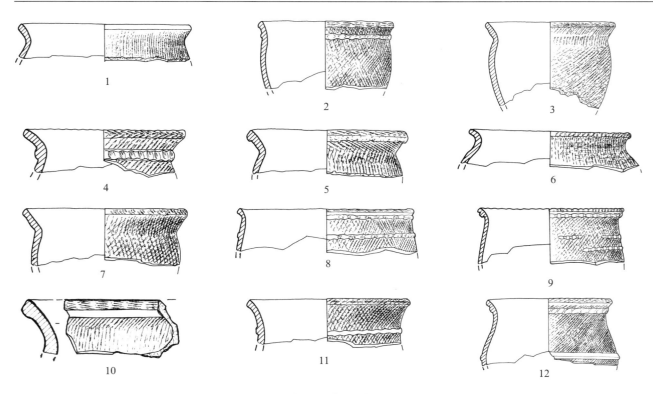

图2-29　夹砂陶侈口罐分型分式图

1．Aa型Ⅰ式03H57：24　2．Aa型Ⅱ式03H43：217　3．Aa型Ⅲ式03H17：5　4．Ab型Ⅰ式03H47：62　5．Ab型Ⅱ式03H26：47　6．Ab型Ⅲ式03H47：61　7．Ba型Ⅰ式03H14：62　8．Ba型Ⅱ式03H43：112　9．Ba型Ⅲ式03H42：55　10．Bb型Ⅰ式02H44：141　11．Bb型Ⅱ式03H43：103　12．Bb型Ⅲ式03H13：10

C型　侈口，卷沿，直腹。分两亚型。

Ca型　沿较短。分2式。

Ca型Ⅰ式　卷沿。标本03H43：17（图2-30，1）。

Ca型Ⅱ式　沿外卷较甚。标本03H42：71（图2-30，2）。

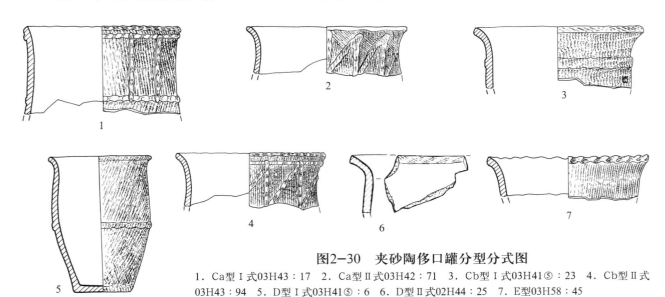

图2-30　夹砂陶侈口罐分型分式图

1．Ca型Ⅰ式03H43：17　2．Ca型Ⅱ式03H42：71　3．Cb型Ⅰ式03H41⑤：23　4．Cb型Ⅱ式03H43：94　5．D型Ⅰ式03H41⑤：6　6．D型Ⅱ式02H44：25　7．E型03H58：45

Cb 型　沿较长。分 2 式。

Cb 型 I 式　卷沿。标本 03H41 ⑤：23（图 2-30，3）。

Cb 型 II 式　沿外卷较甚。标本 03H43：94（图 2-30，4）。

D 型　折沿，直腹。分 2 式。

D 型 I 式　侈口。标本 03H41 ⑤：6（图 2-30，5）。

D 型 II 式　侈口外敞。标本 02H44：25（图 2-30，6）。

E 型　侈口外敞，卷沿，弧腹内收。标本 03H58：45（图 2-30，7）。

2. 罐

分十二型。

A 型　敞口，卷沿，束颈，弧腹。分 2 式。

A 型 I 式　颈较长。标本 06H1：24（图 2-31，1）。

A 型 II 式　颈较短。标本 06T4 ⑥：1（图 2-31，2）。

B 型　侈口，矮领，卷沿，圆唇，鼓腹。标本 03H53：5（图 2-31，3）。

C 型　侈口，折沿，弧腹，胎较薄，器体一般较小。分 3 式。

C 型 I 式　束颈，弧腹略鼓。标本 02H25：2（图 2-31，4）。

C 型 II 式　颈微束，弧腹。标本 03H43：248（图 2-31，5）。

C 型 III 式　腹较直，口径大于腹径。标本 04H18：29（图 2-31，6）。

D 型　卷沿较短。分三亚型。

Da 型　圆唇，束颈，鼓腹。标本 03H43：37（图 2-31，7）。

Db 型　方唇，颈微束，鼓腹。标本 03H48：141（图 2-31，8）。

Dc 型　卷沿，弧腹。标本 03H43：50（图 2-31，9）。

E 型　敛口卷沿，束颈较长，弧腹。标本 02H36：104（图 2-32，1）。

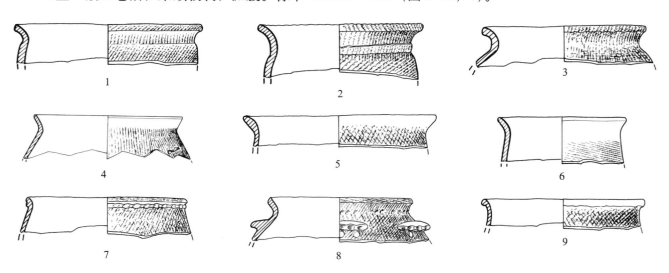

图2-31　夹砂陶罐分型分式图

1. A型 I 式06H1：24　2. A型 II 式06T4⑥：1　3. B型03H53：5　4. C型 I 式02H25：2　5. C型 II 式03H43：248　6. C型 III 式
04H18：29　7. Da型03H43：37　8. Db型03H48：141　9. Dc型03H43：50

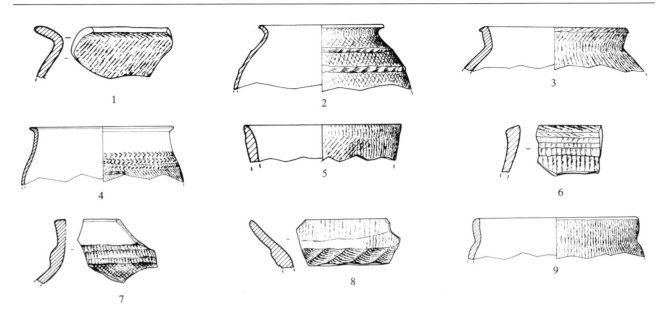

图2-32　夹砂陶罐分型分式图

1. E型02H36：104　2. F型02T18④：6　3. G型02T1⑨：2　4. H型02H25：5　5. I型02H36：41　6. J型 I 式02H43：360　7. J型 II 式02H8：9　8. K型02H36：40　9. L型02T25②：24

F 型　敛口，卷沿，圆唇，鼓腹。标本 02T18 ④：6（图 2-32，2）。

G 型　侈口，折沿，尖唇，短颈，鼓腹。标本 02T1 ⑨：2（图 2-32，3）。

H 型　直口，平沿，尖唇，垂腹。标本 02H25：5（图 2-32，4）。

I 型　侈口，尖唇。标本 02H36：41（图 2-32，5）。

J 型　立领。分 2 式。

J 型 I 式　口微敛。标本 02H43：360（图 2-32，6）。

J 型 II 式　直口。标本 02H8：9（图 2-32，7）。

K 型　敛口，折沿，方唇，长颈。标本 02H36：40（图 2-32，8）。

L 型　直口，束颈，弧腹。标本 02T25 ②：24（图 2-32，9）。

3．小罐

分九型。

A 型　分两亚型。

Aa 型　侈口，鼓腹。分 2 式。

Aa 型 I 式　领较高，圆唇。标本 03H48：267（图 2-33，1）。

Aa 型 II 式　领较矮，圆唇。标本 03H26：157（图 2-33，2）。

Ab 型　直领，尖圆唇。标本 03T7 ⑤：7（图 2-33，3）。

B 型　侈口，有领，弧腹较直。标本 03H48：228（图 2-33，4）。

C 型　卷沿较短，鼓腹。分 3 式。

C 型 I 式　沿微卷，尖圆唇。标本 03H38：56（图 2-33，5）。

C 型 II 式　沿外卷，圆唇。标本 03H42：64（图 2-33，6）。

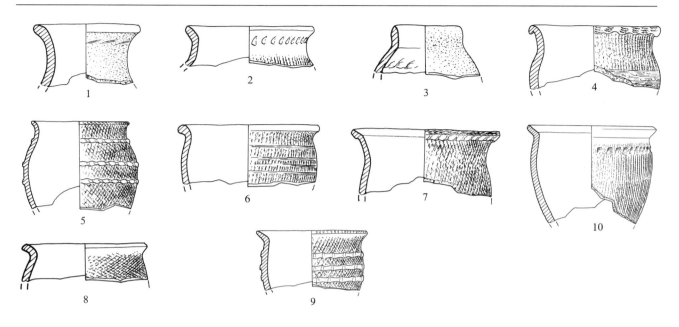

图2-33　夹砂小罐分型分式图

1. Aa型Ⅰ式03H48：267　2. Aa型Ⅱ式03H26：157　3. Ab型03T7⑤：7　4. B型03H48：228　5. C型Ⅰ式03H38：56　6. C型Ⅱ式
03H42：64　7. C型Ⅲ式03T33③a：3　8. D型Ⅰ式03H43：221　9. D型Ⅱ式03H14：129　10. D型Ⅲ式03H42：62

　　C型Ⅲ式　垂腹。标本03T33③a：3（图2-33，7）。

　　D型　侈口，折沿，弧腹。分3式。

　　D型Ⅰ式　弧腹略鼓，口径小于腹径。标本03H43：221（图2-33，8）。

　　D型Ⅱ式　弧腹，口径与腹径基本等大。标本03H14：129（图2-33，9）。

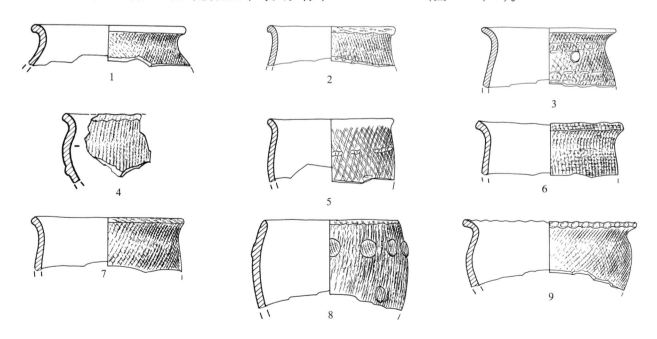

图2-34　夹砂小罐分型分式图

1. E型Ⅰ式03T13⑤：5　2. E型Ⅱ式03H43：130　3. E型Ⅲ式03H42：83　4. F型Ⅰ式00H3：23　5. F型Ⅱ式03H43：28　6. G型Ⅰ
式03T13⑤：5　7. G型Ⅱ式03H25：17　8. H型03H41⑤：32　9. I型03H57：9

D 型Ⅲ式　弧腹较直，口径大于腹径。标本 03H42 ： 62（图 2-33，10）。

E 型　侈口，卷沿，弧腹。分 3 式。

E 型Ⅰ式　束颈、弧腹略鼓。标本 03T13 ⑤： 5（图 2-34，1）。

E 型Ⅱ式　弧腹，口径大于腹径。标本 03H43 ： 130（图 2-34，2）。

E 型Ⅲ式　垂腹。标本 03H42 ： 83（图 2-34，3）。

F 型　折沿，弧腹。分 2 式。

F 型Ⅰ式　弧腹略鼓。00H3 ： 23（图 2-34，4）。

F 型Ⅱ式　弧腹较直。标本 03H43 ： 28（图 2-34，5）。

G 型　卷沿，腹较直。分 2 式。

G 型Ⅰ式　直腹略弧。标本 03T13 ⑤： 5（图 2-34，6）。

G 型Ⅱ式　直腹。标本 03H25 ： 17（图 2-34，7）。

H 型　敛口，弧腹。标本 03H41 ⑤： 32（图 2-34，8）。

Ⅰ型　仰折沿，束颈，弧腹较浅。标本 03H57 ： 9（图 2-34，9）。

4．筒形罐

带双錾。分 2 式。

Ⅰ式　直口，圆唇。标本 03T5 ⑥： 62（图 2-35，1）。

Ⅱ式　口微敛，圆唇。标本 03H10 ： 14（图 2-35，2）。

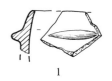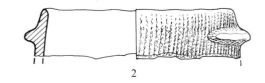

图2-35　夹砂陶筒形罐分型分式图

1．Ⅰ式03T5⑥：62　2．Ⅱ式03H10：14

5．瓮

分三型

A 型　直口，平沿。分 2 式。

A 型Ⅰ式　沿较宽，方唇。标本 00H29 ： 1（图 2-36，1）。

A 型Ⅱ式　窄沿，圆唇。标本 00H21 ： 20（图 2-36，2）。

B 型　立领，弧腹。分 2 式。

B 型Ⅰ式　领较短。标本 00H17 ： 38（图 2-36，3）。

B 型Ⅱ式　领较长。标本 00T1 ③： 24（图 2-36，4）。

C 型　广肩，鼓腹。分 2 式。

C 型Ⅰ式　直口。标本 00H8 ： 41（图 2-36，5）。

C 型Ⅱ式　直口微侈。标本 00H21 ： 18（图 2-36，6）。

6. 钵

分五型。

A 型　敞口，弧腹较浅。标本 03H11：25（图 2-37，1）。

B 型　敛口。标本 03H26：46（图 2-37，2）。

C 型　直口。标本 03H23：11（图 2-37，3）。

D 型　微敛口。分两亚型。

Da 型　微敛口，深腹。标本 02T1②：24（图 2-37，4）。

Db 型　微敛口，尖圆唇。分 2 式

Db 型 I 式　微敛口，尖圆唇，直腹。标本 02T1⑧：13（图 2-37，5）。

Db 型 II 式　微敛口，尖圆唇，弧腹。标本 02H44：630（图 2-37，6）。

E 型　直口、平折沿、圆唇。标本 02H47：3（图 2-37，7）。

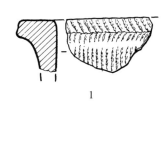
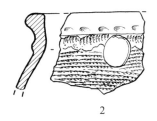
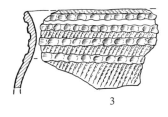
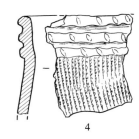
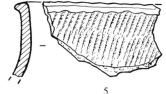
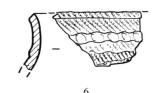

图2-36　夹砂陶瓮分型分式图

1. A型 I 式00H29：1　2. A型 II 式00H21：20　3. B型 I 式
00H17：38　4. B型 II 式00T1③：24　5. C型 I 式00H8：41　6. C
型 II 式00H21：18

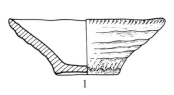
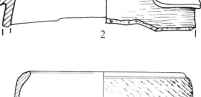
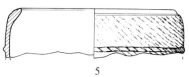
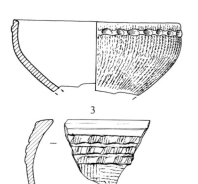

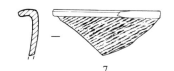

图2-37　夹砂陶钵分型分式图

1. A型03H11：25　2. B型03H26：46　3. C型03H23：11　4. Da型02T1②：24　5. Db型 I
式02T1⑧：13　6. Db型 II 式02H44：630　7. E型02H47：3

7. 带嘴锅

分三型。

A 型　敛口，弧腹。分2式。

A 型 I 式　敛口较甚。标本 03H43 ： 90 （图 2-38，1）。

A 型 II 式　口微敛。标本 03H2 ： 4 （图 2-38，2）。

B 型　侈口，弧腹。

B 型 I 式　侈口。标本 03H26 ： 112 （图 2-38，3）。

B 型 II 式　侈口外敞。标本 03H20 ： 9 （图 2-38，4）。

C 型　直口。标本 03H47 ： 113 （图 2-38，5）。

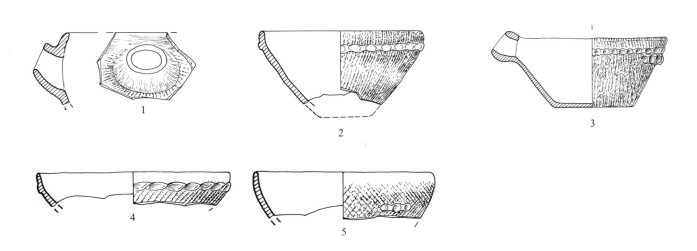

图2-38　夹砂陶带嘴锅分型分式图

1. A型 I 式03H43：90　2. A型 II 式03H2：4　3. B型 I 式03H26：112　4. B型 II 式03H20：9　5. C型03H47：113

8. 杯

分六型。

A 型　侈口，尖唇，弧腹较深。标本 03H42 ： 87 （图 2-39，1）。

B 型　侈口，圆唇，斜腹较浅。标本 03T10 ④ a ： 3 （图 2-39，2）。

C 型　侈口，方唇。分两亚型。

Ca 型　直腹，周身施绳纹。标本 02H43 ： 34 （图 2-39，3）。

Cb 型　侈口，方唇，弧腹较直。标本 03T23 ① ： 12 （图 2-39，4）。

D 型　敞口，弧腹周身施绳纹。分两亚型。

Da 型　尖圆唇，斜腹，口径明显大于腹径。标本 04H2 ： 5 （图 2-39，5）。

Db 型　方唇，壶腹。标本 04T2 ② ： 1 （图 2-39，6）。

E 型　浅圈足，弧腹较直。标本 04H6 ： 5 （图 2-39，7）。

F 型　侈口，弧腹较浅。标本 03T34 ⑤ ： 2 （图 2-39，8）。

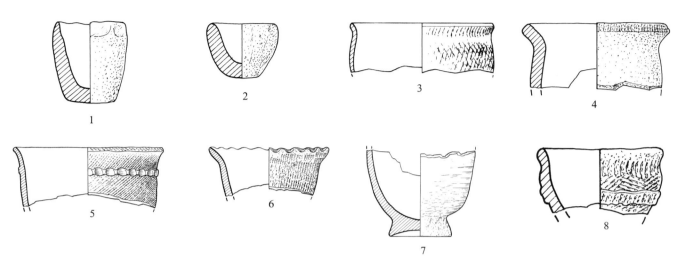

图2-39　夹砂陶杯分型分式图

1. A型03H42：87　2. B型03T10④a：3　3. Ca型02H43：34　4. Cb型03T23①：12　5. Da型04H2：5　6. Db型04T2②：1　7. E型04H6：5　8. F型03T34⑤：2

9. 圈足

分两型。

A 型　足根外撇。标本 03H47：103（图 2-40，1）。

B 型　足根陡直。标本 03H11：11（图 2-40，2）。

10. 器流

分两型。

A 型　流口呈圆筒状。标本 00H8：50（图 2-41，1）。

B 型　流口呈宽扁状。标本 00H3：21（图 2-41，2）。

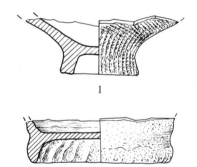

图2-40　夹砂陶圈足分型分式图

1. A型03H47：103　2. B型03H11：11

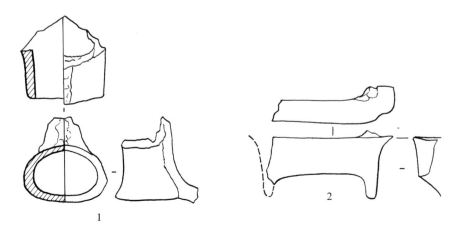

图2-41　夹砂陶器流分型分式图

1. A型00H8：50　2. B型00H3：21

二 石器

石器可分为打制和磨制两类。

打制石器分为直接打制和间接打制两种，其中直接打制石器、磨制石器的石料的岩性主要为变质岩、砂岩、粉砂岩等；间接打制石器全部为细石器，石料的岩性包括燧石、水晶和石英三种。

打制石器的器类有尖状器、砍砸器、刮削器、切割器、两侧打缺石刀，另有石核、石片、断块等。细石器的器类有细石核、细石叶、琢背小刀等。

磨制石器的器类有石斧、石锛、石凿、石刀、石镰、石矛、砺石、研磨器、石环、石镯、璧形器、纺轮、石球、穿孔形器等。因为大部分石器形制比较统一，我们仅对型式较多样的砍砸器、切割器、刮削器、石斧、石锛、石球、石镯等进行统一的类型学划分。

1．砍砸器

根据刃口形态分四型。

A 型　盘状砍砸器。标本 02H25：9（图 2-42，1）。

B 型　端刃砍砸器。标本 03H42：98（图 2-42，2）。

C 型　一端刃和一侧刃。标本 03T23 ④ b：30（图 2-42，3）。

D 型　复刃砍砸器。标本 04H35：8（图 2-42，4）。

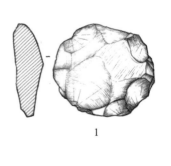
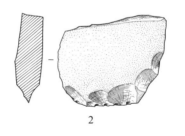
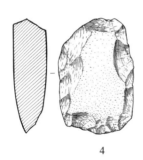
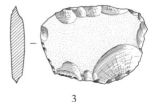

图2-42　砍砸器分类图

1. A型02H25：9　2. B型03H42：98　3. C型03T23④b：30　4. D型04H35：8

2．切割器

根据刃口的方位和数量分四型。

A 型　一端刃。标本 03H47：35（图 2-43，1）。

B 型　两端刃。标本 06T4 ⑦：6（图 2-43，2）

C 型　两端或一端刃和一侧刃。标本 03H47：29（图 2-43，3）

D 型　复刃切割器。标本 02H12：98（图 2-43，4）。

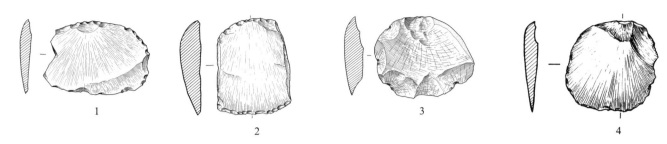

图2-43 切割器分类图

1. A型03H47：35 2. B型06T4⑦：6 3. C型03H47：29 4. D型02H12：98

3. 刮削器

分两型。

A型 端刃，即端刮器。标本 04H18：9（图2-44，1）。

B型 边刃，即边刮器。标本 04H19：54（图2-44，2）。

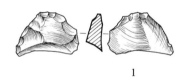
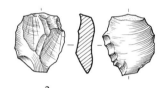

图2-44 刮削器分类图

1. A型04H18：9 2. B型04H19：54

4. 石斧

分两型。

A型 呈上窄下宽的梯形。标本 04H15：1（图2-45，1）。

B型 长条型。标本 04H4：1（图2-45，2）。

5. 石锛

分两型。

A型 呈上窄下宽的梯形。标本 03H16：25（图2-46，1）。

B型 长条型。标本 03H8：9（图2-46，2）。

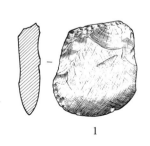
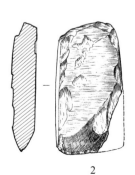

图2-45 石斧分类图

1. A型04H15：1 2. B型04H4：1

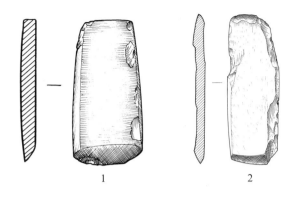

图2-46 石锛分类图

1. A型03H16：25 2. B型03H8：9

6. 磨制石刀

分两型。

A型 无穿孔。标本 02T10 ③：29（图 2-47，1）。

B型 有穿孔。标本 00H17：6（图 2-47，2）。

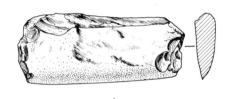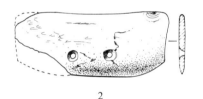

图2-47 磨制石刀分类图

1. A型02T10③：29 2. B型00H17：6

7. 石球

根据表面是否磨光分两型。

A型 麻面。根据石球圆度可分三亚型。

Aa型 正圆形。标本 03H5：20（图 2-48，1）。

Ab型 椭圆形。标本 03H14：161（图 2-48，2）。

Ac型 扁圆形。标本 04T5 ④：1（图 2-48，3）。

B型 通体磨光。标本 06H3：45（图 2-48，3）。

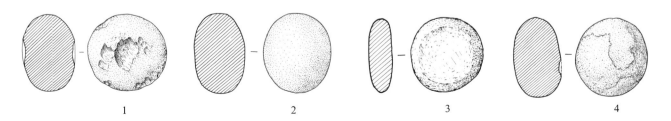

图2-48 石球分类图

1. Aa型03H5：20 2. Ab型03H14：161 3. Ac型04T5④：1 4. B型06H3：45

8. 石镯（环）

分两型。

A 型　亚腰状，外壁面内凹，内壁面略凸起。标本 03H14：77（图2-49，1）。

B 型　外壁面凸起，内壁面磨平。标本 03H26：8（图2-49，2）。

C 型　近六边形。标本 03H47：28（图2-49，3）。

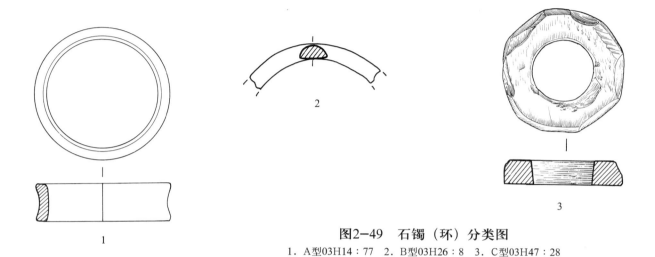

图2-49　石镯（环）分类图
1. A型03H14：77　2. B型03H26：8　3. C型03H47：28

三　骨角牙蚌器

营盘山遗址出土的骨、角、蚌器数量较多，器型规范，加工精致。器物种类有锥、簪、镞、（骨）梗刀、磨光肋骨等，另有一些制作骨器的坯料和废料，对于全面复原制作骨、角器的工艺流程有重要意义。

这些工具主要用鹿角、鹿和牛的肋骨、长骨作为原料，经过截料、制坯、琢磨、挖槽、钻孔、雕刻纹饰等工序制成，另有少量有染色。

第三章 2000年度发掘

2000年10月下旬至11月中旬，对营盘山遗址及石棺葬墓地首次进行了勘探和试掘，试掘集中在遗址的中西部进行，共布探方（沟）17个（条），揭露面积达240余平方米（图3-1）。

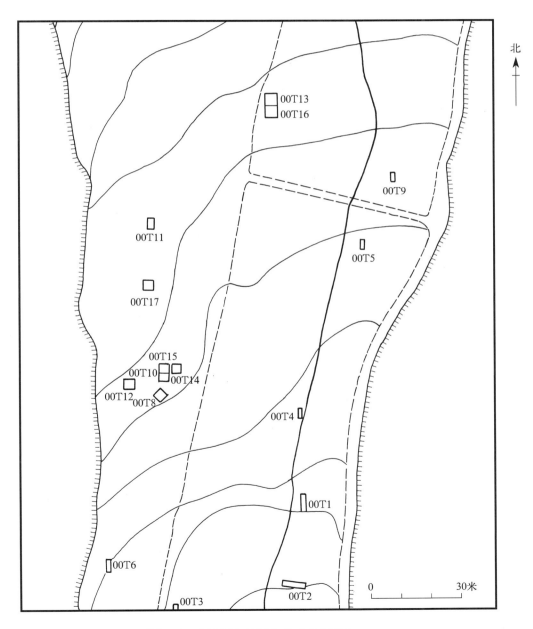

图3-1 2000年度探方分布平面图

第一节　地层堆积

1．00T1西壁

2000年度第一地点布探方6个，即00T1～T6。

00T1位于遗址中部偏东地带，为正南北向探沟，长10.00、宽2.50米。该区域地层堆积以00T1西壁剖面为例，介绍如下（图3-2）。

第①层：农耕土层，灰黑色，结构疏松。厚0.20～0.50米。夹杂塑料碎片、石片、植物根系等。包含物主要为近现代瓷片、陶片。

第②层：浅黄色土层，结构紧密。深0.20～0.50、厚0～0.20米。包含物有石棺葬板残片、随葬陶罐、豆、器盖等类器物。探沟西南部缺失该地层。有3座残破的石棺葬开口于此层下。

第③层：黄色粉状土层，结构疏松。深0.35～0.40、厚0～0.32米。包含物有夹砂陶绳纹侈口罐、泥质陶钵残片等。

第④层：黑色土层，结构疏松。仅分布于探沟北部。深0.65～0.70、厚0～0.25米。包含物较丰富，有泥质陶敛口钵、夹砂陶绳纹侈口罐、彩陶片、红烧土颗粒、石块和兽骨等。00H1开口于此层下，打破生土。

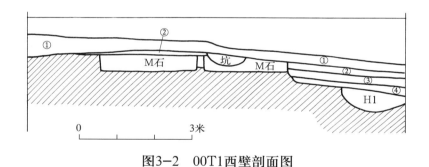

图3-2　00T1西壁剖面图

2．00T14东壁

本年度第二地点布探方9个，为00T7～12、T14、T15、T17。

第二地点东部的地层堆积以00T14东壁剖面为例，介绍如下（图3-3；彩版七，1）。

第①层：褐色农耕土层，结构疏松。厚0.20～0.30米。夹杂碎石块、植物根系、玻璃片、瓷片、陶片等物。

第②层：浅褐色土层，结构较紧密。深0.20～0.30、厚0.10～0.18米。包含物有小石子、瓷片、绳纹陶片、泥质灰黑陶片等。

第③层：黄褐色土层，结构疏松呈粉状。深0.30～0.50、厚0.10～0.20米。包含物有泥质灰陶双耳罐残片、附加堆纹陶片、绳纹夹砂陶片等。石棺葬00M34、M35和00H17、H21、H23开口于此层下，且00H17打破00H21。

第④层：黑褐色土层，结构疏松呈粉状。该层在探方东北角缺失。深0.70～1.20、厚0～0.40米。包含物有彩陶片、粗绳纹夹砂陶片、附加堆纹陶片、绳纹花边口沿陶片等。00H22、H24开口于第④层下。

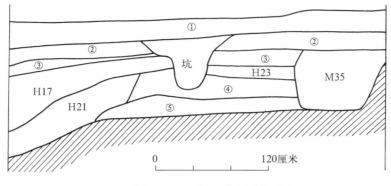

图3-3　00T14东壁剖面图

第⑤层：红色土层，土质较致密。该层仅在探方东部有分布。深1.00、厚0～0.20米。包含有绳纹花边口沿陶片、附加堆纹陶片、绳纹陶片等。

第⑤层以下为生土。

3. 00T12北壁

第二地点西部的地层堆积，以00T12北壁剖面为例，介绍如下（图3-4；彩版七，2）。

第①层：褐色农耕土层，结构疏松，夹杂碎石块、植物根系。厚0.10～0.20米。包含有近现代瓷片、陶片等。

第②层：浅褐色土层，结构较紧密。深0.10～0.20、厚0～0.20米。包含物有小石子、瓷片、绳纹陶片、泥质灰黑陶片等。石棺葬00M27、M28、M29等开口于此层下。

第③层：黑褐色土层，结构疏松呈粉状。深0.40、厚0～0.20米。包含物有泥质陶片、绳纹花边口沿夹砂陶片等。

第④层：红色土层，结构较紧；距地表深0.40～0.90、厚0～0.40米。包含物有彩陶片、绳纹陶片、附加堆纹陶片、泥质褐陶片、石器等。灰坑00H11开口于此层下。

第⑤层：黄色粉状土夹杂褐色块状土层。深0.60～0.90、厚0.30～0.65米。包含有少量彩陶片、绳纹陶片等。

第⑥层：红黄色土层，呈颗粒状，结构略紧。该层仅在探方北部有分布。深0.85～1.00、厚0～0.25

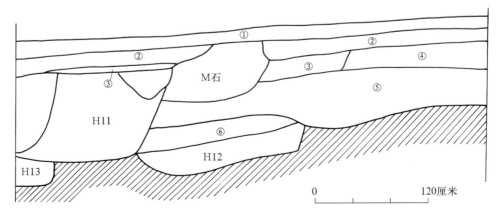

图3-4　00T12北壁剖面图

米。包含物有彩陶片、绳纹花边口沿陶片、附加堆纹陶片、泥质陶片等。灰坑00H12、H13开口于第⑥层下，打破生土。

第⑥层以下为生土。

4. 00T8北壁

第二地点南部的地层堆积以00T8北壁剖面为例，介绍如下（图3-5；彩版八，1）。

第①层：褐色农耕土层，结构疏松。厚0.20～0.35米。包含物主要为碎石块、植物根系和近现代瓷片等。

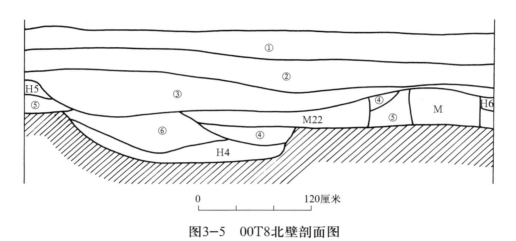

图3-5　00T8北壁剖面图

第②层：浅褐色土层，结构较为紧密。深0.20～0.35、厚0.20～0.35米。包含物有青瓷片、白瓷片、灰黑陶片等。

第③层：红褐色土层，结构疏松呈粉状。深0.45～0.65、厚0.10～0.50米。包含物有泥质灰陶双耳、单耳罐残片、绳纹夹砂陶片等。石棺葬M22和灰坑00H5、H6开口于此层下。

第④层：褐色土层，结构疏松呈粉状。该层仅在探方内局部分布。深0.70～1.00、厚0～0.20米。包含物有彩陶片、泥质黑皮陶片、夹砂红、褐陶片、石器等。

第⑤层：红色夹杂黄色土层，土质呈颗粒状，结构较紧。该层仅在探方内局部分布。深0.70～0.85、厚0～0.35米。包含物有彩陶片、粗绳纹陶片、夹粗砂陶片、石器等。灰坑00H3、H7开口于此层下。

第⑥层：红褐色花土层，结构略紧。该层仅在探方北部有分布。深0.90～1.20、厚0～0.50米。包含物有彩陶片、夹粗砂陶片等。灰坑00H4开口于此层下，打破生土。

第⑥层以下为生土。

5. 00T13西壁

2000年度第三地点仅布2个探方，即00T13、T16。该区域地层堆积以00T13西壁剖面为例，介绍如下（图3-6；彩版八，2）。

第①层：褐色农耕土层，结构疏松。厚0.25～0.35米。包含物主要为碎石块、植物根系、玻璃片、瓷片、陶片等。有2个晚期坑开口于此层下。

第②层：浅褐色土层，结构较紧密。该层仅在探方局部有分布。深0.25～0.40、厚0～0.15米。

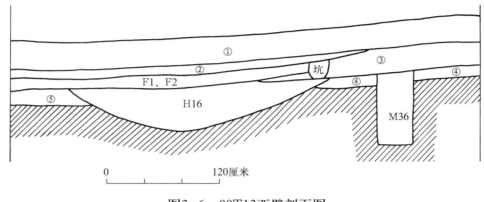

图3-6　00T13西壁剖面图

包含物有小石子、白瓷片、青瓷圈足、绳纹陶片、泥质灰黑陶片等。房址 00F1、F2、00Z1 开口于此层下。

第③层：黄褐色土层，结构疏松呈粉状。深 0.30～0.65、厚 0～0.50 米。包含物有泥质灰陶双耳、单耳罐残片、陶杯残片、附加堆纹陶片、绳纹夹砂陶片等。多座石棺葬，房址 00F3、F4、F5，以及灰坑 00H16、H18、H19、H20、H28 开口于此层下（彩版九，1）。

第④层：红色土层，呈颗粒状。深 0.55、厚 0.10～0.18 米。包含物有粗绳纹夹砂陶片、附加堆纹陶片、绳纹花边口沿陶片等。

第⑤层：黄色粉状土夹杂褐色块状土层。深 0.45～0.50、厚 0～0.25 米。包含有少量绳纹陶片等物。灰坑 00H29、灰沟 00HG1 开口于此层下，且 00H29 打破 00HG1。

第⑤层以下为生土。

第四地点本年度没有进行发掘。

第二节　遗　迹

2000 年度发掘共发现的新石器时代遗迹包含灰坑 26 座、灰沟 1 条和房屋基址 3 座（图3-7、8）。

图3-7　00T8遗迹分布平面图

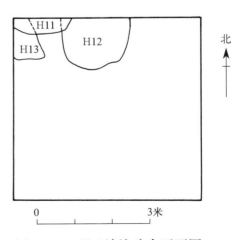

图3-8　00T12遗迹分布平面图

一 房址

房屋基址共发现 3 座，00F3～F5（图 3-9；彩版九，2），面积都不大，均系单间建筑，平面多为方形或椭圆形，房址之间有叠压、打破关系。发现的遗迹现象包括柱洞 20 个（编号为 D1～D20）和部分基槽，可划分为三组，即分属三座房址（编号为 00F3～F5）。房内还出土大量红烧土块，其上可见明显的棍棒插抹而形成的纵向凹槽痕迹，由此推测这些小型房址的建筑结构均采用了地面木骨泥墙的形式。

1．00F3

位于 T13 东北部（图 3-9；彩版一〇，1），开口于第③层下，并被第③层下的石棺葬 00M30、M36 打破，00F3 打破 00F4。00F3 仅作部分揭露，其余部分压于探方东、北壁之下，推测其平面形状略呈方形，已揭露的转角大于 90°。发掘清理出柱洞 5 个（编号为 D1～D5），直径在 0.15～0.20、深 0.20～0.30 米。柱洞内填土为黑褐色，直壁，平底，填土包含物有绳纹陶片、泥质灰陶片等。00F3 未作全面揭露，其门道方向及面积不详，未发现附属遗迹。

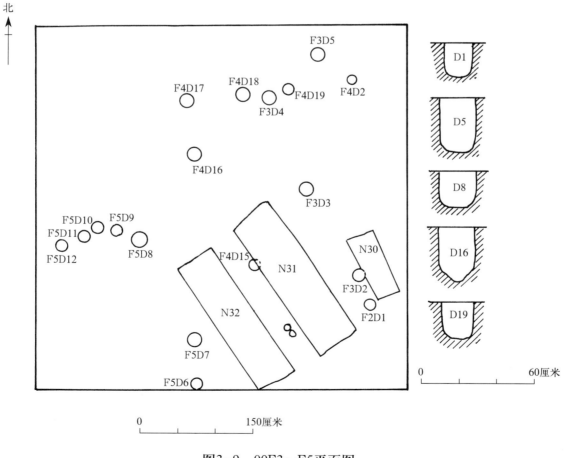

图 3-9　00F3～F5平面图

2．00F4

位于00T13中部（图3-9；彩版一〇，2），开口于第③层下，并被第③层下的石棺葬00M30、M31、M36及00F3打破，00F4打破00H16、H18。00F4亦仅作部分揭露，其余部分压于探方东、南壁之下，推测其平面形状略呈方形，已揭露的转角略呈直角。发掘清理出柱洞8个（编号为D13～D20），直径在0.15～0.20、深0.20～0.30米。其中转角处的两个柱洞（D16、D17）内壁涂抹有黄泥并经过火烧而变硬。柱洞内填土为黑褐色，直壁，平底或尖底，填土包含物有夹砂褐陶片、泥质灰陶片等。00F4未作全面揭露，其门道方向及面积不详，亦未发现附属遗迹。

3．00F5

位于00T13西南部（图3-9；彩版一一，1），开口于第③层下，打破00H18。00F5亦仅作部分揭露，其余部分压于探方西、南壁之下，推测其平面形状略呈椭圆形，已揭露的转角为弧形角。发掘清理出柱洞7个（编号为D6～D12），直径0.13～0.20、深0.20米。其中柱洞D7、D8之间的距离为1.70米，明显大于其他相邻柱洞之间的距离，推测00F5的门道应在此，方向为正东略偏北向。柱洞内填土为褐色，直壁，平底，填土包含物有泥质绳纹陶片等。00F5未作全面揭露，其面积不详，亦未发现附属遗迹。

二 灰坑

共计26个（编号为00H1～H9、H11～H13、H15～H22、H24～H29）。包括不规则形8个（00H1～H3、H8、H11、H15、H21、H25）、圆形2个（00H20、H28）、椭圆形9个（00H7、H9、H12、H16、H18、H19、H24、H27、H29）、长方形2个（00H22、H26）、梯形2个（00H13、H17）、扇形3个（00H4～H6）。

1．00H1

位于00T1的北部（图3-10；彩版一一，2），开口于第④层下，距地表深0.80米。其东、北、西部均为探方壁所压，已揭露部分平面略呈梯形。长2.50、宽1.70、深0.10～0.50米。坑底略呈缓坡状，坑内填土为黑褐色，包含物有泥质磨光黑皮陶瓦棱纹瓮、红褐陶碗、夹砂褐陶侈口罐、夹砂灰陶侈口罐、灰陶盆、灰陶瓶等。

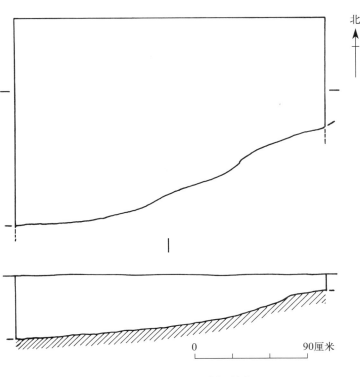

北

0   90厘米

图3-10　00H1平、剖面图

2. 00H3

位于00T8的西部（图3-11；彩版一二，1），开口于第⑤层下，被一座残石棺葬打破，距地表深0.85～1.20米。其西、南部为探方壁所压，已揭露部分平面呈不规则形，根据中间的短脊可将灰坑分为南北两部分。长3.30、宽2.80、深0.35～0.70米。坑壁略倾斜，坑底为弧形，起伏较大。坑内填土为红褐色，厚薄不均，夹杂大量木炭灰烬，尤其是接近坑底部有一层厚约5.0厘米的较为纯净的木炭灰烬。另在坑底南部有一块面积较大的烧结状红烧土带与生土相连。填土中包含物较丰富，有彩陶片、陶纺轮、泥质磨光黑皮陶罐、红褐陶碗、夹砂褐陶侈口罐、灰陶盆、夹砂灰陶侈口罐、灰陶瓶、矮圈足器、陶器盖、打制及磨制石器、石球、骨簪等。坑内部结构有类似火门、火塘之类设施遗存，以及填土中有大量的木炭灰烬和烧结状红烧土带等现象，推测H3可能为简易窑炉或灶坑的遗迹。

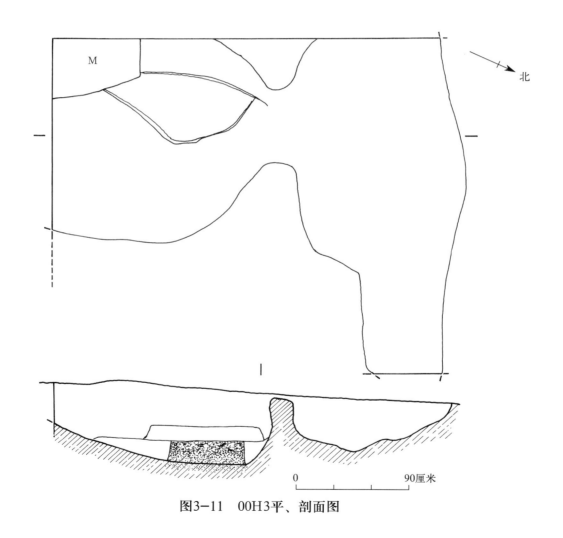

图3-11　00H3平、剖面图

3. 00H4

位于00T8的北部（图3-12），开口于第⑥层下，距地表深1.00～1.30米。其西、北部为探方壁所压，已揭露部分平面呈扇形，半径1.50、深0.08～0.10米。坑底略平，坑内填土为黑褐色。出土包含物

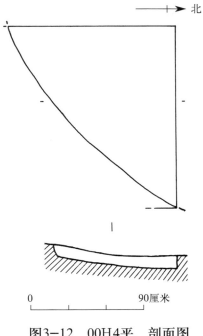

图3-12　00H4平、剖面图

有彩陶瓶、红陶碗、夹砂褐陶侈口罐、灰陶盆、瓦棱纹陶瓶、附加堆纹陶片、打制石器等。

4. 00H8

位于00T10北部、00T15西南部（图3-13；彩版一二，2），开口于第⑤层下，被00H14、00M33、00M41及一座残石棺葬打破，距地表深1.00～1.20米。其北部为探方壁所压，已揭露部分平面略呈长方形，长6.75、宽1.60～2.50、深0.40～0.65米。坑壁略斜，坑底较平。坑内填土为灰黑色，夹杂一些碎烧结物。出土包含物较丰富，有彩陶瓶、彩陶盆、彩陶罐、泥质磨光黑皮陶罐、红褐陶碗、夹砂褐陶侈口罐、夹砂灰陶侈口罐、灰陶盆、钵、灰陶瓶、陶器流、打制及磨制石器、石球、玉环镯等。

5. 00H12

位于00T12北部（图3-14；彩版一三，1），开口于第⑥层下，距地表深1.00～1.25米。平面略呈椭圆形，长径2.08、短径1.85、深0.30米。坑口西低东高，坑壁微斜，坑底略平。坑内填土为红褐色，夹杂有草木灰烬及卵石，坑底东部放置大量个体较大的卵石。出土包含物较丰富，有彩陶瓶、灰陶高领罐、泥质磨光黑皮陶罐、灰陶盆、钵、夹砂灰陶侈口罐、灰陶瓶、打制石器、石球等。

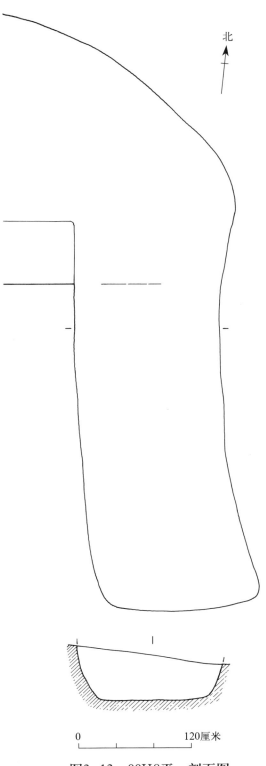

图3-13　00H8平、剖面图

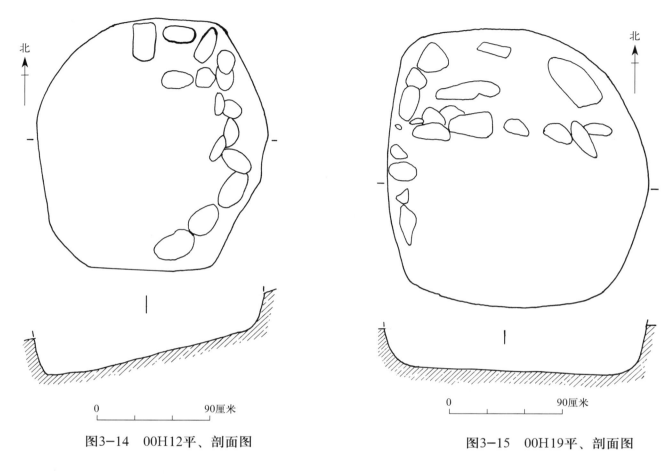

图3-14　00H12平、剖面图　　　　　　　　　图3-15　00H19平、剖面图

6．00H19

位于00T13西南部和00T16西北部（图3-15；彩版一四，1、2），开口于第③层下，被00H18打破，距地表深0.95米。平面略呈椭圆形，长径2.30、短径2.10、深0.30～0.40米。斜壁，平底。坑内填土为黑褐色，坑内北部和西部放置大量个体较大的卵石和石块（包括巨型砺石），底部还有密集的木炭灰烬。出土包含物较丰富，有彩陶片、灰陶高领罐、陶圈足器、泥质磨光黑皮陶罐、红陶碗、灰陶盆、黑皮陶折腹钵、夹砂灰陶侈口罐、灰陶瓶、穿孔石刀、石核等。

7．00H17

位于00T14北部，占据大半个探方（图3-16），开口于第③层下，被残石棺葬打破，距地表深0.50米。其东、北、西部均为探方壁所压，已揭露部分平面略呈梯形，上底宽1.70、下底宽2.95、高4.00、深0.30～0.60米。直壁，平底。坑内填土为黑褐色，可分为两层。第一层填土夹有大量木炭等杂物；第二层填土的颜色较第一层略浅，包含的杂物较少。出土包含物较丰富，有彩陶瓶、灰陶高领罐、泥质磨光黑皮陶罐、红陶碗、灰陶盆、折腹钵、夹砂灰陶侈口罐、灰陶瓶、穿孔陶片、陶球、打制及磨制石器、砺石、燧石器、玉环镯等。

8．00H22

位于00T14的西北部（图3-17；彩版一三，2），开口于第④层下，被00H17打破，距地表深

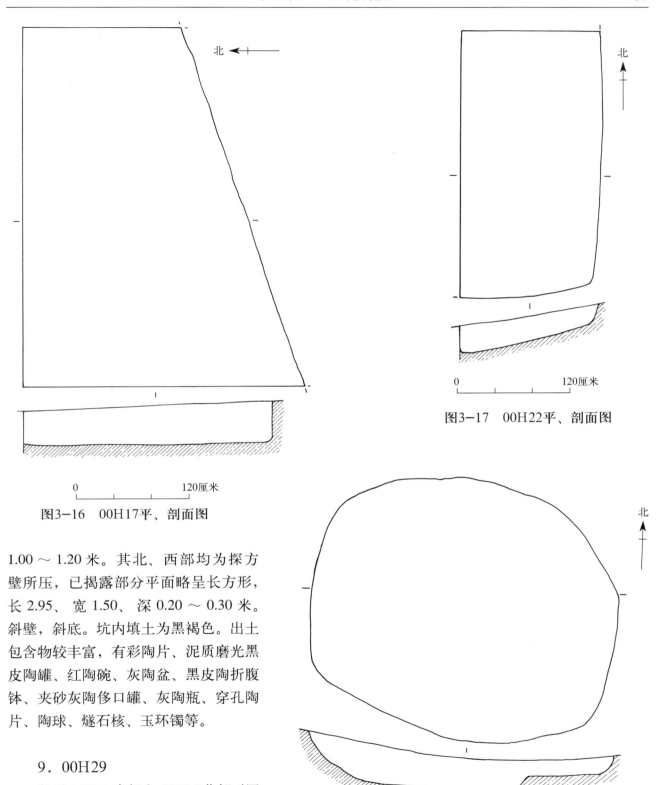

图3-16 00H17平、剖面图

图3-17 00H22平、剖面图

图3-18 00H29平、剖面图

1.00～1.20米。其北、西部均为探方壁所压,已揭露部分平面略呈长方形,长2.95、宽1.50、深0.20～0.30米。斜壁,斜底。坑内填土为黑褐色。出土包含物较丰富,有彩陶片、泥质磨光黑皮陶罐、红陶碗、灰陶盆、黑皮陶折腹钵、夹砂灰陶侈口罐、灰陶瓶、穿孔陶片、陶球、燧石核、玉环镯等。

9. 00H29

位于00T13南部和00T16北部(图3-18),开口于第⑤层下,打破灰沟00HG1,且00H29被00M31、M32和00H19打破,距地表深1.10米。平面略呈椭圆形,长径3.30、短径2.90、深0.20~0.40米。斜壁,二级阶梯状底。坑内填土为红褐色,夹杂炭渣等物。出土包含物有夹砂陶侈口罐、泥质磨光黑皮陶罐、陶折腹钵、夹粗砂厚胎陶侈口罐等。

三　灰沟

1条(00HG1)。

00HG1

位于00T16东部(图3-19),长条形,呈东南—西北走向,南高北低,坡度约5°,开口于第⑤层下,北端被00H29打破,南端被探方东壁所压,距地表深0.80~1.00米。揭露部分长5.50、宽0.90、深约0.20米。直壁,平底。沟内填土为黑褐色。出土包含物有夹砂陶侈口罐、高领罐、陶钵、附加堆纹陶片、泥质折沿陶片等。

第三节　遗物

一　陶器

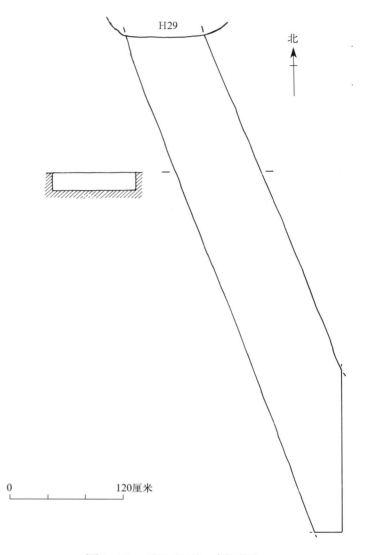

图3-19　00HG1平、剖面图

本年度陶片的纹饰种类有粗细绳纹(包括交错绳纹形成的网格纹)、附加堆纹、彩陶、绳纹花边口沿装饰、弦纹、瓦棱纹、划纹、复合纹饰(绳纹与附加堆纹组合成的箍带形装饰、绳纹之上饰凹弦纹)等。彩陶均为黑彩绘制,图案题材有草卉纹、线条纹、变体鸟纹、弧线三角形纹、网格纹、蛙纹、水波纹、圆圈纹等;器形有瓶、瓮、罐、瓮、盆、钵等。泥质陶的器类有小口瓶、矮领罐、高领罐、罐、缸、盆、带嘴锅、钵、碗、杯、纺轮、网坠、球、角形器、空心器、杯等。夹砂陶器类有侈口罐、罐、小罐、瓮、器盖、穿孔陶物件、圈足等。

(一)彩陶

1. 彩陶瓶

A型I式　2件。侈口,平沿,圆唇。

标本00H17:54,泥质红褐陶。瓶口沿残片,口径较大,侈口,折沿,尖唇,束颈略长。沿面及颈部用黑彩绘制粗线条纹。口径12.0、沿宽1.0、残高2.3厘米（图3-20，1）。

C型I式 1件。直口，侈沿，圆唇，直领。

标本00H12：5，泥质红褐陶。直口，折沿，圆唇，颈部较细，广肩，腹壁略直，底部残。表面用黑彩绘制三组图案：颈部为五周平行的粗线条纹；肩部一周饰四组由草卉纹、弧线圆圈纹及圆点纹组成的图案；腹部为粗弧线条水波纹。肩部和颈部的内壁保留有泥条粘接痕迹和慢轮修整的旋纹。口径7.2、腹径13.4、颈长6.0、残高15.0厘米（图3-20，2；彩版一五，1）。

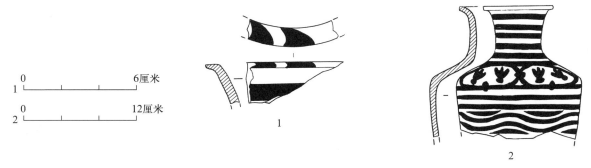

图3-20 2000年出土彩陶瓶
1. A型I式00H17：54 2. C型I式00H12：5

彩陶瓶残片 24件。

标本00H12：11，泥质红褐陶。瓶肩残片，表面用黑彩绘制平行的粗线条纹及弧线圆圈纹。残高4.5厘米（图3-21，1）。

标本00H12：12，泥质黄褐陶。瓶肩残片，表面用黑彩绘制平行的粗线条纹。残高2.5厘米（图3-21，2）。

标本00H12：22，泥质红褐陶。瓶肩残片，表面用黑彩绘制平行的粗线条纹。残高2.6厘米（图3-21，3）。

标本00H24：34，泥质红褐陶。瓶肩残片，表面用黑彩绘制草卉纹及弧线条纹，内壁保留有泥条粘接痕迹。残高3.6厘米（图3-21，4）。

标本00T8⑥：150，泥质红褐陶。瓶底残片，表面用黑彩绘制粗线条纹，平底。残高3.6厘米（图3-21，5）。

标本00T12③：8，泥质红褐陶。瓶肩残片，表面用黑彩绘制平行的粗线条纹。残高2.9厘米（图3-21，6）。

标本00H4：18，泥质灰褐陶。瓶颈残片，表面用黑彩绘制圆点纹及线条纹。残高2.9厘米（图3-21，7）。

标本00H8：17，泥质红褐陶。瓶腹部残片，表面亦用黑彩绘制多组以弧边三角纹为主、呈带状分布的几何形图案。残高6.2厘米（图3-21，8；彩版一五，3）。

标本00T8④：80，泥质红褐陶。瓶肩残片，表面用黑彩绘制平行的细线条纹。残高3.5厘米（图3-21，9；彩版一五，5）。

标本00H8：4，泥质红褐陶。瓶肩及腹部残片，广肩，表面用黑彩绘制多组以弧边三角纹为主、呈带状分布的几何形图案。残高7.6厘米（图3-21，10；彩版一五，2）。

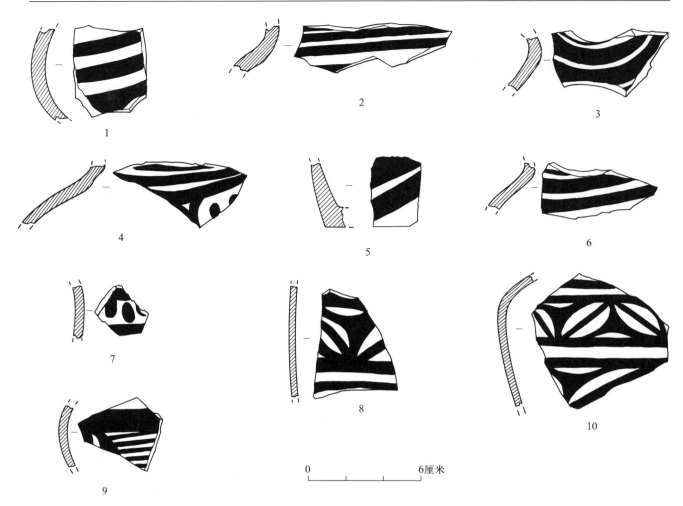

图3-21　2000年出土彩陶瓶肩部陶片

1～10. 00H12：11、00H12：12、00H12：22、00H24：34、00T8⑥：150、00T12③：8、00H4：18、00H8：17、00T8④：80、00H8：4

标本00H28：13，泥质深褐色陶。瓶肩残片，表面用黑彩绘制细线条纹及变体鸟纹（鸟目隐约可见）。残高4.8厘米（图3-22，1；彩版一五，4）。

标本00T1②：22，泥质红褐陶。瓶肩及腹部残片，广肩，表面用黑彩绘制弧线条纹及水波纹，薄胎，内壁可见泥条粘接痕迹。残高5.5厘米（图3-22，2；彩版一六，1、2）。

标本00T8③：38，泥质红褐陶。瓶颈残片，直颈，表面用黑彩绘制平行的细线条纹。残高3.2厘米（图3-22，3）。

标本00采：39，泥质红褐陶。瓶肩残片，表面用黑彩绘制弧线条纹。残高3.0厘米（图3-22，4）。

标本00T8②：16，泥质红褐陶。瓶颈部残片，表面用黑彩绘制粗线条纹，内壁保留泥条粘接及修抹痕迹。残高3.5厘米（图3-22，5）。

标本00T12①：1，泥质灰褐陶。瓶底部残片，直壁，平底，表面用黑彩绘制弧线条纹及弧边三角纹。底径10.0、残高5.2厘米（图3-22，6；彩版一六，3）。

标本00采：17，泥质红褐陶。瓶颈部残片，表面用黑彩绘制平行的粗线条纹。残高5.3厘米（图3-22，7）。

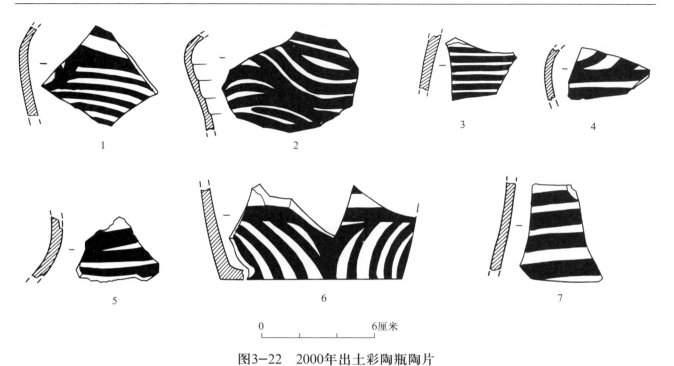

图3-22 2000年出土彩陶瓶陶片

1~7. 00H28：13、00T1②：22、00T8③：38、00采：39、00T8②：16、00T12①：1、00采：17

2．彩陶罐

C型Ⅱ式 3件。圆唇。

标本00H21：25，泥质红褐陶。沿面及肩部用黑彩绘制粗弧线条纹。口径13.0、沿面宽1.7、颈长1.5、残高3.0厘米（图3-23，1）。

罐残片 5件。

标本00H8：12，泥质褐陶。罐肩部残片，表面用黑彩绘制平行的粗线条纹。残高7.5厘米（图3-23，2）。

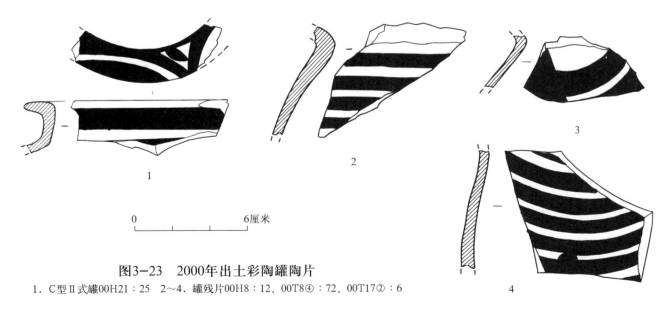

图3-23 2000年出土彩陶罐陶片

1．C型Ⅱ式罐00H21：25 2~4．罐残片00H8：12、00T8④：72、00T17②：6

标本00T8 ④：72，泥质红褐陶。罐肩残片，表面用黑彩绘制粗弧线条纹，溜肩。残高3.6厘米（图3-23，3）。

标本00T17 ②：6，泥质红褐陶。罐肩部残片，表面用黑彩绘制平行的弧线条纹及圆点纹。残高6.5厘米（图3-23，4；彩版一六，4、5）。

3. 彩陶钵

Ca型　1件。侈口，折腹较浅。

标本00T15 ⑤：41，泥质灰褐陶。方唇。上腹内外壁面用黑彩绘制弧线条纹。口径17.0、残高2.8厘米（图3-24，1）。

钵残片　3件。

标本00T6 ②：29，泥质灰褐陶。钵腹部残片，腹表用黑彩绘制弧线条纹。残高3.2厘米（图3-24，2）。

标本00H19：14，泥质红褐陶。钵底部残片，薄胎，坦腹，下腹内收，平底。内底用黑彩绘制蛙纹（可见双目）。底径11.0、残高1.5厘米（图3-24，3；彩版一六，6）。

图3-24　2000年出土彩陶钵陶片

1. Ca型钵00T15⑤：41　2、3. 钵残片00T6②：29、00H19：14

4. 彩陶盆

A型Ⅱ式　2件。敛口，折腹，平沿，圆唇。

标本00H8：2，泥质红褐陶。下腹内收，平底。上腹表面绘制横向水波纹及线条纹，下腹及底部内壁绘制草叶纹及弧线条纹。口径32.0、腹径31.8、底径14.0、高14.4厘米（图3-25，1；彩版一七，1）。

Ba型Ⅰ式　2件。直口，平沿，圆唇。

标本00H24：30，泥质灰褐陶。钵口沿及上腹残片，方唇。上腹外表绘制水波纹及草叶纹，内壁绘制水波纹和弧线条纹。口径21.0、沿面宽1.5、残高5.8厘米（图3-25，2；彩版一七，2、3）。

Ba型Ⅱ式　5件。直口，平沿下折。

标本00H14：3，泥质红褐陶。盆口沿残片，上腹表面绘制横向水波纹。口径33.5、沿面宽1.8、残高4.0厘米（图3-25，3；彩版一七，4）。

标本00H18：11，泥质红褐陶。盆口沿残片，敛口，折沿，方唇，鼓腹。沿面用黑彩绘制较粗的竖线条和弧线条纹。口径38.5、沿面宽2.3、残高3.2厘米（图3-25，4）。

标本00T16①：6，泥质红褐陶。盆口沿残片，敛口，折沿，圆唇，鼓腹。沿面用黑彩绘制较粗的竖线条和弧线条纹。口径34.0、沿面宽2.0、残高2.8厘米（图3-25，5）。

标本00T14③：11，泥质灰褐陶。钵口沿残片，圆唇。上腹内外壁面绘制水波纹和弧线条纹。口径21.0、沿面宽1.3、残高3.3厘米（图3-25，6）。

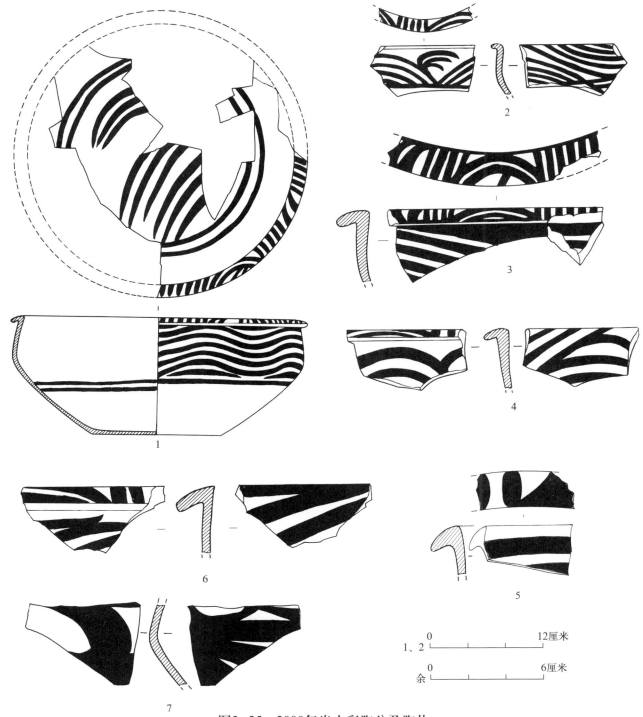

图3-25　2000年出土彩陶盆及陶片

1. A型Ⅱ式00H8：2　2. Ba型Ⅰ式00H24：30　3～6. Ba型Ⅱ式00H14：3、00H18：11、00T16①：6、00T14③：11　7. 盆残片00采：20

盆残片　3件。

标本00采：20，泥质红褐陶。盆腹部残片，鼓腹。残高4.8厘米（图3-25，7；彩版一七，5、6）。

5．彩陶瓮

1件。大口，折沿，颈内凹，溜肩。

标本00H8：1，泥质红褐陶。敛口，方唇，下腹略直，底部残。表面用黑彩绘制四组图案：颈部为三周平行的粗线条纹；肩部一周饰13组由草卉纹、弧线圆圈纹及圆点纹组成的图案；上腹表面饰三周平行的粗线条纹及一周10组首尾连接的变体鸟纹；下腹表面为数道平行的粗线条纹及圆点纹。口径28.2、腹径32.2、复原底径13.0、高37.0厘米（图3-26；彩版一八，1）。

图3-26　2000年出土彩陶瓮00H8：1

6．彩陶片

共39件，难以辨认器形。

标本00H12：27，泥质红褐陶。表面用黑彩绘制平行的线条纹（图3-27，1）。

标本00H8：24，泥质灰褐陶。薄胎，表面用黑彩绘制弧线条纹及卷叶纹（图3-27，2；彩版一八，2）。

标本00H8：13，泥质红褐陶。胎芯为灰色，内壁面用黑彩绘制平行的线条纹（图3-27，3）。

标本00H8：26，泥质红褐陶。表面用黑彩绘制平行的线条纹（图3-27，4）。

标本00H3：33，泥质红褐陶。表面用黑彩绘制变体鸟纹（图3-27，5）。

标本00H3：25，泥质红褐陶。厚胎，表面用黑彩绘制粗线条纹（图3-27，6）。

标本00T8⑤：122，泥质灰褐陶。内壁用黑彩绘制网格纹，表面绘制弧线条纹（图3-27，7；彩版一八，3）。

标本00T8⑤：131，泥质红褐陶。表面用黑彩绘制线条纹及草叶纹（图3-27，8）。

标本00T15⑤：200，泥质灰褐陶。薄胎，表面用黑彩绘制杏圆纹（图3-27，9）。

标本00T8⑤：110，泥质红褐陶。表面用黑彩绘制线条纹及草叶纹（图3-27，10）。

标本00T8④：73，泥质红褐陶。表面用黑彩绘制粗弧线条纹，厚胎（图3-27，11）。

标本00H24：35，泥质灰褐陶。表面用黑彩绘制变体鸟纹（图3-27，12）。

标本00H24：36，泥质红褐陶。表面用黑彩绘制弧线条纹（图3-27，13）。

标本00T8④：76，泥质红褐陶。表面用黑彩绘制平行的粗线条纹（图3-28，1）。

标本00T8④：102，泥质褐陶。表面用黑彩绘制粗弧线条纹及网格纹，鼓腹。残高5.5厘米（图3-28，2；彩版一八，4）。

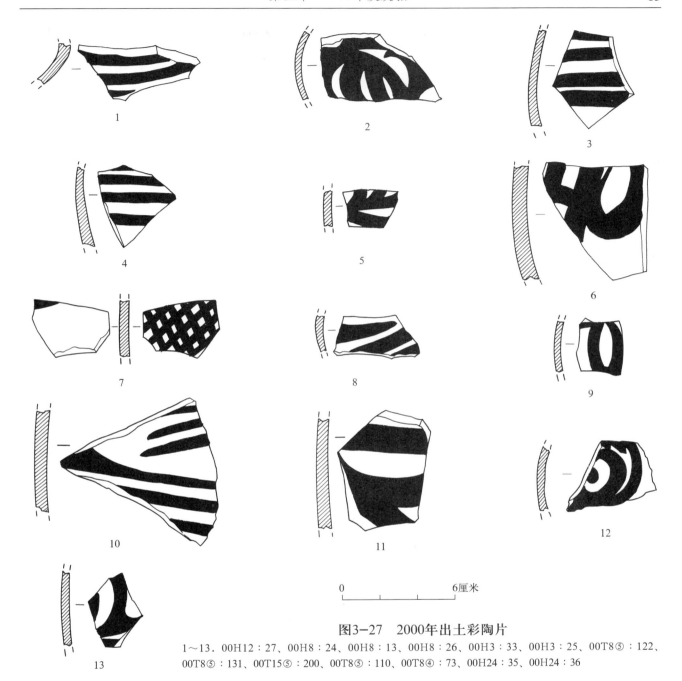

图3-27　2000年出土彩陶片

1～13. 00H12：27、00H8：24、00H8：13、00H8：26、00H3：33、00H3：25、00T8⑤：122、00T8⑤：131、00T15⑤：200、00T8⑤：110、00T8④：73、00H24：35、00H24：36

标本00T15 ④：39，泥质红褐陶。表面用黑彩绘制草卉纹（图3-28，3）。

标本00H19：10，泥质红褐陶。表面用黑彩绘制粗线条纹及草叶纹（图3-28，4）。

标本00H19：31，泥质红褐陶。表面用黑彩绘制变体鸟纹（图3-28，5）。

标本00H18：19，泥质红褐陶。一端断面齐整，保留有切割痕迹，表面用黑彩绘制粗线条纹（图3-28，6）。

标本00H18：39，泥质灰褐陶。烧制火候略低，表面用黑彩绘制水波纹及草叶纹（图3-28，7）。

标本00H6：4，泥质红褐陶。表面用黑彩绘制弧线条纹（图3-28，8）。

标本00H17：57，泥质灰褐陶。表面用黑彩绘制弧边三角纹为主的几何形带状纹饰（图3-28，9）。

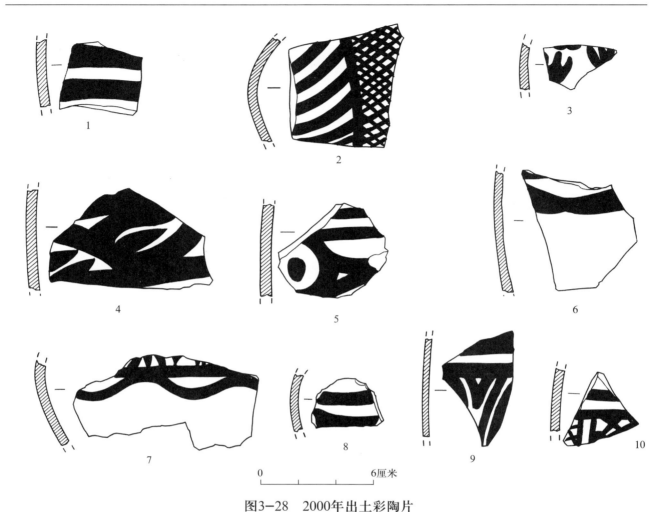

图3-28　2000年出土彩陶片

1~10. 00T8④：76、00T8④：102、00T15④：39、00H19：10、00H19：31、00H18：19、00H18：39、00H6：4、00H17：57、00H14：27

　　标本00H14：27，泥质红褐陶。表面用黑彩绘制网格纹及线条纹（图3-28，10）。

　　标本00H21：28，泥质红褐陶。表面用黑彩绘制弧线条纹及变体鸟纹，内壁用黑彩绘制弧线条纹（图3-29，1）。

　　标本00T8③：21，泥质红褐陶。表面用黑彩绘制弧线条纹及草叶纹，厚胎（图3-29，2）。

　　标本00T8③：35，泥质红褐陶。表面用黑彩绘制线条纹及草叶纹（图3-29，3）。

　　标本00T8③：36，泥质红褐陶。表面用黑彩绘制变体鸟纹（图3-29，4）。

　　标本00T8③：37，泥质黄褐陶。表面用黑彩绘制变体鸟纹（图3-29，5）。

　　标本00T4②：3，泥质黄褐陶。表面用黑彩绘制弧线条纹及圆点纹（图3-29，6）。

　　标本00T10②：11，泥质灰褐陶。表面用黑彩绘制弧线条纹（图3-29，7）。

　　标本00T8①：200，泥质黄褐陶。表面用黑彩绘制弧线条纹及圆点纹（图3-29，8）。

　　标本00T16②：11，泥质褐陶。表面用黑彩绘制粗线条纹（图3-29，9）。

　　标本00T4②：2，泥质灰褐陶。表面用黑彩绘制弧线条纹及变体鸟纹，内壁可见轮旋痕迹（图3-29，10）。

　　标本00T16①：3，泥质红褐陶。表面用黑彩绘制粗弧线条纹（图3-30，1）。

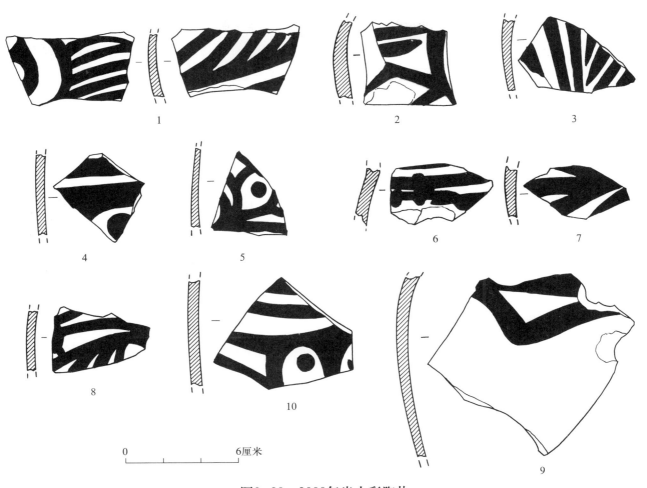

图3-29　2000年出土彩陶片

1~10. 00H21：28、00T8③：21、00T8③：35、00T8③：36、00T8③：37、00T4②：3、00T10②：11、00T8①：200、00T16②：11、00T4②：2

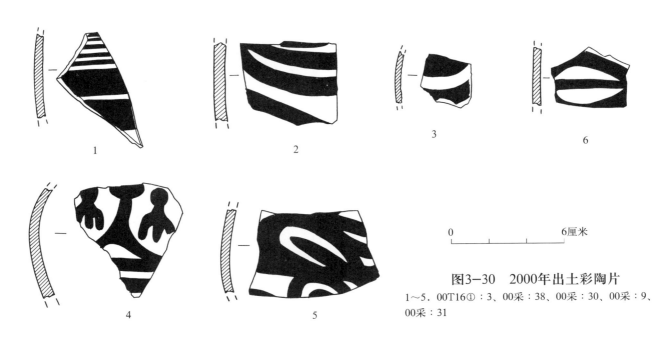

图3-30　2000年出土彩陶片

1~5. 00T16①：3、00采：38、00采：30、00采：9、00采：31

标本00采：38，泥质灰陶。薄胎，表面用黑彩绘制弧线条纹，内壁可见轮旋痕迹（图3-30，2）。

标本00采：30，泥质红褐陶。表面用黑彩绘制弧线条纹及杏圆纹（图3-30，3；彩版一八，5）。

标本00采：9，泥质灰褐陶。表面用黑彩绘制草卉纹、弧线三角纹及圆点纹（图3-30，4）。

标本00采：31，泥质红褐陶。表面用黑彩绘制弧线条纹、草叶纹及变体鸟纹（图3-30，5）。

（二）泥质陶

1．小口瓶

A型Ⅲ式　2件。敞口，退化重唇。

标本00H4：17，泥质黑皮褐胎陶。尖唇。外壁及沿面施陶衣并磨光，颈部加塑两周瓦棱纹。口径15.0、残高10.2厘米（图3-31，1）。

标本00H17：35，夹细砂灰褐陶。尖唇，唇面有轮制旋转痕迹，内壁可见泥条粘接并修抹的痕迹。口径11.0、残高7.8厘米（图3-31，2）。

B型Ⅰ式　20件。直口，直领，侈沿。

标本00H17：25，泥质灰陶。方唇。口径14.0、残高5.0厘米（图3-31，3）。

标本00H1：15，泥质灰褐陶。方唇。表面施陶衣并磨光，颈内壁可见泥条粘接的痕迹。口径5.2、残高4.0厘米（图3-31，4）。

标本00H3：2，泥质黑褐陶。圆唇。沿面及外壁面施黑色陶衣并磨光。口径8.4、残高4.0厘米（图3-31，5）。

标本00T14③：29，泥质灰褐陶。圆唇。口径6.4、残高5.8厘米（图3-31，6）。

标本00H19：16，泥质黑皮褐胎陶。尖唇。沿面及外壁施陶衣并磨光，颈内壁可见泥条粘接的痕迹。残高6.2厘米（图3-31，7）。

标本00T10③：23，泥质灰褐陶。圆唇。内外壁面可见轮旋痕迹。口径9.0、残高6.6厘米（图3-31，8）。

标本00T14③：13，泥质黑褐陶。圆唇。颈与肩交接处内壁可见泥条粘接痕迹，肩部饰斜向绳纹。口径12.0、残高9.6厘米（图3-31，9）。

标本00H8：67，泥质灰陶。圆唇。内外壁面施陶衣并磨光。口径13.5、残高8.2厘米（图3-31，10）。

标本00T10④：33，泥质灰陶。圆唇。颈内壁可见泥条粘接并修抹的痕迹，肩部饰交错绳纹组成的网格纹。口径13.0、残高9.0厘米（图3-31，11）。

标本00T12⑥：55，细泥灰陶。尖唇。沿面及沿下有旋痕，内壁可见修整加工所留的抹痕。口径13.0、残高8.3厘米（图3-31，12）。

B型Ⅱ式　6件。直口，直领，平沿。

标本00H18：4，泥质黄褐陶。圆唇。表面有轮旋痕迹。口径13.0、残高3.2厘米（图3-31，13）。

标本00H18：28，泥质灰陶。方唇，唇面饰一周凹弦纹。沿面及外壁面施陶衣并磨光。口径12.0、残高4.0厘米（图3-31，14）。

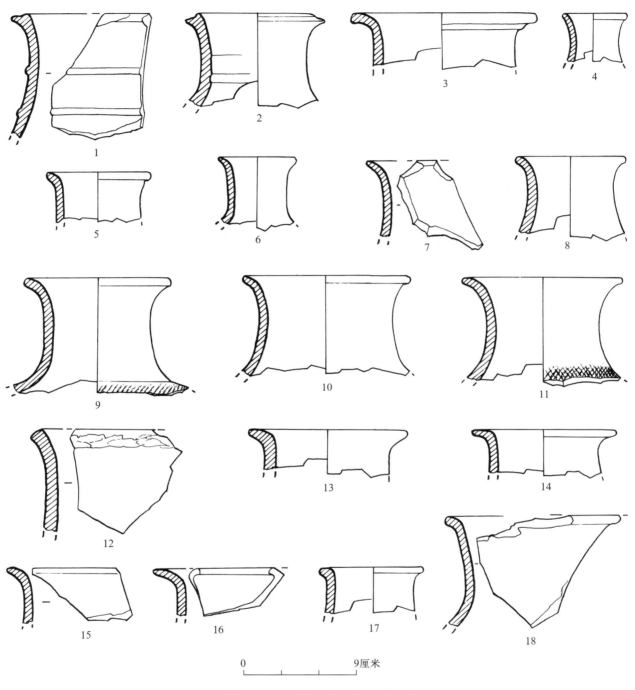

0 ———————— 9厘米

图3-31　2000年出土泥质小口瓶

1、2．A型Ⅲ式00H4：17、00H17：35　　3~12．B型Ⅰ式00H17：25、00H1：15、00H3：2、00T14③：29、00H19：16、00T10③：23、00T14③：13、00H8：67、00T10④：33、00T12⑥：55　　13~16．B型Ⅱ式00H18：4、00H18：28、00H18：13、00T11③：41　17．B型Ⅲ式00T12④：34　18．C型Ⅰ式00H17：26

标本00H18：13，泥质褐陶。圆唇。表面施陶衣并磨光。口径15.0、残高4.0厘米（图3-31，15）。

标本00T11③：41，泥质褐皮灰胎陶。尖唇。口径19.0、残高4.2厘米（图3-31，16）。

B型Ⅲ式　3件。直口，直领，窄平沿。

标本00T12④：34，泥质灰黑陶。方唇。内外壁面施陶衣并磨光。口径8.4、残高3.4厘米（图3-31，17）。

C型Ⅰ式　2件。侈口，平沿，圆唇。

标本00H17：26，泥质灰陶。圆唇。颈内壁有明显的泥条粘接痕迹。口径14.0、残高9.0厘米（图3-31，18）。

2．矮领罐

A型Ⅰ式　2件。侈口，卷沿，方唇。

标本00H4：12，泥质灰陶。方唇。外壁及沿面施陶衣并磨光。口径28.0、残高8.2厘米（图3-32，1）。

A型Ⅱ式　1件。侈口，卷沿，圆唇。

标本00H4：19，泥质灰陶。口径12.2、残高6.2厘米（图3-32，2）。

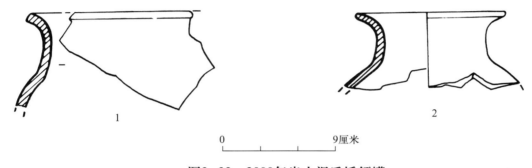

0　　　　　　　9厘米

图3-32　2000年出土泥质矮领罐
1．A型Ⅰ式00H4：12　2．A型Ⅱ式00H4：19

3．高领罐

A型Ⅱ式　3件。口微侈，平折沿较窄，圆唇，直领。

标本00H27：3，泥质灰黑陶。圆唇。外壁及沿面可见轮制的旋转痕迹。口径13.0、残高5.0厘米（图3-33，1）。

标本00T16③：60，泥质黑褐陶。尖唇。口径15.0、残高6.8厘米（图3-33，2）。

B型Ⅰ式　12件。喇叭口，卷沿，圆唇或尖圆唇。

标本00T11③：33，泥质灰陶。方唇。颈内壁有明显的泥条粘接痕迹。口径14.8、残高8.8厘米（图3-33，3）。

标本00H12：2，泥质灰陶。外壁及沿面施陶衣并磨光，圆唇。口径13.0、残高8.4厘米（图3-33，4）。

标本00T8⑥：146，细泥红褐陶。圆唇。口径14.8、残高7.2厘米（图3-33，5）。

标本00T8④：42，泥质灰陶。圆唇。颈内壁可见泥条粘接的痕迹。口径18.0、残高9.6厘米（图3-33，6）。

标本00T8⑥：148，泥质红褐陶。圆唇。内外壁面施陶衣并磨光。口径13.0、残高6.4厘米（图3-33，7）。

标本00H17：27，泥质黑褐陶。圆唇。口径9.0、残高7.0厘米（图3-33，8）。

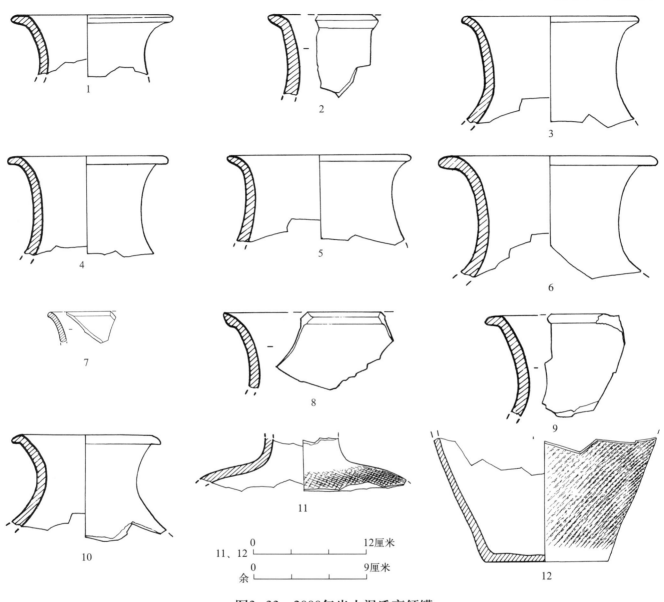

图3-33　2000年出土泥质高领罐

1、2. A型Ⅱ式00H27：3、00T16③：60　3~9. B型Ⅰ式00T11③：33、00H12：2、00T8⑥：146、00T8④：42、00T8⑥：148、00H17：27、00H28：25　10~12. B型Ⅱ式00T10③：18、00H17：37、00T10④：53　13、14. 高领罐残片00H9：2、00H12：1

　　标本00H28：25，泥质灰陶。圆唇。沿面及外壁面施陶衣并磨光。口径14.0、残高2.5厘米（图3-33，9）。

　　B型Ⅱ式　6件。口沿外卷较甚，圆唇，束颈。

　　标本00T10③：18，夹砂黑褐陶。圆唇。口径12.0、残高8.7厘米（图3-33，10）。

　　标本00H17：37，泥质黑褐陶。尖唇。残高6.1厘米（图3-33，11）。

　　标本00T10④：53，泥质灰褐陶。尖唇。颈内壁可见泥条粘接的痕迹。底径13.1、残高14.0厘米（图3-33，12）。

　　高领罐残片　25件。

标本00H9：2，夹细砂灰陶。内壁可见泥条粘接并修抹的痕迹，肩部饰交错细线纹组成的网格纹。腹径22.0、颈径6.0厘米（图3-33，13）。

标本00H12：1，夹细砂灰陶。陶胎中有少量白色大理石颗粒，腹壁斜直，平底。腹表饰斜向绳纹。底径13.4、残高14.0厘米（图3-33，14）。

4．罐

C型　5件。侈口，卷沿，圆唇。

标本00H1：5，泥质黑皮黑胎陶。口径较大，敛口，折沿，圆唇。内外壁施陶衣并磨光，内壁可见轮旋痕迹，腹表面饰多道平行的瓦棱纹。口径31.2、腹径37.6、残高21.6厘米（图3-34，1）。

E型　6件。直口，卷沿，圆唇，垂腹。

标本00H17：21，泥质灰陶。方唇。内外壁均施陶衣并磨光。口径28.0、残高6.0厘米（图3-34，2）。

标本00T1④：29，泥质黑皮陶。圆唇。内外壁面均施陶衣并磨光，断口及器表可见多处切割痕迹。口径30.0、残高7.0厘米（图3-34，3）。

标本00T14②：7，泥质黑皮灰胎陶。圆唇。内外壁均施陶衣并磨光。口径23.0、残高4.8厘米（图3-34，4）。

标本00T12④：21，泥质灰陶。方唇。内外壁面均磨光。口径35.4、残高15.6厘米（图3-34，5）。

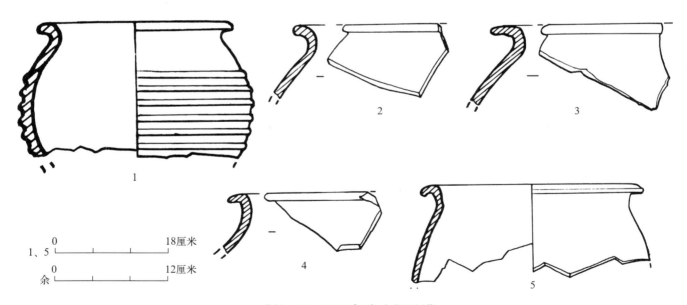

图3-34　2000年出土泥质罐
1．C型00H1：5　2～5．E型00H17：21、00T1④：29、00T14②：7、00T12④：21

5．缸

C型 I 式　4件。口微敛，平沿，圆唇。

标本00H12：4，泥质灰陶。圆唇。沿面及外壁施陶衣并磨光。口径39.0、残高13.5厘米（图3-35，1）。

标本00H8：29，泥质灰陶。圆唇。内外壁均施陶衣并磨光。口径22.5、残高5.8厘米（图3-35，2）。

标本00H11：2，泥质褐陶。方唇。陶胎中有少量大理石颗粒，外壁及沿面施陶衣并磨光。口径22.0、残高6.0厘米（图3-35，3）。

标本00T12⑥：50，泥质灰褐陶。圆唇。外壁及沿面施陶衣并磨光。口径23.8、残高6.0厘米（图3-35，4）。

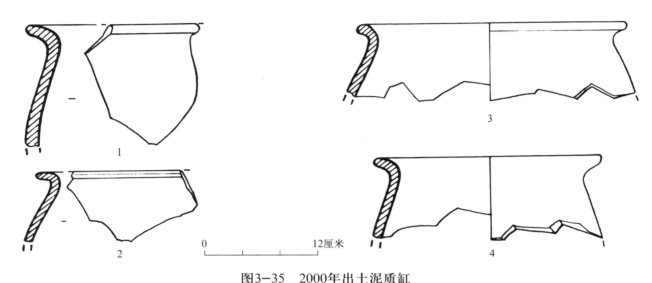

图3-35　2000年出土泥质缸
1～4. C型Ⅰ式00H12：4、00H8：29、00H11：2、00T12⑥：50

6. 钵

Ca型　2件。敛口较甚，弧腹。

标本00H3：17，泥质灰陶。圆唇。内外壁面均施陶衣并磨光。口径14.8、腹径16.0、残高8.0厘米（图3-36，1）。

标本00H17：1，泥质黑褐陶。尖唇。口径28.0、残高7.8厘米（图3-36，2）。

Da型　3件。直口，折腹，圆唇。

标本00H3：13，泥质黑褐陶。卷沿，方唇。内外壁面均施陶衣并磨光。口径28.0、残高6.0厘米（图3-36，3）。

标本00H24：3，泥质黑皮灰胎陶。圆唇。内外壁面均施陶衣并磨光，腹部饰鸡冠形鋬。口径28.0、宽6.0、残高4.4厘米（图3-36，4）。

Ga型　3件。口微敛，折腹。

标本00T11③：54，泥质黑皮褐胎陶。圆唇。内外壁面均施黑色陶衣并磨光。口径28.0、残高4.0厘米（图3-36，5）。

标本00T16④：78，泥质灰陶。方唇。内外壁面均施陶衣并磨光，腹部加塑一周凸棱纹及凹槽，薄胎。口径21.4、腹颈23.0、残高5.4厘米（图3-36，6）。

Gb型　2件。敛口较甚，尖唇。

标本00T16②：14，夹砂黑褐陶。外表饰分段绳纹及附加堆纹，并贴塑泥饼。口径14.4、残高5.0厘米（图3-36，7）。

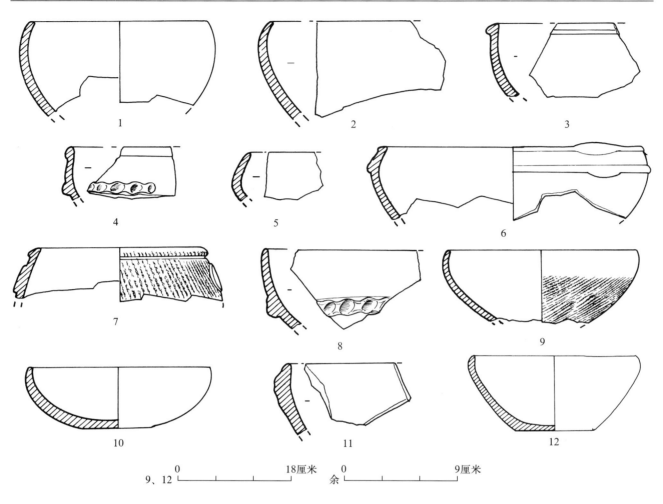

图3-36　2000年出土泥质钵

1、2. Ca型00H3：17、00H17：1　3、4. Da型00H3：13、00H24：3　5、6. Ga型00T11③：54、00T16④：78　7. Gb型00T16②：14　8. Ha型00T10④：47　9～11. Hb型00T12⑥：71、00H7：1、00T5③：8　12. I型00H3：35

　　Ha型　2件。侈口，尖圆唇，浅弧腹。

　　标本00T10④：47，泥质黄褐陶。圆唇。腹部加塑一周泥条附加堆纹（表面饰按压纹）。口径29.0、残高6.4厘米（图3-36，8）。

　　Hb型　4件。敛口，浅弧腹。

　　标本00T12⑥：71，泥质灰陶。大口，圆唇。内壁及口部外壁施陶衣并磨光，腹表饰斜向绳纹。口径31.0、腹径32.4、残高12.0厘米（图3-36，9）。

　　标本00H7：1，泥质灰陶。圆唇。内外壁面均施陶衣并磨光，厚胎。口径15.0、底径6.0、残高5.0厘米（图3-36，10）。

　　标本00T5③：8，泥质灰陶。圆唇。口径28.0、残高5.2厘米（图3-36，11）。

　　I型　1件。侈口，弧腹较深。

　　标本00H3：35，泥质灰陶。圆唇，平底。内外壁面均施陶衣并磨光，口径27.0、底径12.6、腹径28.0、残高12.3厘米（图3-36，12；彩版一九，1）。

7．盆

Ab 型 I 式　2件。敛口，弧腹较深。

标本00H8：38，夹粗砂褐陶。圆唇。唇面压印横向绳纹，器表饰斜向绳纹，内壁抹光，厚胎。口径32.0、残高11.2厘米（图3-37，1）。

Bb 型 I 式　5件。直口，仰折沿，圆唇。

标本00H8：69，泥质灰陶。圆唇，内外壁面均施陶衣，腹表饰鸡冠状錾。口径32.0、残高14.0厘米（图3-37，2）。

标本00H8：27，夹细砂灰黑陶。圆唇。内壁磨光。口径30.0、残高7.2厘米（图3-37，3）。

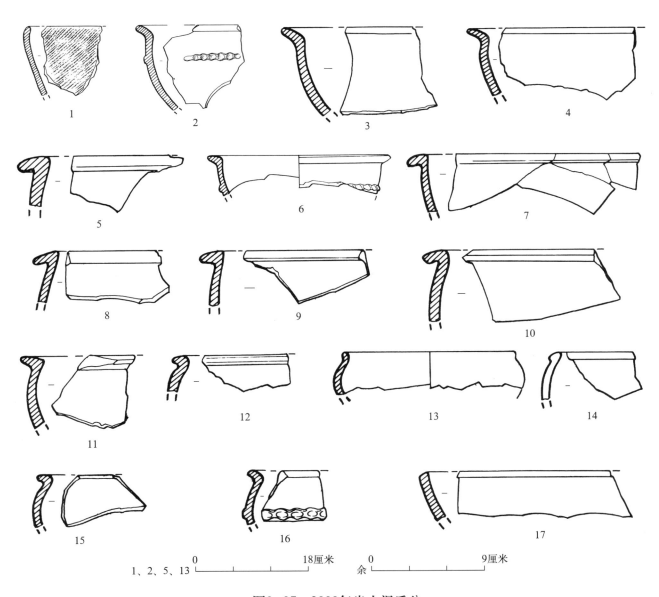

图3-37　2000年出土泥质盆

1．Ab型I式00H8：38　2～4．Bb型I式00H8：69、00H8：27、00H8：68　5、6．Bb型II式00T8⑤：110、00H8：70　7～10．Cb型00H21：8、G1：6、00H21：13、00G1：3　11．Cc型II式00T14③：23　12～16、18．Dc型II式00T10③：27、00H8：48、00H24：37、00T11③：45、00T10③：22、00T14③：40　17．Ec型00T8④：48

标本 00H8：68，夹砂灰陶。圆唇。内外壁面均经打磨。口径 28.0、残高 5.4 厘米（图 3-37，4）。

Bb 型 Ⅱ 式　3 件。直口，平折沿，圆唇。

标本 00T8 ⑤：110，细泥灰陶。尖唇。内外壁面均施陶衣，腹表饰鸡冠状鋬。口径 30.0、残高 6.2 厘米（图 3-37，5）。

标本 00H8：70，泥质灰陶。尖唇。内外壁面均施陶衣并磨光。口径 35.0、残高 5.0 厘米（图 3-37，6）。

Cb 型　6 件。敛口，折沿，弧腹。

标本 00H21：8，泥质灰陶。圆唇。内外壁面均施陶衣并磨光。口径 32.0、残高 4.6 厘米（图 3-37，7）。

标本 00G1：6，泥质灰陶。圆唇。口径 28.0、残高 4.2 厘米（图 3-37，8）。

标本 00H21：13，泥质黑皮灰胎陶。圆唇。内外壁面均施陶衣并磨光。口径 32.0、残高 4.4 厘米（图 3-37，9）。

标本 00G1：3，泥质灰陶。方唇。内外壁面均施陶衣并磨光。口径 38.0、残高 6.0 厘米（图 3-37，10）。

Cc 型 Ⅱ 式　2 件。敛口，沿较前二亚型窄，弧腹。

标本 00T14 ③：23，泥质黑皮褐胎陶。内外壁面均施黑色陶衣并磨光，圆唇。口径 26.0、残高 6.0 厘米（图 3-37，11）。

Dc 型 Ⅱ 式　11 件。敛口，沿微卷，弧腹。

标本 00T10 ③：27，泥质红褐陶。卷沿，尖唇。内外壁面均施陶衣并磨光，口径 21.0、残高 3.0 厘米（图 3-37，12）。

标本 00H8：48，泥质褐陶。内外壁面均施陶衣并磨光，卷沿，圆唇，薄胎。口径 27.6、腹径 30.6、残高 6.6 厘米（图 3-37，13）。

标本 00H24：37，泥质黑皮褐胎陶。圆唇。内外壁面均施陶衣并磨光。口径 23.0、残高 3.8 厘米（图 3-37，14）。

标本 00T11 ③：45，泥质灰陶。折沿，圆唇。内外壁面均施陶衣并磨光，口径 23.0、残高 4.2 厘米（图 3-37，15）。

标本 00T10 ③：22，泥质黄褐陶。卷沿，圆唇。内外壁面均施陶衣并磨光，腹部加塑泥条附加堆纹（表面饰按压纹）。口径 22.0、残高 4.4 厘米（图 3-37，16）。

标本 00T14 ③：40，泥质黑皮褐胎陶。圆唇。内外壁均施陶衣并磨光。口径 28.0、残高 4.4 厘米（图 3-37，18）。

Ec 型　3 件。大口，方唇。

标本 00T8 ④：48，泥质灰陶。方唇。外壁面施陶衣并磨光，斜壁下收。口径 40.0、残高 3.8 厘米（图 3-37，17）。

8. 带嘴锅

B 型　2 件。侈口。

标本 00T16 ③：3，泥质灰陶。方唇，弧腹，腹部饰交错细绳纹。残高 6.8 厘米（图 3-38）。

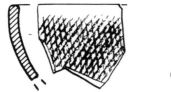

图3-38 2000年出土泥质B型带嘴锅00T16③:31

9. 碗

Aa型Ⅰ式 10件。侈口，尖圆唇，浅弧腹。

标本00H4:6，细泥红陶。圆唇。内外壁面均施陶衣并磨光，薄胎。口径17.0、残高5.2厘米（图3-39，1）。

标本00H8:47，泥质红褐陶。圆唇，平底。沿部外壁保留有轮旋痕迹。口径13.8、底径4.6、高5.0厘米（图3-39，2；彩版一九，2）。

标本00H8:53，泥质红褐陶。圆唇，平底。沿部保留有轮旋痕迹，口径13.2、底径5.6、高4.6厘米（图3-39，3；彩版一九，3）。

标本00H8:51，泥质红褐陶。圆唇，平底。沿部外壁保留有轮旋痕迹。口径14.8、底径6.0、高5.2厘米（图3-39，4；彩版一九，4）。

标本00T10④:36，泥质红褐陶。尖唇，平底。口径14.4、底径4.5、高5.2厘米（图3-39，5；彩版一九，5）。

标本00T11③:17，泥质黑褐陶。尖唇，平底。表面局部磨光，内壁可见轮旋痕迹。口径15.4、

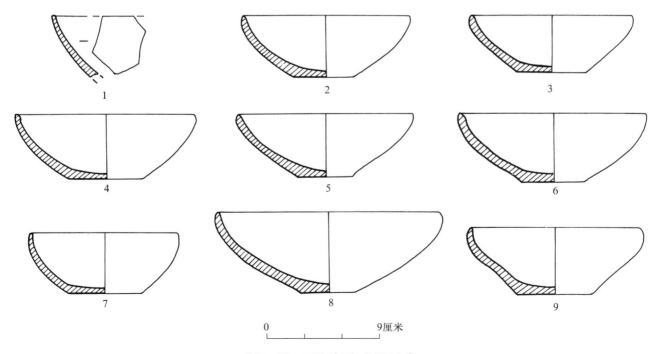

图3-39 2000年出土泥质碗

1～8. Aa型Ⅰ式00H4:6、00H8:47、00H8:53、00H8:51、00T10④:36、00T11③:17、00H17:14、00T11③:14 9. Aa型Ⅱ式00H1:13

底径 5.0、高 5.6 厘米（图 3-39，6；彩版一九，6）。

标本 00H17：14，泥质灰褐陶。尖唇，平底。口径 12.0、底径 6.0、高 5.0 厘米（图 3-39，7；彩版二〇，1）。

标本 00T11③：14，泥质灰陶。圆唇，平底。口径 18.6、底径 4.0、高 6.6 厘米（图 3-39，8；彩版二〇，2）。

Aa 型 Ⅱ 式　1 件。侈口外敞，尖圆唇，呈双腹状。

标本 00H1：13，泥质红褐陶。尖唇，平底。口径 13.8、底径 5.8、高 5.6 厘米（图 3-39，9；彩版二〇，3）。

Ab 型 Ⅰ 式　4 件。敛口，圆唇或尖圆唇，弧腹。

标本 00H18：5，泥质褐陶。圆唇，平底。口径 14.0、底径 6.0、高 5.2 厘米（图 3-40，1；彩版二〇，4）。

Ac 型　1 件。敞口，斜腹。

标本 00T11③：16，泥质红褐陶。尖唇，平底。腹壁有多道折棱。口径 13.8、底径 5.6、高 5.0 厘米（图 3-40，2；彩版二〇，5）。

Ad 型　2 件。直口，尖唇。

标本 00H24：4，泥质红褐陶。圆唇。内外壁施陶衣并磨光。口径 15.5、残高 5.0 厘米（图 3-40，3）。

标本 00H20：2，泥质红陶。圆唇，平底。内外壁施陶衣并磨光，口径 15.0、底径 6.4、高 6.4 厘米（图 3-40，4；彩版二〇，6）。

Ba 型 Ⅰ 式　2 件。侈口，尖圆唇，深弧腹。

标本 00T6③：32，泥质红褐陶。尖唇，平底。腹壁有多道折棱，内壁保留有轮旋痕迹。口径 13.6、底径 4.6、高 6.0 厘米（图 3-40，5；彩版二一，1）。

标本 00H20：6，泥质灰陶。圆唇，平底。表面施陶衣并磨光。口径 14.8、底径 5.8、高 6.8 厘米（图

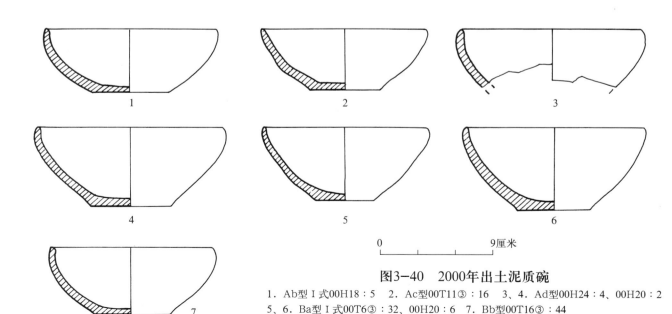

0　　　　　　　9厘米

图3-40　2000年出土泥质碗

1. Ab型Ⅰ式00H18：5　2. Ac型00T11③：16　3、4. Ad型00H24：4、00H20：2
5、6. Ba型Ⅰ式00T6③：32、00H20：6　7. Bb型00T16③：44

3-40，6；彩版二一，2）。

Bb 型　2件。敛口。

标本 00T16 ③：44，泥质红陶。圆唇，平底。口径 12.8、底径 6.0、高 5.7 厘米（图 3-40，7；彩版二一，3）。

10. 杯

B 型　1件。弧腹，圜底。

标本 00H17：48，泥质褐陶。平底，厚壁。直径 4.0、高 3.0、深 2.0 厘米（图 3-41,1;彩版二一,4）。

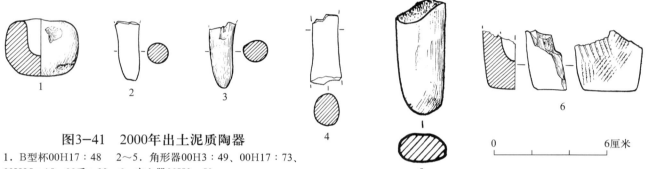

图3-41　2000年出土泥质陶器

1. B型杯00H17：48　　2~5. 角形器00H3：49、00H17：73、00H25：15、00采：22　　6. 空心器00H3：50

11. 纺轮

A 型　6件。扁平圆饼形。

标本 00H3：34，泥质褐陶。直径 5.9、孔径 0.8、厚 1.9 厘米（图 3-42，1）。

标本 00T8 ⑤：137，夹砂褐陶。上底凸起。直径 3.8、孔径 0.6、厚 1.1 厘米（图 3-42，2）。

标本 00T2 ②：203，泥质灰陶。表面磨光。直径 3.0、孔径 0.9、厚 0.8 厘米（图 3-42，3）。

标本 00T9 ①：1，夹砂灰褐陶。直径 5.0、孔径 0.6、厚 0.8 厘米（图 3-42，4）。

标本 00H25：9，泥质黑褐陶。厚壁，圆形。直径 4.0、孔径 0.5、厚 2.5 厘米（图 3-42，5）。

标本 00T2 ①：201，泥质灰陶。表面磨光，一面刻划有"十"字形符号。直径 3.4、孔径 0.9、厚 0.9 厘米（图 3-42，6）。

B 型　2件。鼓型，呈螺旋锥体状。

标本 00T12 ④：22，泥质黑皮褐胎陶。表面有三周凸棱纹。底径 4.4、孔径 0.2、高 1.6 厘米（图 3-42，7）。

标本 00T2 ①：200，泥质黑褐陶。近底部有一周凹槽。底径 3.3、孔径 0.2、高 2.0 厘米（图 3-42,8）。

12. 角形器

4件。

标本 00H3：49，泥质灰陶。粗端平齐，尖端残。直径 1.3、残长 3.3 厘米（图 3-41，2）。

标本 00H17：73，泥质红褐陶。直径 1.2、残长 3.6 厘米（图 3-41，3）。

标本 00H25：15，泥质红褐陶。直径 1.7、残长 3.6 厘米（图 3-41，4）。

标本 00 采：22，泥质红陶。扁平柱状。直径 2.6、残长 6.2 厘米（图 3-41，5）。

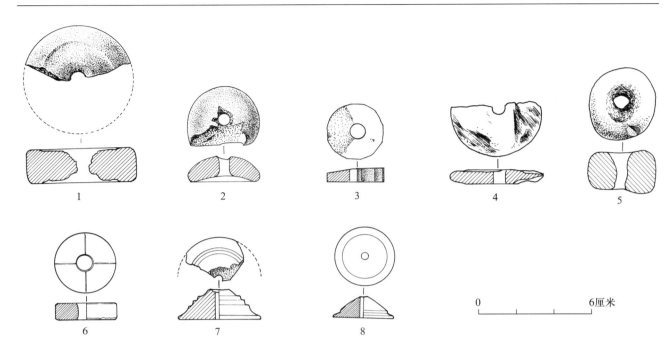

图3-42　2000年出土泥质陶纺轮

1～6．A型00H3：34、00T8⑤：137、00T2②：203、00T9①：1、00H25：9、00T2①：201　7、8．B型00T12④：22、00T2①：200

13．空心器

1件。

标本00H3：50，夹砂褐陶。平底，柱状。表面饰斜向绳纹。底径2.7、残高3.3厘米（图3-41，6）。

14．陶球

A 型　10件。实心，直径小于3.0厘米。

标本00H3：46，泥质褐陶。表面磨光。直径2.6厘米（图3-43，1）。

标本00H25：14，泥质褐陶。断面呈椭圆状，表面有戳印纹。长径2.3、短径1.7厘米（图3-43，2）。

标本00T2①：202，泥质褐陶。直径2.6厘米（图3-43，3）。

标本00H17：77，泥质褐陶。直径2.1厘米（图3-43，4）。

标本00H26：6，泥质黑褐陶。直径2.7厘米（图3-43，5）。

标本00H21：43，泥质黑褐陶。断面呈椭圆状。长径2.9、短径2.7厘米（图3-43，6）。

标本00H28：24，泥质褐陶。直径1.8厘米（图3-43，7）。

标本00H17：74，泥质褐陶。直径2.4厘米（图3-43，8）。

B 型　16件。实心，直径3.0～5.0厘米。

标本00T16④：77，泥质黑褐陶。断面呈椭圆状，表面磨光。长径3.5、短径3.1厘米（图3-43，9；彩版二一，5）。

标本00H8：90，泥质褐陶。直径3.4厘米（图3-43，10）。

标本00H25：10，泥质黑褐陶。表面磨光。直径3.3厘米（图3-43，11）。

标本00T11④：202，泥质黑褐陶。直径3.5厘米（图3-43，12）。

标本00T10④：87，泥质红褐陶。直径4.4厘米（图3-43，13；彩版二一，6）。

标本00H3：48，泥质褐陶。直径3.8厘米（图3-43，14）。

标本00H24：38，泥质褐陶。直径3.1厘米（图3-43，15）。

标本00H3：42，泥质黑褐陶。表面饰戳印纹。直径3.9厘米（图3-43，16）。

标本00H3：47，泥质褐陶。断面呈椭圆状。长径3.3、短径2.5厘米（图3-43，17）。

标本00H24：27，泥质褐陶。直径4.0厘米（图3-43，18）。

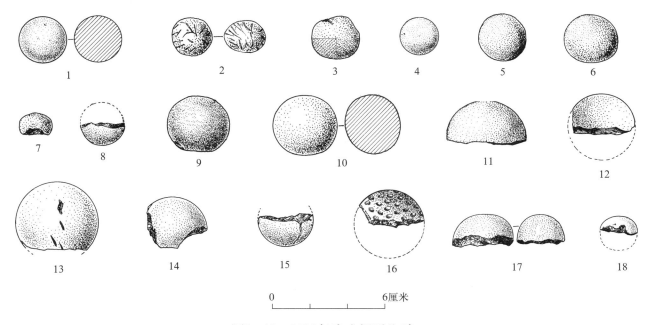

图3-43　2000年出土泥质陶球

1～8．A型00H3：46、00H25：14、00T2①：202、00H17：77、00H26：6、00H21：43、00H28：24、00H17：74　9～18．B型
00T16④：77、00H8：90、00H25：10、00T11④：202、00T10④：87、00H3：48、00H24：38、00H3：42、00H3：47、00H24：27

15．器錾

4件。分两型。

A型　3件。桥形。

标本00T5③：5，泥质灰皮红胎陶。长12.8、宽5.7厘米（图3-44，1）。

标本00T16④：83，泥质灰陶。弯曲状。长9.0、宽1.6厘米（图3-44，2）。

标本00T11④：201，泥质褐陶。较粗。残长6.0厘米（图3-44，3）。

B型　1件。鸡冠状。

标本00T12⑥：61，泥质褐陶。表面陶衣并磨光，薄胎，半圆形，器表面加贴一道纵向的泥条附加堆纹。长7.4、宽1.2厘米（图3-44，4）。

16．器底

38件。平底或小平底。

标本00H20：8，泥质灰陶。平底。外底饰交错绳纹组成的网格纹，内底可见底与壁的粘接痕迹。

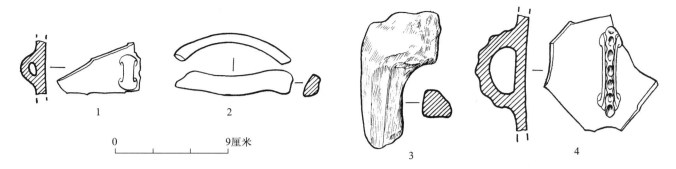

图3-44　2000年出土泥质陶器耳鋬

1～3. A型00T5③：5、00T16④：83、00T11④：201　4. B型00T12⑥：61

底径11.0、厚1.4厘米（图3-45，1）。

标本00T12⑥：57，泥质褐陶。斜直壁，平底。表面饰斜向绳纹。底径12.0、残高6.6厘米（图3-45，2）。

标本00T15⑤：43，泥质灰陶。平底。表面施陶衣并磨光。底径11.5、残高3.8厘米（图3-45，4）。

标本00T12④：120，泥质灰陶。斜直壁，小平底。腹表饰篮纹。底径4.2、残高3.1厘米（图3-45，3）。

标本00H18：31，泥质褐陶。平底，薄胎。底径6.5、残高2.2厘米（图3-45，5）。

标本00T10④：61，泥质灰陶。小平底。表面施陶衣并磨光，外底饰交错细线纹组成的网格纹。底径5.6、残高2.6厘米（图3-45，6）。

标本00H28：19，泥质褐陶。薄胎，坦腹，小平底。内底中央有一乳突装饰，外底饰交错细线纹组成的网格纹。底径5.8、残高3.8厘米（图3-45，7）。

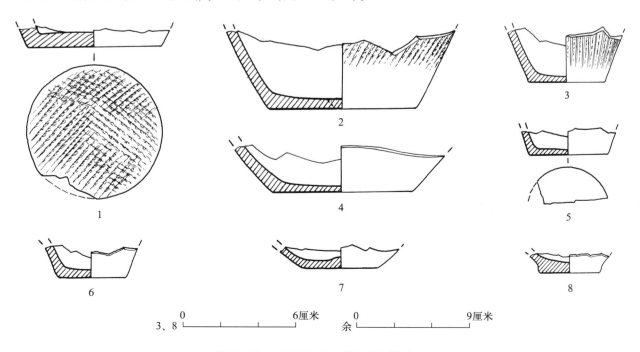

图3-45　2000年出土泥质陶器底

1～8. 器底00H20：8、00T12⑥：57、00T12④：120、00T15⑤：43、00H18：31、00T10④：61、00H28：19、00G1：12

标本00G1：12,泥质红褐陶。小平底。外底刻划有"十"字形符号。底径3.5、残高1.1厘米（图3-45，8）。

（三）夹砂陶

1. 侈口罐

Aa型Ⅰ式 8件。折沿较短，束颈，腹径明显大于口径，弧腹略鼓。

标本00T10⑤：95，夹砂黑陶。唇面压印横向绳纹，表面饰斜向绳纹，颈部饰一周凹弦纹。口径30.0、残高2.7厘米（图3-46，1）。

标本00T10⑤：97，夹砂黑陶。唇面压印横向细绳纹，器表饰纵向细绳纹。口径30.0、残高6.0

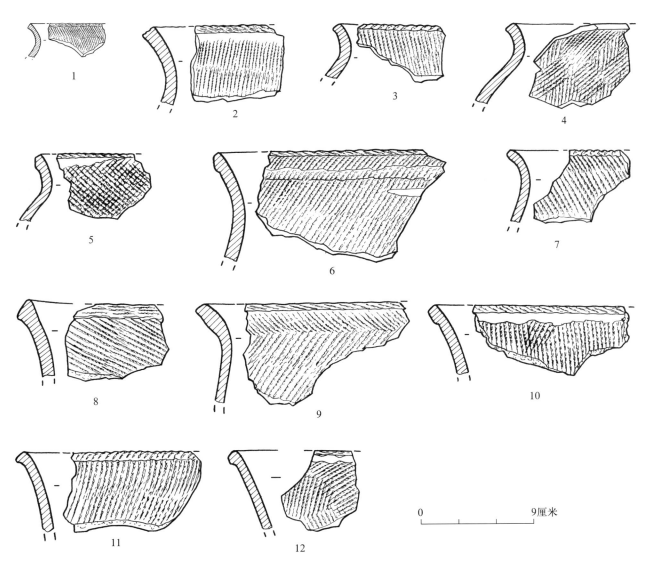

图3-46 2000年出土夹砂陶侈口罐

1～5. Aa型Ⅰ式00T10⑤：95、00T10⑤：97、00H17：59、00T12⑤：40、00H15：7 6、7. Aa型Ⅱ式00T11③：26、00T8⑤：140 8、9. Aa型Ⅲ式00T13③：30、00T15③：29 10、11. Ab型Ⅰ式00H22：15、00H8：34 12. Ab型Ⅲ式00T8④：57

厘米（图 3-46，2）。

　　标本 00H17：59，夹砂褐陶。方唇。唇面压印斜向绳纹，表面饰纵向绳纹。口径 15.0、残高 4.6 厘米（图 3-46，3）。

　　标本 00T12 ⑤：40，夹砂黄褐陶。方唇。器表施斜向绳纹。口径 24.0、残高 7.0 厘米（图 3-46，4）。

　　标本 00H15：7，夹粗砂褐陶。方唇。沿面内凹，唇面压印斜向绳纹，腹表饰交错绳纹构成的网格纹。口径 24.0、残高 5.6 厘米（图 3-46，5）。

　　Aa 型 Ⅱ 式　4 件。口径与腹径基本等大，弧腹。

　　标本 00T11 ③：26，夹粗砂黑褐陶。唇面压印斜向绳纹，器表饰斜向绳纹。口径 32.0、残高 9.4 厘米（图 3-46，6）。

　　标本 00T8 ⑤：140，夹砂褐陶。唇面按压锯齿状花边口沿装饰，器表饰斜向绳纹。口径 24.0、残高 6.2 厘米（图 3-46，7）。

　　Aa 型 Ⅲ 式　3 件。侈口外敞，口径大于腹径。

　　标本 00T13 ③：30，夹粗砂红褐陶。唇面压印横向粗绳纹，器表饰斜向粗绳纹。口径 40.0、残高 6.2 厘米（图 3-46，8）。

　　标本 00T15 ③：29，夹粗砂褐陶。唇面压印斜向绳纹，沿部加厚并饰斜向绳纹，腹表饰交错绳纹组成的网格纹。口径 44.0、残高 8.6 厘米（图 3-46，9）。

　　Ab 型 Ⅰ 式　2 件。沿较长，束颈，腹略鼓。

　　标本 00H22：15，夹粗砂褐陶。方唇。唇面压印横向细绳纹，器表饰纵向细绳纹。口径 34.0、残高 5.6 厘米（图 3-46，10）。

　　标本 00H8：34，夹粗砂褐陶。内壁呈黑色，唇面按压较浅的锯齿状花边口沿装饰，器表饰纵向绳纹。口径 26.0、残高 6.0 厘米（图 3-46，11）。

　　Ab 型 Ⅲ 式　2 件。弧腹较直。

　　标本 00T8 ④：57，夹砂褐陶。方唇。唇面压印斜向细绳纹，表面亦饰细绳纹。口径 22.0、残高 7.0 厘米（图 3-46，12）。

　　Ba 型 Ⅰ 式　11 件。束颈、弧腹略鼓，腹部最大径在肩腹交接处。

　　标本 00H8：43，夹砂褐陶。方唇。唇面压印粗绳纹，颈部饰绳纹及一周戳印纹，表面饰斜向细篮纹。口径 18.0、残高 7.0 厘米（图 3-47，1）。

　　标本 00T16 ④：71，夹砂红褐陶。圆唇。沿下有一圆形穿孔，表面饰斜向绳纹。口径 20.0、残高 6.0、孔径 0.8 厘米（图 3-47，2）。

　　标本 00H19：23，夹粗砂褐陶。唇面压印斜向绳纹，器表饰纵向绳纹。口径 29.0、残高 5.4 厘米（图 3-47，3）。

　　标本 00H8：64，夹砂灰黑陶。方唇。唇面压印斜向绳纹，沿下抹有一周凹弦纹，表面饰交错绳纹构成的网格纹。口径 21.0、残高 7.0 厘米（图 3-47，4）。

　　标本 00H8：42，夹粗砂黑褐陶。圆唇，唇面压印纵向绳纹，表面饰交错绳纹构成的网格纹及戳印纹。口径 25.0、残高 6.0 厘米（图 3-47，5）。

　　标本 00H8：46，夹砂黑褐陶。圆唇。唇面压印横向绳纹，颈部饰斜向绳纹并贴塑泥饼，腹表饰交错绳纹构成的网格纹。口径 22.0、残高 6.4 厘米（图 3-47，6）。

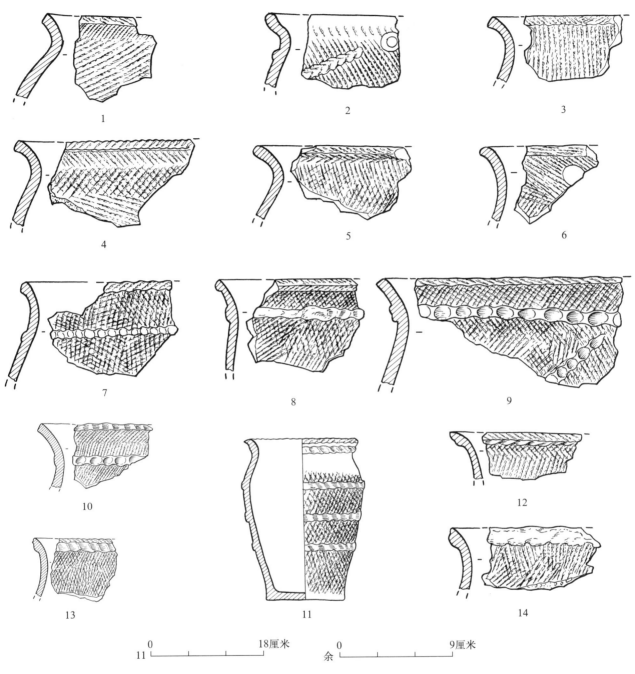

图3-47　2000年出土夹砂陶侈口罐

1～6. Ba型Ⅰ式00H8：43、00T16④：71、00H19：23、00H8：64、00H8：42、00H8：46　　7～14. Ba型Ⅱ式00T12⑤：37、00T15③：30、00H8：71、00T14③：15、00T10④：37、00T8③：32、00T8④：89、00H22：16

　　Ba型Ⅱ式　15件。弧腹，腹部最大径下移至腹中部。

　　标本00T12⑤：37，夹粗砂褐陶。方唇。唇面压印较深的绳纹，胎较薄，器表饰交错绳纹组成的网格纹。口径22.0、残高8.0厘米（图3-47，7）。

　　标本00T15③：30，夹砂黑陶。方唇。唇面压印斜向绳纹，器表饰细线网格纹。口径22.0、残高7.8厘米（图3-47，8）。

标本 00H8 ：71，夹粗砂黑褐陶。方唇。唇面压印横向绳纹，器表施交错绳纹组成的网格纹，腹部加塑横向及斜向泥条附加堆纹。口径 27.0、残高 9.2 厘米（图 3-47，9）。

标本 00T14 ③：15，夹粗砂褐陶。方唇。唇面压印横向绳纹，表面饰斜向绳纹。口径 25.0、残高 5.3 厘米（图 3-47，10）。

标本 00T10 ④：37，夹砂灰陶。方唇，下腹略直，器体瘦长，厚胎，平底。唇面压印斜向绳纹，表面饰交错粗绳纹构成的网格纹，口沿及腹部加塑四周平行的泥条附加堆纹。口径 19.0、腹径 20.4、高 26.4、底径 13.0、胎厚 1.1 厘米（图 3-47，11；彩版二二，1）。

标本 00T8 ③：32，夹砂黑陶。尖唇。唇面压印斜向绳纹，表面饰交错细绳纹构成的网格纹。口径 19.0、残高 5.0 厘米（图 3-47，12）。

标本 00T8 ④：89，夹粗砂黑陶。方唇。唇面压印斜向绳纹，表面饰斜向细绳纹。口径 19.0、腹径 20.4、高 26.4、底径 13.0、胎厚 1.1 厘米（图 3-47，13）。

标本 00H22 ：16，夹粗砂褐陶。方唇。唇面压印横向绳纹，器表饰交错绳纹。口径 30.0、残高 5.2 厘米（图 3-47，14）。

Ca 型 I 式　2 件。颈微束，直腹微弧。

标本 00H3 ：5，夹砂灰陶。方唇。唇面压印斜向绳纹，沿下有一周凸棱，器表饰纵向及斜向绳纹。口径 16.0、腹径 17.0、残高 9.0 厘米（图 3-48，1）。

Ca 型 II 式　8 件。直腹。

标本 00H28 ：20，夹粗砂褐陶。方唇，唇面压印横向波浪式绳纹，腹表饰斜向绳纹。口径 32.0、残高 3.0 厘米（图 3-48，2）。

标本 00T6 ③：36，夹砂红褐陶。唇面压印斜向绳纹，器表饰斜向绳纹。口径 27.0、残高 4.8 厘米（图 3-48，3）。

标本 00T16 ③：50，夹砂黑褐陶。唇面压印斜向绳纹，器表饰交错细绳纹构成的网格纹。口径 27.0、残高 4.0 厘米（图 3-48，4）。

标本 00T1 ④：35，泥质灰陶。火候较高，圆唇，腹壁略直。表面饰纵向绳纹。口径 30.0、残高 4.2 厘米（图 3-48，5）。

标本 00H21 ：10，夹粗砂褐陶。方唇。唇面压印斜向绳纹，器表施纵向绳纹。口径 24.0、残高 7.6 厘米（图 3-48，6）。

标本 00H24 ：11，夹粗砂褐陶。方唇。厚胎，唇面压印斜向细绳纹。口径 24.0、残高 4.8 厘米（图 3-48，7）。

Cb 型 I 式　3 件。直腹微弧。

标本 00H8 ：36，夹砂褐陶。方唇，唇面压印横向绳纹，器表饰纵向绳纹。口径 34.0、残高 10.0 厘米（图 3-48，8）。

标本 00H3 ：7，夹粗砂褐陶。唇面压印横向绳纹，器表饰纵向绳纹，沿下有一未穿透之小孔。口径 40.0、残高 8.2 厘米（图 3-48，9）。

Cb 型 II 式　1 件。直腹。

标本 00H19 ：3，夹粗砂黑褐陶。唇面压印横向绳纹，器表饰分段的纵向绳纹。口径 26.0、残高 13.4 厘米（图 3-48，10）。

D型Ⅱ式 1件。折沿，直腹。

标本00H21：15，夹粗砂黑褐陶。唇面压印斜向绳纹，器表饰交错细绳纹构成的网格纹。口径28.0、残高4.6厘米（图3-48，11）。

F型 1件。侈口，斜腹。

标本00H3：3，夹粗砂褐陶。下腹内收。唇面压印斜向绳纹，器表饰分段的纵向绳纹。口径38.0、残高10.0厘米（图3-48，14）。

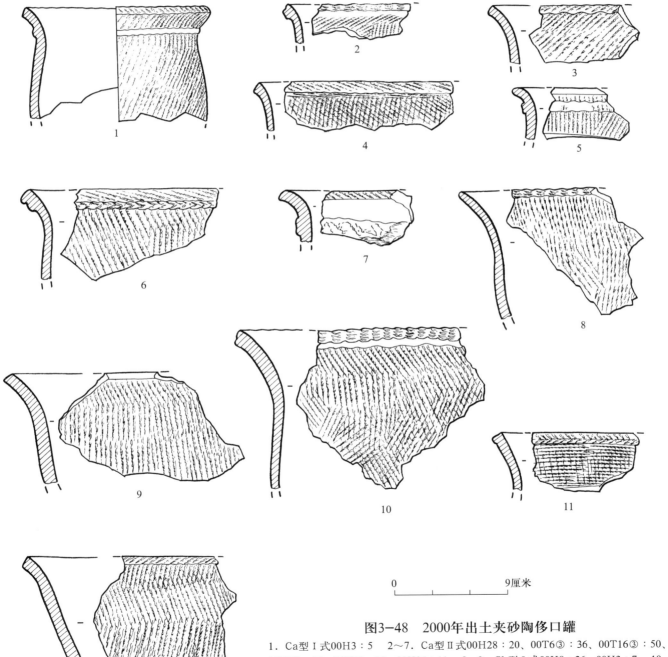

图3-48 2000年出土夹砂陶侈口罐

1. Ca型Ⅰ式00H3：5 2～7. Ca型Ⅱ式00H28：20、00T6③：36、00T16③：50、00T1④：35、00H21：10、00H24：11 8、9. Cb型Ⅰ式00H8：36、00H3：7 10. Cb型Ⅱ式00H19：3 11. D型Ⅱ式00H21：15 12. F型00H3：3

2. 罐

B 型　8 件。

标本 00H5：1，夹砂黑陶。圆唇。厚胎，表面饰纵向绳纹。口径 21.0、残高 6.8 厘米（图 3-49，1）。

标本 00G1：1，夹粗砂灰黑陶。沿面较宽，唇面压印斜向绳纹，沿下饰一周竖绳纹，腹表饰交错绳纹构成的网格纹。口径 30.0、沿宽 3.0、残高 12.0 厘米（图 3-49，2）。

标本 00G1：9，夹砂灰陶。唇面按压较浅的锯齿状花边口沿装饰，颈部加贴一周泥条（其上饰两周压印纹），腹表饰斜向粗绳纹。口径 34.0、残高 5.6 厘米（图 3-49，3）。

标本 00H3：16，夹粗砂黑褐陶。圆唇。唇面压印斜向绳纹，腹表饰纵向绳纹。口径 15.0、残高 5.2 厘米（图 3-49，4）。

标本 00T16④：67，夹砂黑褐陶。方唇。唇面压印交错绳纹，器表饰斜向粗绳纹。口径 31.0、残高 7.0 厘米（图 3-49，5）。

标本 00G1：7，夹砂黑陶。方唇。唇面压印横向波浪式绳纹，表面饰斜向绳纹。口径 26.0、残高 5.6 厘米（图 3-49，6）。

Da 型 I 式　4 件。卷沿较短，圆唇，束颈，广肩。

标本 00H18：18，夹粗砂褐陶。唇面压印斜向绳纹，器表饰纵向粗绳纹及横向泥条附加堆纹。口径 40.0、残高 10.4 厘米（图 3-49，7）。

标本 00H18：1，夹粗砂红褐陶。唇面压印斜向绳纹，器表饰纵向粗绳纹及横向泥条附加堆纹。口径 38.0、残高 8.0 厘米（图 3-49，8）。

标本 00T13③：21，夹砂灰白陶。唇面压印斜向绳纹，器表饰纵向粗绳纹。口径 40.0、残高 6.0 厘米（图 3-49，9）。

Da 型 II 式　2 件。

标本 00T8④：54，夹砂褐陶。唇面压印斜向绳纹，腹表饰交错绳纹构成的网格纹。口径 33.0、残高 7.0 厘米（图 3-49，10）。

Da 型 III 式　1 件。

标本 00T10④：72，泥质灰黑陶。火候较高，尖唇。沿面磨光，腹表饰交错细线纹组成的网格纹。口径 17.0、残高 3.1 厘米（图 3-49，11）。

Db 型 I 式　2 件。方唇，束颈，广肩。

标本 00H4：16，夹砂灰陶。大口，方唇，厚胎。唇面压印横向波浪式绳纹，表面饰纵向粗绳纹。口径 34.0、残高 5.6、胎厚 1.1 厘米（图 3-49，12）。

Db 型 II 式　6 件。方唇，弧肩。

标本 00H1：9，夹粗砂褐陶。唇面压印斜向绳纹，腹表饰斜向绳纹。口径 28.0、残高 4.8 厘米（图 3-49，13）。

标本 00H16：6，夹砂红褐陶。唇面压印斜向粗绳纹，腹表饰竖向及斜向粗绳纹。口径 28.0、残高 5.8 厘米（图 3-49，14）。

标本 00T12③：35，夹粗砂黑褐陶。唇面压印斜向粗绳纹，腹表饰分段的斜向绳纹。口径 40.0、残高 5.8 厘米（图 3-49，15）。

标本 00T16④：66，夹砂红褐陶。方唇。唇面压印纵向绳纹，表面饰交错细绳纹构成的网格纹。

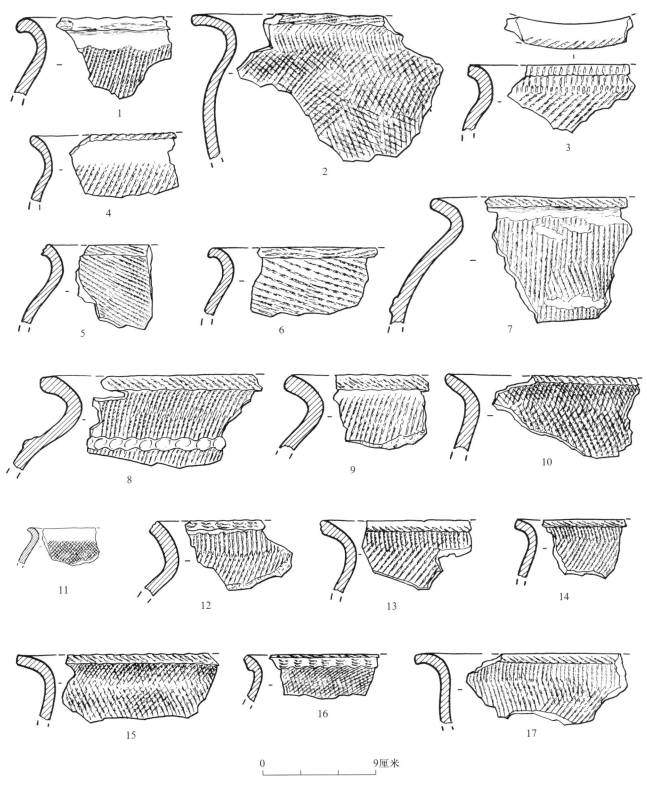

0　　　　　　　　9厘米

图3-49　2000年出土夹砂陶罐

1~6. B型00H5：1、00G1：1、00G1：9、00H3：16、00T16④：67、00G1：7　　7~9. Da型Ⅰ式00H18：18、00H18：1、00T13③：21
10. Da型Ⅱ式00T8④：54　　11. Da型Ⅲ式00T10④：72　　12. Db型Ⅰ式00H4：16　　13~16. Db型Ⅱ式00H1：9、00H16：6、
00T12③：35、00T16④：66　　17. H型00T6③：35

口径 32.0、残高 3.6 厘米（图 3-49，16）。

H 型　1 件。

标本 00T6 ③：35，夹粗砂黑褐陶。唇面压印斜向粗绳纹，腹表饰分段的斜向绳纹。口径 40.0、残高 5.8 厘米（图 3-49，17）。

3．小罐

E 型 I 式　2 件。

标本 00H3：28，夹砂黑褐陶。圆唇。唇面压印斜向粗绳纹，沿下有一周附加堆纹（上面压印圆窝），器表饰纵向绳纹。口径 13.0、残高 3.8 厘米（图 3-50，1）。

Fa 型　15 件。侈口，圆唇，矮领，鼓腹。

标本 00T12 ⑤：36，夹粗砂灰陶。圆唇，平底。唇面压印斜向细线纹，上腹表面三周平行的附加堆纹（上面压印齿状装饰），第一、二道附加堆纹之间还饰四条一组的平行附加堆纹，器表饰交错细线纹组成的网格纹。口径 21.6、腹径 34.8、底径 9.6、高 36.6 厘米（图 3-50，2；彩版二二，2）。

标本 00H28：6，夹粗砂黑陶。圆唇，平底。唇面压印横向绳纹，表面饰斜向绳纹，腹部贴塑一周圆形泥饼。口径 15.0、底径 7.0、高 16.0 厘米（图 3-50，3）。

标本 00H18：30，夹砂黑褐陶。尖唇。唇面压印斜向绳纹，表面饰纵向绳纹。口径 14.0、残高 5.0 厘米（图 3-50，4）。

标本 00T12 ③：16，夹砂黑褐陶。方唇。内壁呈黑色，唇面压印斜向绳纹，腹表饰反向绳纹。残高 5.2 厘米（图 3-50，5）。

标本 00H28：3，夹砂黑陶。方唇。沿下饰纵向细绳纹，腹表饰交错细绳纹组成的网格纹及圆饼小乳钉装饰。口径 13.0、残高 9.6 厘米（图 3-50，6）。

标本 00H13：14，夹粗砂黑褐陶。圆唇。唇面压印斜向绳纹，器表饰分段的纵向绳纹并贴塑圆形泥饼。口径 11.0、残高 4.1 厘米（图 3-50，7）。

标本 00H17：75，夹细黑陶。方唇。唇面压印斜向细绳纹，表面饰交错细线纹组成的网格纹及小乳钉纹装饰。口径 16.0、残高 4.0 厘米（图 3-50，8）。

标本 00T11 ①：1，夹细砂黑陶。尖唇。腹表饰交错细线纹组成的网格纹及三周戳印纹。口径 10.6、腹径 13.0、残高 8.2 厘米（图 3-50，9）。

标本 00H3：23，夹砂黑陶。圆唇。唇面压印斜向绳纹，沿下有一周戳印纹，器表饰纵向绳纹及附加堆纹。口径 9.0、残高 5.7 厘米（图 3-50，10）。

标本 00T11 ①：2，夹砂黑褐陶。方唇。唇面压印斜向绳纹，表面饰纵向绳纹及乳突状。口径 11.8、腹径 16.0 厘米（图 3-50，11）。

Fb 型　3 件。方唇。

标本 00H3：36，夹细砂黑褐陶。方唇，平底。唇面压印斜向细线纹，上腹表面有四个一组的乳钉纹装饰，器表饰交错细线纹组成的网格纹。口径 12.0、腹径 16.4、底径 6.5、高 18.0 厘米（图 3-50，12；彩版二二，3）。

标本 00T8 ③：27，夹细砂黑陶。方唇。唇面压印斜向细绳纹，表面饰交错细线纹组成的网格纹及四个一组的小乳钉纹装饰。口径 15.0、残高 6.2 厘米（图 3-50，13）。

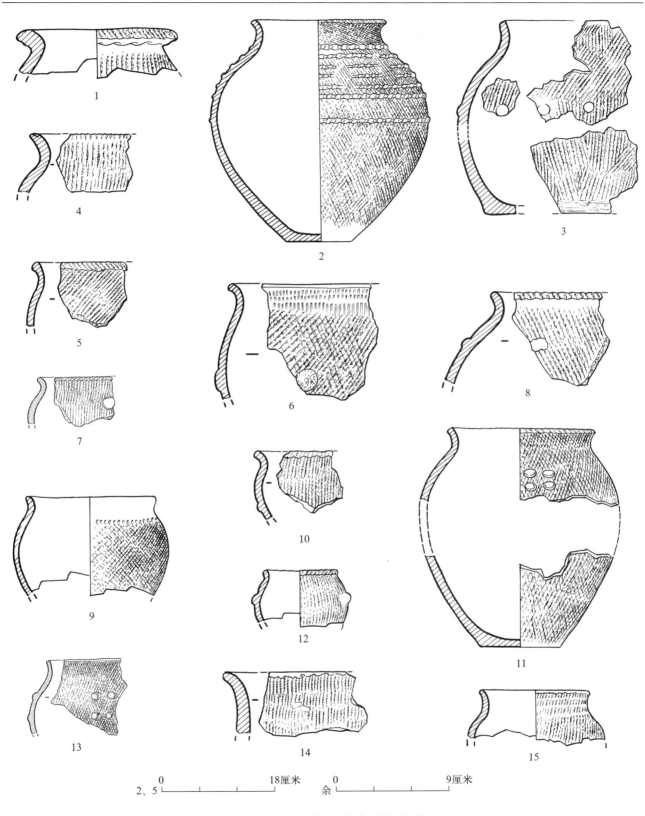

图3—50　2000年出土夹砂陶小罐

1. E型Ⅰ式00H3∶28　　2～11. Fa型00T12⑤∶36、00H28∶6、00H18∶30、00T12③∶16、00H28∶3、00H13∶14、00H17∶75、00T11①∶1、00H3∶23、00T11①∶2　12、13. Fb型00H3∶36、00T8③∶27　14、15. G型00H8∶45、00H8∶73

G型　3件。直口，直颈较长。

标本00H8：45，夹粗砂黑褐陶。尖唇，厚胎。表面饰分段的纵向绳纹。口径17.0、残高5.4厘米（图3-50，14）。

标本00H8：73，夹粗砂褐陶。圆唇。唇面压印斜向绳纹，表面饰分段的纵向绳纹，器表及口部有黑色烟炱痕迹。口径9.0、残高4.6厘米（图3-50，15）。

4．瓮

A型Ⅰ式　2件。沿较宽，方唇。

标本00H29：1，夹粗砂红褐陶。直腹。唇面压印斜向绳纹，器表饰纵向绳纹。口径40.0、残高4.4厘米（图3-51，1）。

A型Ⅱ式　2件。窄沿，圆唇。

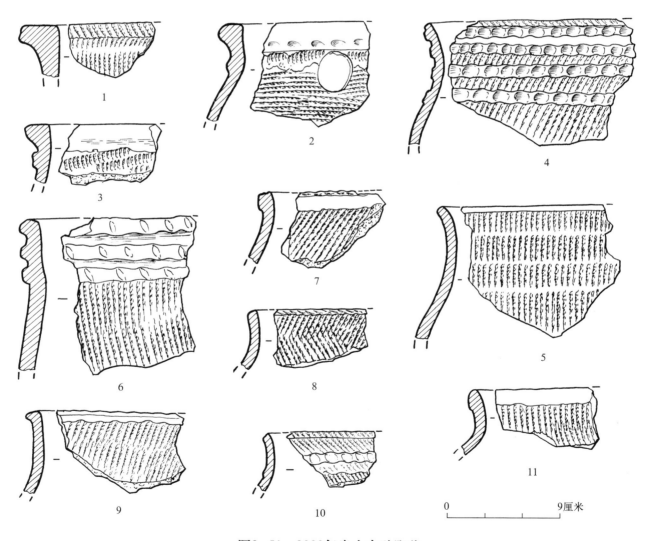

图3-51　2000年出土夹砂陶瓮

1．A型Ⅰ式00H29：1　2、3．A型Ⅱ式00H21：20、00H18：21　4、5．B型Ⅰ式00H17：38、00H8：57　6．B型Ⅱ式00T1③：24　7～9．C型Ⅰ式00H28：26、00H29：24、00H8：41　10、11．C型Ⅱ式00H21：18、00T10③：25

标本00H21：20，夹粗砂黑褐陶。腹表饰横向粗绳纹，沿下加贴一周泥条附加堆纹及圆形泥饼。口径40.0、残高8.6厘米（图3-51，2）。

标本00H18：21，夹砂红褐陶。火候较高。沿下贴塑一周较宽的泥条附加堆纹（表面有斜向压印纹）。口径41.0、残高5.6厘米（图3-51，3）。

B型Ⅰ式 4件。

标本00H17：38，夹砂褐陶。方唇。唇面压印斜向绳纹，器表施斜向绳纹，颈部加塑四周横向泥条附加堆纹。口径32.0、残高10.2厘米（图3-51，4）。

标本00H8：57，夹粗砂褐陶。唇面压印横向绳纹，器表饰以多道凸棱分隔的纵向带状绳纹，表面有黑色烟炱痕迹。口径24.5、残高10.4厘米（图3-51，5）。

B型Ⅱ式 1件。

标本00T1③：24，泥质褐陶。内外壁均加贴一层灰褐色陶衣，颈部饰多道平行的泥条凸棱纹（表面有压印纹），腹表饰纵向绳纹。残高13.2厘米（图3-51，6）。

C型Ⅰ式 3件。直口。

标本00H28：26，夹砂黑陶。方唇。唇面压印横向绳纹，腹表饰斜向绳纹。口径31.0、残高3.1厘米（图3-51，7）。

标本00H29：24，夹粗砂灰陶。方唇。唇面压印横向绳纹，表面饰斜向绳纹。口径20.0、残高4.6厘米（图3-51，8）。

标本00H8：41，夹粗砂黑褐陶。唇面按压横向绳纹，器表饰纵向绳纹。口径27.0、残高7.0厘米（图3-51，9）。

C型Ⅱ式 2件。件。直口微侈。

标本00H21：18，夹砂褐陶。方唇。唇面压印纵向绳纹，器表施斜向绳纹，颈部加塑两周横向泥条附加堆纹。口径22.0、残高4.6厘米（图3-51，10）。

标本00T10③：25，夹粗砂褐陶。圆唇。腹表饰纵向绳纹。口径28.0、残高2.5厘米（图3-51，11）。

5. 器盖

2件。

标本00T8①：2，夹粗砂褐陶。厚胎，盖口为圆唇，盖腹斜直。盖表饰纵向粗绳纹。盖口径22.0、残高6.4厘米（图3-52，1）。

标本00H3：4，夹砂灰陶。厚胎，盖口为方唇，盖腹斜平。盖口唇面压印斜向绳纹，盖表饰纵向绳纹。盖口径28.0、残高4.4厘米（图3-52，2）。

6. 穿孔陶构件

1件。

标本00H8：77，夹粗砂褐陶。已残断，长方体，中间有等距的长条形穿孔，一侧面饰横向绳纹。残长10.0、宽6.0、厚3.0、孔长4.6、孔宽3.0、孔距1.0厘米（图3-52，3；彩版二二，6）。

7. 器流

4件。分两型。

A型 2件。流口呈圆筒状。

标本00H8：50，夹砂灰陶。流下部表面纵向加贴一道泥条附加堆纹（可能起加固作用）。流口长6.4、宽4.6、流身长7.0厘米（图3-52，4）。

标本00T13③：28，泥质褐陶。内壁可见泥条粘接痕迹。流身残长5.2、柄4.4厘米（图3-52,5）。

B型 2件。流口呈宽扁状。

标本00H3：21，夹砂褐陶。流身长10.0、宽1.6厘米（图3-52，6）。

标本00T16③：25，泥质褐陶。表面施陶衣并磨光。流身长6.0、宽6.5厘米（图3-52，7）。

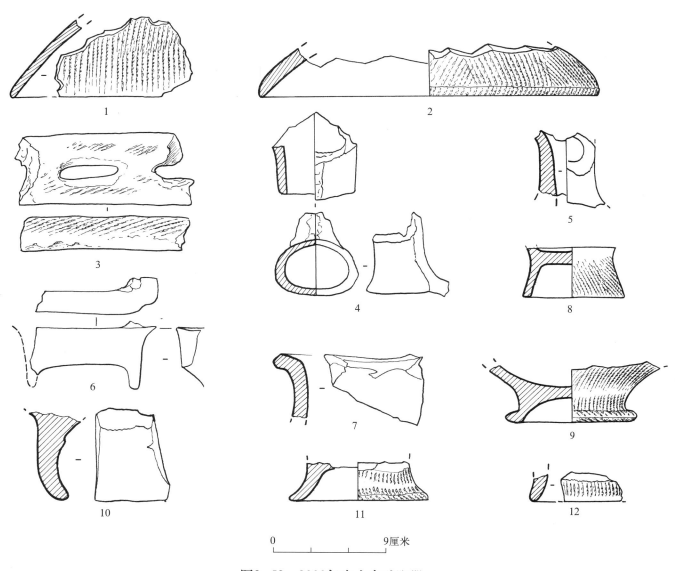

0 _____ 9厘米

图3-52 2000年出土夹砂陶器

1、2. 器盖00T8①：2、00H3：4 3. 穿孔陶构件00H8：77 4、5. A型器流00H8：50、00T13③：28 6、7. B型器流00H3：21、00T16③：25 8～12. A型圈足00H21：9、00H19：1、00T1④：201、00T1④：30、00H3：31

8．器底

35件。平底或小平底。

标本00H12：13，夹粗砂褐陶。直壁下收。表面饰纵向绳纹，近底部可见明显的粘接痕迹（具体是先作成腹部并施绳纹，再加接底部，粘接处部分绳纹被抹去）。底径16.2、残高6.0厘米（图3-53，1）。

标本00H8：59，夹粗砂褐陶。厚胎，器底与器壁的粘接痕迹明显，表面饰纵向绳纹，外底饰交错绳纹组成的网格纹，内底饰交错细线纹组成的网格纹。底径14.4、残高4.2厘米（图3-53，2）。

标本00H8：55，夹粗砂黑褐陶。厚胎，斜直壁。器底与器壁的粘接痕迹明显，表面饰斜向绳纹，外底饰分组的斜向绳纹。底径12.0、残高6.0厘米（图3-53，3）。

标本00H8：30，夹粗砂褐陶。斜直壁。厚胎，器底与器壁的粘接处可见指印按压修抹痕迹，表面饰纵向绳纹。底径12.4、残高5.2厘米（图3-53，4）。

标本00H8：63，夹砂灰黑陶。器体小巧，弧壁下收。外底略内凹并贴塑圆形泥饼，内壁可见泥条盘筑痕迹，表面饰泥条附加堆纹，腹表有黑色炱痕。底径4.4、残高5.0厘米（图3-53，5）。

标本00H8：65，夹砂褐陶。斜直壁，小平底。近底部外壁饰斜向绳纹，腹表饰交错绳纹组成的网格纹。底径5.6、残高6.8厘米（图3-53，6）。

标本00T10⑤：101，夹粗砂褐陶。器底与器壁的粘接痕迹明显，表面饰横向粗绳纹，近底部外壁饰交错绳纹组成的网格纹，内壁可见泥条盘筑痕迹。底径10.0、残高5.2厘米（图3-53，7）。

标本00T13④：33，夹粗砂灰陶。厚胎，可见器底与器壁的粘接痕迹，腹表饰纵向绳纹，外底饰横向绳纹，内底保留手制痕迹。底径12.0、残高4.2厘米（图3-54，1）。

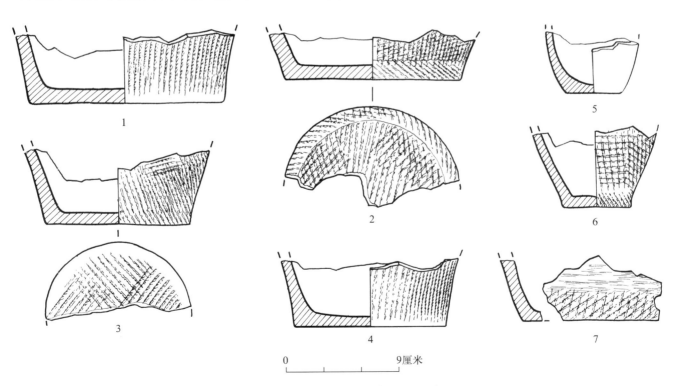

0　　　　　　　9厘米

图3-53　2000年出土夹砂陶器底

1～7．00H12：13、00H8：59、00H8：55、00H8：30、00H8：63、00H8：65、00T10⑤：101

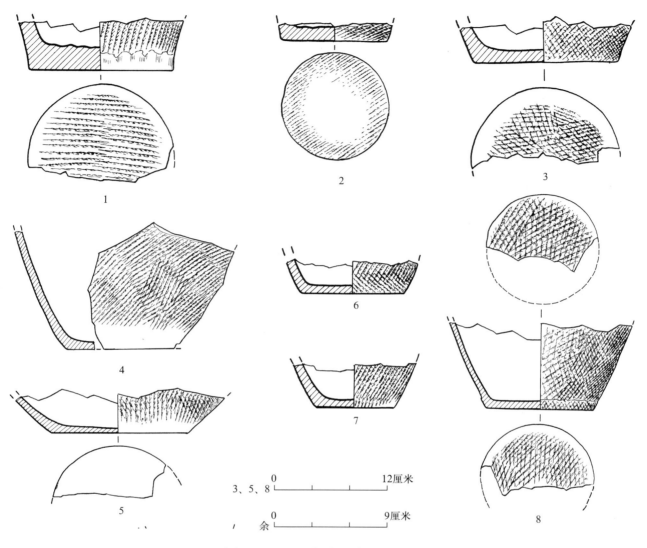

图3-54　2000年出土夹砂陶器底

1～8．00T13④：33、00T10④：32、00T11③：11、00T12④：20、00T10④：31、00H17：40、00T16②：11、00T16③：23

标本00T10④：32，夹粗砂褐陶。外底及腹表饰斜向粗绳纹，内底保留手制痕迹。底径9.0、残高1.2厘米（图3-54，2）。

标本00T11③：11，夹粗砂褐陶。外底略内凹。外底及器表均饰交错细线纹组成的网格纹。底径12.0、残高3.6厘米（图3-54，3）。

标本00T12④：20，夹砂灰陶。火候较高，厚胎，斜直壁。腹表饰斜向绳纹。底径13.0、残高14.0厘米（图3-54，4）。

标本00T10④：31，夹砂灰褐陶。器体宽大，斜直壁。腹表饰交错粗绳纹组成的网格纹。底径14.8、残高4.8厘米（图3-54，5）。

标本00H17：40，夹砂黑褐陶。器底与器壁的粘接痕迹明显（具体作法是先粘接，然后抹平，再于其上施斜向绳纹），腹表面饰斜向绳纹。底径8.2、残高2.6厘米（图3-54，6）。

标本00T16②：11，夹细砂黑褐陶。内底略凸起。器表饰斜向绳纹。底径6.4、残高3.8厘米（图

3-54，7）。

标本00T16 ③：23，夹粗砂褐陶。器底与器壁的粘接痕迹明显，内底、外底及腹表均饰交错绳纹组成的网格纹。底径12.0、残高6.2厘米（图3-54，8）。

9．圈足

A型　5件。

标本00H21：9，夹砂黑褐陶。足口呈喇叭状，圈足内底凸起并饰篮纹，外表饰斜向绳纹。圈足口径8.6、容器底径7.2、高4.4厘米（图3-52，8）。

标本00H19：1，夹砂灰陶。厚胎，足口外撇。足口唇面压印斜向绳纹，圈足表面饰纵向绳纹，容器表面饰斜向绳纹。圈足口径10.6、足高2.0、残高2.6厘米（图3-52，9；彩版二二，4、5）。

标本00T1 ④：201，夹细砂黑褐陶。足口外撇。圈足口径9.0、高3.6厘米（图3-52，10）。

标本00T1 ④：30，夹砂褐陶。足口外撇，表面饰多道戳印纹。圈足口径11.5、高3.0厘米（图3-52，11）。

标本00H3：31，夹砂褐陶。表面饰纵向绳纹。圈足口径9.0、高2.4厘米（图3-52，12）。

二　石器

石器可分为打制和磨制两类。打制石器分为直接打制和间接打制两种，其中直接打制石器、磨制石器的石料的岩性主要为变质岩、砂岩、粉砂岩等；间接打制石器全部为细石器，石料的岩性包括燧石、水晶和石英三种。打制石器的器类有两侧打缺石刀、砍砸器、切割器、尖状器、刮削器，饼形器，另有石核、石片、断块等。细石器的器类有细石核、细石叶等。磨制石器的器类有斧、锛、凿、穿孔石刀、砺石、研磨器、环、镯形器、璧形器、纺轮、石球、石杵、穿孔形器等。

（一）打制石器

1．尖状器

1件。

标本00采：33，黑色燧石。两面均为劈裂面，可见多处剥片疤痕及放射线，刃略残。长3.3、宽2.8、厚0.8厘米（图3-55，1）。

2．砍砸器

A型　2件。

标本00H17：46，灰白色。圆饼状卵石作成，两面似经打磨，周边有使用产生的打击疤痕，器体宽大。长径15.4、短径15.0、厚5.0厘米（图3-55，4；彩版二三，1、2）。

标本00H28：5，灰白色。两面均保留卵石自然面，周边可见砸击疤痕，器体宽大、厚重。长15.0、宽12.4、厚1.7厘米（图3-55，5）。

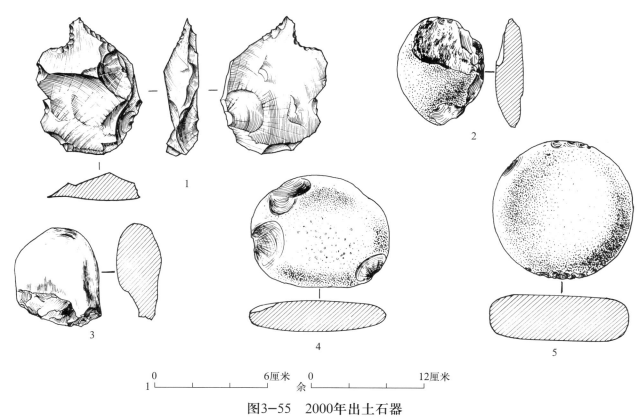

图3-55　2000年出土石器

1. 尖状器00采：33　2、3. B型砍砸器00H17：22、00采：10　4、5. A型砍砸器00H17：46、00H28：5

B型　2件。

标本00H17：22，灰黑色。器体厚重。一面局部保留卵石自然面，另一面及周边遍布打击疤痕。长12.0、宽9.4、厚3.0厘米（图3-55，2）。

标本00采：10，灰色。两面、两侧及握端均保留卵石自然面。使用端遍布砸击疤痕，器体厚重。长11.0、宽9.0、厚4.8厘米（图3-55，3）。

3. 刮削器

A型　4件。

标本00采：34，黑色燧石。平面呈梯形，两面均为劈裂面，可见多处剥片疤痕及放射线，刃口略斜。长3.2、宽2.8、厚0.7、刃宽2.2厘米（图3-56，1）。

标本00H17：72，黑色燧石。周身遍布剥片疤点及放射线，窄刃。长2.8、宽1.8、厚0.4厘米（图3-56，2）。

标本00H17：70，黑色燧石，半透明。周身遍布剥片疤点及放射线，一侧保留打击台面，弧刃，可见使用痕迹。长2.4、宽2.0、厚0.6厘米（图3-56，3）。

B型　3件。

标本00T1④：200，黑色燧石。上端保留打击台面，两面可见剥片疤痕。长3.8、宽2.3厘米（图3-56，4）。

标本00H14：28，黑色燧石。平面呈梯形，侧面呈狭长三角形，握端保留打击台面，两面可见

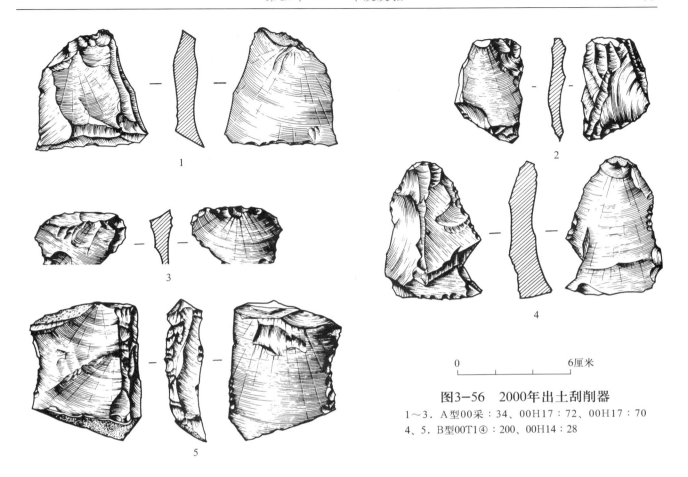

图3-56 2000年出土刮削器
1～3. A型00采：34、00H17：72、00H17：70
4、5. B型00T1④：200、00H14：28

剥片疤痕，刃内凹。握端长3.8、宽1.0、刃宽2.3、高3.0厘米（图3-56，5；彩版二三，3、4）。

4．切割器

A 型 34件。

标本00H17：8，深灰色。器体狭长，短柄，背部作平，柄部经修整加工，一面保留卵石自然面，另一面为劈裂面，弧刃，有尖，刃部有使用痕迹。长14.4、宽4.4、柄长2.8、厚1.4厘米（图3-57，1）。

标本00T11③：37，银灰色。一面为剥片劈裂面并可见打击疤点及放射线，另一面保留卵石自然面，弧刃，刃部有使用痕迹。长9.5、宽8.5、厚0.5厘米（图3-57，2）。

标本00T13③：65，灰黑色。一面为剥片劈裂面，另一面保留卵石自然面，弧刃，刃部有使用痕迹。长6.0、宽4.6厘米（图3-57，3）。

标本00H17：34，灰黑色。一面有剥片疤痕并保留卵石自然面，另一面为劈裂面，弧刃，刃部有使用痕迹。长10.0、宽6.0、厚1.2厘米（图3-57，4）。

标本00H8：86，灰色。平面略呈椭圆形，背部可见两处打击点，两侧经修整加工，一面保留卵石自然面，另一面为劈裂面，弧刃，刃部有使用痕迹。长8.0、宽6.0、厚1.0厘米（图3-57，5）。

标本00H14：9，深灰色。一面保留卵石自然面，另一面为劈裂面并可见打击疤点及放射线，弧刃，有使用痕迹。长6.6、宽4.0厘米（图3-57，6）。

标本00H4：8，灰黑色。器体宽大，平面略呈长方形，两侧经修整，背部作平，一面保留卵石自然面，另一面为劈裂面，边刃，侧锋，刃部有使用痕迹。长13.0、宽10.6、厚1.8厘米（图3-57，7）。

标本00T16④：64，深灰色。平面略呈三角形，背部作平，一面保留卵石自然面，另一面为劈裂面，弧刃，侧锋，刃部遍布打击疤痕。长12.2、宽7.4厘米（图3-57，8）。剥离石片两侧或周边经过二次修整加工。

标本00采：11，灰色。一面保留卵石自然面，另一面为劈裂面，两侧经修整，直刃，刃部有使用痕迹。长10.0、宽7.6、厚1.6厘米（图3-57，9）。

标本00H8：81，深灰色。一面部分为剥片劈裂面并保留卵石自然面，另一面为劈裂面，上端可见打击疤点，一侧经修整，弧刃，刃部有使用痕迹。长9.2、宽7.8、厚1.3厘米（图3-57，10）。

标本00H24：28，灰黑色。一面保留卵石自然面，另一面为劈裂面，两侧经修整，直刃，刃部有使用痕迹。长9.0、宽6.0、厚0.8厘米（图3-57，11）。

标本00H15：8，黑褐色。一面保留卵石自然面，另一面为劈裂面，弧刃，可见使用痕迹。长13.2、宽8.0、厚1.6厘米。

标本00T8①：3，灰黑色。石质坚硬，系从磨制石器上剥片加工而成，背部及一面保留磨光面，另一面为劈裂面，弧刃。长10.0、宽5.2厘米（图3-57，12）。

标本00T13③：200，雕刻器，深灰色燧石，半透明。两面均见剥片疤点及放射线，弧刃。长3.4、

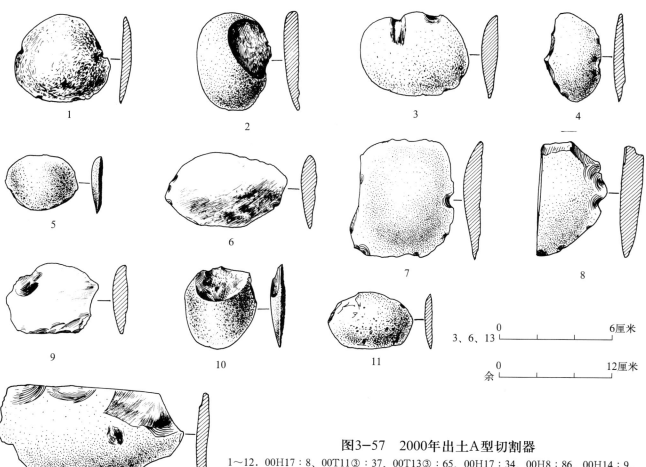

图3-57　2000年出土A型切割器

1～12. 00H17：8、00T11③：37、00T13③：65、00H17：34、00H8：86、00H14：9、00H4：8、00T16④：64、00采：11、00H8：81、00H24：28、00H15：8、00T8①：3、00T13③：200

宽 1.9 厘米。

B 型　4 件。利用剥离石片加工而成。

标本 00H17：9，灰黑色。器体厚重，两侧经修整，一面保留卵石自然面，另一面为劈裂面，可见打击疤点及放射线，弧刃，中锋，刃部有使用痕迹。长 11.4、宽 8.2、厚 1.8 厘米（图 3-58，1）。

标本 00H17：64，灰黑色。器体狭长，一侧经修整，一面保留卵石自然面，另一面为劈裂面，弧刃，刃部有使用痕迹。长 12.0、宽 6.0、厚 1.2 厘米（图 3-58，2）。

C 型　6 件。

标本 00H4：20，深灰色。平面略呈三角形，一面保留卵石自然面，周边经修整，可见打击疤点，另一面为劈裂面，弧刃，侧锋。长 9.0、宽 7.4、厚 1.0 厘米（图 3-58，3）。

标本 00H8：87，白色，内含透明的石英颗粒。长 3.6、宽 2.1 厘米（图 3-58，4）。

标本 00H27：14，灰黑色燧石，半透明。两面均为剥裂面，周身遍布剥片疤痕，弧刃，可见使用痕迹。长 4.2、宽 3.4、厚 1.0 厘米（图 3-58，5；彩版二四，1）。

D 型　5 件。

标本 00 采：8，灰黑色大理岩。一面保留卵石自然面，另一面为劈裂面并可见打击疤点，弧刃，有使用痕迹，背部较厚。长 12.0、宽 10.0、厚 2.0 厘米（图 3-58，6；彩版二三，5、6）。

标本 00 采：23，淡绿色。石质坚硬，系从磨制石器上剥片加工而成，周边经修整，一面保留磨光面，另一面为劈裂面，可见打击疤点及放射线，弧刃，背部较厚，刃部有使用痕迹。长 5.8、宽 5.4、厚 1.1 厘米（图 3-58，7）。

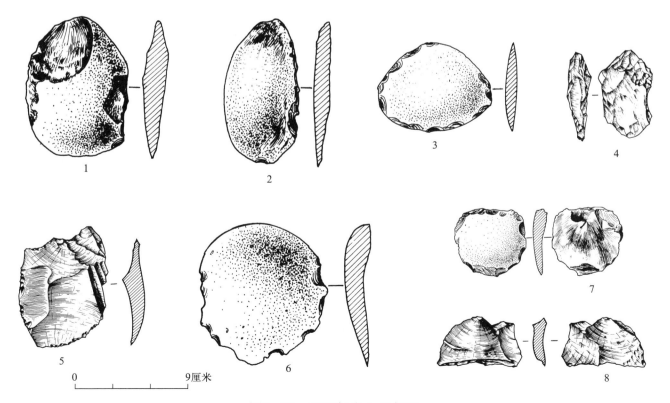

图3-58　2000年出土切割器

1、2. B型00H17：9、00H17：64　3～5. C型00H4：20、00H8：87、00H27：14　6、7. D型00采：8、00采：23

5．两侧打缺石刀

1件。均用剥离石片加工而成。

标本00H8：78，银灰色。平面呈长方形，已残，一面保留卵石自然面并有少量疤痕，另一面为劈裂面，背部可见打击疤点，直刃微凹，刃部有使用痕迹。残长9.2、宽6.4厘米（图3-59，1）。

6．石核

13件。

标本00T11④：200，黑色燧石，上端保留打击台面，周身遍布剥片疤痕。长7.4、宽7.5、厚3.2厘米（图3-59，2；彩版二四，2、3）。

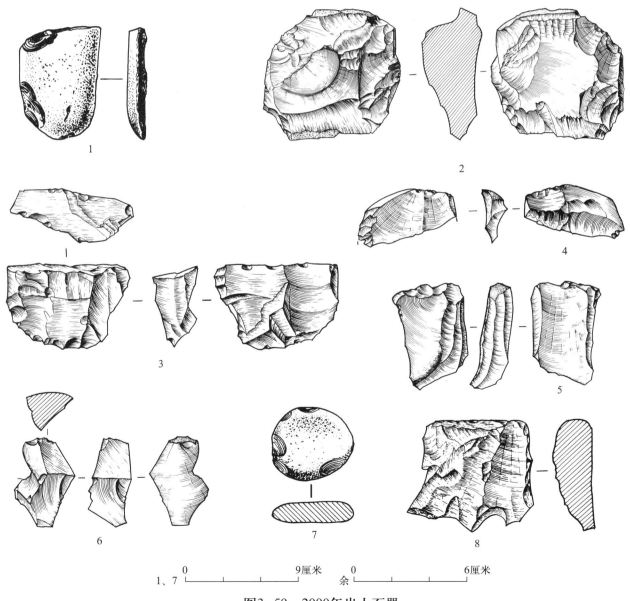

图3-59　2000年出土石器

1．两侧打缺石刀00H8：78　2～6．石核00T11④：200、00H21：46、00H17：71、00采：32、00采：35、00T14①：4　7．饼形器00H8：82

标本00H21：46，黑色燧石。上端保留打击台面，周身遍布剥片疤痕，弧刃，可见使用痕迹，握端长3.0、刃长2.6、宽2.0、厚1.2厘米（图3-59，3）。

标本00H17：71，黑色燧石。长条形，周身遍布剥片疤点及放射线，上端保留部分打击台面，窄刃。长2.6、宽1.3、厚0.7厘米（图3-59，4）。

标本00采：32，黑色燧石。两面均为劈裂面，周身可见剥片疤痕及放射线。长1.8、刃宽2.8、厚0.5厘米（图3-59，5；彩版二四，4左上、5左上）。

标本00采：35，黑色燧石。三棱体，器表可见剥片疤痕。长2.0、宽1.5、厚0.6厘米（图3-59，6；彩版二四，4右上、5右上）。

标本00T14①：4，黑色燧石。平面呈梯形，表面可见多处剥片疤痕，刃端较薄，有使用痕迹。长6.8、刃宽5.0、厚2.2厘米（图3-59，8；彩版二四，6）。

7．饼形器

1件。

标本00H8：82，浅灰色。两面均保留卵石自然面，周边经修整加工，可见打击疤点和使用痕迹。长6.5、宽6.0、厚1.8厘米（图3-59，7）。

（二）磨制石器

33件。器体大小差异较大，磨制及穿孔技术成熟。

1．石斧

A型　2件。弧刃，中锋。

标本00H8：76，灰黑色。石质细腻、坚硬，通体磨光，平面呈梯形，肩部圆弧，器体狭长、厚重，一侧磨平，周身遍布打击疤痕，刃部可见使用痕迹。长18.4、肩宽4.6、刃宽7.2、厚4.0厘米（图3-60，1；彩版二五，1、2）。

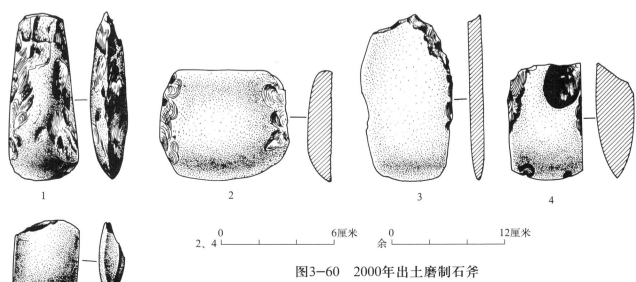

图3-60　2000年出土磨制石斧

1、2．A型00H8：76、00T8④：67　3～5．B型00H22：19、00T10④：71、00H8：80

标本00T8④：67，白色。打制，平面略呈长方形，一面为劈裂面，另一面保留有石质自然面，弧刃，背部可见打击疤点，两侧双面均经琢击修整，器体宽大，刃部不见使用痕迹。长14.2、宽12.2、背厚2.5厘米（图3-60，2；彩版二五，3、4）。

B型　3件。

标本00H22：19，深灰色。利用打制石片加工而成，仅刃部磨光，略残，两侧经打击加工，平面呈长方形，器体宽扁，一面为劈裂面，另一面保留卵石自然面。残长9.1、刃宽3.7、厚0.7厘米（图3-60，3；彩版二五，5、6）。

标本00T10④：71，灰黑色。石质坚硬，通体磨光，已残，平面呈长方形，器体较厚，两侧磨平，刃部可见使用疤痕。残长6.4、宽4.0、厚2.0厘米（图3-60，4；彩版二六，1、2）。

标本00H8：80，淡绿色，带有纵向纹理。通体磨光，平面呈长方形，残存刃端，器体厚重，两侧磨平，弧刃，中锋，刃部有疤痕。残长8.7、宽7.0、厚2.0厘米（图3-60，5；彩版二六，3）。

2．石锛

A型　4件。弧刃，偏锋。

标本00T10④：39，黑色。石质坚硬，通体磨光，略残，平面呈梯形，器体狭长，两侧磨平。残长10.0、刃宽3.8、厚1.1厘米（图3-61，1；彩版二六，4）。

标本00H17：49，深灰色。石质坚硬，磨制精细，平面呈梯形，肩部及两侧可见打击疤痕，刃部有使用痕迹，器体较小。长7.2、肩宽2.5、刃宽3.5、厚1.0厘米（图3-61，2；彩版二六，5、6）。

标本00H17：55，黑色。石质坚硬，磨制精细，略残，平面呈梯形，表面可见打击疤痕，刃口较平，器体小巧。长5.8、肩宽2.3、刃宽2.6、厚0.7厘米（图3-61，3）。

标本00H16：1，淡绿色，略透明。器体表面大部磨光，局部有疤痕，平面呈梯形，器体宽扁、狭长，肩端圆弧。长18.2、刃宽6.2、肩宽3.4、厚1.8厘米（图3-61，4；彩版二七，1、2）。

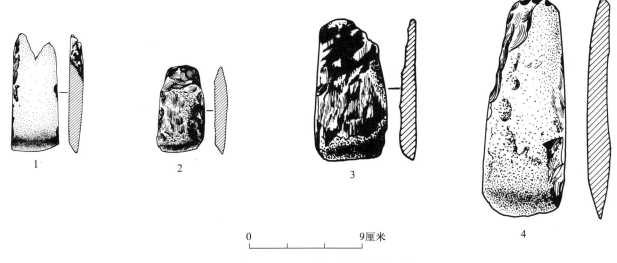

0　　　　　　　9厘米

图3-61　2000年出土磨制石锛

1～4．A型00T10④：39、00H17：49、00H17：55、00H16：1

3. 石凿

2件。

标本00T16②：20，灰白色。石质细腻、坚硬，局部磨光，器体狭长，刃部较宽，两侧可见打击疤痕，弧刃。长9.3、肩宽2.7、厚0.7厘米（图3-62，1；彩版二七，3）。

标本00T16①：7，灰绿色。器体表面局部磨光，平面呈长方形，器体狭长，直刃，侧锋，刃部不见使用痕迹。长12.8、刃宽2.7、厚1.5厘米（图3-62，2；彩版二七，4）。

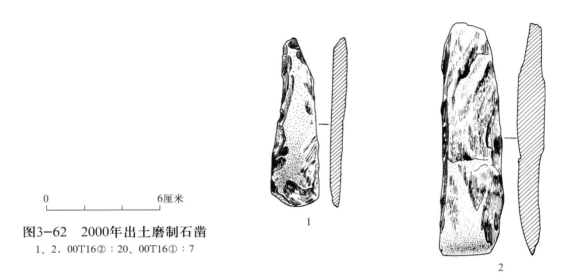

0 ————————— 6厘米

图3-62　2000年出土磨制石凿
1、2. 00T16②：20、00T16①：7

4. 石刀

A型　2件。无穿孔，仅刃口磨制。

标本00H3：1，淡绿色。石质较软，刃部及背部经磨制，平面略呈长方形，三面有刃，一端及下部为直刃、侧锋，另一端为弧刃、中锋。长7.2、宽3.8、厚0.4厘米（图3-63，1）。

标本00T10③：29，黑色。石质坚硬，刃部磨光，平面呈长方形，背部及两端有打击疤点，直刃，中锋，刃部可见使用痕迹。长9.0、宽3.7、厚1.2厘米（图3-63，2）。

B型　5件。穿孔石刀，平面呈长方形。

标本00T8④：39，深灰色。石质较软，两端磨平，背部略弧，直刃，中锋，中部有刻槽并穿孔。长9.0、宽3.5、厚0.3厘米（图3-63，3）。

标本00H19：43，深灰色。石质较软、易分层，通体磨光，略残，背部及两端磨平，直刃，中锋，中部有双穿孔，穿孔采用双向管钻法制成，刃部可见使用痕迹。残长6.0、宽3.6、孔径0.4、孔距2.1、厚0.3厘米（图3-63，4；彩版二七，5、6）。

标本00H17：6，灰黄色。石质细腻，通体磨光，略残，两端磨平，背部内凹，刃部外弧，中锋，中间近刃部有双穿孔，穿孔采用单向管钻法制成。长8.3、宽3.4、孔径0.3、孔距1.5、厚0.3厘米（图3-63，5；彩版二八，1、2）。

标本00T11①：3，灰白色。石质坚硬，通体磨光，两端略弧，弧刃，中锋，中部有双穿孔，穿孔采用双向管钻法制成，刃部未见使用痕迹。长8.7、宽3.1、孔径0.3、孔距2.5、厚0.4厘米（图3-63，6；彩版二八，3、4）。

标本00T15①：1，淡绿色。通体磨光，平面略呈长方形，器体较薄，双穿孔，弧刃，中锋，刃

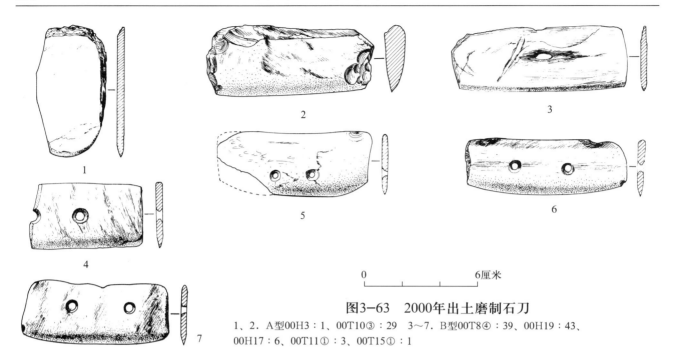

图3-63 2000年出土磨制石刀

1、2. A型00H3：1、00T10③：29 3～7. B型00T8④：39、00H19：43、
00H17：6、00T11①：3、00T15①：1

部不见使用痕迹，穿孔采用单向管钻技术作成。刃长8.0、背长7.3、宽3.3、孔径0.3、厚0.3厘米（图3-63，7；彩版二八，5、6）。

5. 穿孔形器

4件。

标本00H8：75，深灰色千枚岩。石质较软、易分层，已残，表面凿制出多个略呈圆形的穿孔（残存7个），少数孔壁上有烟炱。孔径3.3、孔距2.0、厚0.9厘米（图3-64，1；彩版二九，1、2）。

标本00H8：83，淡蓝色。石质较软、易分层，已残，中部凿制出圆形的穿孔，孔壁上保留加工痕迹。长10.2、孔径3.4、厚0.7厘米（图3-64，2；彩版二九，3）。

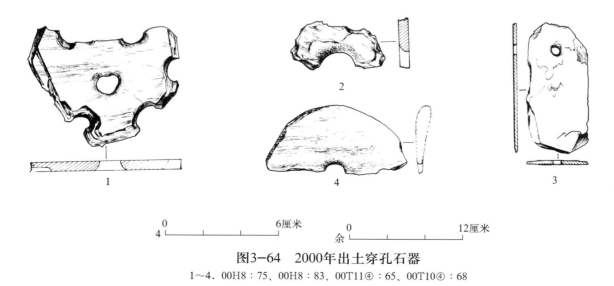

图3-64 2000年出土穿孔石器

1～4. 00H8：75、00H8：83、00T11④：65、00T10④：68

标本00T11④：65，淡绿色。石质较软、易分层，一端局部经磨制，另一端有一单向钻成的圆形穿孔。长14.2、宽6.6、孔径0.8、厚0.4厘米（图3-64，3；彩版二九，4、5）。

标本00T10④：68，淡绿色。石质较软，已残，平面呈圆形，周边经仔细修整，中间有圆形穿孔。直径7.5、孔径1.1厘米（图3-64，4）。

6. 砺石

4件。

标本00H8：79，灰白色，砂石。已残，四面均有内凹状的磨面。残长6.0、宽4.4、厚2.6厘米（图3-65，1）。

标本00T8④：75，淡黄色，砂石。仅一面为内凹状的磨面。长6.5、宽3.1、厚2.3厘米（图3-65，2）。

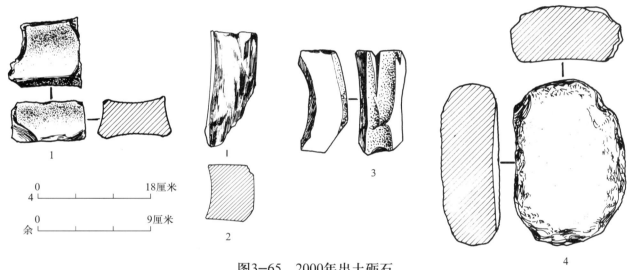

图3-65 2000年出土砺石
1～4. 00H8：79、00T8④：75、00H17：50、00H19：49

标本00H17：50，褐色，砂石。弯曲状，两面及两端均为磨面，一端还有磨出的凹槽（推测应为加工磨制石器刃部而形成的，操作时将石器固定，以砺石去磨制器刃）。长4.3、宽1.7、厚2.0厘米（图3-65，3）。

标本00H19：49，灰色，砂石。仅一面为内凹状的磨面，器体宽大、厚重。长28.0、宽18.0、厚8.8厘米（图3-65，4；彩版二九，6）。

7. 石环

2件。

标本00H18：43，灰色。石质较软，加工粗糙，中间有圆形穿孔。外径3.4、内径1.4、厚0.4厘米（图3-66，1）。

标本00T8③：203，淡绿色。石质较软，已残，中间有圆形穿孔。外径2.4、内径0.7厘米（图3-66，2）。

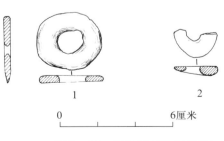

图3-66 2000年出土石环
1、2. 00H18：43、00T8③：203

8．石镯

A 型　5件。亚腰状，外壁面内凹，内壁面略凸起。

标本 00H8 ：91，白色并有灰黑色花纹。甚精美，器体较高，已残。外径 10.0、厚 0.4、高 1.8 厘米（图 3-67，1 ；彩版三〇，1）。

标本 00H8 ：89，白色。已残。外径 7.5、厚 0.5 厘米 （图 3-67，2）。

标本 00H8 ：93，白色。已残。厚 0.5、高 1.1 厘米。

标本 00T10 ④：88，白色。已残。外径 7.0、高 1.4、厚 0.5 厘米 （图 3-67，3）。

标本 00T13 ③：23，白色。内外壁磨平，可能为半成品。外径 10.0、残高 0.9、厚 1.1 厘米（图 3-67，4）。

B 型　8件。外壁面凸起，内壁面磨平。

标本 00H8 ：88，白色。已残。外径 6.8、内径 5.2、高 1.2 厘米 （图 3-68，1 ；彩版三〇，2）。

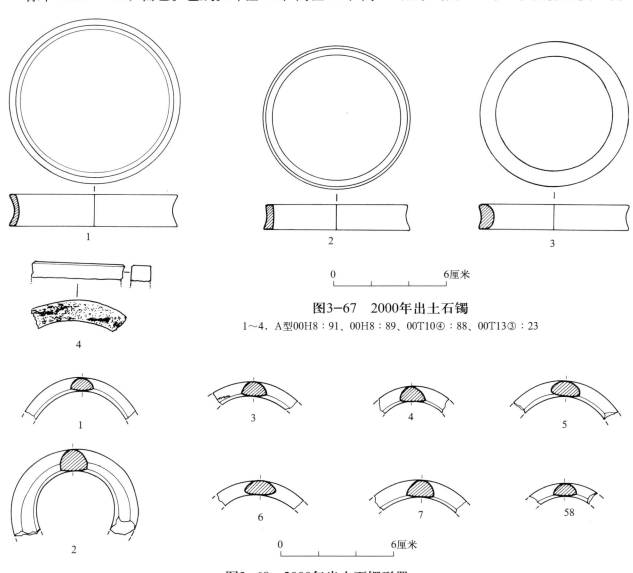

0　　　　　　6厘米

图3-67　2000年出土石镯

1～4．A型00H8：91、00H8：89、00T10④：88、00T13③：23

0　　　　　　6厘米

图3-68　2000年出土石镯形器

1～8．B型00H8：88、00H22：17、00T16②：200、00T8①：201、00T8①：202、00采：27、00采：28、00采：36

标本00H22：17，白色，内含透明石英颗粒，已残。外径6.8、内径4.4、高1.6厘米（图3-68，2；彩版三〇，3、4）。

标本00T16②：200，灰黑色。已残。外径7.0、内径5.4、高1.3厘米（图3-68，3）。

标本00T8①：201，白色。已残。外径6.0、内径4.4、高1.3厘米（图3-68，4；彩版三〇，5左）。

标本00T8①：202，黑色。已残。外径6.5、内径4.9、高1.4厘米（图3-68，5；彩版三〇，5右）。

标本00采：27，白色。已残。外径6.8、内径5.2、高1.6厘米（图3-68，6）。

标本00采：28，白色。已残。外径7.0、内径5.2、高1.4厘米（图3-68，7；彩版三〇，6）。

标本00采：36，灰白色。已残。外径5.5、内径4.3、高1.3厘米（图3-68，8）。

9．璧形器

4件。肉径大于好径。

标本00H17：56，白色。尚未磨制，似为半成品，已残，周边经琢击，中间穿孔系双向琢击而成。外径6.2、肉宽2.4、内径0.8、厚1.2厘米（图3-69，1）。

标本00采：26，白色。两面及周边经磨光，已残断，内壁一周经琢击，中间穿孔系双向琢击而成。外径8.0、肉宽3.2、内径1.6、厚1.8厘米（图3-69，2；彩版三〇，7、8）。

标本00T14③：33，白色。弧形，打制，两腰中部经琢击加工。长9.4、宽5.0、厚1.8厘米（图3-69，3）。

标本00H24：15，白色，圆饼形，一面制平并染黑，另一面局部磨光，周边琢击规整。直径7.0、厚2.0厘米（图3-69，4）。

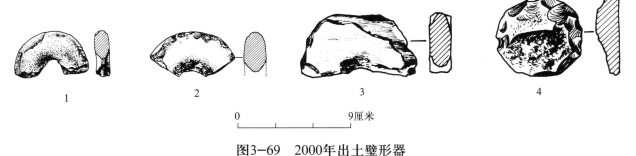

1　　　　　2　　　　　3　　　　　4

0　　　　　　9厘米

图3-69　2000年出土璧形器

1～4．00H17：56、00采：26、00T14③：33、00H24：15

10．石球

8件。

Aa型　4件。

标本00T16③：56，灰白色。椭圆球状。长径4.3、短径3.8、厚3.2厘米（图3-70，1）。

标本00H3：38，白色夹黑色斑点。平面呈椭圆形，扁平状，周边可见使用痕迹。长径8.6、短径8.0、厚5.8厘米（图3-70，2）。

标本00T5③：3，银白色夹黑色斑点。扁圆状，器体厚重。长径7.6、短径6.0厘米（图3-70，3；彩版三一，1）。

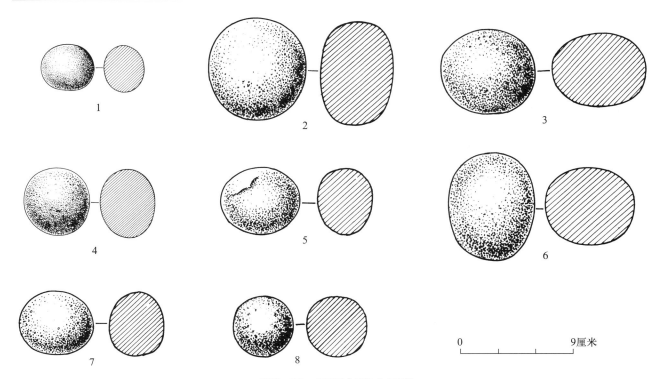

图3-70　2000年出土石球

1～4. Aa型00T16③：56、00H3：38、00T5③：3、00H3：39　5～8. Ab型00H12：10、00T10④：82、00H3：44、00H3：45

标本00H3：39，白色夹黑色斑点。椭圆状，略扁平，表面可见使用痕迹。长径5.7、短径5.3、厚4.4厘米（图3-70，4）。

Ab型　4件。

标本00H12：10，灰白色夹黑色斑点。横截面呈椭圆形，略扁。长径3.2、短径2.7、厚2.2厘米（图3-70，5）。

标本00T10④：82，灰白色。椭圆球状，器体厚重。长径9.0、短径7.2、厚6.4厘米（图3-70，6；彩版三一，2）。

标本00H3：44，灰黑色。椭圆状，扁平状，周边有打击痕迹。长径6.0、短径5.2、厚4.2厘米（图3-70，7）。

标本00H3：45，白色夹黑色斑点。椭圆球状，遍体可见打击疤点。长径5.0、短径4.8厘米（图3-70，8）。

11. 石杵

5件。

标本00H8：85，灰白色闪长岩，砂石。已残，表面局部经磨制，圆柱状。残长9.4、直径3.2厘米（图3-71，1）。

标本00H3：37，深灰色。石质较软，已残断，表面局部磨光，圆柱状。残长12.5、直径2.2厘米（图3-71，2）。

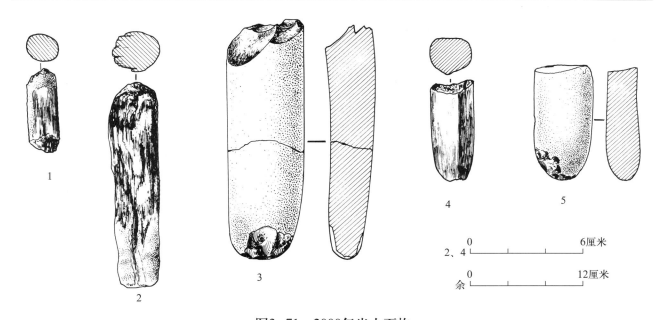

图3-71　2000年出土石杵

1~5. 00H8：85、00H3：37、00T14②：12、00T15①：17、00采：1

　　标本00T14②：12，灰白色。长条形卵石作成，器体宽扁、厚重，石质坚硬，上端截断，下端有砸击疤痕。长26.0、宽8.2、厚5.2厘米（图3-71，3）。

　　标本00T15①：17，深灰色。通体磨光，已残断，角状，有尖。残长5.5、直径2.3厘米（图3-71，4）。

　　标本00采：1，灰色。长条形卵石作成，器体扁平，石质坚硬，上端截断，断口略平，下端为使用端，可见砸击疤痕。长12.6、宽6.4、厚3.6厘米（图3-71，5）。

12．残石器

　　5件。

　　标本00H24：31，灰绿色。石质细腻，通体磨光。残长6.2、4.2、厚0.8厘米（图3-72，1）。

　　标本00T6③：45，暗绿色。石质坚硬。残长5.2、2.4、厚2.4厘米（图3-72，2）。

　　标本00采：12，灰白色。两侧磨平。残长4.1、宽5.1、厚2.0厘米（图3-72，3）。

　　标本00采：14，淡绿色。石质细腻，通体磨光。残长6.0、宽3.7、厚1.1厘米（图3-72，4；彩版三一，3）。

　　标本00采：18，深灰色。石质坚硬，两面及一侧保留部分磨光面，表面满布打击疤痕。残长7.0、宽4.8、厚0.8厘米（图3-72，5）。

13．器坯

　　1件。

　　标本00T8⑤：111，白色。弧形，周边均为劈裂面，两面保留有石质自然面并经磨制。长14.0、宽3.8、厚6.4厘米（图3-72，6；彩版三一，4）。

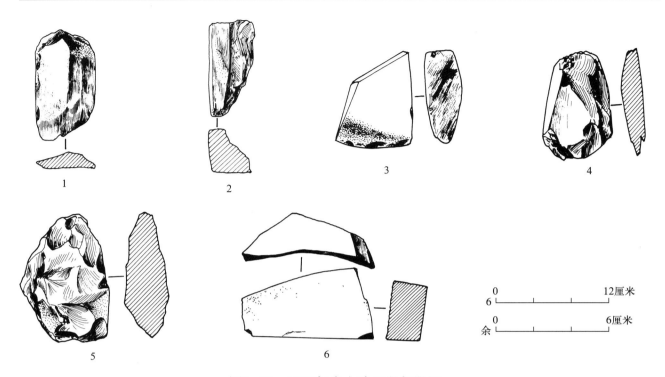

图3-72　2000年出土残石器与器坯
1～5. 残石器00H24：31、00T6③：45、00采：12、00采：14、00采：18　6. 器坯00T8⑤：111

三　骨牙器

骨器有骨锥、骨削、骨簪、骨镯形器等。

1. 骨锥

1件。

标本00H17：76，黄色。两侧及尖端磨光，残断。残长5.2、宽1.0、厚0.3厘米（图3-73，1）。

2. 骨削

1件。

标本00H17：80，黄色。仅刃部磨光，弧刃，残断。残长6.2、宽1.2、厚0.4厘米（图3-73，2）。

3. 骨簪

2件。

标本00H3：43，红褐色。柱状，磨光，下端残断，上端有两道切槽。残长3.4、直径0.6厘米（图3-73，3；彩版三一，5）。

标本00H20：9，黄色。柱状，实心，通体磨光，略残，有尖。残长10.2、直径1.0厘米（图3-73，4；彩版三一，6）。

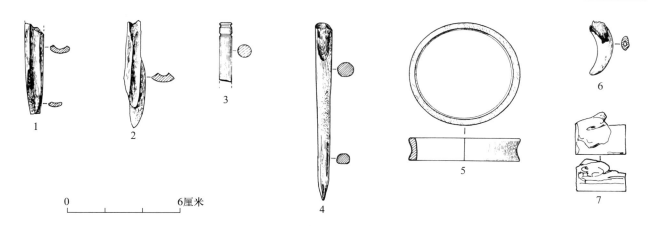

图3-73 2000年出土骨器与烧结物

1. 骨锥00H17：76   2. 骨削00H17：80   3、4. 骨簪00H3：43、00H20：9   5. 骨镯00H8：92   6. 牙饰00H8：94   7. 烧结物
00H16：3

4. 骨镯

1件。

标本 00H8：92，淡黄色。外壁面内弧，内壁面略外弧，已残，上下端磨平，外径 5.0、厚 0.3、高 1.3
厘米（图 3-73，5）。

5. 牙饰

1件。

标本 00H8：94，淡黄色。弧状，似为獠牙（图 3-73，6）。

四 其他

烧结物

1件。

标本 00H16：3，灰绿色。成分不明，系烧制过程中的流状物凝结而成，断面可见气孔（图 3-73，
7；彩版三一，7、8）。

第四章　2002年度发掘

2002 年 9 月 12 日至 11 月 5 日，再次对营盘山遗址及石棺葬墓地进行了详细的勘探，并选点进行第二次试掘（图 4-1）。

首先在遗址中部偏东地带（编号为第一地点）布探方 02T1（图 4-2；彩版三二～四〇），以了解该地点的文化层堆积情况。又在遗址中部偏西地带（编号为第二地点）按正南北方向集中布探方

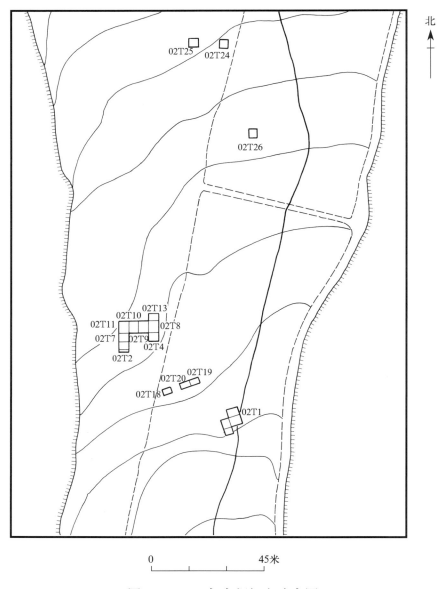

图4-1　2002年发掘探方分布图

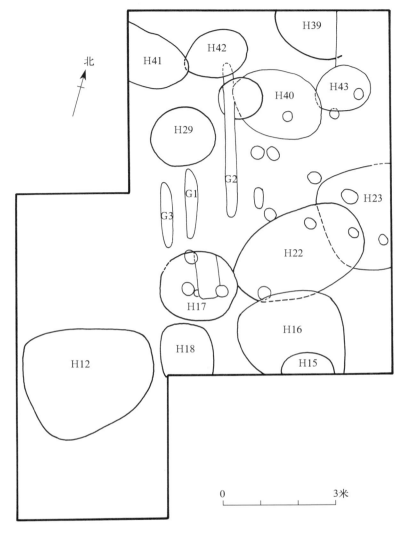

图4-2　02T1遗迹分布平面图

02T2～T14（图4-3），实际按间隔探方开挖，由于发现了大面积的踩踏硬土面（可能为类似于广场性质的遗迹），遂扩大发掘面积。在遗址中部（编号为第三地点）布小型探沟3条进行发掘（图4-4）。在遗址的北部地带进行全面勘探，面积达6000平方米，选择个别堆积较厚的地点布方发掘（编号为第四地点）。总计揭露面积近400平方米。并清理完整及残损石棺葬、器物坑43座。

第一节　地层堆积

第一发掘点的地层堆积以02T1、T19、T20具有典型代表性。

1．02T1北壁

02T1位于遗址中部偏东地带（图4-5；彩版三二，2），根据地势布10米×5米探方，方向为340°，局部向南扩方4米×4米，局部向南扩方5米×7米，实际发掘面积101平方米。地层堆积

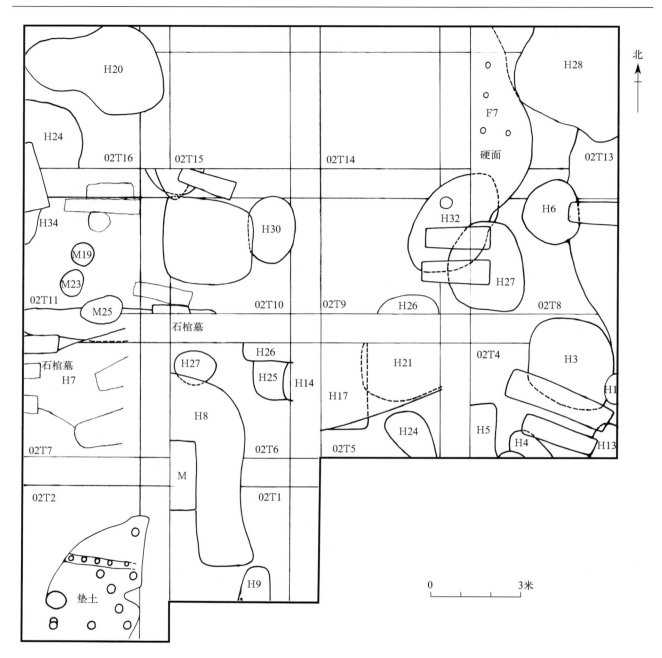

图4-3　02T2～T14遗迹分布平面图

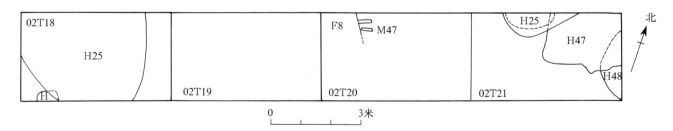

图4-4　02T18～T21遗迹分布平面图

情况以 02T1 的北壁剖面为例,介绍如下。

第①层:农耕土层,灰黑色,结构疏松。此层在探方南部缺失。厚 0 ～ 0.25 米。夹杂塑料碎片、石片、植物根系等。

第②层:浅黄色土层,结构紧密。此层南高北低,北部较厚。深 0 ～ 0.25、厚 0.05 ～ 0.25 米,为明清地层。包含石棺葬板残片、随葬品陶罐、豆、器盖等类器物的残片及其他陶片、瓷片等。第②层下发现大量的石棺葬,均略呈南北向排列,共 4 排,间距 20 ～ 30 厘米,在揭露的 101 平方米面积内共发现 30 余座,出有随葬品并予以编号的有 02M1 ～ M7、M17、M21、M22、M33、M34。

第③层:黄色粉状土层,仅在探方中局部分布,结构疏松,堆积呈南高北低状。深 0 ～ 0.55、厚 0 ～ 0.40 米。包含夹砂陶侈口罐、泥质陶钵残片、燧石器等早期遗物和石棺葬随葬品、石块等。第③层为石棺葬扰动形成的局部堆积,第③层下发现柱洞 15 个,洞口孔径 0.25 ～ 0.41 米不等,深 0.30 ～ 0.50 米,编号为 02F1。石棺葬 02M8、M37、M38 及灰坑 02H14、H39 亦开口于第③层下(02H39 开口部位之上缺失④、⑤、⑥层)。

第④层:黑色土层,结构疏松,此层在探方北部缺失,南部堆积较厚,中部较薄,呈倾斜状分布。深 0 ～ 0.90、厚 0.10 ～ 0.30 米。包含遗物丰富,有泥质陶敛口钵、夹砂陶绳纹侈口罐、夹砂陶折沿罐、彩陶片、平底陶器、红烧土颗粒、黑色灰烬、石块、兽骨等。灰坑 02H10、H11、H12、H15、H16、H17、H18、H22、H23、H29 和灶坑 02Z1 开口于第④层下。

第⑤层:红褐色土层,仅分布于探方西部,较纯净。厚 0 ～ 0.35 米。未见其他包含物。

第⑥层:黄色黏土层,仅分布于探方中部,结构紧密。深 0.55 ～ 0.70、厚 0 ～ 0.40 米。包含少量泥质及夹砂陶片。

第⑦层:浅黄色土层,夹杂大量颗粒,仅分布于探方中部,土质紧密。深 0.80 ～ 0.95、厚 0 ～ 0.30 米。包含少量陶片。房址 02F2 开口于第⑦层之下。

第⑧层:浅红褐色土层,探方南部缺失,夹杂灰黑色粉土及碎石颗粒,结构疏松。深 0.65 ～ 1.15、厚 0.15 ～ 0.35 米。包含泥质灰陶高领罐、彩陶片、夹砂宽沿绳纹侈口罐等遗物。灰坑 02H40、H41 开口于第⑧层下。

第⑨层:红褐色土层,土质紧密,夹杂红烧土、灰烬、石块等。深 0.30 ～ 1.35、厚 0.05 ～ 0.15 米。包含泥质灰陶钵、盆、彩陶片、夹砂褐陶绳纹侈口罐、平底器、陶球、兽骨等遗物。灰坑 02H42、H43 开口于第⑨层下。

第⑩层:深红褐色土层,主要分布于探方中部、北部,呈坑状堆积,较纯净。深 0.50 ～ 1.25、厚 0.10 ～ 0.25 米。包含少量陶片。

第⑩层以下为黄色生土。

2. 02T4、T8、T13西壁

第二发掘点的地层堆以 02T4、T8、T13 具有代表性(图 4-6)。地层堆积以 02T4、T8、T13 西壁剖面为例,介绍如下。

第①层:农耕土层,灰黑色,结构疏松,夹杂植物根茎、玻璃碎片、石片、瓦片、陶片等。厚 0.05 ～ 0.20 米。有 7 个晚期坑开口于第①层下。

第②层:浅黄色土层,结构紧密,包含石棺葬板残片、随葬品陶罐、豆、器盖等类器物的残片

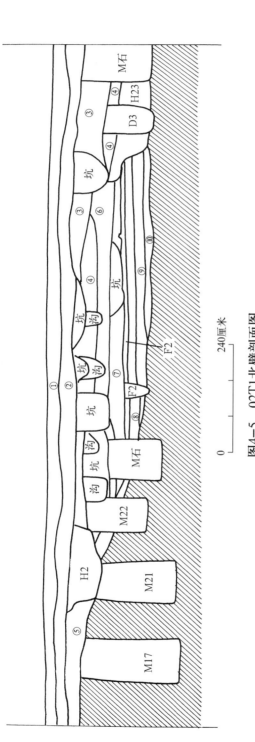

图4-5 02T1北壁剖面图

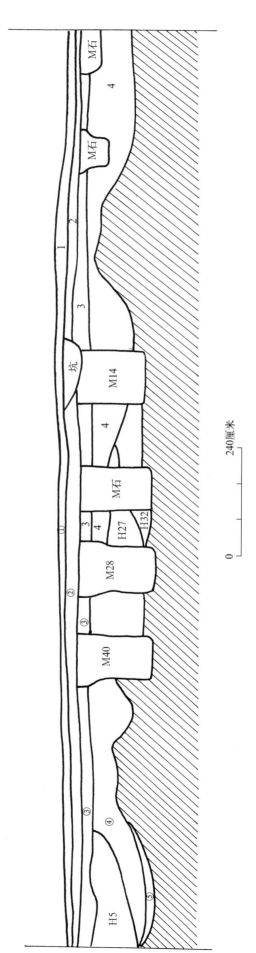

图4-6 02T4、T8、T13两壁剖面图

及其他陶片、瓷片、瓦片等。此层由东向西倾斜。距地表深0.05～0.20、厚0.10～0.30米。此层下发现大量的石棺葬，排列有序，出有随葬品并予以编号的有02M9～M16、M26、M28～M30、M36、M40。

第③层：浅黄色土层，沙性重，夹杂卵石、红烧土、灰烬等。此层由东向西倾斜，距地表深0.14～0.30、厚0.10～0.30米。包含夹砂绳纹陶片、泥质陶片、彩陶片、石器、兽骨等，为新石器时代的地层堆积。02H1、H3～H6、H13、H26、H27开口于第③层下，且该层下发现大面积的踩踏形成的硬土活动面，排列规整的大型柱洞多孔（编号为02F7，打破硬土面），人祭坑02M32叠压于硬土面下。

第④层：黑黄色土层，结构紧密，夹杂红色土、红烧土等，堆积不均匀，局部较厚。包含遗物丰富，有泥质陶片、夹砂绳纹陶片、彩陶片、磨光石器、细石器、兽骨等。距地表深0.10～1.25、厚0.10～0.82米。02H28、H32开口于第④层下。

第⑤层：红褐色土层，局部缺失，包含部分泥质和夹砂陶片、打制石器等。距地表深0.46～0.53、厚0～0.28米。

第⑤层以下为黄色生土。

3. 02T25北壁

第三发掘点的地层堆积以02T25具有代表性（图4-7）。地层堆积以02T25北壁剖面为例介绍。

第①层：农耕土层，灰黑色，结构疏松，夹杂植物根茎、玻璃碎片、石片、瓦片、陶片等。厚0.05～0.15米。第①层下发现多个晚期坑。

第②层：浅黄色土层，结构紧密。此层由东南向西北倾斜距地表深0.06～0.15、厚0.08～0.55米。包含物有石棺葬板残片、随葬品陶罐、豆、器盖等类器物的残片及其他陶片、瓷片、瓦片等。此层下发现8座残石棺葬，出有随葬品并予以编号的有02M45、M46。

第③层：浅黄色黏土层，夹杂卵石、红烧土颗粒等。仅分布于探方西北部，距地表深0.14～0.30、厚0～0.37米。包含夹砂绳纹陶片、泥质陶片、彩陶片、石器、兽骨等。02F9和02H44开口于此层下。

第④层：红褐色土层，结构紧密。仅分布于探方西南部，距地表深0.25～0.78、厚0～0.25米。包含物仅有少量陶片。

第④层下为黄色生土。

4. 02T19、T20北壁

02T19、T20位于第一地点中部（图4-8；彩版三六，1、2），比较具有代表性。地层堆积情况可以02T19、T20北壁剖面为例介绍。

第①层：农耕土层，灰黑色，结构疏松。厚0.05～0.30米。夹杂塑料碎片、石片、农作物根系等。

第②层：浅黄色土层，结构疏松。此层南高北低。深0.10～0.30、厚0.08～0.25米。包含石棺葬板残片、随葬品陶罐、豆、器盖等类器物的残片及其他陶片、瓷片等。第②层下发现3座明代石砌墙基（编号02F3、F4、F8）、1座明代石室墓（因地势约束未进行全面发掘）和4座石棺葬残墓。

第③层：浅黄色粉状土层，结构疏松。局部缺失，堆积呈南高北低。深0.25～0.50、厚0～0.25米。夹杂碎石块和红烧土颗粒。为石棺葬扰动形成的局部堆积。石棺葬02M47及灰坑02H45开口于此层下。

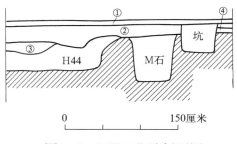

图4—7　02T25北壁剖面图

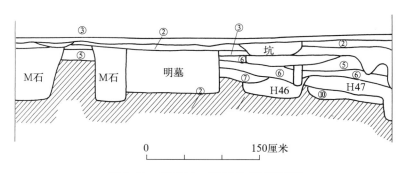

图4—8　02T19、T20北壁剖面图

第④层：黄色粉土层，结构略紧。此层在探方北部缺失。距地表深0.25～0.50、厚0～0.20米。包含遗物丰富，含少量夹砂陶绳纹侈口罐残片等遗物，为新石器时代的地层堆积。

第⑤层：黄褐色土层，结构紧密，夹杂碎石颗粒。主要分布于探方东北。深0.35～0.70、厚0.10～0.35米。包含物以泥质灰陶、红陶、夹砂灰陶为主，其中探方西部发现有一件较完整的夹砂陶绳纹侈口罐（横向放置，内装黑色灰烬及少量骨渣）。人祭坑02M44开口于第⑤层下。

第⑥层：灰黄色土层，土质较致密。仅分布于探方东北部。深0.60～1.20、厚0～0.25米。包含物少。

第⑦层：黄褐色土层，夹杂大量炭屑、红烧土颗粒、碎石等，土质较硬。主要分布于探方东南部。深0.75～1.40、厚0～0.25米。包含物有夹砂陶罐、泥质陶钵、盆残片等。灰坑02H46开口于第⑦层之下。

第⑧层：褐色土层，夹杂灰烬、红烧土、黄土颗粒等，结构疏松。主要分布于探方东南。深1.25、厚0～0.25米。包含物有少量陶片。

第⑨层：浅褐色土层，土质略疏松，夹杂红烧土、灰烬、黄土颗粒等。主要分布于探方南部。深1.25～1.30、厚0～0.10米。包含物主要为泥质磨光陶片、彩陶片和夹砂灰陶等。02H47、H48开口于第⑨层下，且02H47打破02H48。

第⑩层：黄褐色土层，土质较紧密。深1.30、厚0～0.30米。包含物仅有少量碎陶片。

第⑩层以下为黄色生土。

第四地点本年度未进行发掘。

第二节　遗迹

2002 年发现的遗迹有房址、灶坑、灰坑、人祭坑（墓葬）、窑址和踩踏面六类。

一　房址

共发现 6 座，平面呈方形、长方形或圆形，根据面积可分为中型、小型房址两类。小型房屋基址的面积在 10 平方米以下，多系单间建筑；中型房址的面积在 10 平方米以上，内有隔墙。房址之间有叠压、打破关系，发现的遗迹现象包括柱洞、基槽、灶坑及贮火罐等。房内还出土大量红烧土块，其上可见明显的棍棒插抹痕迹及拌草遗存，推测这些房址的建筑结构采用了木骨泥墙的形式。

1. 02F2

位于第一发掘点 02T1 中部偏北（图 4-9；彩版四一、四二），开口于第⑦层下，打破第⑧层，东面大部被破坏，西、北、南三面的基槽、柱洞保存相对完整，平面略呈长方形，面积约 30 平方米，

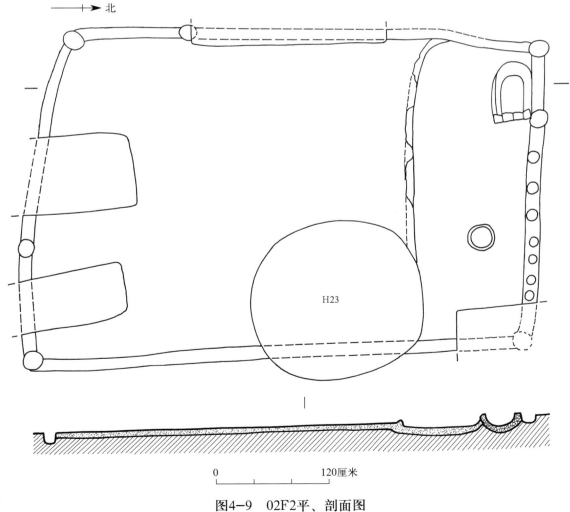

图4-9　02F2平、剖面图

房内北部有一条高 0.02 ～ 0.10 米的东西向红烧土隔墙，东部有一条高约 0.12 米的南北向红烧土隔墙，从而将房址划分为三间：南面为侧室，东西长 3.30、南北宽 1.30 米，东南转角靠墙基处有一灶坑的火膛底部，长 0.40、宽 0.24 米，高出室内屋面 0.15 米，西面出口用夹砂褐陶罐口沿平铺而成；西部有一圆形灰陶贮火罐，直径 0.24、深 0.30 米，罐口与屋面平。南墙体残高 0.10 米，基槽深 0.10 米，上有一列 9 孔柱洞，间距 0.08 ～ 0.65、直径及深 0.06 ～ 0.20 米；西墙基槽宽 0.12 米。北面为主室，东西宽 3.40、南北长 4.40 米，东墙和北墙均残存柱洞两孔及部分基槽。东面侧室三面被石棺葬和灰坑 02H23 打破，残长 1.30、宽 0.64 米，室内屋面低于南室 0.07 米。

2．02F5

位于第二发掘点 02T2 东南部（图 4-10；彩版四三、四四），开口于第⑤层下，被 02F6 打破，残存局部，包括 11 孔柱洞（编号 D1 ～ D11）。柱洞可分为三组。D1、D2、D3 为第一组，呈东西向直线排列，间距约 0.90、直径均 0.20 米，D1 深 0.38、D2 深 0.32、D3 残存深 0.10 米；D4、D5 及

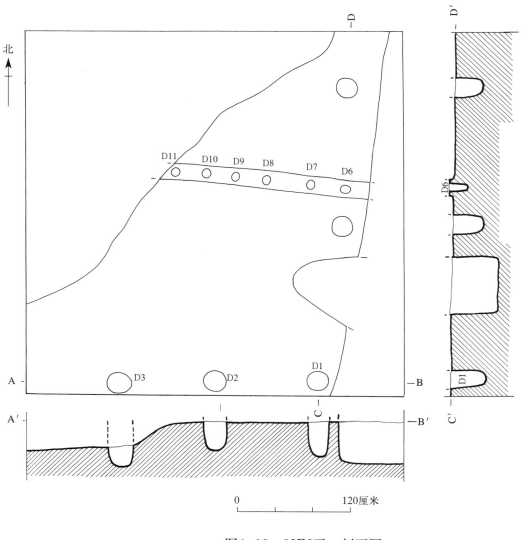

图 4-10　02F5 平、剖面图

D1 为第二组，呈南北向直线排列，与第一组柱洞垂直，间距约 1.20、直径均 0.20 米，D4 深 0.32、D5 深 0.30 米；D6 ～ D11 为第三组，亦呈东西向直线排列，位于一条宽约 0.20 米的基槽内，直径 0.06 ～ 0.08、深 0.08 ～ 0.30 米。经复原可见，02F5 平面约呈方形，残存面积约 12 平方米，中部有一道隔墙。柱洞填土均为疏松的灰褐色土。

3．02F7

位于第二发掘点 02T13 西部（图 4-11；彩版四五），开口于第③层下，打破第④层，仅存局部，共 4 孔柱洞（编号 D1 ～ D4）。其中 D1、D2、D3 呈南北向直线排列，间距分别为 1.10、0.84 米，D1 直壁、斜底，直径均 0.22、深 0.30 米；D2 直壁、平底，直径 0.30、深 0.30 米；D3 直壁、平底，直径 0.22、深 0.28 米。D1 与 D4 呈东西向直线排列，间距分别为 0.66 米，D4 直壁、平底，直径 0.24、深 0.30 米。推测 02F7 平面略为方形。柱洞填土均为黑色花土，包含少量草木灰及碎陶片。

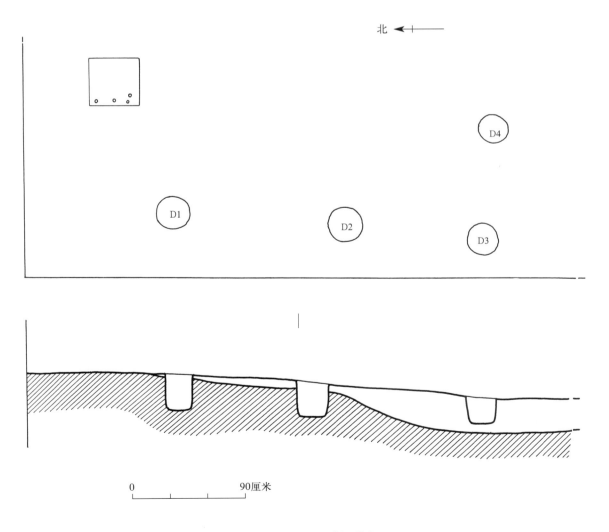

图4-11　02F7平、剖面图

4．02F9

位于第四发掘点02T25西部（图4-12；彩版四六、四七），开口于第③层下，被02H44打破，打破第④层，残存11孔柱洞（编号D1～D11）。02F9平面形状不详，其中D1、D2、D3呈东西向直线排列，可以区分出洞孔及柱子，中部黑色土为柱子，洞孔填土为灰褐色，柱子直径0.16～0.18、深0.55～0.60米；洞孔直径0.38～0.42、深0.28～0.30米。其余柱洞直径0.08～0.40、深0.08～0.20米。

图4-12　02F9平、剖面图

二　灶坑

1 座。

02Z1

位于第一发掘点 02T1 中部（图 4-13；彩版四八、四九），开口于第④层下，打破第⑥层。平面略呈圆形，西部被石棺葬打破，东部烟道部分已塌，开口面上有一周 1.5 厘米宽的红烧土。灶壁较直，烧结面自西向东倾斜。灶坑口距地表深 1.00 米，直径 0.80、深 0.08～0.12、坑底距地表深 1.12 米。解剖后发现烧结面下垫有 0.30 米厚的基础，可分三层：第一层主要为白色石英石块；第二层为大石块及卵石；第三层为厚约 0.10 米的黑色灰烬，包含少量绳纹陶片。灶坑内填土为灰黄色土，夹杂较多灰烬。

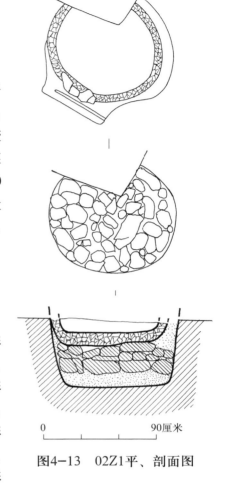

图4-13　02Z1平、剖面图

三　灰坑

共发现 48 座，包括圆形 5 座，02H12（彩版五〇，1）、H13（彩版五〇，2）、H27（彩版五一，1）、H29（彩版五一，2，五二，1～3）、H34；椭圆形 10 座，02H1、H6、H8、H9、H17、H22、H30（彩版五三，1～3）、H32、H38、H40（彩版五四，1～3）；长方形 5 座，02H18、H25（彩版五五，1）、H35、H47（彩版五五，2）、H49（彩版五六，1、2）；扇形 8 座，02H23、H24、H33（彩版五七，1）、H36、H39、H45、H46（彩版五七，2）、H48；不规则形 20 座，02H3（彩版五八，1）～H5、H7（彩版五八，2）、H10、H11、H14～H16（彩版五九，1）、H19～H21、H26、H28、H37、H41、H42（彩版五九，2）、H43（彩版六〇，1、2）、H44、H50。灰坑数量丰富，大小规格各异，底部多较平整。其中口小底大的圆形袋状灰坑，制作规整，当为贮存性质的窖穴；一些灰坑底部及四周采用卵石（有的内含大形砺石）垒砌而成，推测应是进行石器加工的场所或有其他用途。还有少数灰坑出土数量丰富的燧石和水晶质细石核、细石叶、细石器及其原料、半成品和废料，且多集中于遗址西部偏北地带，应为加工制作细石器的作坊区。个别灰坑内还发现涂有鲜红色颜料的石块，可能具有某种宗教含义。现举例介绍如下。

1. 02H1

位于第二发掘点 02T4 东部（图 4-14，1），并被探方东壁所压，开口于第③层下，打破第④层。复原的坑口平面呈椭圆形，弧壁，凹底。坑内填土呈黑色，结构疏松，沙性重，夹杂红烧土块，坑壁有厚约 2 厘米的红烧土层，坑底有 4 块较大的石块呈品字状排列，底部有厚约 10 厘米的草木灰。坑口距地表深 0.28 米，长径 1.40、短径 1.02、深 0.68 米。包含物较为丰富，多夹砂陶及泥质陶器残片，可辨器形有侈口罐、带嘴锅等。

2．02H29

位于第一发掘点02T1中部（图4-15，1；彩版五二，1～3），开口于第④层下，打破第⑥层。坑口、坑底平面均呈圆形，为口小底大的袋状灰坑，平底。坑内填土可划分为2小层，第一层为灰黑色土，较厚，结构疏松，夹杂黄土颗粒、灰烬、红烧土等，包含泥质陶高领罐、钵等陶片、骨锥、穿孔石器等遗物；第二层为粉状黄土，厚仅0.10～0.15米，结构较紧密，较纯净，第二层表面有4块较大的石块呈直线状排列，南壁底边有一长0.20、宽0.10米的方孔。坑壁上保留有多道宽约4厘米的条形尖状工具加工痕迹。坑口距地表深0.65米，坑口直径1.80、坑底直径1.94、深1.30米。

3．02H40

位于第一发掘点02T1东北部（图4-15，2；彩版五四，1～3），开口于第⑧层下，打破第⑨层。坑口平面呈椭圆形，坑底凹略呈圜状，坑东壁较直、西壁略斜。坑口距地表深0.85、坑口长径2.54、短径1.00、

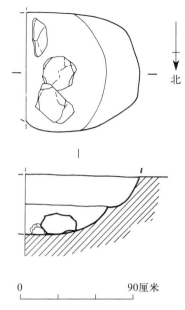

图4-14　02H1平、剖面图

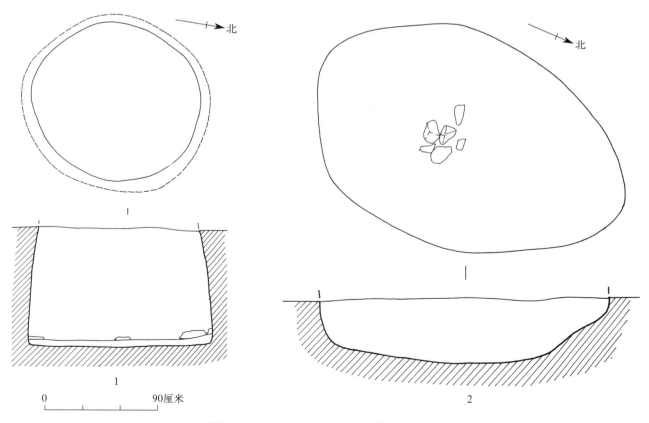

图4-15　02H29、H40平、剖面图
1．02H29　2．02H40

深0.40～0.52米。坑内填土为灰黑色土,中部夹杂黄土,坑底中部放置6块石块,长0.20、宽0.08～0.12米不等,其中一块的凹面上附有一层红色颜料(经测试,其成分以汞的氧化物即朱砂为主)。出土物包含泥质陶钵、夹砂陶罐、彩陶罐残片、燧石器、卵石等。

4. 02H44

位于第四发掘点02T25西部(图4-16,1),开口于第③层下,打破02F9、第④层,距地表深0.60米。坑口平面呈不规则形,坑口最宽5.00、深0.64米。坑内填土可划分为两小层,第一层为黑色土,较厚,结构疏松,夹杂灰烬、红烧土等,包含夹砂陶侈口罐、泥质陶高领罐、钵、彩陶等陶片、陶人头像、骨器、兽骨、燧石及水晶细石器等遗物,数量丰富;第二层为红黑色土,夹杂草木灰,表面平整,较薄,结构较紧密,包含少量陶片。

5. 02H48

位于第三发掘点02T19中部(图4-16,2),开口于第⑨层下,02H47打破02H48,距地表深1.70米。坑口平面略呈圆形,坑底起伏不平,坑壁略斜。坑口直径2.40、深0.80米坑。内堆积南厚北薄,填土为灰褐色土,夹杂木炭渣、红烧土等,包含较为丰富的夹砂和泥质陶片。

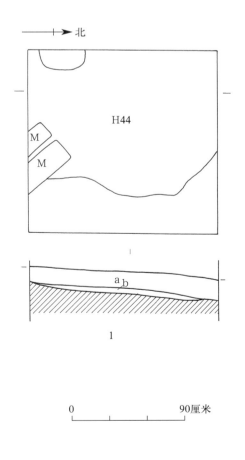

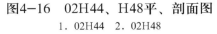

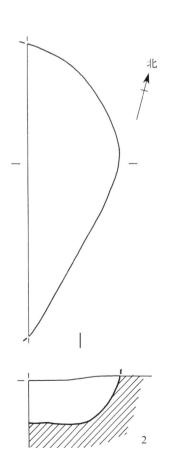

图4-16　02H44、H48平、剖面图

1. 02H44　2. 02H48

四　人祭坑

共发现 5 座，分别位于第二发掘点的硬土面下及第三发掘点，形态及保存情况各异。

1．02M23

位于第二发掘点 02T11 中部（图 4-17，1；彩版六一，1、2），开口于第③层下的硬土面下。平面略呈圆形，平底，壁较规整。坑口距地表深 0.75、直径 0.68 米，坑底距地表深 1.02、直径 0.54 米。坑内填土为灰黄色黏土，人骨零乱摆放但基本完整，头骨居中，西边置五根肋骨，胫骨、趾骨等散于四周。

2．02M24

位于第二发掘点 02T11 中部（图 4-17，2；彩版六二，1、2），开口于第③层下的硬土面下，头向 120°，南面紧邻 02M23。平面略呈圆形，平底，壁较规整。坑口距地表深 0.75、直径 0.80 米，坑底距地表深 1.20、直径 0.65 米。坑内填土为灰黄色黏土，人骨架完整，上肢分置两侧，下肢上曲至腹部，似被绑缚后填埋。

3．02M25

位于第二发掘点 02T11 南部（图 4-17，3；彩版六三，1、2），开口于第③层下的硬土面下。平面略呈椭圆形，平底，壁较规整。坑口距地表深 0.81、长径 1.40、短径 1.10 米，坑底距地表深 1.21、长径 1.10、短径 0.90 米。坑内填土为灰黄色黏土，包含磨制石刀等遗物，坑底仅见人头骨一件，颅顶略残，下颌完整，坑底还置不规则形大石块 4 块。

4．02M32

位于第二发掘点 02T9 东北部（图 4-17，4；彩版六四，1、2），开口于第③层下的硬土面下。平面略呈圆形，平底，壁较规整。坑口距地表深 0.36、直径 0.64 ～ 0.66 米，坑底距地表深 0.68、直径 0.44 ～ 0.46 米。坑内填土为灰黄色黏土，包含少量陶片，坑底人骨架虽严重扭曲，但基本完整，头骨呈立状，下肢卷曲置于胸前。

5．02M44

位于第三发掘点 02T19 东部（图 4-17，5；彩版六五，1、2），开口于第⑤层下，打破第⑥层。平面略呈长方形，长 1.80 米，西面坑壁被第④层的灰坑破坏，东面坑壁基本完好。坑口距地表深 0.75 ～ 1.05、坑深 0.10 ～ 0.12 米。坑内填土为疏松的黄褐色粉状土，人骨架完整，长 1.63 米，仰身直肢，双臂曲折交互于胸前。

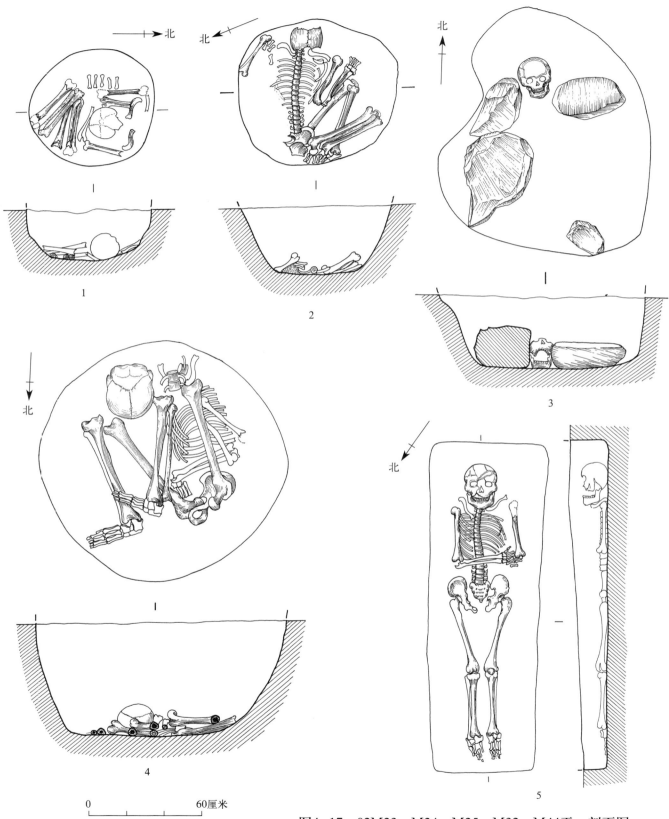

图4-17 02M23、M24、M25、M32、M44平、剖面图

1. 02M23 2. 02M24 3. 02M25 4. 02M32 5. 02M44

五　窑址

窑址 1 座。

02Y1

位于第四发掘点 02T28 中部（彩版六六、六七），开口于第④层下。仅残存双烟道及局部窑壁，保留有较厚的烧结物。烟道 1 平面呈三角形，斜壁，残高 0.50 米，内侧烧结物厚 1.5～2、外侧红烧土厚 5～6 厘米；烟道 2 平面呈长方形，直壁，残高 0.32 米，内侧烧结物厚 1.5 厘米；窑壁烧结物厚 1.5、底部厚 6.0、深 17 厘米。烟道距地表深 0.30、窑壁距地表深 0.75 米。

六　踩踏硬土面

1 处。

02DM1

位于遗址中部偏西地带，开口于第③层下，面积较大，在第二发掘点 02T2～T14（彩版六八～七〇）的多数探方内均有发现，未进行全面揭露。局部有较厚的垫土，个别地点表面可见夯筑遗迹。02M23～M25、M32 开口于 02DM1 下，推测可能与建筑的奠基祭祀有关。

第三节　遗物

一　陶器

本年度陶片的纹饰种类丰富（图 4-18～22），包括粗细绳纹（包括交错绳纹形成的网格纹）、附加堆纹、素面磨光、彩陶、绳纹花边口沿装饰、弦纹、瓦棱纹、划纹、复合纹饰（绳纹与附加堆纹组合成的箍带形装饰、绳纹之上饰凹弦纹）、捏塑与刻划相结合的人面像等。彩陶均为黑彩绘制，图案题材有草卉纹、平行线带纹、变体鸟纹、弧边三角形纹、网格纹、圆点纹、圆圈纹、波浪纹、蛙纹等。彩陶器形有瓶、罐、盆、钵等。泥质陶的器类有小口瓶、壶、矮领罐、高领罐、罐、缸、瓮、盆、甑、带嘴锅、钵、碗、纺轮、网坠、环、镯、球、杯、器盖、刀、人面像、臼、泥塑构件等。夹砂陶器类有侈口罐、罐、小罐、筒形罐、盆、带嘴锅、瓮、钵、盘、杯、豆、器盖、圈足等。

（一）彩陶

1. 彩陶瓶

A 型 I 式 4 件。侈口，平沿，圆唇。

标本 02H32 ：7，泥质红陶。表面磨光，方唇，卷沿，直颈。口部可见慢轮修整旋痕，黑彩在颈部绘平行粗线条纹，沿面绘尖叶片纹。口径 9.2、残高 4.0 厘米（图 4-23，1；彩版七一，1、2）。

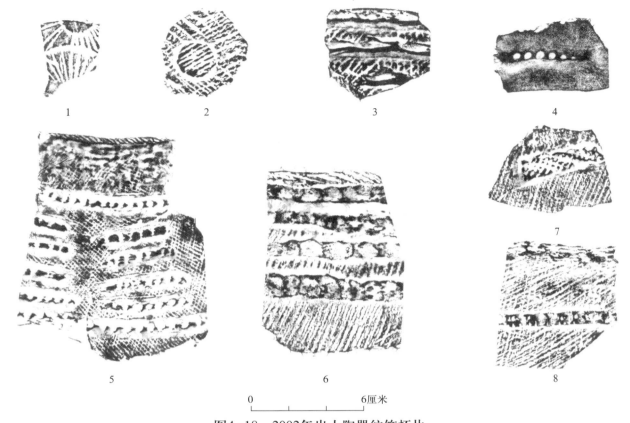

图4-18　2002年出土陶器纹饰拓片

1. 02T8③：18　2. 02H12：15　3. 02T11③：27　4. 02H4：5　5. 02T12⑤：36　6. 02H17：38　7. 02T8④：94　8. 02T12⑤：37

标本02T8 ①：6，细泥质黄褐陶。表面磨光，在颈部绘平行线条纹。口部绘叶片纹黑彩。口径11.0、残高3.0厘米（图4-23，2）。

标本02T4 ②：7，细泥质褐陶。表面磨光，双唇口，圆唇，束颈，沿面有一周凹槽，在颈部绘平行粗线条纹黑彩，沿面绘齿状尖叶片纹。口径12.0、残高4.0厘米（图4-23，3；彩版七一，3、4）。

B型I式　2件。

标本02H44：216，大口。颈部绘平行线条纹，沿面绘齿状尖叶纹。口径16.4、残高4.0厘米（图4-23，4；彩版七一，5）。

标本02H44：178，颈部绘粗线条纹，沿面绘成组的齿状叶片纹。口径17.0、残高2.6厘米（图4-23，5）。

B型II式　1件。

标本02T4 ③：13，细泥质红陶。表面磨光，卷沿，尖唇，束颈，在沿面绘尖叶片纹黑彩。口径16.0、残高2.8厘米（图4-23，6）。

C型II式　2件。直口，直径。

标本02H44：217，泥质红陶。沿面及颈表绘粗线条。口径11.0、残高3.6厘米（图4-23，7；彩版七一，6）。

标本02采：94，沿面及颈表绘粗线条。口径13.2、残高7.2厘米（图4-23，8）。

标本02T10 ②：4，彩陶瓶口沿，泥质橙黄陶。颈部饰平行条带纹黑彩（彩版七二，1）。

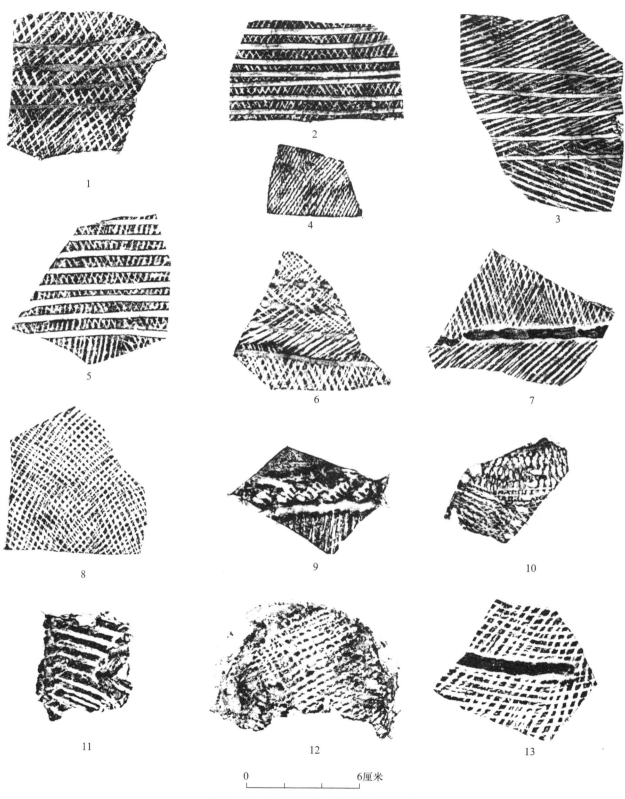

0 _____ 6厘米

图4-19　2002年出土陶器纹饰拓片

1. 02H22：14　2. 02T8④：59　3. 02H18：7　4. 02T16④：72　5. 02T8④：63　6. 02T1④：52　7. 02H17：31　8. 02T8④：49
9. 02H17：64　10. 02H7：2　11. 02T16④：68　12. 02T16③：23　13. 02T12④：24

图4-20 2002年出土陶器纹饰拓片

1. 02T4④：82　2. 02H9：75　3. 02H43：278　4. 02H23：159　5. 02H42：76　6. 02H14：133　7. 02H21：122　8. 02H15：81
9. 02H24：17　10. 02T6④：81　11. 02H27：2　12. 02H9：81　13. 02H43：169

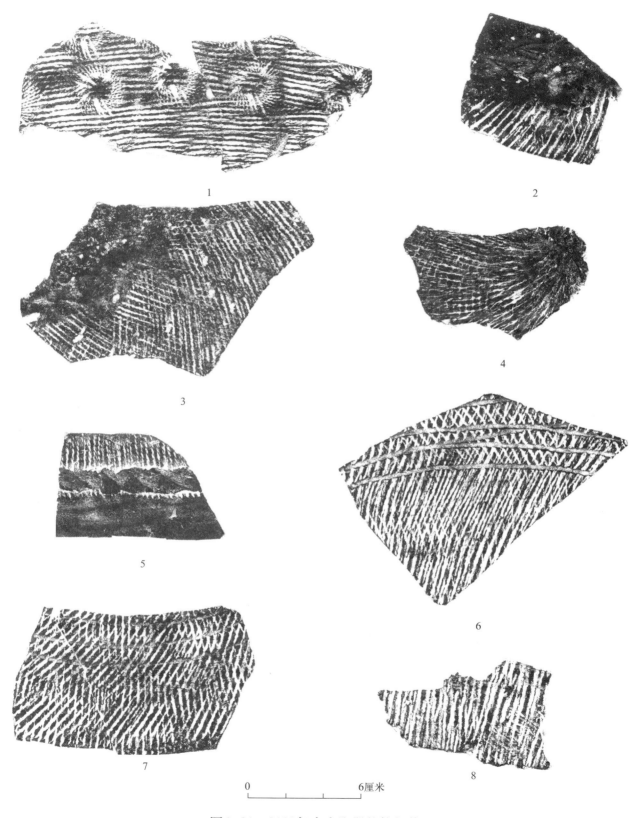

图4-21　2002年出土陶器纹饰拓片

1. 02H20：17　2. 02H26：8　3. 02H12：44　4. 02H41：9　5. 02H20：178　6. 02H20：126　7. 02H25：66　8. 02H15：15

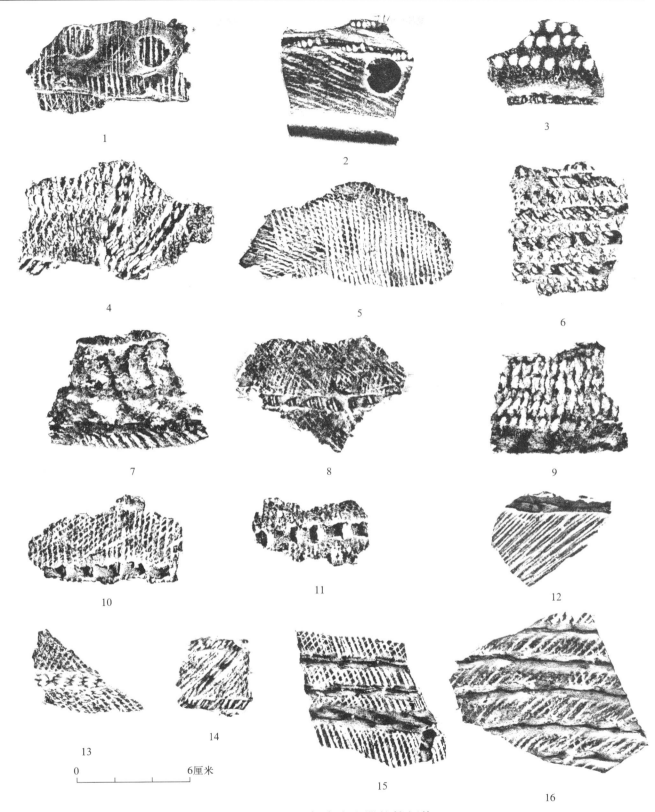

图4-22 2002年出土陶器纹饰拓片

1. 02H43：56 2. 02H21：268 3. 02H15：2 4. 02H43：108 5. 02H27：35 6. 02H27：31 7. 02H25：100 8. 02H5：28 9. 02H57：8 10. 02H12：60 11. 02H27：30 12. 02H11：111 13. 02H37：21 15. 02H37：99 16. 02H37：111 4. 02H21：73

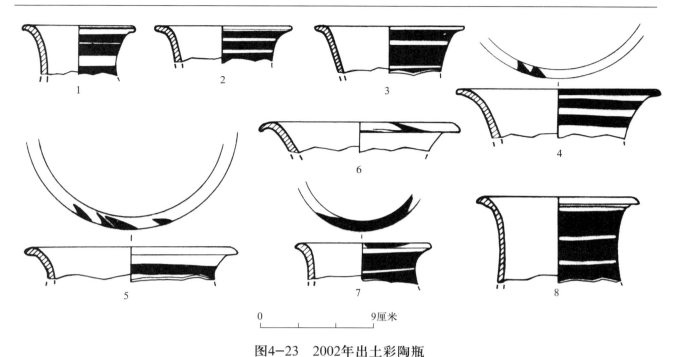

图4-23　2002年出土彩陶瓶

1～3. A型Ⅰ式02H32：7、02T8①：6、02T4②：7　4、5. B型Ⅰ式02H44：216、02H44：178　6. B型Ⅱ式02T4③：13　7、8. C型Ⅱ式02H44：217、02采：94

2. 彩陶罐

A 型　1件。敛口，束颈，广肩，鼓腹。

标本02F3：1，泥质红陶。尖唇。唇部饰黑彩网格纹，肩部、腹部是黑彩网格纹、圆圈纹、圆点纹及草绘纹。口径11.8、残高5.4厘米（图4-24，1；彩版七二，2）。

B 型　2件。侈口，卷沿，束颈，弧腹。

标本02H16：22，泥质红陶。表面磨光，折沿，尖唇，鼓腹，口部内壁有折棱，黑彩在腹表绘制连环的有圆圈纹、圆点纹、弧边三角纹及弧线条纹构成的变体鸟纹，沿面绘制三个一组的尖叶片纹。口径26.0、残高8.4厘米（图4-24，2）。

标本02H44：176，泥质灰褐陶。表面磨光，敛口，卷沿，尖唇，颈内凹，鼓腹，黑彩在腹表绘弧线条纹、卷叶纹、圆圈及圆点纹，颈部绘平行粗线条纹，唇面绘锯齿状叶片纹。口径12.2、残高5.4厘米（图4-24，3；彩版七二，3、4）。

D 型　1件。

标本02H32：8，泥质红陶。表面磨光，敛口，平折沿，尖唇，溜肩，鼓腹，黑彩在腹表绘平行线条纹，在沿面绘曲折的细线条纹。口径12.0、残高3.4厘米（图4-24，4；彩版七二，5）。

E 型　1件。侈口，卷沿，颈较长。

标本02H8：25，泥质横黄陶。尖圆唇。唇部有打缺现象，颈部、肩部饰平行条带纹。残高7.0厘米（图4-24，5；彩版七二，6、7）。

3. 彩陶钵

Aa 型　1件。敛口，弧腹。

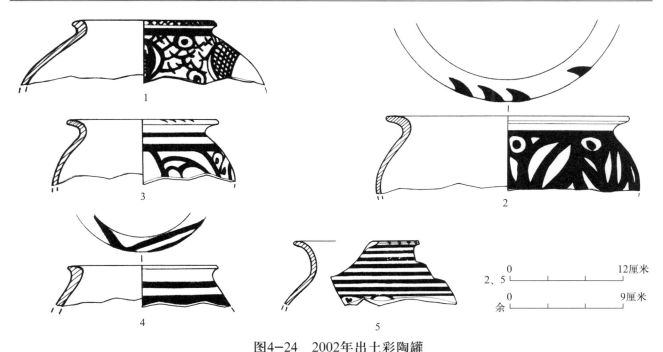

图4-24　2002年出土彩陶罐

1．A型02F3：1　2、3．B型02H16：22、02H44：176　4．D型02H32：8　5．E型02H8：25

标本02采：95，泥质橙黄陶。尖圆唇。器内饰黑彩弧线条带纹，器表饰水波纹及条带纹。口径16.6、残高3.0厘米（图4-25，1；彩版七三，1）。

Ab型　侈口，弧腹。

标本02H30：33，泥质橙黄陶。方唇。钵内外均饰黑彩条带纹及弧边三角纹。残高4.6厘米（图4-25，2）。

4．彩陶盆

A型Ⅰ式　1件。敛口，仰折沿，圆唇，折腹。

标本02H10：2，泥质橙黄陶。饰黑彩弧线纹。残高2.6厘米（图4-25，3；彩版七三，2）。

Ba型Ⅰ式　1件。直口，弧腹。

标本02T24②：17，泥质橙黄陶。尖圆唇。器表饰平行细线纹及纵向平行弧线纹，盆内上腹饰水波纹，下腹饰平行条带纹及三角锯齿纹。口径24.0、残高6.0厘米（图4-25，4）。

Bb型　1件。敛口。

标本02采：123，泥质砖红陶。唇面饰黑彩网格纹，腹部饰花卉纹。残高9.0厘米（图4-25，5；彩版七三，3～5）。

Bc型　1件。敞口。

标本02T10②：1，泥质橙黄陶。腹部饰弧线条带纹。残高4.2厘米（图4-25，6）。

C型　敛口，折沿，方唇。

标本02H44：230，细泥质灰黄陶。内与外磨光，敛口，折沿，尖唇，深腹。黑彩在沿面绘交叉网格，在内壁绘弧线条纹。口径24.0、残高2.4厘米（图4-25，7）。

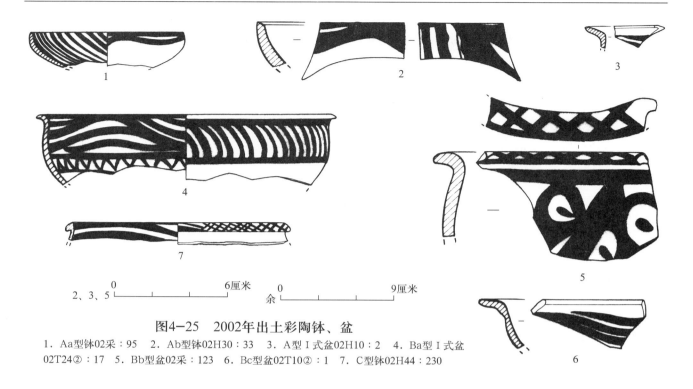

图4-25　2002年出土彩陶钵、盆

1. Aa型钵02采：95　2. Ab型钵02H30：33　3. A型Ⅰ式盆02H10：2　4. Ba型Ⅰ式盆
02T24②：17　5. Bb型盆02采：123　6. Bc型盆02T10②：1　7. C型钵02H44：230

5. 器耳

2件。

标本02H3：1，泥制红陶。彩陶瓶器耳，贴波浪状泥条，呈鸡冠状（彩版七一，7、8）。

标本02H3：21，细泥红陶。表面施陶衣并磨光，黑彩绘制粗弧线条纹，腹部有桥形耳，耳表面加塑一条锯齿状细泥条附加堆纹（图4-26，1）。

6. 器底

12件。

标本02T18⑥：35，细泥红陶。广肩，直壁下收，平底，火候高，扣之清脆有声。表面施陶衣并磨光，黑彩，肩以上部位残，腹部饰弧线条构成的垂幛纹（共8组），腹部有一双对称桥形耳（耳表面加塑一条锯齿状泥条附加堆纹），最大腹径29.4、底径10.8、残高30.6厘米（图4-26，2；彩版七四，1、2）。

标本02H20：30，泥质橙黄陶。器表饰草卉纹。残高3.0厘米（图4-26，3；彩版七三，6、7）。

标本02H36：1，泥质橙黄陶。腹部饰黑彩细线纹。底径11.8、残高4.4厘米（图4-26，4）。

标本02H44：214，泥质灰褐陶。表面磨光，黑彩在腹表绘弧线条纹，内壁有抹痕，外底有划痕。底径11.6、残高4.4厘米（图4-26，5）。

标本02H32：22，泥质红陶。内外壁面磨光，坦腹，平底。黑彩陶在内壁绘弧线条纹和尖叶片纹。底径13.2、残高2.0厘米（图4-26，6）。

标本02T23①：6，泥质橙黄陶。器表饰纵向条带纹。底径6.4、残高3.2厘米（图4-26，7）。

标本02H44：220，细泥质褐陶。表面磨光，淡黑彩绘草叶纹。残高2.4厘米（图4-26，8）。

标本02H47：2，泥质橙黄陶。器表饰草叶纹。底径5.7、残高3厘米（图4-26，9）。

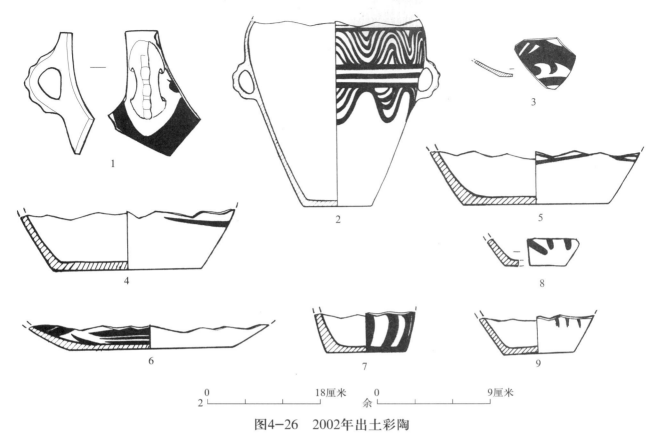

图4-26　2002年出土彩陶

1. 器耳02H3：21　2～9. 器底02T18⑥：35、02H20：30、02H36：1、02H44：214、02H32：22、02T23①：6、02H44：220、02H47：2

7．彩陶片

平行线纹　47件。

标本02H44：190，泥质橙黄陶。绘平行粗线条纹（图4-27，1；彩版七四，3、4）。

标本02H44：231，泥质橙黄陶。绘平行线条纹（图4-27，2）。

标本02T18⑧：22，泥质橙黄陶。绘平行的细线条纹（图4-27，3）。

标本02T18⑦：7，泥质橙黄陶。绘平行的宽弧线条纹（图4-27，4；彩版七四，5）。

标本02T19⑧：10，泥质红陶。表面磨光，黑彩绘平行及相交的线条纹（图4-27，5；彩版七四，6）。

标本02H46：5，泥质褐黄陶。绘弧细线条及长叶片纹（图4-27，6）。

标本02G3：20，泥质橙黄陶。绘平行的宽弧线条纹（图4-27，7）。

标本02H46：6，泥质灰褐陶。绘平行粗线条纹（图4-27，8）。

标本02H46：7，泥质灰褐陶。绘交错粗线条纹（图4-27，9）。

标本02采：97，泥质红陶。绘平行弧线条纹（图4-27，10；彩版七五，1）。

标本02H12：74，细泥红陶。表面磨光，黑彩绘平行线条纹（图4-27，11）。

标本02H8：102，泥质橙黄陶。绘平行粗线条纹（图4-27，12）。

标本02H28：17，细泥红陶。绘平行线条纹及叶片纹，有角状錾（图4-27，13；彩版七五，2）。

标本02H36：66，泥质橙黄陶。绘平行粗线条纹（图4-28，1）。

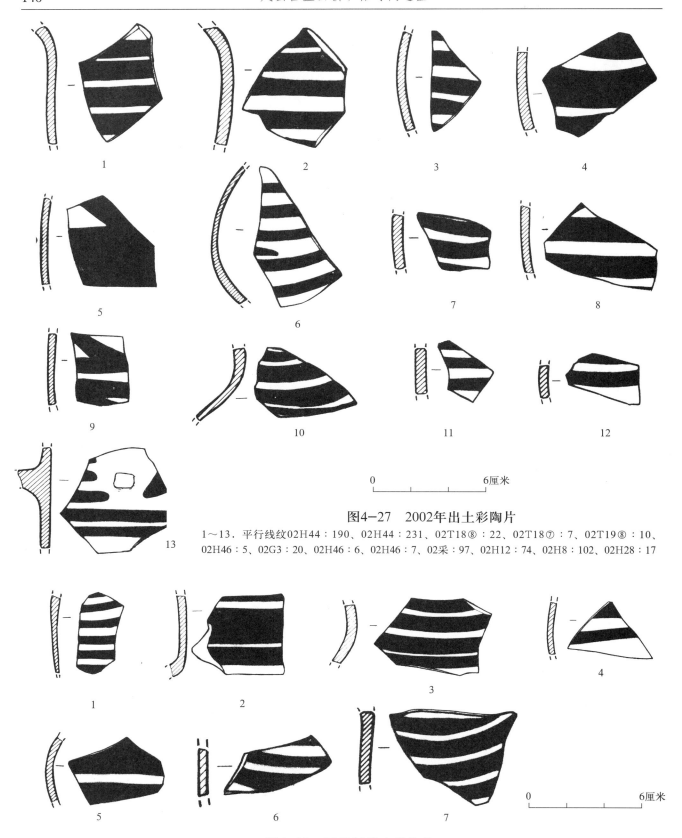

图4-27　2002年出土彩陶片

1～13. 平行线纹02H44：190、02H44：231、02T18⑧：22、02T18⑦：7、02T19⑧：10、
02H46：5、02G3：20、02H46：6、02H46：7、02采：97、02H12：74、02H8：102、02H28：17

图4-28　2002年出土彩陶片

1～7. 平行线纹02H36：66、02H13：10、02H44：218、02H41：21、02H36：57、02H6：19、02采：103

标本 02H13：10，细泥质红陶。绘平行粗线条纹及宽带纹（图4-28，2；彩版七五，3、4）。

标本 02H44：218，泥质橙黄陶。绘平行粗弧线纹（图4-28，3；彩版七五，5）。

标本 02H41：21，泥质橙黄陶。绘平行线条纹（图4-28，4）。

标本 02H36：57，细泥质红陶。绘平行宽带纹（图4-28，5）。

标本 02H6：19，泥质橙黄陶。绘平行细条纹（图4-28，6）。

标本 02采：103，泥质红陶。绘平行弧线条纹（图4-28，7；彩版七五，6）。

草卉纹　15件。

标本 02H8：19，泥质红陶。绘草卉纹（图4-29，1）。

标本 02H8：20，泥质红陶。绘豆荚纹（图4-29，2）。

标本 02F3：2，泥质灰褐陶。绘草卉纹（图4-29，3；彩版七五，8）。

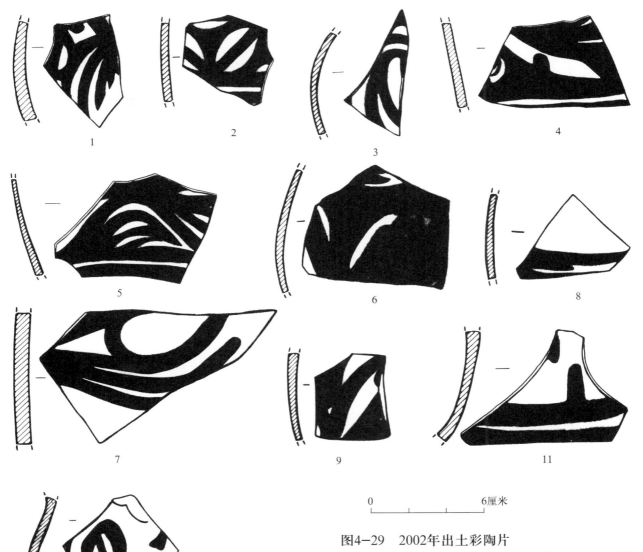

0　　　　　　　　　　6厘米

图4-29　2002年出土彩陶片

1~5. 草卉纹02H8：19、02H8：20、02F3：2、02H20：13、02采：99　6、7. 水草纹02T2②：1、02采：478　8. 尖叶片纹02H32：56　9. 变体鸟纹02H44：183　10. 彩绘草卉纹02H44：177　11. 叶片纹02采：98

标本02H20：13，泥质红陶。绘草卉纹（图4-29，4）。

标本02采：99，泥质橙黄陶。绘草卉纹（图4-29，5；彩版七五，7）。

标本02T2②：1，泥质红陶。绘草卉纹（图4-29，6；彩版七六，1）。

标本02采：478，泥质红陶。绘草卉纹（图4-29，7；彩版七六，2）。

标本02H32：56，泥质灰褐陶。表面磨光，黑彩绘弧线条及草卉纹（图4-29，8）。

标本02H44：183，泥质橙黄陶。绘线条纹、草卉纹（图4-29，9；彩版七六，3）。

标本02H44：177，泥质褐陶。底色较浅，淡黑彩绘草卉纹。残高4.8厘米（图4-29，10；彩版七六，4）。

标本02采：98，细泥红陶。绘平行线条纹及草卉纹（图4-29，11；彩版七六，5、6）。

蛙纹、变体鸟纹　23件。

标本02采：102，泥质褐陶。绘蛙纹及草卉纹（图4-30，1）。

图4-30　2002年出土彩陶片

1～11. 蛙纹、鸟纹02采：102、02T18⑧：2、02T18⑧：1、02H44：193、02T19⑩：2、02H38：60、02H8：18、02H38：38、02采100、02H39：5、02H44：224

标本02T18⑧：2,泥质橙黄陶。表面施白色陶衣,绘蛙纹及弧线条纹等（图4-30,2；彩版七六,7、8）。

标本02T18⑧：1，泥质橙黄陶。表面施白色陶衣，绘蛙纹及弧线条带纹等（图4-30，3；彩版七七，1、2）。

标本02H44：193，泥质橙黄陶。绘蛙纹及弧线条带纹（图4-30，4）。

标本02T19⑩：2，泥质红陶。表面磨光，绘黑彩变体鸟纹及弧线条带纹（图4-30，5）。

标本02H38：38，泥质红陶。绘变体鸟纹及平行条带纹（图4-30，8；彩版七七，3、4）。

标本02采：100，泥质红陶。绘变体鸟纹（图4-30，9；彩版七七，5、6）。

标本02H39：5，细泥红陶。表面磨光，黑彩绘变体鸟纹及弧线条带纹（图4-30，10）。

标本02H38：60，泥质红陶。绘变体鸟纹及弧线条带纹（图4-30，6；彩版七七，7、8）。

标本02H8：18，泥质红陶。绘变体鸟纹（图4-30，7）。

标本02H44：224，泥质红陶。绘变体鸟纹（图4-30，11）。

波浪纹、条带纹、新月纹　58件。

标本02采：96，泥质红陶。绘黑彩波浪纹及平行条带纹（图4-31，1；彩版七八，1、2）。

标本02H30：11，泥质红陶。饰弧线条带纹（图4-31，2）。

标本02T18⑦：1，泥质橙黄陶。绘宽弧条带纹（图4-31，3；彩版七八，3、4）。

标本02H10：1，泥质橙黄陶。饰弧线条带纹（图4-31，4）。

标本02H44：181，泥质橙黄陶。绘平行条带纹（图4-31，5；彩版七八，5）。

标本02T18⑧：13，泥质橙黄陶。绘平行弧线条带纹（图4-31，6）。

标本02T16①：1，泥质橙黄陶。饰绘平行弧线条带纹（图4-31，7）。

标本02H44：179，泥质橙黄陶。绘平行弧线条带纹（图4-31，8）。

标本02H44：189，泥质橙黄陶。绘平行弧线条带纹（图4-31，9）。

标本02T18⑧：21，泥质橙黄陶。绘较细的平行弧线条带纹（图4-31，10）。

标本02T26⑤：1，泥质橙黄陶。饰平行条带纹（图4-32，1；彩版七八，6、7）。

标本02采：101，泥质红陶。饰弧边三角纹（图4-32，2；彩版七八，8）。

标本02T11④：5，泥质红陶。饰新月纹及条带纹（图4-32，3；彩版七二，8）。

标本02H44：219，灰褐陶。绘网络纹及变鸟体纹等（彩版七九，1、2）。

标本02H41：22，内外均绘平行线条纹（图4-32，6；彩版七九，3、4）。

标本02T18⑤：1，泥质红陶。饰网格纹及平行细线纹（图4-32，4）。

标本02H43：1，细泥质红陶。表面磨光，绘弧线条带纹、圆点纹及草卉纹（图4-32，5）。

标本02H13：21，细泥红陶。表面磨光，黑彩在内外壁面绘弧线条纹及长叶片纹（图4-32，7）。

标本02G3：21，泥质橙黄陶。绘相交的粗线条带纹（图4-32，8）。

标本02T18⑧：6，泥质红陶。绘相交的粗线条带纹，及弧边三角纹（图4-32，9）。

标本02H32：31，泥质褐陶。内外表面磨光，黑彩在内壁绘粗线条带纹及草卉纹（图4-33，1；彩版七九，5）。

标本02H28：29，细泥灰褐陶。绘粗弧线条带纹（图4-33，2）。

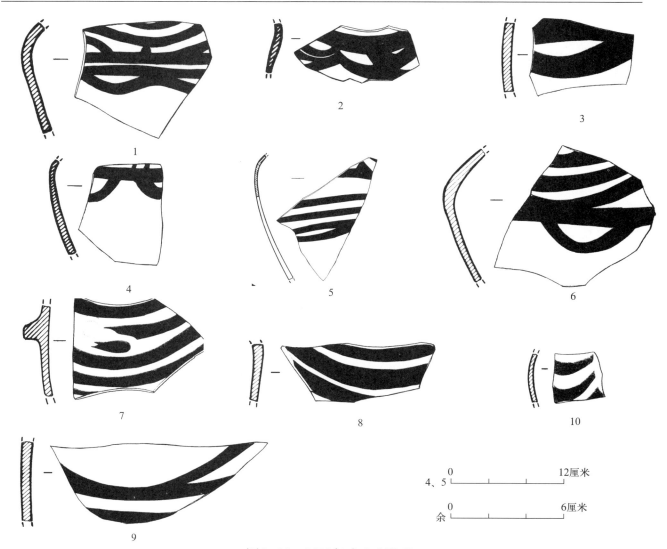

图4-31　2002年出土彩陶片

1～10．波浪纹、条带纹、新月纹02采：96、02H30：11、02T18⑦：1、02H10：1、02H44：181、02T18⑧：13、02T16①：1、02H44：179、02H44：189、02T18⑧：21

标本02T18⑦：100，泥质红陶。绘相交的宽弧线条带纹（图4-33，3）。

标本02H44：184，泥质橙黄陶。绘弧边三角纹及条带纹（图4-33，4；彩版七九，7、8）。

标本02H20：56，泥质红陶。绘弧线条带纹（图4-33，5）。

标本02H41：20，泥质红陶。绘弧线条带纹及圆饼纹（图4-33，6；彩版七九，6）。

标本02H19：3，泥质橙黄陶。绘弧边三角纹（图4-33，7）。

标本02H33：3，泥质橙黄陶。绘弧形条带纹（彩版八〇，1）

标本02H40：31，泥质橙黄陶。绘平行条带纹及网格纹（彩版八〇，2）

标本02H44：185，泥质橙黄陶。绘平行条带纹（彩版八〇，3、4）

标本02T26②：8，泥质红陶。绘网格纹（彩版八〇，5）

标本02T26②：9，泥质红陶。绘条带纹（彩版八〇，6）

标本02采：1002，泥质橙黄陶。绘变体鸟纹（彩版八〇，7、8）

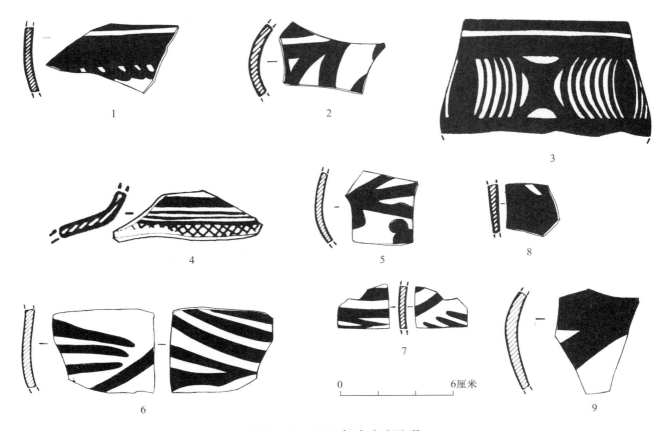

图4-32 2002年出土彩陶片

1~9. 条带纹、网格纹、新月纹02T26⑤：1、02采：101、02T11④：5、02T18⑤：1、02H43：1、02H41：22、02H13：21、02G3：21、02T18⑧：67

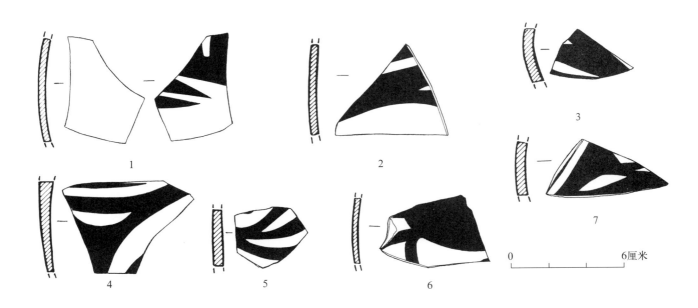

图4-33 2002年出土彩陶片

1~7. 条带纹、弧边三角纹02H32：31、02H28：29、02T18⑦：100、02H44：184、02H20：56、02H41：20、02H19：3

（二）泥质陶

1. 小口瓶

A 型 II 式　3 件。侈口，退化重唇。

标本 02H36：21，泥质灰陶。口径 11.2、残高 6.0 厘米（图 4-34，1）。

标本 02H8：16，泥质灰褐陶。口径 11.0、残高 6.4 厘米（图 4-34，2）。

标本 02H29：15，泥质灰陶。口径 8.0、残高 5.0 厘米（图 4-34，3）。

A 型 III 式　2 件。敞口，退化重唇。

标本 02H44：44，泥质灰陶。折沿，圆唇，广肩。沿面有一道凹槽。口径 14.0、残高 8.0 厘米（图 4-34，4）。

标本 02H39：7，泥质灰陶。折沿，圆唇。口径 15.0、残高 11.0 厘米（彩版八一，1）。

B 型 I 式　11 件。直口，直领，侈沿或仰折沿。

标本 02H32：6，泥质灰陶。颈较厚，颈内壁有泥条粘接痕迹。口径 14.0、残高 4.4 厘米（图 4-34，5）。

标本 02H32：47，泥质灰陶。口径 15.0、残高 3.0 厘米（图 4-34，6）。

标本 02H41：3，泥质黄陶。圆唇。表面磨光，内壁可见慢轮修整旋痕。口径 9.0、残高 3.6 厘米（图 4-34，7；彩版八一，2）。

标本 02H38：8，泥质灰陶。口径 13.8、残高 5.4 厘米（图 4-34，8）。

标本 02H38：33，泥质灰褐陶。圆唇。口径 10.0、残高 4.4 厘米（图 4-34，9）。

标本 02T18 ⑦：14，泥质灰陶。表面磨光，卷沿，尖唇。口径 9.0、残高 4.6 厘米（图 4-34，10）。

标本 02 采：11，泥质灰陶。圆唇。颈部饰附加泥条按捺纹（图 4-34，11；彩版八一，3）。

B 型 II 式　16 件。平折沿。

标本 02H20：24，泥质灰陶。尖唇。口径 11.0、残高 2.8 厘米（图 4-34，12）。

标本 02H9：9，泥质灰褐陶。尖圆唇。口径 11.0、残高 2.0 厘米（图 4-34，14）。

标本 02T1 ④：5，泥质灰陶。尖唇，口部可见慢轮修整旋痕。口径 4.0、残高 4.0 厘米（图 4-34，13）。

标本 02H8：43，泥质灰陶。尖圆唇。口径 8.0、残高 2.6 厘米（图 4-34，15）。

标本 02H25：18，泥质灰陶。圆唇。口径 13.2、残高 6.8 厘米（图 4-34，16）。

标本 02H39：6，泥质灰陶。圆唇。口径 13.8、残高 5.0 厘米（图 4-34，17；彩版八一，4）。

标本 02H25：21，泥质灰褐陶。圆唇。口径 13.0、残高 6.0 厘米（图 4-34，18）。

标本 02H16 ②：6，泥质灰陶。尖圆唇，颈内壁有泥条粘接痕迹。口径 6.0、残高 4.0 厘米（图 4-34，19）。

标本 02H9：8，泥质灰陶。圆唇。残高 3.2 厘米（图 4-34，20）。

标本 02H25：23，泥质灰陶。圆唇。口径 8.0、残高 3.0 厘米（图 4-34，21）。

C 型 I 式　8 件。侈口，平沿，颈部较直，圆唇或方圆唇。

标本 02T1 ⑧：10，泥质灰陶。广肩，鼓腹。肩部及腹表饰斜向绳纹。口径 10.4、残高 12.0 厘米（图

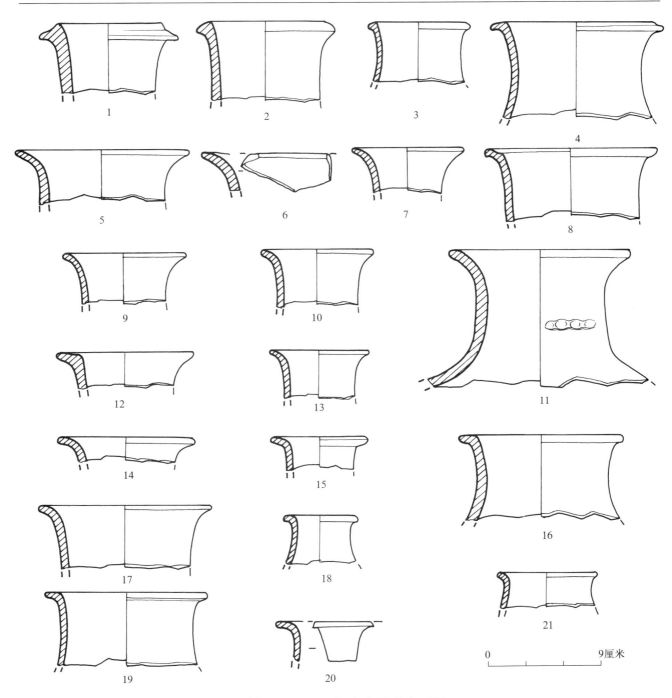

图4-34 2002年出土泥质小口瓶

1～3. A型Ⅱ式02H36：21、02H8：16、02H29：15 4. A型Ⅲ式02H44：44 5～11. B型Ⅰ式02H32：6、02H32：47、02H41：3、02H38：8、02H38：33、02T18⑦：14、02采：11 12～21. B型Ⅱ式02H20：24、02T1④：5、02H9：9、02H8：43、02H25：18、02H39：6、02H25：21、02H16②：6、02H9：8、02H25：23

4-35，1；彩版八一，5）。

标本02H1：4，夹砂灰陶。平折沿，方圆唇，长颈内束，广肩。口径14.0、残高3.2厘米（图4-35，2）。

标本02H13：7，泥质灰陶。圆唇。口径15.0、残高8.4厘米（图4-35，3）。

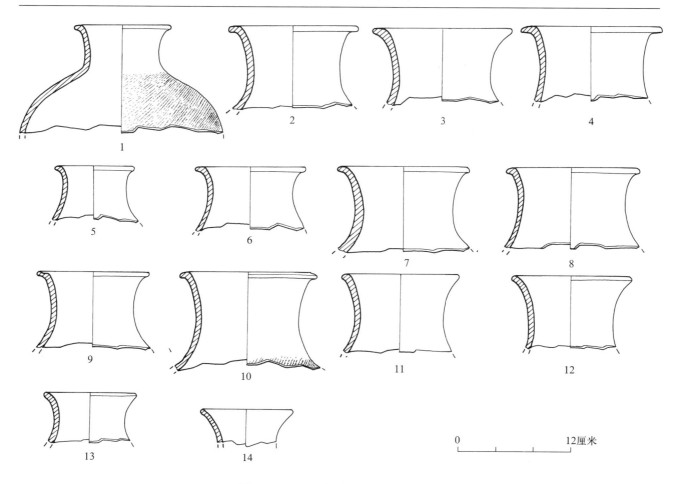

图4-35　2002年出土泥质小口瓶

1～5. C型Ⅰ式02T1⑧：10、02H1：4、02H13：7、02H13：1、02H25：16　6～10. C型Ⅱ式02H25：19、02T4③：7、02H44：3、02T4③：1、02H29：31　11～14. D型02采：25、02H29：13、02H8：30、02H38：81

标本02H13：1，泥质灰陶。圆唇。颈内壁可见泥条粘接痕迹。口径15.2、残高8.2厘米（图4-35，4）。

标本02H25：16，泥质灰陶。口径8.6、残高5.8厘米（图4-35，5）。

C型Ⅱ式　7件。平沿外卷，束颈，尖唇。

标本02H25：19，泥质灰陶。口径12.0、残高7.0厘米（图4-35，6）。

标本02T4③：7，泥质灰陶。口径14.2、残高9.6厘米（图4-35，7）。

标本02H44：3，泥质褐陶。表面磨光，沿面可见慢轮修整旋痕。口径14.4、残高9.2厘米（图4-35，8）。

标本02T4③：1，泥质灰陶。口径12.0、残高8.6厘米（图4-35，9）。

标本02H29：31，泥质灰陶。口径14.6、残高10.4厘米（图4-35，10）。

D型　7件。侈口，卷沿。

标本02采：52，泥质灰陶。圆唇。口径12.4、残高8.4厘米（图4-35，11）。

标本02H29：13，泥质灰陶。圆唇。口径13.0、残高8.0厘米（图4-35，12）。

标本02H8：30，泥质灰褐陶。圆唇。口径10.0、残高5.8厘米（图4-35，13）。

标本 02H38 ：81，泥质灰陶。口径 10.0、残高 10.0 厘米（图 4-35，14）。

Ea 型　4 件。平沿。

标本 02H16 ② ：7，圆唇。颈内壁及沿面可见慢轮修整的旋痕。口径 10.2、残高 6.0 厘米（图 4-36，1）。

标本 02T18 ⑩ ：1，泥质灰陶。表面磨光，圆唇，束颈。口径 10.0、残高 4.0 厘米（图 4-36，2）。

标本 02H30 ：8，泥质灰陶。圆唇。口径 10.2、残高 7.0 厘米（图 4-36，3）。

Eb 型　3 件。卷沿。

标本 02H8 ：2，泥质灰陶。尖圆唇。口径 10.0、残高 7.4 厘米（图 4-36，4）。

标本 02T4 ④ ：8，泥质灰陶。圆唇。口径 13.0、残高 4.8 厘米（图 4-36，5）。

尖底瓶底部　1 件。

标本 02H41 ：9，泥质黄褐陶。表面磨光，火候高，腹表饰交错细绳纹，内底可见明显的泥条粘接痕迹。残高 3.5 厘米（图 4-36，6）。

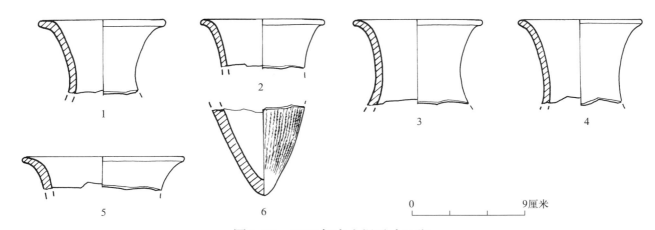

图4-36　2002年出土泥质小口瓶

1～3. Ea型02H16② ：7、02T18⑩ ：1、02H30 ：8　4、5. Eb型02H8 ：2、02T4④ ：8　6. 尖底瓶02H41 ：9

2. 壶

A 型　1 件。侈口，束颈、垂腹。

标本 02H12 ：10，泥质灰陶。侈口，方唇。口径 14.0、残高 11.8 厘米（图 4-37）。

3. 矮领罐

A 型Ⅱ式　1 件。

标本 02T9 ② ：117，泥质灰陶。圆唇。口径 10.4、残高 4.6 厘米（图 4-41，5）。

4. 高领罐

B 型Ⅰ式　42 件。喇叭口，卷沿，圆唇或尖圆唇。

标本 02H48 ：1，泥质灰陶。尖圆唇。口径 17.0、残高 4.0 厘米（图 4-38，1）。

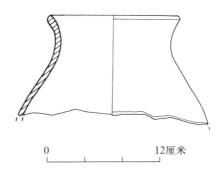

图4-37　2002年出土A型
泥质陶壶02H12：10

标本 02H44：17，喇叭口，卷沿。口径 14.0、残高 4.4 厘米（图 4-38，2）。

标本 02H25：17，泥质黑陶。尖圆唇。口径 27.2、残高 7.2 厘米（图 4-38，3）。

标本 02H41：43，泥质灰陶。圆唇。口径 12.0、残高 3.0 厘米（图 4-38，4）。

标本 02T20⑤：2，泥质灰陶。圆唇。口径 14.0、残高 2.0 厘米（图 4-38，5）。

标本 02T18⑨：9，泥质灰陶。圆唇。口径 15.0、残高 5.0 厘米（图 4-38，6）。

标本 02H7：24，泥质灰褐陶。圆唇。口径 14.2、残高 4.0 厘米（图 4-38，7）。

标本 02H6：1，泥质灰陶。圆唇。口径 15.0、残高 9.2 厘米（图 4-38，9）。

标本 02T18⑧：9，泥质灰陶。圆唇。口径 18.0、残高 4.0 厘米（图 4-38，8）。

标本 02T10④：1，泥质灰陶。圆唇。口径 14.0、残高 1.8 厘米（图 4-38，10）。

标本 02H44：636，泥质灰陶。圆唇。口径 14.8、残高 3.8 厘米（图 4-38，11）。

标本 02H30：1，泥质灰陶。圆唇。肩部、腹部饰斜向细绳纹。口径 16.0、底径 12.8、复原高 47.2 厘米（图 4-39，1）。

标本 02H44：633，泥质灰陶。圆唇。口径 12.8、残高 4.0 厘米（图 4-39，2）。

标本 02T1④：1，泥质灰陶。圆唇，沿面有一周凹槽，束颈，广肩。口径 14.0、残高 7.2 厘米（图 4-39，3）。

标本 02T19⑧：1，泥质灰陶。圆唇。口径 17.0、残高 5.0 厘米（图 4-39，4）。

标本 02H16②：5，泥质灰陶。圆唇。沿面可见慢轮修整的旋痕，颈内壁有泥条粘接痕迹。口

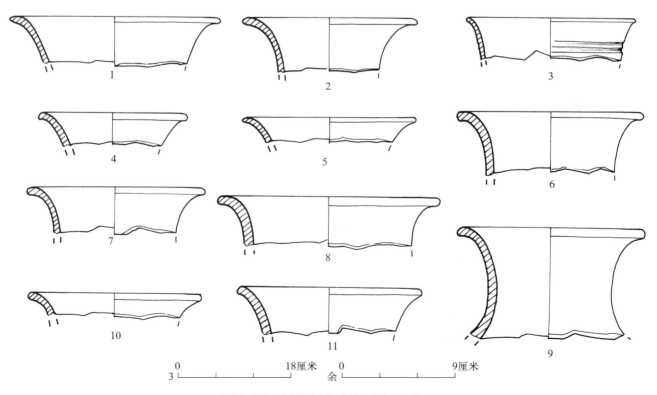

图4-38　2002年出土泥质高领罐

1～11．B型Ⅰ式02H48：1、02H44：17、02H25：17、02H41：43、02T20⑤：2、02T18⑨：9、02H7：24、02T18⑧：9、02H6：1、02T10④：1、02H44：636

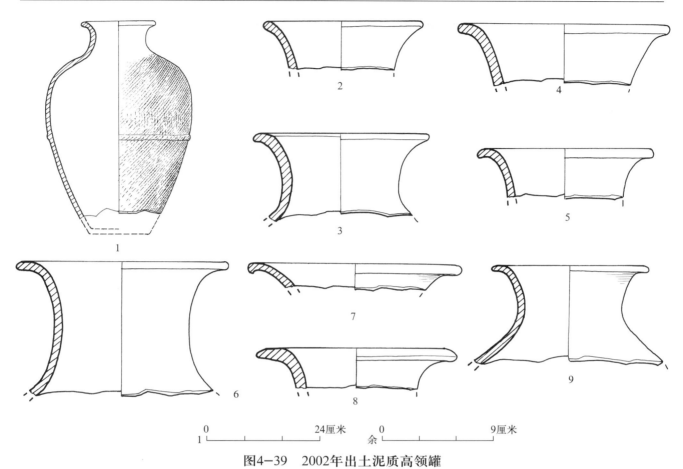

图4-39 2002年出土泥质高领罐

1~4. B型Ⅰ式02H30：1、02H44：633、02T1④：1、02T19⑧：1、02H16②：5　6~9. B型Ⅱ式02H40：7、02H6：8、02H20：47、02H51：11

径17.0、残高11.2厘米（图4-39，5；彩版八二，1）。

标本02H51：1，泥质灰陶。圆唇。口径16.8、残高13.4厘米（彩版八二，2）。

标本02采：30，泥质灰陶。圆唇。口径16.4、残高12.8厘米（彩版八二，4）

B型Ⅱ式　17件。喇叭口，口沿外卷较甚，束颈。

标本02H40：7，泥质灰陶。表面磨光，尖唇，卷沿，直颈，口部有慢轮旋痕。口径14.0、残高4.2厘米（图4-39，6）。

标本02H6：8，泥质灰陶。圆唇。口径17.0、残高2.0厘米（图4-39，7）。

标本02H20：47，泥质灰陶。尖唇。口径16.0、残高3.4厘米（图4-39，8）。

标本02H51：11，泥质灰陶。尖唇。口径12.8、残高8.0厘米（图4-39，9）。

C型Ⅰ式　21件。喇叭口，平沿。

标本02H32：19，泥质灰陶。圆唇。口径15.2、残高3.4厘米（图4-40，1）。

标本02H8：31，泥质灰褐陶。圆唇。口径15.0、残高1.4厘米（图4-40，2）。

标本02T1④：21，泥质灰陶。圆唇，表面磨光。口径17.0、残高3.5厘米（图4-40，3）。

标本02T18⑧：10，泥质灰陶。圆唇。口径14.0、残高4.2厘米（图4-40，4）。

标本02T18⑧：33，泥质灰陶。尖唇。口径13.0、残高2.4厘米（图4-40，5）。

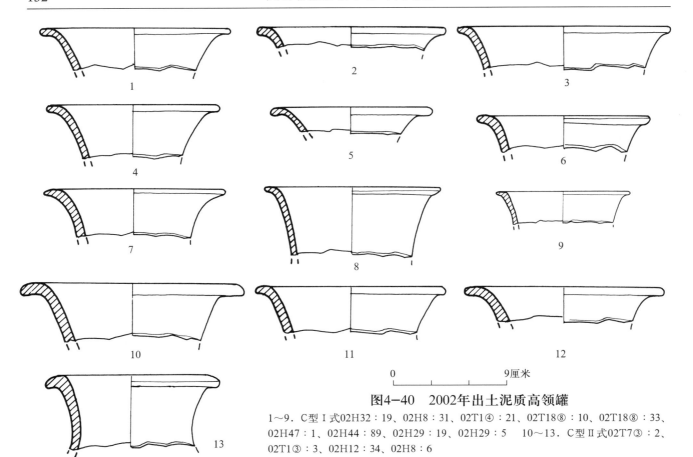

图4-40　2002年出土泥质高领罐

1～9. C型Ⅰ式02H32：19、02H8：31、02T1④：21、02T18⑧：10、02T18⑧：33、02H47：1、02H44：89、02H29：19、02H29：5　10～13. C型Ⅱ式02T7③：2、02T1③：3、02H12：34、02H8：6

标本02H47：1，泥质灰陶。尖唇。口径14.0、残高3.0厘米（图4-40，6）。

标本02H44：89，泥质灰陶。尖唇。口径14.6、残高4.0厘米（图4-40，7）。

标本02H29：19，泥质灰褐陶。尖唇。口径14.0、残高5.8厘米（图4-40，8）。

标本02H29：5，泥质灰陶。尖唇。口径14.4、残高3.2厘米（图4-40，9）。

标本02采：4，泥质灰陶。圆唇。口径15.6、残高11.6厘米（彩版八二，3）。

C型Ⅱ式　平沿下折。

标本02T7③：2，泥质灰陶。圆唇。口径18.0、残高4.8厘米（图4-40，10）。

标本02T1③：3，泥质灰陶。圆唇，表面磨光。口径15.2、残高3.8厘米（图4-40，11）。

标本02H12：34，泥质灰陶。圆唇。口径16.0、残高3.0厘米（图4-40，12）。

标本02H8：6，泥质灰陶。圆唇。口径14.0、残高6.0厘米（图4-40，13）。

5. 罐

B型Ⅰ式　1件。直口，束颈，平沿，广肩，鼓腹。

标本02T1⑩：1，泥质灰陶。圆唇。残高6.3厘米（图4-41，1）。

B型Ⅱ式　2件。直口，平沿，溜肩，弧腹。

标本02T8②：4，泥质灰陶。口径23.2、残高8.0厘米（图4-41，3）。

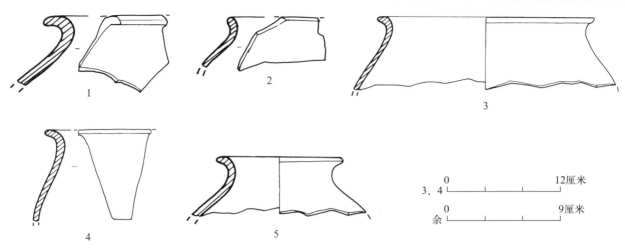

图4-41　2002年出土泥质罐

1. B型Ⅰ式02T1⑩：1　2、3. B型Ⅱ式02H9：1、02T8②：4　4. D型02H8：53　5. A型Ⅱ式矮领罐02T9②：117

标本02H9：1，泥质灰陶。残高4.5厘米（图4-41，3）。

D型　1件。

标本02H8：53，泥质灰陶。直口，圆唇，广肩。残高4.4厘米（图4-41，4）。

6. 缸

A型Ⅰ式　2件。侈口，沿略卷，尖圆唇。

标本02H20：1，泥质灰褐陶。口径30.0、残高8.4厘米（图4-42，1）。

标本02H20：2，泥质灰陶。残高10.0厘米（图4-42，2）。

A型Ⅱ式　1件。侈口，卷沿较宽外翻，束颈，圆唇。

标本02T18⑤：5，泥质灰陶。口径22.0、残高4.0厘米（图4-42，3）。

B型Ⅰ式　1件。侈口，仰折沿，方唇，束颈。

标本02H28：14，泥质灰陶。口径22.8、残高8.4厘米（图4-42，4；彩版八二，6）。

C型Ⅰ式　11件。口微敛，平沿。

标本02H32：4，泥质灰陶。方唇。口径30.0、残高22.0厘米（图4-42，5）。

标本02H21：1，泥质灰陶。圆唇。口径32.0、残高4.8厘米（图4-42，6）。

标本02采：26，泥质灰褐陶。圆唇。口径40.8、残高12.8厘米（图4-42，8；彩版八二，7、8）。

标本02T9④：3，泥质灰陶。宽沿，圆唇。口径36.0、残高4.8厘米（图4-42，7）。

标本02H30：7，泥质灰陶。尖唇。口径19.0、残高4.8厘米（图4-42，9）。

标本02H30：64，泥质灰陶。窄沿，尖圆唇。口径24.0、残高3.0厘米（图4-42，10）。

C型Ⅱ式　7件。敛口，束颈。

标本02H1：3，泥质灰陶。圆唇。口径30.0、残高8.0厘米（图4-42，11）。

标本02T1⑧：6，泥质灰陶。圆唇。口径38.0、残高7.2厘米（图4-42，12）。

标本02T1⑧：11，泥质灰陶。沿较宽，尖唇，厚胎。口径36.0、残高7.8厘米（图4-42，13）。

标本02H9：2，泥质灰陶。圆唇。口径26.4、残高10.6厘米。

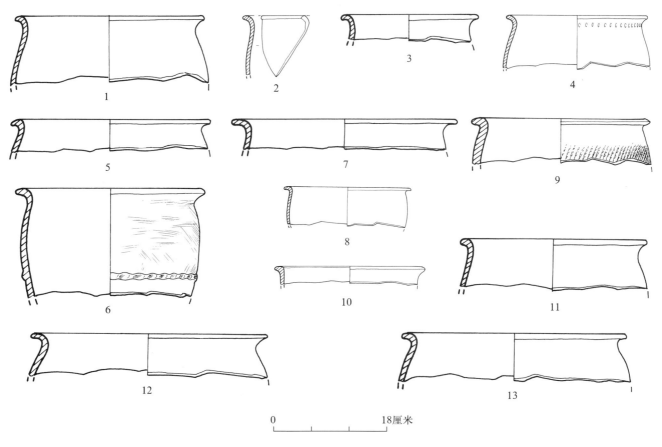

图4-42　2002年出土泥质陶缸

1、2. A型Ⅰ式02H20：1、02H20：2　3. A型Ⅱ式02T18⑤：5　4. B型Ⅰ式02H28：14　5~10. C型Ⅰ式02H32：4、02H21：1、
02T9④：3、02采：26、02H30：7、02H30：64　11~13. C型Ⅱ式02H1：3、02T1⑧：6、02T1⑧：11

7. 瓮

B型　5件。侈口，圆唇，折肩，弧腹。

标本02G3：1，泥质灰陶。口径32.0、残高9.2厘米（图4-43，1）。

标本02H22：2，泥质灰陶。口径37.2、残高6.0厘米（图4-43，2）。

标本02H37：1，泥质灰褐陶。口径36.8、残高6.0厘米（图4-43，3）。

标本02H44：11，泥质灰陶。口径34.8、残高7.2厘米（图4-43，4）。

标本02H30：44，泥质灰陶。尖唇。腹部饰斜向细绳纹。残高7.6厘米（图4-43，5）。

标本02T28⑤：4，泥质灰陶。尖唇。残高3.0厘米（图4-43，6）。

8. 钵

A型Ⅰ式　3件。侈口，尖唇或圆唇，折腹。

标本02T13④：3，泥质灰黄陶。口径15.0、残高5.0厘米（图4-44，1）。

标本02H6：7，泥质灰陶。圆唇，腹部饰鸡冠状鋬。残高8.0厘米（图4-44，2）。

A型Ⅱ式　2件。侈口，窄沿，尖唇或圆唇，折腹。

标本02T18④：3，泥质灰黄陶。口径15.0、残高5.4厘米（图4-44，3）。

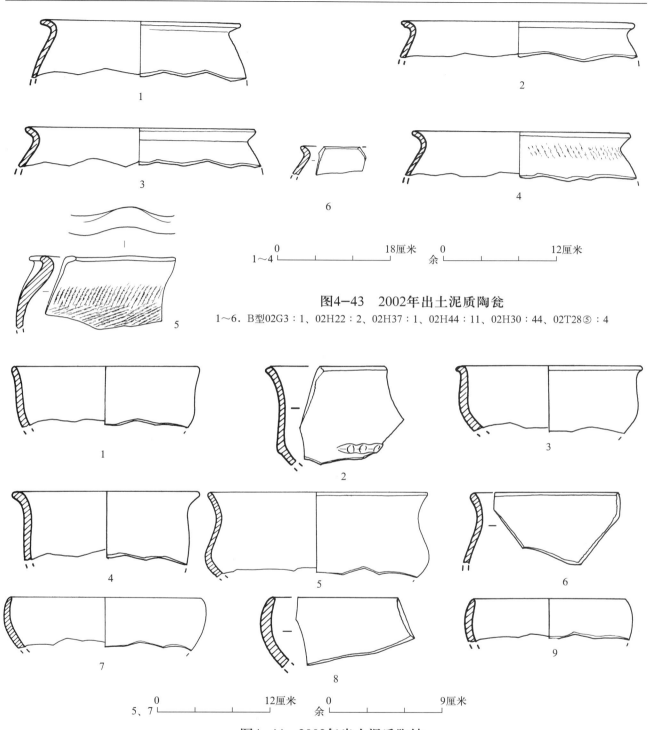

图4-43 2002年出土泥质陶瓮

1～6. B型02G3：1、02H22：2、02H37：1、02H44：11、02H30：44、02T28⑤：4

图4-44 2002年出土泥质陶钵

1、2. A型Ⅰ式02T13④：3、02H6：7 3. A型Ⅱ式02T18④：3 4. Ba型Ⅰ式02H44：46 5、6. Ba型Ⅱ式02H38：6、02H4：1

7～9. Ca型02T16③：2、02H48：2、02T8④：19

Ba型Ⅰ式2件。侈口，直腹。

标本02H44：46，泥质黄褐陶。尖唇。口径15.0、残高6.0厘米（图4-44，4）。

标本02H36：38，泥质灰褐陶。上腹有一圆形穿孔。残高4.3厘米（彩版八四，5）。

Ba 型 Ⅱ 式　3 件。鼓腹。

标本 02H38：6，泥质黄褐陶。圆唇。口径 23.6、残高 8.4 厘米（图 4-44，5）。

标本 02H4：1，泥质灰黄陶。残高 6.0 厘米（图 4-44，6）。

Ca 型　4 件。敛口较甚，弧腹。

标本 02H44：33，泥质灰陶。饰横向细绳纹。口径 21.4、残高 5.6 厘米（彩版八二，5）。

标本 02T16③：2，泥质黄褐陶。口径 21.0、残高 5.8 厘米（图 4-44，7）。

标本 02H48：2，泥质灰陶。残高 5.6 厘米（图 4-44，8）。

标本 02T8④：19，泥质灰陶。口径 12.6、残高 3.2 厘米（图 4-44，9）。

标本 02H3：6，泥质灰陶。口径 21.6、底径 6.8、通高 10.8 厘米（彩版八四，2）。

标本 02H28：13，泥质灰陶。口径 19.2、底径 5.8、通高 9.8 厘米（彩版八四，4）。

标本 02T7④：1，泥质灰褐陶。口径 19.6、底径 6.2、通高 10.2 厘米（彩版八四，6）。

Da 型 Ⅰ 式　2 件。直口，窄平沿，折腹。

标本 02H4：21，泥质灰陶。尖唇。残高 2.6 厘米（图 4-45，1）。

Da 型 Ⅱ 式　2 件。直口，卷沿，折腹。

标本 02H27：19，泥质灰陶。圆唇残高 5.4 厘米（图 4-45，2）。

标本 02H12：17，泥质灰陶。残高 4.8 厘米（图 4-45，3）。

Db 型　17 件。口微敛，窄沿。

标本 02H12：46，泥质灰陶。残高 4.2 厘米（图 4-45，5）。

标本 02T18⑤：3，泥质灰陶。口径 22.0、残高 4.0 厘米（图 4-45，6）。

标本 02H20：3，泥质灰陶。尖唇。腹部饰鸡冠状鋬。口径 17.0、残高 7.2 厘米（图 4-45，4）。

标本 02H22：1，泥质灰陶。尖唇。残高 5.4 厘米（图 4-45，7）。

标本 02H22：10，泥质灰陶。尖圆唇。残高 4.6 厘米（图 4-45，8）。

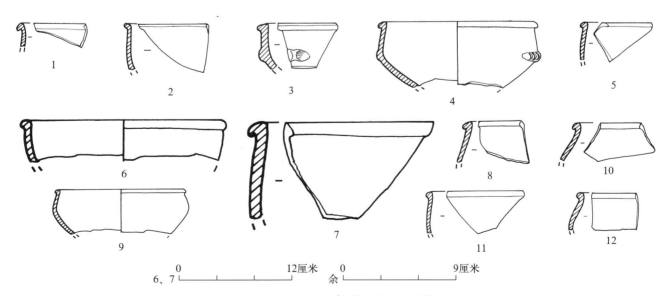

图 4-45　2002 年出土泥质陶钵

1. Da 型 Ⅰ 式 02H4：21　2、3. Da 型 Ⅱ 式 02H27：19、02H12：17　4～12. Db 型 02H20：3、02H12：46、02T18⑤：3、02H22：1、02H22：10、02H27：1、02H22：6、02H12：27、02H13：5

标本 02H27：1，泥质灰黄陶。口径 14.0、残高 4.8 厘米（图 4-45，9；彩版八三，1、2）。

标本 02H22：6，泥质灰陶。尖唇。残高 4.2 厘米（图 4-45，10）。

标本 02H12：27，泥质灰陶。尖唇。残高 4.6 厘米（图 4-45，11）。

标本 02H13：5，泥质灰陶。圆唇。残高 4.0 厘米（图 4-45，12）。

Dc 型　15 件。侈口，窄沿。

标本 02H7：22，泥质灰陶。腹部饰鸡冠状錾。残高 7.0 厘米（图 4-46，1；彩版八三，3）。

标本 02H7：25，泥质灰陶。残高 5.0 厘米（图 4-46，2）。

标本 02H7：27，泥质灰陶。残高 4.0 厘米（图 4-46，3）。

标本 02H8：7，泥质灰陶。残高 4.8 厘米（图 4-46，4）。

标本 02H6：14，泥质灰陶。残高 3.4 厘米（图 4-46，5）。

标本 02H30：6，泥质灰陶。残高 5.4 厘米（图 4-46，6）。

Dd 型　侈口，沿较宽。

标本 02H36：31，泥质灰陶。尖唇。残高 3.0 厘米（图 4-46，7）。

F 型　5 件。直口，弧腹。

标本 02H44：117，泥质灰陶。圆唇。口径 6.0、残高 2.6 厘米（图 4-46，8）。

标本 02H36：5，泥质灰陶。尖唇。口径 20.0、残高 7.0 厘米（图 4-46，9；彩版八三，4）。

标本 02H29：26，泥质橙黄陶。尖唇。残高 3.6 厘米（图 4-46，10）。

G 型　3 件。

标本 02H27：14，泥质灰陶。残高 4.0 厘米（图 4-46，11）。

标本 02H44：4，泥质灰陶。口径 24.0、残高 8.0 厘米（图 4-46，12）。

Ha 型　2 件。侈口，尖圆唇，弧腹。

标本 02T18 ⑤：10，泥质橙黄陶。口径 15.0、残高 2.4 厘米（图 4-46，13）。

Hb 型　6 件。敛口，弧腹。

标本 02H25：20，泥质灰陶。口径 23.2、残高 4.0 厘米（图 4-46，14）。

标本 02H32：2，泥质橙黄陶。口径 30.0、残高 10.0 厘米（图 4-46，17；彩版八三，6）。

标本 02H44：62，泥质橙黄陶。口径 11.2、残高 6.2 厘米（图 4-46，16）。

标本 02H43：272，泥质橙黄陶。口径 20.0、残高 6.0 厘米（图 4-46，15）。

标本 02T1 ⑧：15，泥质橙黄陶。口径 16.0、残高 7.0 厘米（图 4-46，18；彩版八三，5）。

标本 02H17：3，泥质灰陶。口径 21.6、底径 7.2、通高 14.6 厘米（彩版八四，3）。

I 型　1 件。侈口，弧腹，较深。

标本 02 采：231，泥质橙黄陶。口径 16.4、残高 6.2 厘米（图 4-46，19）。

Ja 型　件。敛口，折腹较深。

标本 02H12：31，泥质灰陶。口径 15.6、高 6.7 厘米（图 4-46，20）。

标本 02H38：13，泥质灰陶。上腹饰瓦棱纹。残高 6.0 厘米（图 4-46，21）。

标本 02H38：15，泥质灰陶。口径 25.0、残高 7.9 厘米（图 4-46，22）。

标本 02H13：2，泥质灰陶。残高 7.0 厘米（图 4-46，23）。

Jb 型　1 件。敛口，折腹较浅。

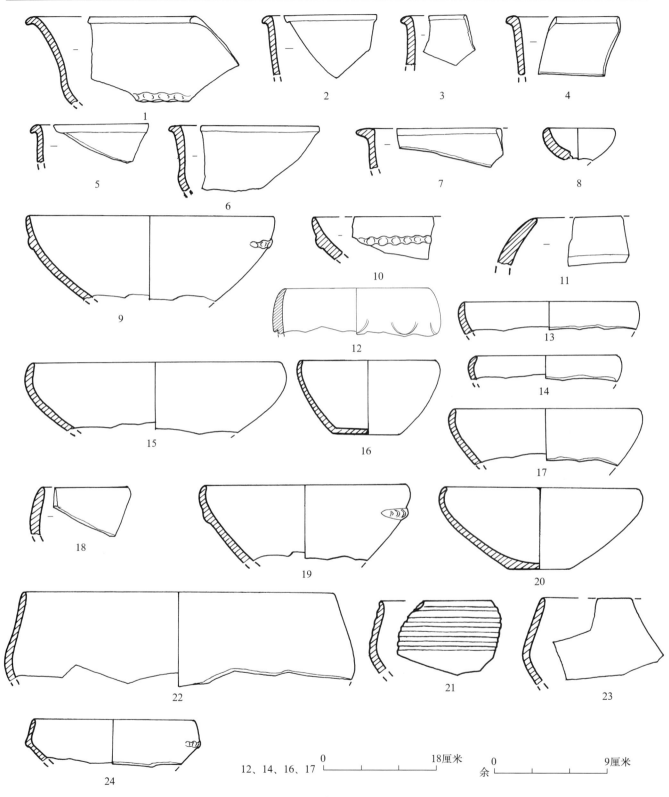

图4-46　2002年出土泥质陶钵

1～6. Dc型02H7：22、02H7：25、02H7：27、02H8：7、02H6：14、02H30：6　7. Dd型02H36：31　8～10. F型02H44：117、02H36：5、02H29：26　11、12. G型02H27：14、02H44：4　13. Ha型02T18⑤：10　14～18. Hb型02H25：20、02H43：272、02H44：62、02H32：2、02T1⑧：15　19. I型02采：231　20～23. Ja型02H12：31、02H38：13、02H38：15、02H13：2　24. Jb型02H38：2

标本02H38：2，泥质灰陶。腹部有对称鸡冠状双錾。口径28.0、残高7.6厘米（图4-46，24；彩版八四，1）。

9．盆

Ba型Ⅰ式 6件。仰折沿，圆唇，折腹。

标本02H12：6，泥质灰陶。口径18.0、残高2.4厘米（图4-47，1）。

标本02H36：9，泥质灰褐陶。残高3.6厘米（图4-47，2）。

标本02H44：10，泥质黄褐陶。残高13.0厘米（图4-47，3）。

Ba型Ⅱ式 32件。平折沿，沿较宽，圆唇或尖圆唇。

标本02H8：34，泥质灰陶。圆唇。残高2.6厘米（图4-47，4）。

标本02T4④：7，泥质灰陶。圆唇。残高3.0厘米（图4-47，5）。

标本02T1④：3，泥质黄褐陶。圆唇。残高2.0厘米（图4-47，6）。

标本02H8：26，泥质灰陶。圆唇。残高4.0厘米（图4-47，7）。

标本02T11④：2，泥质灰陶。圆唇。口径32.0、残高6.0厘米（图4-47，8）。

标本02H44：51，泥质灰陶。残高5.8厘米（图4-47，9）。

标本02H8：4，泥质黄褐陶。残高6.0厘米（图4-47，10）。

标本02H12：3，泥质灰陶。残高3.8厘米（图4-47，11）。

标本02T18⑧：11，泥质灰陶。残高4.2厘米（图4-47，12）。

标本02H7：23，泥质黄褐陶。圆唇。残高5.2厘米（图4-47，13）。

标本02H36：7，泥质灰陶。圆唇。残高8.0厘米（图4-47，14）。

标本02H6：16，泥质灰陶。残高2.0厘米（图4-47，15）。

标本02H12：33，泥质黄褐陶。残高2.0厘米（图4-47，16）。

标本02H8：59，泥质灰陶。残高2.8厘米（图4-47，17）。

标本02T9④：6，泥质灰陶。圆唇。口径29.2、残高3.2厘米（图4-47，18）。

标本02H38：4，泥质黄褐陶。圆唇。口径32.0、残高12.8厘米（图4-47，19）。

标本02采：6，泥质灰陶。圆唇。口径24.4、残高8.8厘米（图4-47，20）。

标本02H29：27，泥质灰陶。尖圆唇。残高2.8厘米（图4-47，21）。

标本02T7③：6，泥质灰陶。残高6.0厘米（图4-47，22）。

标本02H1：6，泥质灰陶。圆唇。残高4.0厘米（图4-47，23）。

标本02H25：13，泥质黄褐陶。口径19.6、残高10.8厘米（图4-47，24）。

标本02H44：8，泥质黄褐陶。圆唇。口径28.0、残高6.0厘米（图4-47，25）。

标本02H34：1，泥质黄褐陶。口径24.0、残高3.2厘米（图4-47，26）。

标本02H28：49，泥质灰陶。残高4.8厘米（图4-47，27）。

Ba型Ⅲ式 4件。平沿下折，圆唇。

标本02H8：3，泥质灰陶。残高6.2厘米（图4-48，1）。

标本02H8：40，泥质灰陶。残高4.2厘米（图4-48，2）。

标本02H15：5，泥质灰陶。残高4.6厘米（图4-48，3）。

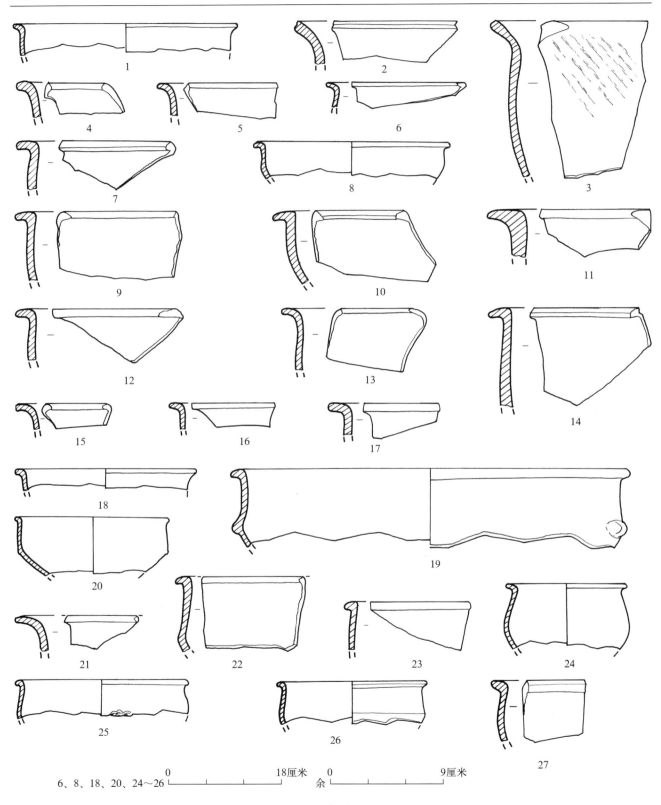

图4-47　2002年出土泥质陶盆

1～3. Ba型Ⅰ式02H12：6、02H36：9、02H44：10　4～27. Ba型Ⅱ式02H8：34、02T4④：7、02T1④：3、02H8：26、02T11④：2、02H44：51、02H8：4、02H12：3、02T18⑧：11、02H7：23、02H36：7、02H6：16、02H12：33、02H8：59、02T9④：6、02H38：4、02采：6、02H29：27、02T7③：6、02H1：6、02H25：13、02H44：8、02H34：1、02H28：49

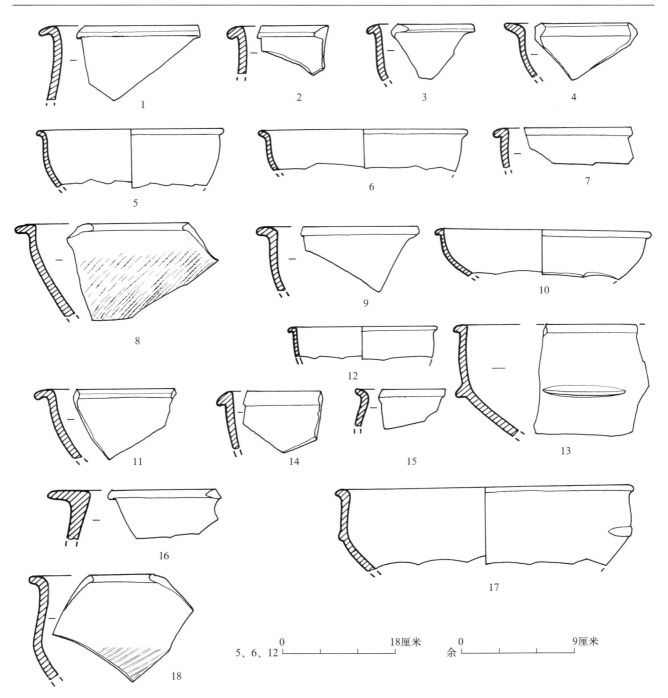

图4-48 2002年出土泥质陶盆

1~3. Ba型Ⅲ式02H8：3、02H8：40、02H15：5　4~6. Bb型Ⅰ式02H32：29、02H16②：3、02H44：2　7~13. Bb型Ⅱ式
02H29：16、02H44：58、02H36：22、02H28：3、02H36：19、02T18⑥：5、02H28：2　14. Bc型Ⅰ式02H43：2　15. Ca型Ⅰ式
02G2：4　16~18. Ca型Ⅱ式02T18⑧：8、02T23③：33、02H12：5

Bb型Ⅰ式　5件。仰折沿，圆唇，弧腹较浅。

标本02H32：29，泥质灰陶。残高4.6厘米（图4-48，4）。

标本02H16②：3，泥质黄褐陶。口径30.0、残高9.2厘米（图4-48，5）。

标本02H44：2，泥质灰陶。口径33.6、残高7.2厘米（图4-48，6）。

Bb 型 II 式　11 件。平折沿，圆唇。

标本 02H29 ：16，泥质黄褐陶。残高 3.0 厘米（图 4-48，7）。

标本 02H44 ：58，泥质灰陶。腹部饰斜向细绳纹。残高 8.0 厘米（图 4-48，8）。

标本 02H36 ：22，泥质灰陶。残高 5.2 厘米（图 4-48，9）。

标本 02H36 ：19，泥质灰陶。残高 6.0 厘米（图 4-48，11）。

标本 02H28 ：3，泥质灰陶。口径 34.8、残高 4.0 厘米（图 4-48，10）。

标本 02T18 ⑥：5，泥质灰陶。口径 24.0、残高 5.6 厘米（图 4-48，12）。

标本 02H28 ：2，泥质灰陶。残高 9.2 厘米（图 4-48，13）。

Bc 型 I 式　2 件。卷沿，圆唇。

标本 02H43 ：2，泥质灰陶。残高 5.2 厘米（图 4-48，14）。

标本 02H26 ：17，泥质磨光黑皮陶。饰瓦楞纹。残高 5.6 厘米（彩版八五，2）。

Ca 型 I 式　3 件。仰折沿，圆唇折腹。

标本 02G2 ：4，泥质黄褐陶。残高 3.2 厘米（图 4-48，15）。

Ca 型 II 式　13 件。平折沿，圆唇。

标本 02T18 ⑧：8，泥质黄褐陶。残高 4.0 厘米（图 4-48，16）。

标本 02T23 ③：33，泥质黄褐陶。口径 24.0、残高 6.4 厘米（图 4-48，17）。

标本 02H12 ：5，泥质黄褐陶。下腹饰斜向篮纹。残高 8.8 厘米（图 4-48，18）。

标本 02H32 ：30，泥质灰陶。残高 4.4 厘米（图 4-49，1）。

标本 02H8 ：41，泥质灰陶。残高 4.2 厘米（图 4-49，2）。

标本 02H8 ：42，泥质黄褐陶。残高 3.2 厘米（图 4-49，3）。

标本 02H12 ：23，泥质灰陶。残高 5.4 厘米（图 4-49，4）。

Cb 型　12 件。敛口，折沿，弧腹。

标本 02T19 ④：1，泥质黄褐陶。圆唇。残高 9.2 厘米（图 4-49，5）。

标本 02T26 ⑥：1，泥质灰陶。方唇。残高 2.4 厘米（图 4-49，6）。

标本 02T18 ④：5，泥质灰陶。尖圆唇。残高 3.6 厘米（图 4-49，7）。

标本 02H36 ：6，泥质黄褐陶。口径 35.2、残高 6.0 厘米（图 4-49，8）。

标本 02H12 ：28，泥质灰陶。残高 2.0 厘米（图 4-49，10）。

标本 02H29 ：10，泥质灰陶。残高 3.6 厘米（图 4-49，9）。

标本 02H44 ：5，泥质黄褐陶。口径 20.8、残高 6.0 厘米（图 4-49，11）。

Cc 型 I 式　2 件。口微敛，斜沿，尖唇。

标本 02H41 ：8，泥质黄褐陶。残高 7.2 厘米（图 4-49，12；彩版八五，1）。

标本 02H8 ：11，泥质黄褐陶。残高 9.2 厘米（图 4-49，13）。

标本 02G3 ：15，泥质灰陶。残高 5.0 厘米（图 4-49，14）。

Cc 型 II 式　6 件。敛口，平沿，尖唇或圆唇，弧腹。

标本 02T1 ⑥：1，泥质黄褐陶。圆唇。残高 6.2 厘米（图 4-49，15）。

标本 02H34 ：5，泥质黄褐陶。尖唇。残高 3.2 厘米（图 4-49，16）。

标本 02T9 ②：11，泥质灰陶。尖唇。残高 6.0 厘米（图 4-49，18）。

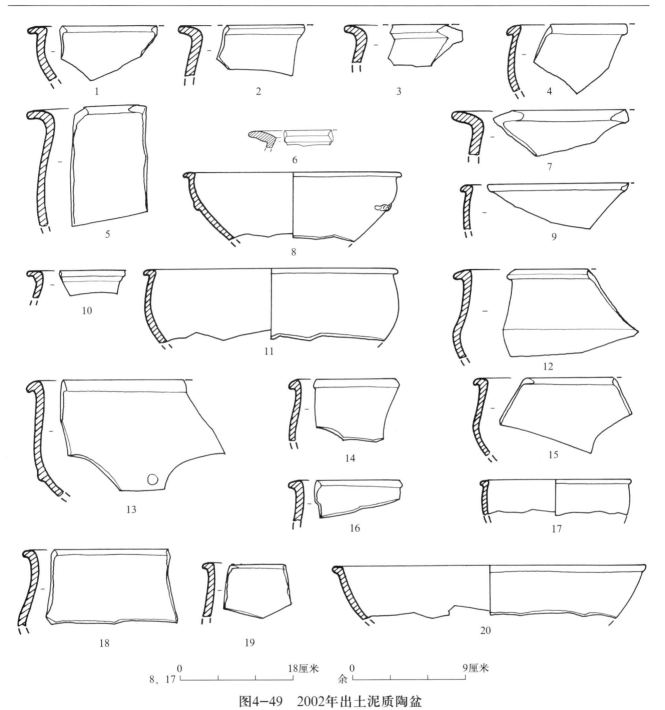

图4-49　2002年出土泥质陶盆

1～4. Ca型Ⅱ式02H32：30、02H8：41、02H8：42、02H12：23　5～11. Cb型02T19④：1、02T26⑥：1、02T18④：5、02H36：6、02H29：10、02H12：28、02H44：5　12～14. Cc型Ⅰ式02H41：8、02H8：11、02G3：15　15～19. Cc型Ⅱ式02T1⑥：1、02H34：5、02H12：4、02T9②：11、02T18⑧：105　20. Ec型02T9②：4

标本02T18⑧：105，泥质灰陶。尖唇。残高4.4厘米（图4-49，19）。

标本02H12：4，泥质灰陶。圆唇。口径24.0、残高6.0厘米（图4-49，17）。

Ec型　4件。大口，圆唇或尖唇，弧腹。

标本02T9②：4，泥质灰陶。口径25.0、残高5.2厘米（图4-49，20）。

Ee 型 I 式　4 件。大口，尖唇，弧腹较浅。

标本 02H44 ∶ 42，泥质黄褐陶。残高 4.8 厘米（图 4-50，1）。

标本 02H44 ∶ 52，泥质灰陶。残高 4.6 厘米（图 4-50，2）。

标本 02H46 ∶ 3，泥质灰陶。残高 4.2 厘米（图 4-50，3）。

Ee 型 II 式　7 件。大口，圆唇，弧腹较浅。

标本 02H7 ∶ 29，泥质灰陶。残高 4.2 厘米（图 4-50，4）。

标本 02H36 ∶ 34，泥质灰陶。残高 5.0 厘米（图 4-50，5）。

标本 02T1 北扩 ⑨ ∶ 1，泥质灰陶。口径 30.0、残高 6.0 厘米（图 4-50，6）。

标本 02T18 ④ ∶ 1，泥质灰陶。残高 2.6 厘米（图 4-50，7）。

标本 02T4 ④ ∶ 6，泥质灰陶。残高 3.0 厘米（图 4-50，8）。

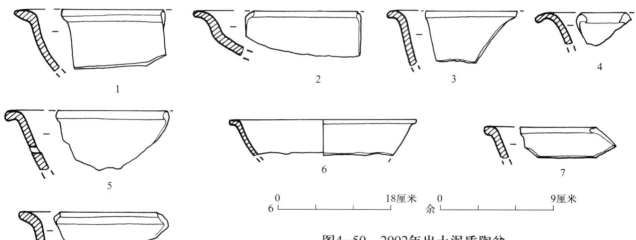

图4-50　2002年出土泥质陶盆

1～3. Ee型 I 式02H44∶42、02H44∶52、02H46∶3　　4～8. Ee型 II 式02H7∶29、
02H36∶34、02T1北扩⑨∶1、02T18④∶1、02T4④∶6

10. 甑

1 件。

标本 02H44 ∶ 39，泥质磨光黑皮陶。薄胎，底部有多个圆形穿孔。底径 12.0、孔径 2.2、残高 2.0 厘米（图 4-51，6）。

11. 带嘴锅

A 型 I 式　2 件。敛口较甚，圆唇或尖圆唇。

标本 02H1 ∶ 5，泥质灰陶。圆唇，腹部饰附加泥条按捺纹及交错细绳纹。残高 9.0 厘米（图 4-51，1；彩版八五，3、4）。

A 型 II 式　3 件。口微敛，圆唇或方圆唇。

标本 02T18 ⑤ ∶ 14，泥质灰陶。方唇。腹部饰斜向细绳纹。口径 36.0、残高 4.4 厘米（图 4-51，2）。

标本 02H9 ∶ 6，泥质灰陶。方唇。残高 3.6 厘米（图 4-51，3）。

C 型　4 件。直口，弧腹略折。

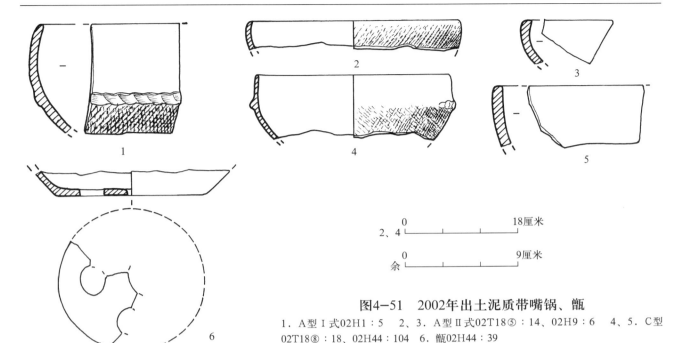

图4-51　2002年出土泥质带嘴锅、甑

1. A型Ⅰ式02H1：5　　2、3. A型Ⅱ式02T18⑤：14、02H9：6　　4、5. C型
02T18⑧：18、02H44：104　6. 甑02H44：39

标本02T18⑧：18，泥质灰陶。直口，尖圆唇。腹部饰鸡冠状双錾，下腹饰交错细绳纹。口径31.2、残高10.8厘米（图4-51，4；彩版八五，5）。

标本02H44：104，泥质灰陶。方唇。残高5.0厘米（图4-51，5）

12. 碗

分两型。

Aa型Ⅰ式　58件。侈口，尖圆唇，弧腹，多为泥质橙黄色和砖红色。

标本02T13④：7，口径15.0、残高3.0厘米（图4-52，1）。

标本02T26⑧：3，口径14.0、残高3.2厘米（图4-52，2）。

标本02H36：54，口径15.0、底径5.6、通高4.8厘米（图4-52，4）。

标本02T2②：3，口径16.2、底径6.6、通高4.4厘米（图4-52，5）。

标本02T18⑥：1，口径16.4、残高5.0厘米（图4-52，3）。

标本02T7④：6，口径13.6、残高4.0厘米（图4-52，6）。

标本02T26⑧：2，口径15.0、残高4.8厘米（图4-52，7）。

标本02H22：5，口径14.0、残高3.8厘米（图4-52，8）。

标本02T7③：1，口径13.4、残高3.2厘米（图4-52，9）。

标本02T18④：4，口径13.0、残高3.4厘米（图4-52，10）。

标本02H29：3，口径10.0、底径3.0、通高3.4厘米（图4-52，11；彩版八五，6）。

标本02H36：10，口径14.0、残高4.0厘米（图4-52，12）。

标本02T19⑩：1，口径14.0、残高4.0厘米（图4-52，13）。

标本02H32：33，口径14.0、残高4.4厘米（图4-52，14）。

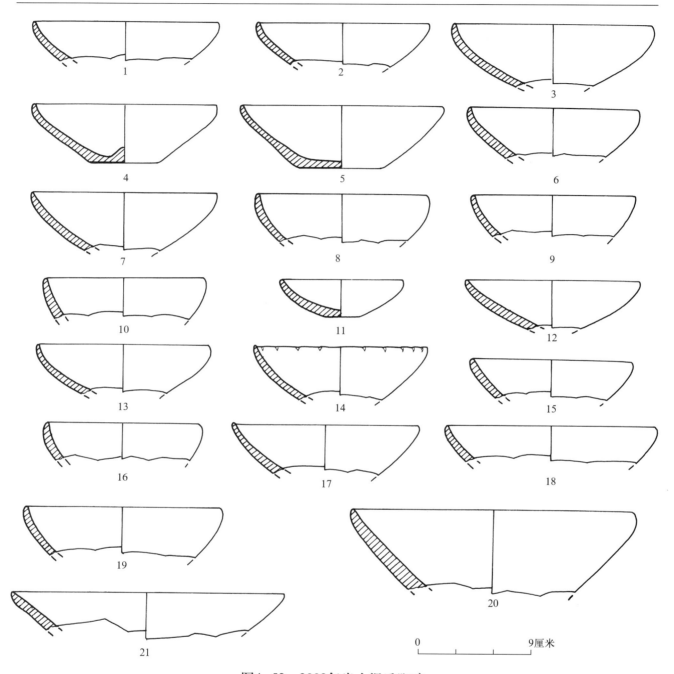

图4-52　2002年出土泥质陶碗

1～21．Aa型Ⅰ式02T13④：7、02T26⑧：3、02T18⑥：1、02H36：54、02T2②：3、02T7④：6、02T26⑧：2、02H22：5、02T7③：1、02T18④：4、02H29：3、02H36：10、02T19⑩：1、02H32：33、02H19：2、02T18⑨：19、02H27：13、02H25：42、02T1⑧：8、02H38：34、02H38：58

标本02H19：2，口径13.2、残高3.2厘米（图4-52，15）。

标本02T18⑨：19，口径12.6、残高3.2厘米（图4-52，16）。

标本02H27：13，口径15.0、残高4.0厘米（图4-52，17）。

标本02H25：42，口径17.0、残高3.0厘米（图4-52，18）。

标本02T1⑧：8，口径16.0、残高4.0厘米（图4-52，19）。

标本 02H38 ： 34，口径 22.0、残高 7.0 厘米（图 4-52，20）。

标本 02H38 ： 58，口径 22.0、残高 3.6 厘米（图 4-52，21）。

标本 02T8 ④ ： 16，泥质红陶。口径 14.8、底径 6.2、通高 4.2 厘米（彩版八九，2）。

标本 02T8 ④ ： 116，泥质红陶。口径 14.6、底径 5.8、通高 4.0 厘米（彩版八九，3）。

Aa 型 Ⅱ式　32 件。侈口外敞，尖圆唇，呈双腹状。

标本 02H44 ： 66，口径 13.6、底径 4.6、通高 4.0 厘米（图 4-53，1）。

标本 02H20 ： 7，口径 13.6、底径 5.0、通高 4.8 厘米（图 4-53，2）。

标本 02T28 ⑤ ： 1，口径 14.0、残高 4.0 厘米（图 4-53，3）。

标本 02T19 ⑧ ： 2，口径 15.0、残高 4.0 厘米（图 4-53，4）。

标本 02T4 ④ ： 5，口径 14.0、残高 3.6 厘米（图 4-53，5）。

标本 02H44 ： 63，口径 14.0、底径 4.2、通高 4.0 厘米（图 4-53，6；彩版八六，1）。

标本 02H36 ： 56，口径 14.0、底径 4.8、通高 4.0 厘米（图 4-53，7；彩版八六，2）。

标本 02T28 ⑤ ： 3，口径 13.0、残高 3.0 厘米（图 4-53，8）。

标本 02H36 ： 11，口径 14.0、残高 4.0 厘米（图 4-53，9）。

标本 02T8 ④ ： 17，口径 12.6、残高 3.8 厘米（图 4-53，10）。

标本 02T4 ④ ： 3，口径 16.0、残高 3.6 厘米（图 4-53，11）。

标本 02H44 ： 65，口径 14.0、底径 3.8、通高 4.4 厘米（图 4-53，12；彩版八六，3）。

Ab 型 Ⅰ式　3 件。敛口，圆唇或尖圆唇，弧腹。

标本 02H38 ： 12，口径 20.0、底径 8.2、通高 6.2 厘米（图 4-53，13；彩版八六，4）。

Ac 型　9 件。敞口，斜腹。

标本 02H27 ： 3，口径 12.6、底径 5.0、通高 4.8 厘米（图 4-53，14；彩版八六，5）。

标本 02 采 ： 43，口径 10.4、底径 5.0、通高 4.4 厘米（图 4-53，15；彩版八六，6）。

标本 02H44 ： 15，方唇。口径 14.0、底径 5.4、通高 4.2 厘米（图 4-53，16）。

标本 02H40 ： 5，口径 12.0、底径 4.8、通高 4.4 厘米（图 4-53，17；彩版八七，1）。

标本 02H38 ： 3，口径 12.6、底径 3.8、通高 4.4 厘米（图 4-53，18；彩版八七，2）。

标本 02H21 ： 2，口径 15.4、底径 7.0、通高 4.8 厘米（图 4-53，19）。

Ad 型　33 件。基本为泥质红陶。直口，尖圆唇。

标本 02H44 ： 13，口径 14.6、底径 5.8、通高 4.2 厘米（图 4-53，20）。

标本 02H23 ： 15，口径 18.0、残高 3.4 厘米（图 4-53，22）。

标本 02H28 ： 15，口径 17.0、底径 7.0、通高 5.2 厘米（图 4-53，23；彩版八七，3）。

标本 02T1 ⑩ ： 2，口径 14.0、残高 3.6 厘米（图 4-53，21）。

标本 02T11 ④ ： 10，口径 13.6、残高 2.8 厘米（图 4-54，1）。

标本 02H20 ： 10，口径 14.6、底径 5.0、通高 5.2 厘米（图 4-54，2；彩版八七，4）。

标本 02H29 ： 7，口径 14.8、底径 4.4、通高 4.4 厘米（图 4-54，3）。

标本 02H20 ： 13，口径 15.6、底径 7.0、通高 5.8 厘米（图 4-54，4）。

标本 02H6 ： 6，口径 15.0、底径 6.8、通高 6.0 厘米（图 4-54，5）。

标本 02T1 ⑥ ： 15，口径 14.4、残高 3.6 厘米（图 4-54，7）。

标本 02H32 ： 24，口径 14.2、残高 4.0 厘米（图 4-54，8）。

标本 02T19 ⑨ ： 3，口径 15.0、残高 4.0 厘米（图 4-54，9）。

标本 02H32 ： 3，口径 12.0、残高 4.0 厘米（图 4-54，6）。

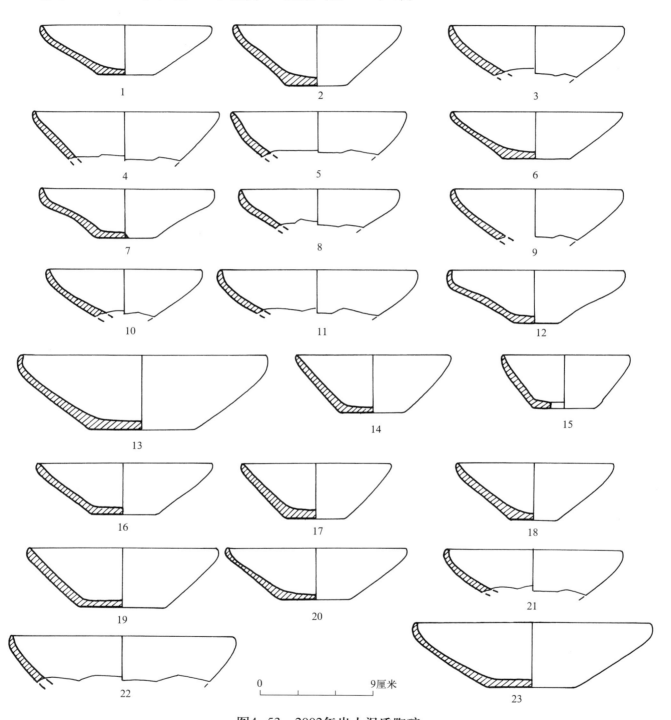

图4-53 2002年出土泥质陶碗

1~12. Aa型Ⅱ式02H44：66、02H20：7、02T28⑤：1、02T19⑧：2、02T4④：5、02H44：63、02H36：56、02T28⑤：3、02H36：11、02T8④：17、02T4④：3、02H44：65 13. Ab型Ⅰ式02H38：12 14~19. Ac型02H27：3、02采：43、02H44：15、02H40：5、02H38：3、02H21：2 20~23. Ad型02H44：13、02T1⑩：2、02H23：15、02H28：15

标本02H36：14，口径12.6、底径3.6、通高4.6厘米（图4-54，10）。

Ba型Ⅰ式　32件。侈口，尖圆唇，深弧腹。

标本02T1④：2，口径14.0、底径6.4、通高5.6厘米（图4-54，11）。

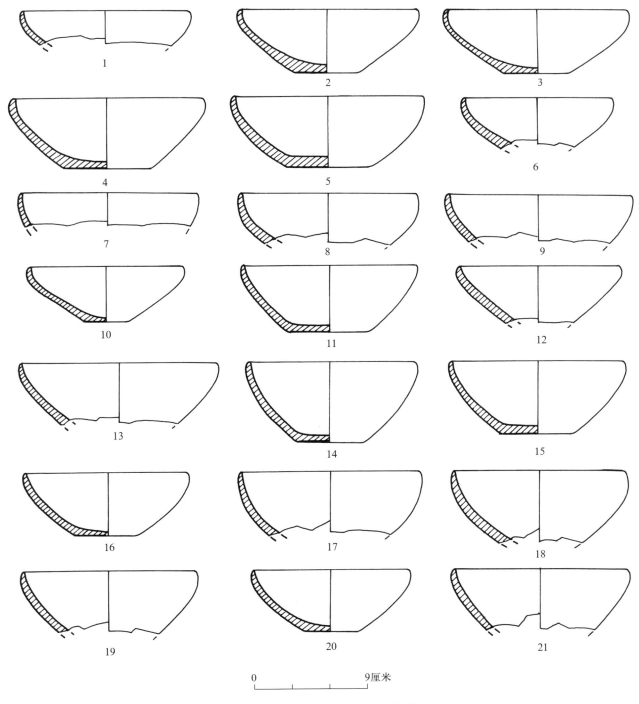

图4-54　2002年出土泥质陶碗

1～10．Ad型02T11④：10、02H20：10、02H29：7、02H20：13、02H6：6、02H32：3、02T1⑥：15、02H32：24、02H19⑨：3、02H36：14　11～21．Ba型Ⅰ式02T1④：2、02H44：48、02T28④：1、02H29：1、02H29：23、02H44：64、02H20：5、02H12：2、02H12：22、02H44：14、02H9：3

标本 02H44：48，口径 13.0、残高 4.6 厘米（图 4-54，12）。

标本 02T28 ④：1，口径 16.0、残高 4.8 厘米（图 4-54，13）。

标本 02H29：1，口径 13.6、底径 5.0、通高 6.4 厘米（图 4-54，14；彩版八七，5）。

标本 02H29：23，口径 14.0、底径 6.2、通高 6.0 厘米（图 4-54，15；彩版八七，6）。

标本 02H44：64，口径 13.6、底径 5.0、通高 5.2 厘米（图 4-54，16）。

标本 02H20：5，口径 14.4、残高 5.2 厘米（图 4-54，17）。

标本 02H12：2，口径 14.4、残高 5.8 厘米（图 4-54，18）。

标本 02H12：22，口径 15.0、残高 5.0 厘米（图 4-54，19）。

标本 02H44：14，口径 12.6、底径 4.2、通高 5.2 厘米（图 4-54，20）。

标本 02H9：3，口径 14.2、残高 5.0 厘米（图 4-54，21）。

标本 02H30：9，口径 14.4、残高 5.0 厘米（图 4-55，1）。

标本 02T1 ⑨：5，口径 15.0、残高 4.4 厘米（图 4-55，2）。

Ba 型 II 式　6 件。侈口外敞，尖圆唇，呈双腹状。

标本 02H28：12，口径 14.0、底径 4.0、通高 5.4 厘米（图 4-55，3）。

标本 02H40：24，口径 14.0、底径 6.8、通高 5.2 厘米（图 4-55，4）。

Bb 型　6 件。敛口。

标本 02H30：1，口径 14.2、底径 5.2、通高 6.0 厘米（图 4-55，5）。

标本 02H40：1，口径 15.6、底径 6.6、通高 6.4 厘米（图 4-55，6）。

标本 02H37：5，口径 14.4、残高 4.4 厘米（图 4-55，7）。

标本 02T1 ③：15，泥质红陶。口径 14.4、底径 5.2、通高 5.8 厘米（彩版八九，1）。

Bc 型　5 件。敞口，斜腹。

标本 02H20：20，口径 12.6、底径 4.4、通高 6.0 厘米（图 4-55，8）。

标本 02H16 ②：2，口径 13.0、底径 5.4、通高 5.6 厘米（图 4-55，9）。

标本 02T9 ④：1，口径 13.8、残高 6.0 厘米（图 4-55，10）。

Bd 型　37 件。直口，折腹。

标本 02H32：23，口径 14.4、底径 5.6、通高 5.8 厘米（图 4-55，11；彩版八八，1）。

标本 02H17：8，口径 14.4、底径 4.4、通高 7.2 厘米（图 4-55，12）。

标本 02H32：1，口径 14.6、底径 7.0、通高 6.0 厘米（图 4-55，13；彩版八八，3）。

标本 02H29：2，口径 16.6、底径 6.6、通高 6.2 厘米（图 4-55，14）。

标本 02H38：16，口径 13.6、残高 5.2 厘米（图 4-55，15）。

标本 02H15：1，口径 14.6、底径 5.0、通高 6.0 厘米（图 4-55，16；彩版八八，2）。

标本 02T13 ④：1，口径 12.8、高 6.0 厘米（图 4-55，17）。

标本 02H30：3，口径 14.0、底径 5.6、通高 5.8 厘米（图 4-55，18；彩版八一，6、7）。

标本 02H9：7，口径 13.0、底径 5.6、通高 5.6 厘米（图 4-56，1；彩版八八，4）。

标本 02H44：9，口径 14.0、底径 6.2、通高 5.4 厘米（图 4-56，2）。

标本 02H44：106，口径 13.4、底径 4.8、通高 4.8 厘米（图 4-56，3；彩版八八，5）。

标本 02T13 ③：3，口径 14.0、残高 4.6 厘米（图 4-56，4）。

标本 02H16 ② ：1，口径 13.6、底径 4.6、通高 5.4 厘米（图 4-56，5；彩版八八，6）。

标本 02 采 ：49，口径 13.8、底径 5.2、通高 6.0 厘米（图 4-56，6）。

标本 02H29 ：17，口径 17.0、残高 4.6 厘米（图 4-56，7）。

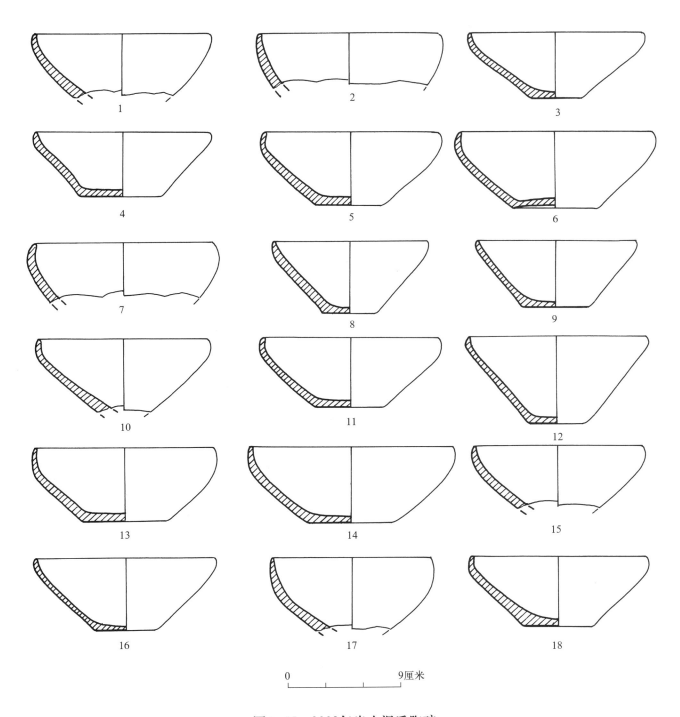

0　　　　　　　9厘米

图4-55　2002年出土泥质陶碗

1～2．Ba型Ⅰ式02H30：9、02T1⑨：5　　3、4．Ba型Ⅱ式02H28：12、02H40：24　　5～7．Bb型02H30：1、02H40：1、02H37：5
8～10．Bc型02H20：20、02H16②：2、02T9④：1　　11～18．Bd型02H32：23、02H17：8、02H32：1、02H29：2、02H38：16、
02H15：1、02T13④：1、02H30：3

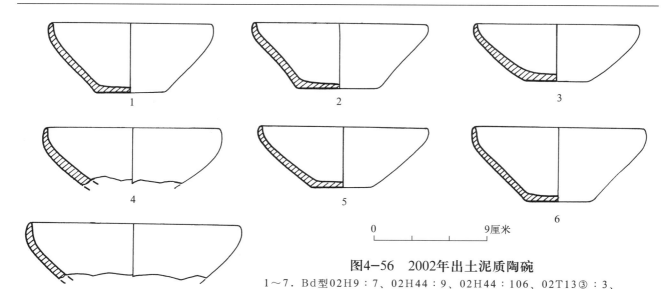

图4-56　2002年出土泥质陶碗

1～7.Bd型02H9∶7、02H44∶9、02H44∶106、02T13③∶3、
02H16②∶1、02采∶49、02H29∶17

13. 杯

Aa型　1件。

标本02H49∶1，泥质黄褐陶。底径3.3、残高4.5厘米（图4-57，1；彩版八九，4）。

B型　3件。直口，圆底。

标本02H19∶1，泥质灰黄陶。圆唇，用手捏制。口径2.5、通高2.2厘米（图4-57，2；彩版八九，5、6）。

标本02H8∶103，泥质黄褐陶。方唇，用手捏制。口径3.9、通高2.1厘米（图4-57，3）。

标本02H30∶41，泥质黄褐陶。圆唇，腹较深。口径3.0、通高5.0厘米（图4-57，4）。

C型　8件。

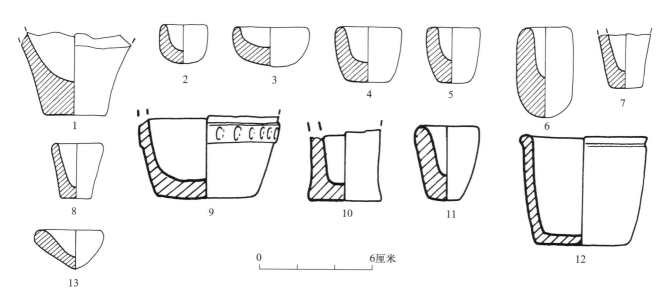

图4-57　2002年出土泥质陶杯

1.Aa型02H49∶1　2～4.B型02H19∶1、02H8∶103、02H30∶41　5～12.C型02H33∶9、02T9④∶4、02H44∶634、02H44∶14、02H3∶3、02T4④∶1、02H43∶254、02H36∶55　13.D型02T4③∶5

标本02H33：9，泥质灰陶。圆唇。口径3.5、底径2.5、通高3.1厘米（图4-57，5；彩版八九，7）。

标本02T9④：4，泥质灰黄陶。方唇。口径2.8、底径1.7、通高3.0厘米（图4-57，6）。

标本02H44：634，底径1.6、残高3.0厘米（图4-57，7）。

标本02H44：14，泥质灰陶。圆唇。口径2.8、底径1.4、高3.0厘米（图4-57，8）。

标本02H3：3，泥质灰陶。腹部饰附加堆纹一周。底径2.6、残高2.1厘米（图4-57，9）。

标本02T4④：1，泥质褐陶。直壁，深腹，平底。底径4.0、残高4.0厘米（图4-57，10）。

标本02H43：254，泥质褐陶。圆唇，小平底。口径3.4、底径1.6、高4.0厘米（图4-57，11）。

标本02H36：55，泥质灰陶。方唇。口径3.4、底径2.5、通高3.0厘米（图4-57，12；彩版八九，8）。

D型 1件。尖底。

标本02T4③：5，泥质褐陶。敞口，尖底。口径3.2、高2.1厘米（图4-57，13）。

14．陶环

4件。

标本02H44：81，泥质黄褐陶。环面外凸并有刻划缺槽。外径9.2、内径6.4、高1.8厘米（图4-58，1）。

标本02T18⑦：22，泥质黑陶。高2.0厘米（图4-58，2）。

标本02H4：4，泥质灰陶。断面略呈半圆形，表面磨光。高4.0、厚1.9厘米（图4-58，3）。

15．陶镯

4件。

标本02H44：70，泥质褐陶。表面磨光，环面内凹。外径6.3、内径5.3、高2.1厘米（图4-58，4）。

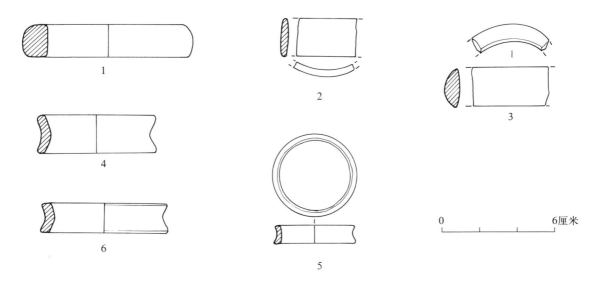

图4-58 2002年出土泥质陶环、陶镯

1～3．陶环02H44：81、02T18⑦：22、02H4：4 4～6．陶镯02H44：70、02H44：71、02H44：72

标本 02H44 ∶ 71，泥质褐陶。表面磨光，环面内凹。外径 4.5、内径 3.9、高 0.95 厘米（图 4-58，5）。

标本 02H44 ∶ 72，泥质褐陶。表面磨光，环面内凹。外径 7.8、内径 6.8、高 1.6 厘米（图 4-58，6）。

16．陶塑人面像

2 件。

标本 02H7 ∶ 5，似为一陶容器肩部的装饰，夹砂灰陶。火候较高，略残，高鼻，弧形宽耳，两耳、鼻及下颌系捏塑而成，双目、双鼻孔及嘴部系刻划而成，造型生动、传神。残宽 8.9、残高 6.5 厘米（图 4-59，1；彩版九○，1）。

标本 02H44 ∶ 67，泥质褐陶。头顶磨平，仅戳印出双目及嘴。残高 4.0、头宽 3.5 厘米（图 4-59，2；彩版九○，2、3）。

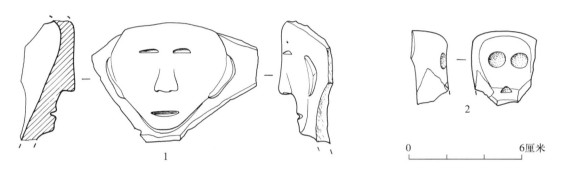

图4-59　2002年出土泥质陶塑人面像
1、2. 02H7∶5、02H44∶67

17．泥塑陶件

6 件。

标本 02H44 ∶ 814、815、818 ～ 820，均为泥质灰褐或黄褐陶。呈长条形，功能不明（彩版九○，4、5）。

标本 02H44 ∶ 69，泥质红褐陶。呈竹节状，中部有一穿孔（彩版九○，6）。

18．陶臼

3 件。

标本 02F2 ∶ 27，泥质黄褐陶。捏制而成，口径 4.2、底径 3.8、高 2.4 厘米（彩版九一，1、2）。

标本 02G2 ∶ 3，泥质红陶。口径 4.3、底径 3.6、高 2.5 厘米（彩版九一，3）。

标本 02 采 ∶ 45，泥质红陶。口径 4.8、底径 4.2、高 2.7 厘米（彩版九一，4）。

19．饼形器

1 件。

标本 02H44 ∶ 238，泥质灰陶。直径 6.2、厚 0.4 厘米（彩版九一，5、6）。

20．纺轮

A 型 6 件。扁平圆形。

标本 02H25：189，泥质灰陶。表面饰细绳纹，双向钻孔。直径 5.0、孔径 0.6～0.8、厚 1.5 厘米（图 4-60，1）。

标本 02H44：632，器坯，泥质灰陶。表面饰细绳纹。直径 8.4、厚 0.7 厘米（图 4-60，2；彩版九二，1、2）。

标本 02H24：2，泥质灰陶。表面饰细绳纹，双向钻孔。直径 5.1、孔径 0.6～1.0、厚 0.9 厘米（图 4-60，3；彩版九二，3、4）。

标本 02H41：19，泥质灰陶。双向钻孔。直径 5.5、孔径 1～1.1、厚 1.4 厘米（图 4-60，4；彩版九二，5）。

标本 02H44：38，泥质灰陶。表面饰细绳纹，双向钻孔。直径 8.3、孔径 2.8、厚 0.9 厘米（图 4-60，5；彩版九二，6）。

标本 02H43：73，器坯，泥质灰陶。表面饰细绳纹。直径 5.6、厚 1.0 厘米（图 4-60，7）。

标本 02T2①：200，泥质黄褐陶，直径 5.2，孔径 0.6 厘米（彩版九二，7、8）。

标本 02T2①：201，泥质灰陶，直径 5.2，孔径 0.8 厘米（彩版九三，1）。

标本 02T2①：202，泥质灰陶，直径 5.2，孔径 0.8 厘米（彩版九三，2）

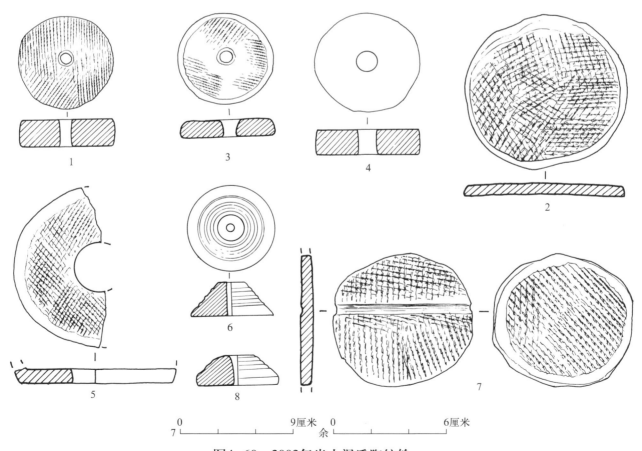

图4-60 2002年出土泥质陶纺轮

1～5、7．A型02H25：189、02H44：632、02H24：2、02H41：19、02H44：38、02H43：73 6、8．B型02T19②：12、02T8④：4

B 型　2 件。鼓形，呈螺旋状。

标本 02T19 ②：12，泥质褐陶。螺旋状，表面有三周突棱。底径 4.3、顶径 1.4、高 1.8 厘米（图 4-60，6）。

标本 02T8 ④：4，泥质褐陶。中穿孔，顶径 3.2、孔径 0.4、底径 4.0、高 1.7 厘米（图 4-60，8）。

21．器盖

2 件。

标本 02H44：91，泥质灰黄陶。呈覆碗状。直径 15.0、残高 2.0 厘米（图 4-61，1）。

标本 02H3：2，泥质灰陶。残高 2.0 厘米（图 4-61，2）。

22．陶刀

2 件。

标本 02H38：152，泥质灰陶。直刃，中锋，刃部可见清楚磨痕和使用崩损痕。残长 7.5、宽 7.2、厚 0.8 厘米（图 4-61，3）。

标本 02H38：147，泥质灰陶。直刃，偏锋。残长 6.6、宽 4.8、厚 0.9 厘米（图 4-61，4）。

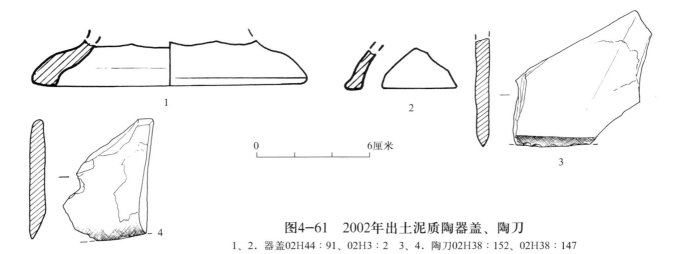

0 _____ 6厘米

图4-61　2002年出土泥质陶器盖、陶刀

1、2. 器盖02H44：91、02H3：2　3、4. 陶刀02H38：152、02H38：147

23．陶球

A 型　27 件。实心，直径小于 3.0 厘米。

标本 02H12：10，泥质褐陶。直径 2.4 厘米（图 4-62，1）。

标本 02T19 ⑩：3，泥质褐陶。表面磨光。直径 2.8 厘米（图 4-62，2）。

标本 02H39：1，泥质褐陶。表面磨光。直径 2.4 厘米（图 4-62，3）。

标本 02H30：30，泥质黄褐陶。表面磨光。直径 3.0 厘米（图 4-62，4）。

标本 02H38：1，泥质黄褐陶。直径 2.5 厘米（图 4-62，5）。

标本 02H12：21，泥质褐陶。表面布满锥刺纹。直径 3.1 厘米（图 4-62，6）。

标本 02H16 ②：21，泥质褐陶。直径 6.0 厘米（图 4-62，7；彩版九三，3）。

标本 02H30：31，泥质黄褐陶。表面磨光。直径 2.6 厘米（图 4-62，8）。

标本02H30：29，泥质黄褐陶。直径3.0厘米（图4-62，9）。

标本02H44：630，泥质褐陶。表面磨光。直径3.0厘米（图4-62，10；彩版九三，4）。

标本02H21：5，泥质黄褐陶。直径2.4厘米（图4-62，11；彩版九三，5）。

标本02H38：55，泥质黄褐陶。直径1.8厘米（图4-62，12；彩版九三，6）。

标本02H30：88，泥质黄褐陶。直径2.3厘米（图4-62，13）。

标本02H30：28，泥质黄褐陶。直径2.4厘米（图4-62，14）。

标本02H30：32，泥质黄褐陶。直径1.8厘米（图4-62，15）。

B型 11件。实心，直径3.0～5.0厘米。

标本02H13：25，泥质褐陶。直径3.4厘米（图4-62，16）。

标本02H28：5，泥质褐陶。直径4.0厘米（图4-62，17）。

标本02T13③：10，泥质褐陶。直径3.7厘米（图4-62，18）。

标本02T18④：7，残，泥质褐陶。直径3.6厘米（图4-62，19）。

标本02T26⑥：3，泥质黄褐陶。直径3.2厘米（图4-62，20）。

标本02H8：86，泥质褐陶。直径4.0厘米（图4-62，21）。

标本02H43：304，泥质褐陶。表面饰绳纹。直径7.2厘米（图4-62，22）。

标本02H30：50，泥质黄褐陶。直径3.8厘米（图4-62，23）。

标本02H44：7，泥质灰陶。直径3.8厘米（彩版九三，7）。

标本02T1①：3，泥质黄褐陶。直径3.7厘米（彩版九三，8）。

标本02T1⑦：1，泥质黄褐陶。直径3.5厘米。

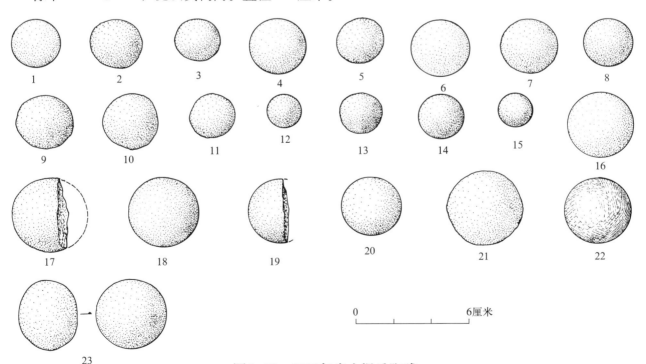

0   6厘米

图4-62 2002年出土泥质陶球

1～15. A型02H12：10、02T19⑩：3、02H39：1、02H30：30、02H38：1、02H12：21、02H16②：21、02H30：31、02H30：29、02H44：630、02H21：5、02H38：55、02H30：88、02H30：28、02H30：32 16～23. B型02H13：25、02H28：5、02T13③：10、02T18④：7、02T26⑥：3、02H8：86、02H43：304、02H30：50

24．器耳

A 型　3 件。桥型，素面。

标本 02H33：14，泥质灰陶。残长 5.2 厘米（图 4-63，1）。

标本 02H7：45，泥质灰陶。残长 5.2 厘米（图 4-63，2）。

B 型　4 件。鸡冠状，半圆形，耳面正中加贴一纵向波浪式细泥条。

标本 02H27：6，泥质灰黄陶。残长 3.8 厘米（图 4-63，3）。

标本 02T13③：6，泥质灰陶。残长 6.8 厘米（图 4-63，4）。

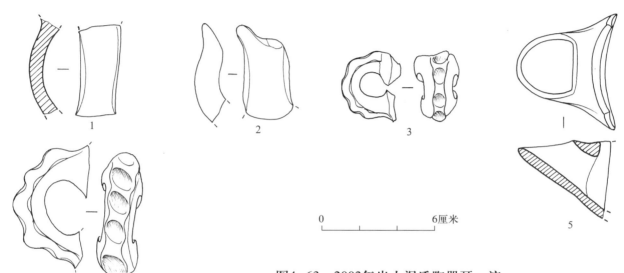

0　　　　　　　　　6厘米

图4-63　2002年出土泥质陶器耳、流

1、2．A型器耳02H33：14、02H7：45　3、4．B型器耳02H27：6、02T13③：6　5．流02H1：1

25．器流

标本 02H1：1，泥质灰陶。管状流。残长 5.0 厘米（图 4-63，5；彩版九四，1、2）。

26．器底

54 件。平底。

标本 02T8④：2，泥质灰陶。下腹饰交错细绳纹。底径 13.4、残高 5.2 厘米（图 4-64，1）。

标本 02H36：33，泥质黄褐陶。底径 13.0、残高 2.2 厘米（图 4-64，3）。

标本 02H36：96，泥质灰陶。底径 12.0、残高 5.2 厘米（图 4-64，4）。

标本 02H27：7，泥质灰陶。腹部饰交错细绳纹及箍带纹。底径 13.6、残高 32.0 厘米（图 4-64，5）。

标本 02H22：4，泥质灰陶。底部饰交错细绳纹。底径 16.0、残高 2.0 厘米（图 4-64，2）。

标本 02H28：1，泥质灰陶。底径 18.8、残高 9.6 厘米（图 4-64，6）。

标本 02H36：39，泥质灰褐陶。假圈足。底径 9.2、残高 8.0 厘米（图 4-64，7；彩版九四，3、4）。

标本 02H32：50，泥质灰陶。底径 9.4、残高 4.2 厘米（图 4-64，8）。

标本 02H26：2，泥质灰陶。下腹饰斜向细绳纹。底径 5.6、残高 2.0 厘米（图 4-65，1）。

标本 02H26：5，泥质灰陶。底径 4.8、残高 2.2 厘米（图 4-65，2）。

标本 02H40：10，泥质灰黄陶。底径 8.2、残高 6.6 厘米（图 4-65，3）。

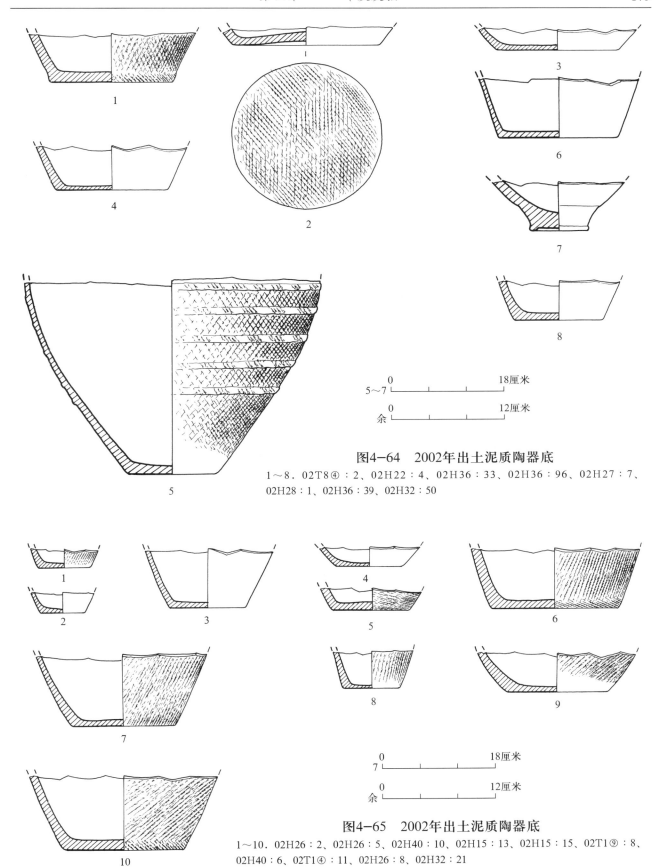

图4-64 2002年出土泥质陶器底

1~8. 02T8④：2、02H22：4、02H36：33、02H36：96、02H27：7、02H28：1、02H36：39、02H32：50

图4-65 2002年出土泥质陶器底

1~10. 02H26：2、02H26：5、02H40：10、02H15：13、02H15：15、02T1⑨：8、02H40：6、02T1④：11、02H26：8、02H32：21

标本02H15：13，泥质灰陶。底径7.0、残高2.2厘米（图4-65，4）。

标本02H15：15，泥质灰陶。下腹饰斜向细绳纹。底径8.0、残高2.8厘米（图4-65，5）。

标本02T1⑨：8，泥质灰陶。下腹饰斜向细绳纹。底径13.6、残高6.4厘米（图4-65，6）。

标本02H40：6，泥质灰陶。下腹饰斜向细绳纹。底径16.5、残高12.0厘米（图4-65，7）。

标本02T1④：11，泥质灰陶。下腹饰斜向细绳纹。底径6.0、残高4厘米（图4-65，8）。

标本02H26：8，泥质灰陶。下腹饰斜向细绳纹。底径10.6、残高4.4厘米（图4-65，9）。

标本02H32：21，泥质灰陶。下腹饰斜向细绳纹。底径13.0、残高8.4厘米（图4-65，10）。

27．圈足

Aa型　2件。呈覆碗状，足根外撇，圈足较矮。

标本02G2：3，泥质灰陶。足径7.4、残高3.2厘米（图4-66，1）。

标本02T1③：8，细泥褐陶。足口外撇，足中腹有一周折棱。足径7.0、底径3.8、残高2.6厘米（图4-66，2）。

Ab型　2件。呈覆碗状，足根外撇，圈足较高。

标本02T4③：3，泥质褐陶。足口外撇。足口径5.0、残高3.6厘米（图4-66，3）。

标本02H44：9，镂孔，泥质磨光黑皮陶。尖唇，足外撇，镂孔部位靠上。足径10.0、残高4.4厘米（图4-66，4）。

B型　1件。足根陡直。

标本02H44：113，泥质褐陶。表面磨光，表面有凹槽，内壁有泥条粘接痕迹。足径5.4、残高3.4厘米（图4-66，5）。

标本02H20：6，泥质红陶。足根较方。足径4.8、残高5.6厘米（彩版九四，5）。

标本02H44：6，泥质黄褐陶。有三角形镂空两个。足径约12.4、残高3.5厘米（彩版九四，6～8）。

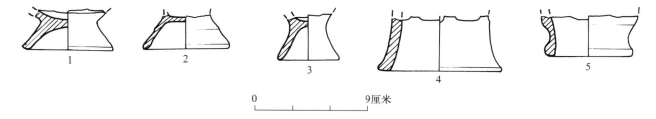

0　　　　　　　9厘米

图4-66　2002年出土泥质陶圈足
1、2．Aa型02G2：3、02T1③：8　3、4．Ab型02T4③：3、02H44：9　5．B型02H44：113

（三）夹砂陶

1．侈口罐

Aa型Ⅰ式　76件。束颈，腹径明显大于口径，弧腹略鼓。

标本02H28：7，夹细砂黑褐陶。折沿，沿面内凹，圆唇。器表饰斜向绳纹，上腹加贴波浪式泥条和小泥饼装饰。口径15.4、残高5.2厘米（图4-67，1）。

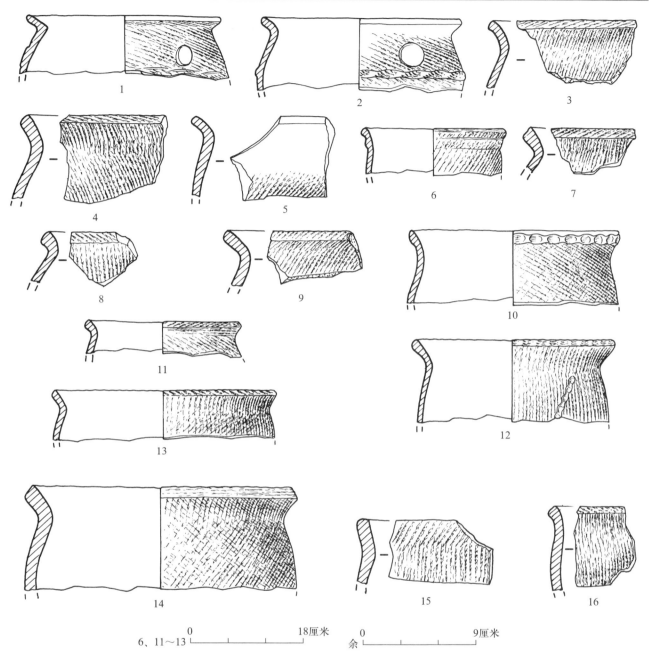

图4-67　2002年出土夹砂陶侈口罐

1～9. Aa型Ⅰ式02H28：7、02H28：100、02H46：52、02H44：147、02H28：4、02H30：16、02H8：78、02H1：11、02H28：9
10～16. Aa型Ⅱ式02H43：99、02T18⑧：77、02H40：26、02H16②：9、02H16①：10、02H20：109、02H44：527

标本 02H28：100，夹细砂黑陶。折沿，体量小，薄壁，圆唇，沿面内凹。器表饰斜绳纹，肩部加贴圆形泥饼，腹部加贴索状细泥条（其上按压绳纹）。口径16.0、残高6.2厘米（图4-67，2）。

标本 02H46：52，夹砂褐陶。卷沿，方唇。唇面饰交错绳纹，腹表饰斜向绳纹。残高5.0厘米（图4-67，3）。

标本 02H44：147，粗砂褐陶。方唇。唇面饰斜向绳纹，腹表饰交错绳纹。残高7.2厘米（图4-67，4）。

标本 02H28：4，夹砂灰陶。腹表饰斜向绳纹。口径 26.0、残高 6.8 厘米（图 4-67，5）。

标本 02H30：16，夹砂褐陶。方唇。唇面压印锯齿状花边，沿下及肩部饰斜向细绳纹。残高 7.2 厘米（图 4-67，6）。

标本 02H8：78，夹砂灰陶。方唇。唇面饰斜向细绳纹，颈部、肩部饰纵向细绳纹。残高 3.6 厘米（图 4-67，7）。

标本 02H1：11，夹砂灰陶。方唇，唇面饰斜向细绳纹，颈部、肩部饰纵向细绳纹。残高 4.2 厘米（图 4-67，8）。

标本 02H28：9，敛口，夹砂褐陶。卷沿，方唇。器表、唇面及沿面饰斜向绳纹。口径 30.0、残高 4.4 厘米（图 4-67，9）。

Aa 型 Ⅱ 式　54 件。口径与腹径基本等大，弧腹。

标本 02H43：99，尖唇，短颈，薄胎。唇外加贴波浪式泥条。口径 17.0、残高 6.2 厘米（图 4-67，10）。

标本 02H40：26，夹砂黑陶。方唇。唇面饰横向绳纹，颈部及器表饰纵向细绳纹，腹部加贴波浪式泥条。口径 34.0、残高 14.0 厘米（图 4-67，12）。

标本 02T18⑧：77，夹砂灰陶。卷沿，方唇加厚，鼓腹。唇面及沿面、颈表及腹表均饰方向相反的斜向绳纹。口径 24.8、残高 5.6 厘米（图 4-67，11）。

标本 02H16②：9，夹砂褐陶。宽沿外卷，沿面内弧，方唇。唇面饰斜向细绳纹，腹表饰纵向细绳纹。口径 36.0、残高 9.2 厘米（图 4-67，13）。

标本 02H16①：10，沿加厚。口径 20.8、残高 8.6 厘米（图 4-67，14）。

标本 02H20：109，夹砂灰褐陶。方唇。沿下饰斜向细绳纹，肩部饰纵向细绳纹。残高 5.0 厘米（图 4-67，15）。

标本 02H44：527，腹表饰纵向绳纹。残高 6.6 厘米（图 4-67，16）。

标本 02H16②：14，颈部加贴波浪式泥条附加堆纹。口径 29.0、残高 8.8 厘米（图 4-68，1）。

标本 02H12：40，夹砂黄褐陶。圆唇。唇面、沿下饰斜向细绳纹，肩部饰交错细绳纹。残高 5.2 厘米（图 4-68，2）。

标本 02H20：16，夹砂灰陶。方唇。唇面、颈部、肩部饰斜向细绳纹，颈部另饰附加泥条按捺纹一周。残高 6.4 厘米（图 4-68，3）。

标本 02H16②：10，夹砂黄褐陶。饰交错绳纹，残高 4.5 厘米（彩版九五，5）。

Aa 型 Ⅲ 式　13 件。侈口外敞，口径大于腹径。

标本 02H36：48，夹砂灰陶。方唇。唇面饰横向细绳纹，沿下及肩部饰斜向细绳纹。残高 4.8 厘米（图 4-68，4）。

标本 02H8：87，夹砂灰褐陶。方圆唇。唇面饰斜向细绳纹，颈部、肩部饰交错细绳纹。残高 5.0 厘米（图 4-68，5）。

标本 02 采：93，夹砂黄褐陶。周身饰交错绳纹，腹部加饰附加堆纹一周。口径 32.0、底径 18.4、通高 54.6 厘米（彩版九五，6）。

Ab 型 Ⅰ 式　21 件。束颈，腹略鼓。

标本 02H16①：16，夹砂褐陶。方唇，沿面内弧。口径 27.0、残高 6.8 厘米（图 4-68，6）。

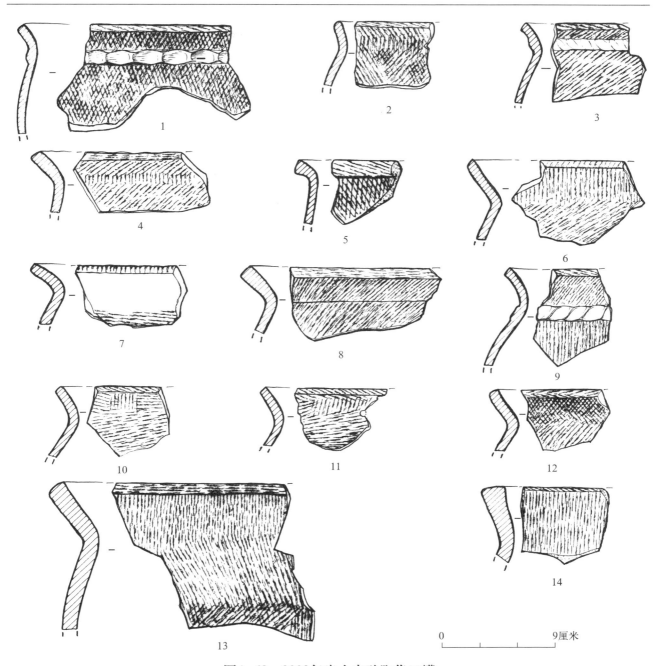

图4-68　2002年出土夹砂陶侈口罐

1~3. Aa型Ⅱ式02H16②：14、02H12：40、02H20：16　4、5. Aa型Ⅲ式02H36：48、02H8：87　6~12. Ab型Ⅰ式02H16①：16、02H20：18、02T17④：1、02H16②：18、02H30：19、02H30：18、02H28：20　13、14. Ab型Ⅱ式02H44：20、02H44：148

标本 02H20：18，夹砂褐陶。方唇。唇面饰纵向细绳纹，腹部饰斜向细绳纹。残高 4.8 厘米（图4-68，7）。

标本 02T17④：11，夹砂褐陶。方唇。唇面饰横向细绳纹，颈部、肩部饰斜向细绳纹。残高 6.0 厘米（图4-68，8）。

标本 02H16②：18，夹砂褐陶。方唇。上腹加贴波浪式泥条附加堆纹（其上又印绳纹）。口径 31.0、残高 8.0 厘米（图4-68，9）。

标本02H30：19，夹砂褐陶。方唇。唇面饰斜向细绳纹，颈部、肩部饰斜向细绳纹。残高5.8厘米（图4-68，10）。

标本02H30：18，夹砂褐陶。方唇。唇面饰斜向细绳纹，颈部、肩部饰斜向细绳纹。残高5.0厘米（图4-68，11）。

标本02H28：20，夹粗砂黑褐陶。宽沿外卷，方唇。沿面内凹，唇面饰斜向绳纹，腹表饰交错绳纹。口径38.0、残高5.0厘米（图4-68，12）。

Ab型Ⅱ式　22件。弧腹。

标本02H44：20，宽沿内弧。唇面饰横向细绳纹，器表饰纵向细绳纹。口径40.0、残高12.8厘米（图4-68，13）。

标本02H44：148，夹砂褐陶。方唇。唇面压印交错细绳纹，器表饰纵向绳纹。残高6.4厘米（图4-68，14）。

标本02H44：549，夹砂灰陶。方唇。唇面饰斜向细绳纹，颈部、肩部饰纵向细绳纹。残高6.0厘米（图4-69，1）。

标本02H37：8，夹砂褐陶。方唇。唇面压印交错细绳纹，器表饰纵向绳纹。残高5.0厘米（图4-69，2）。

标本02H16②：11，唇加厚，中腹加贴索状泥条附加堆纹（其上又印绳纹）。口径15.5、最大腹径16.2、残高11.6厘米（图4-69，3；彩版九五，1）。

标本02H36：46，夹砂褐陶。方唇。唇面压印横向细绳纹，沿下饰斜向细绳纹。残高6.4厘米（图4-69，4）。

标本02H15：11，夹砂红陶。宽沿外卷，鼓腹，沿面内凹。口径25.0、残高5.2厘米（图4-69，5）。

标本02H22：7，夹砂褐陶。方唇。唇面饰斜向绳纹，器表饰纵向绳纹。残高4.2厘米（图4-69，6）。

Ab型Ⅲ式　2件。弧腹较直。

标本02H36：43，夹砂褐陶。方唇。唇面压印横向细绳纹，沿下饰斜向细绳纹。残高6.4厘米（图4-69，7）。

标本02T1⑥北扩方：5，上腹加贴波浪式泥条附加堆纹（其上又印绳纹）。残高6.0厘米（图4-69，8）。

标本02T23③：29，夹砂褐陶。方唇。唇面饰斜向细绳纹，沿下饰纵向细绳纹，颈部饰附加堆纹一周。残高7.2厘米（图4-69，9）。

Ba型Ⅰ式　63件。束颈、弧腹略鼓，腹部最大径在肩腹交接处。

标本02H38：56，夹砂灰陶。方唇。唇面饰斜向细绳纹，通身饰交错细绳纹，颈部、腹部饰三周附加堆纹。口径18.4、残高11.0厘米（图4-69，10；彩版九五，2）。

标本02H44：12，夹砂黄褐陶。尖圆唇。腹部饰纵向细绳纹。残高5.6厘米（图4-69，11）。

标本02H16②：13，夹砂黑褐陶。圆唇，卷沿并用泥片加厚，鼓腹。唇面及外沿面饰斜向绳纹，器表饰纵向绳纹。口径28.8、残高8.0厘米（图4-69，12）。

标本02H20：34，夹砂灰陶。方唇。唇面、颈部饰斜向细绳纹，颈部另饰附加堆纹一周。残高6.0厘米（图4-69，14）。

图4-69 2002年出土夹砂陶侈口罐

1~6. Ab型Ⅱ式02H44：549、02H37：8、02H16②：11、02H36：46、02H15：11、02H22：7 7~9. Ab型Ⅲ式02H36：43、02T1⑥北扩方：5、02T23③：29 10~12、14、15. Ba型Ⅰ式02H38：56、02H44：12、02H16②：13、02H20：34、02H44：962 13. Ba型Ⅱ式02T1③：4

标本 02H44：962，夹砂褐陶。方唇。唇面饰斜向绳纹，颈部加贴泥条，腹表饰斜向绳纹。口径 26.4、残高 8.8 厘米（图 4-69，15）。

标本 02H36：51，夹砂灰陶。方唇。唇面饰横向细绳纹，颈部饰斜向细绳纹，肩部饰纵向细绳纹。残高 5.4 厘米（图 4-70，1）。

标本 02H32：16，夹砂灰陶。颈部加贴波浪式泥条。口径 23.0、残高 4.4 厘米（图 4-70，2）。

标本 02H44：859，褐陶。圆唇。唇面压印交错绳纹，器表饰纵向绳纹。残高 4.0 厘米（图 4-70，3）。

标本 02H29：22，夹砂褐陶。方唇。唇面饰横向细绳纹，颈部饰纵向细绳纹及附加堆纹一周，肩部饰斜向细绳纹。残高 7.0 厘米（图 4-70，4）。

标本 02H7：1，夹砂灰陶。方唇。唇面饰横向细绳纹，颈部、肩部饰交错细绳纹，颈部另饰附加堆纹一周。残高 7.2 厘米（图 4-70，5）。

Ba 型Ⅱ式　48 件。弧腹，腹部最大径下移至腹中部。

标本 02H30：2，夹砂灰陶。方唇。通身饰纵向细绳纹。口径 20.0、底径 11.0、通高 24.5 厘米（图 4-70，6；彩版九五，3）。

标本 02T20⑤：1，夹砂灰褐陶。方唇。颈部、腹部饰二周附加堆纹，腹部另贴饰斜向波浪状泥条附加堆纹，通身饰斜向细绳纹。口径 30.0、底径 14.0、通高 34.0 厘米（图 4-70，8；彩版九五，4）。

标本 02T1③：4，夹砂褐陶。方唇。唇面、通身饰斜向细绳纹，腹部饰附加堆纹一周，肩部饰双鋬一对。口径 16.0、底径 12.0、通高 20.0 厘米（图 4-69，13）。

标本 02T9④：9，夹砂褐陶。方唇。唇面饰斜向细绳纹，肩部饰交错细绳纹。口径 36.0、残高 6.0 厘米（图 4-70，7）。

标本 02H30：17，夹砂褐陶。方唇。唇面饰横向细绳纹。颈部、肩部饰纵向细绳纹。残高 8.0 厘米（图 4-70，9）。

标本 02H44：28，褐陶。方唇加贴波浪式泥条，腹表饰交错绳纹，唇面饰斜向细绳纹。口径 28.8、残高 10.8 厘米（图 4-70，10）。

标本 02H12：7，夹砂灰陶。器表饰斜向及纵向绳纹，并加贴斜向及横向波浪式泥条附加堆纹。口径 23.0、残高 6.0 厘米（图 4-70，11）。

Ba 型Ⅲ式　17 件。垂腹。

标本 02H6：9，夹砂褐陶。方唇，薄胎。唇面饰斜向细绳纹，器表饰交错细绳纹构成的菱格状装饰，并加塑多道间隔等距的平行的索状细泥条附加堆纹。口径 15.0、残高 14.6 厘米（图 4-70，12）。

标本 02H16②：17，直腹，夹砂灰陶。圆唇，卷沿，溜肩。唇面饰横向绳纹，器表饰交错绳纹。口径 25.0、残高 6.2 厘米（图 4-70，13）。

标本 02H26：6，夹砂褐陶。方唇。唇面、通身饰纵向细绳纹，颈部饰附加堆纹一周，腹部贴饰斜向泥条数根。口径 17.0、残高 6.0 厘米（图 4-70，14）。

标本 02H25：9，夹砂褐陶。方唇。颈部饰二周附加堆纹，通身饰斜向细绳纹。残高 6.0 厘米（图 4-70，15）。

Bb 型Ⅰ式　15 件。束颈、弧腹略鼓。

标本 02H44：141，粗砂褐陶。方唇加贴泥条，唇面饰横向绳纹，腹表饰纵向绳纹。残高 4.8 厘

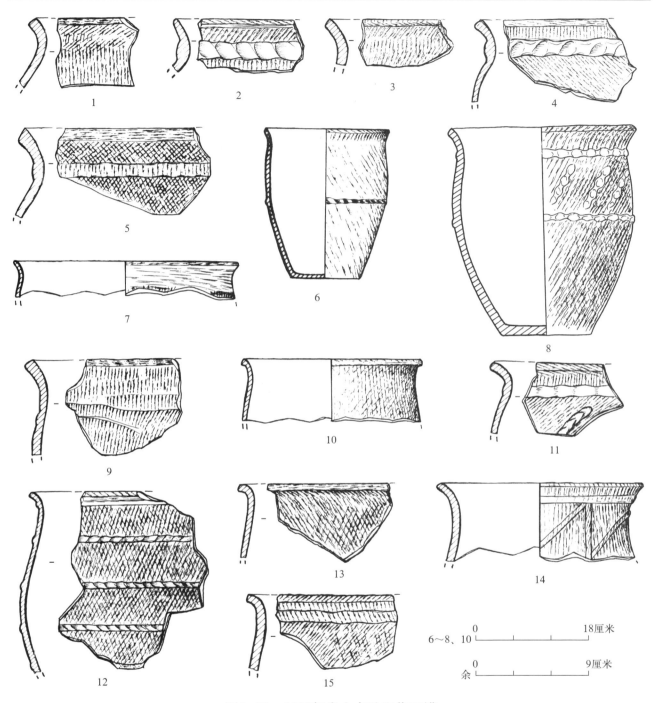

图4-70 2002年出土夹砂陶侈口罐

1～5. Ba型Ⅰ式02H36：51、02H32：16、02H44：859、02H29：22、02H7：1　6～11. Ba型Ⅱ式02H30：2、02T9④：9、02T20⑤：1、02H30：17、02H44：28、02H12：7　12～15. Ba型Ⅲ式02H6：9、02H16②：17、02H26：6、02H25：9

米（图4-71，1）。

标本02H40：28，夹砂灰陶。方唇。唇面饰横向细绳纹，颈部饰交错细绳纹及附加堆纹一周。残高4.4厘米（图4-71，2）。

标本02H20：27，夹砂灰陶。方唇。唇面饰横向细绳纹，颈部、肩部饰交错细绳纹，颈部另饰附加堆纹一周。残高5.6厘米（图4-71，3）。

Bb型Ⅱ式　12件。弧腹。

标本02H41：6，夹砂褐陶。圆唇。唇面饰斜向细绳纹，颈部饰纵向细绳纹及附加堆纹一周，

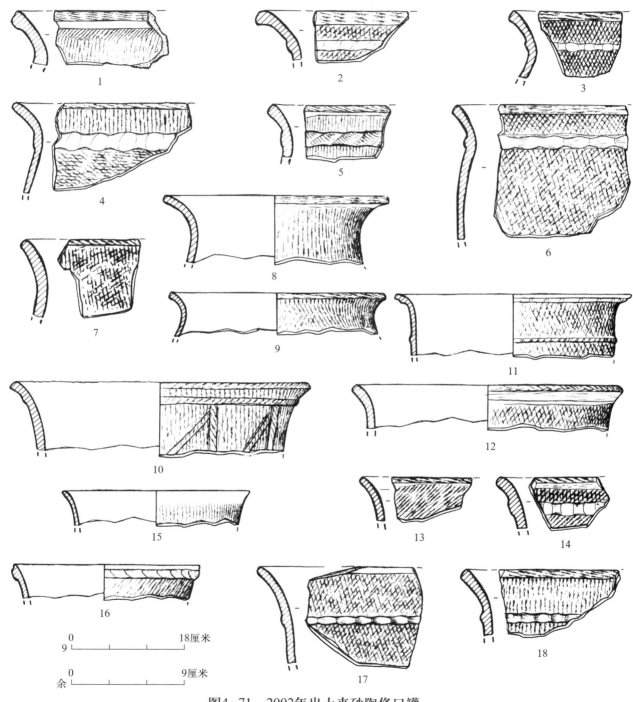

0　　　　　　　18厘米
9
0　　　　　　　9厘米
余

图4-71　2002年出土夹砂陶侈口罐

1～3. Bb型Ⅰ式02H44：141、02H40：28、02H20：27　　4～7. Bb型Ⅱ式02H41：6、02H6：159、02H16②：12、02H38：53　8、9.
Bb型Ⅲ式02T9④：10、02T19④：4　　10～18. Ca型Ⅰ式02T8②：2、02H43：35、02H12：11、02H20：102、02H8：75、02H25：30、
02T1⑥：16、02H3：2、02H32：12

肩部饰交错细绳纹。残高 7.0 厘米（图 4-71，4）。

标本 02H6：159，夹砂灰陶。方唇。颈部加贴波浪状泥条附加堆纹（表面又饰斜向绳纹），器表饰纵向细绳纹。口径 28.0、残高 4.4 厘米（图 4-71，5）。

标本 02H16 ②：12，夹砂灰陶。方唇。唇面饰横向绳纹，颈部加贴波浪式泥条附加堆纹。口径 35.5、残高 19.6 厘米（图 4-71，6）。

标本 02H38：53，夹砂灰陶。方唇。唇面饰斜向细绳纹，颈部、肩部饰交错细绳纹。残高 6.4 厘米（图 4-71，7）。

Bb 型Ⅲ式 9 件。垂腹。

标本 02T9 ④：10，夹砂褐陶。方唇。唇面饰横向细绳纹，通身饰纵向细绳纹。口径 18.0、残高 5.6 厘米（图 4-71，8）。

标本 02T9 ④：4，夹砂褐陶。方唇。唇面、通身饰纵向细绳纹。口径 34.0、残高 7.2 厘米（图 4-71，9）。

Ca 型Ⅰ式 59 件。

标本 02T8 ②：2，夹砂褐陶。侈口，方唇。唇面饰斜向绳纹，颈部饰纵向绳纹并加贴交错的横向、纵向及斜向泥条附加堆纹。口径 24.0、残高 6.2 厘米（图 4-71，10）。

标本 02H43：35，夹细砂褐陶。折沿，尖唇。唇面压斜向线纹，器表饰交错细线纹构成的菱格状装饰，下唇及腹表加贴索状小泥条。口径 19.0、残高 5.2 厘米（图 4-71，11）。

标本 02H12：11，夹砂灰陶。方唇。唇部、腹部饰交错细绳纹。口径 21.6、残高 3.6 厘米（图 4-71，12）。

标本 02H20：102，夹砂灰陶。方唇。唇面、腹部饰斜向细绳纹。残高 3.6 厘米（图 4-71，13）。

标本 02H8：75，夹砂灰陶。方圆唇。唇部饰斜向细绳纹，腹部饰交错细绳纹及附加堆纹。残高 4.2 厘米（图 4-71，14）。

标本 02H25：30，夹砂褐陶。圆唇。腹部饰纵向细绳纹。口径 15.0、残高 3.2 厘米（图 4-71，15）。

标本 02T1 ⑥：16，夹砂褐陶。尖唇，长颈。唇外加贴波浪式泥条附加堆纹。口径 14.8、残高 2.8 厘米（图 4-71，16）。

标本 02H3：2，夹砂褐陶。圆唇。腹部加饰附加堆纹，通身饰交错细绳纹。残高 8.0 厘米（图 4-71，17）。

标本 02H32：12，夹砂灰陶。颈部加贴波浪式泥条，腹表饰带状纵向细绳纹。残高 5.4 厘米（图 4-71，18）。

标本 02H8：43，夹砂灰陶。方唇。唇面饰纵向细绳纹，沿下饰交错细绳纹及附加堆纹一周。残高 3.0 厘米（图 4-72，1）。

标本 02H8：76，夹砂灰陶。方唇。唇面饰横向细绳纹，沿下饰斜向细绳纹。残高 3.0 厘米（图 4-72，2）。

标本 02H20：28，夹砂褐陶。方唇。唇面饰斜向细绳纹，腹部饰斜向细绳纹及附加堆纹。残高 5.0 厘米（图 4-72，3）。

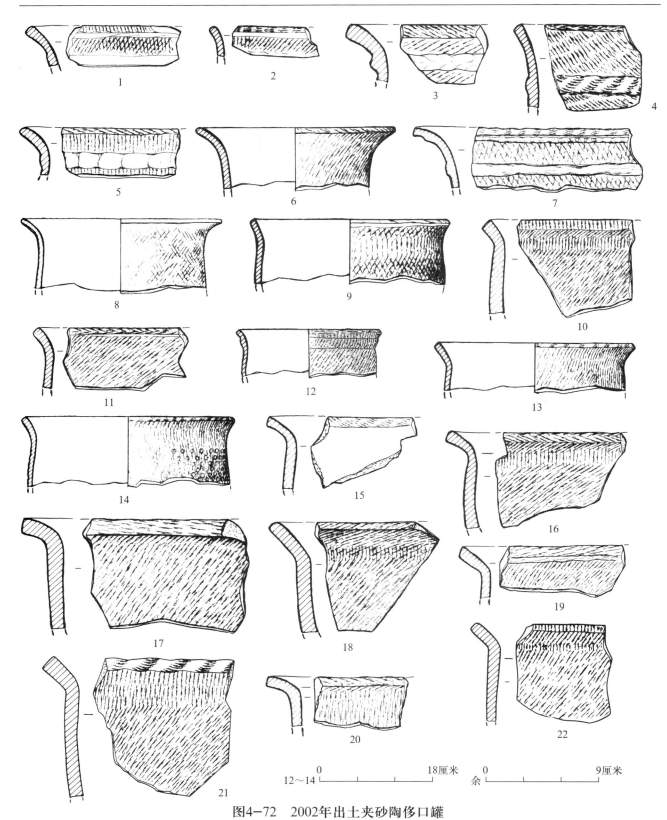

图4-72　2002年出土夹砂陶侈口罐

1～5. Ca型Ⅰ式02H8：43、02H8：76、02H20：28、02T7④：28、02H41：13　6、7. Cb型Ⅰ式02T1⑨北扩方：3、02H16②：8　8. Cb型Ⅱ式02H39：50　9～12. D型Ⅰ式02T1⑨：6、02H44：127、02T1④：10、02H30：36　13～22. D型Ⅱ式02H44：54、02H44：25、02H44：520、02H44：125、02H44：130、02H44：19、02H44：161、02H44：860、02H44：31、02H36：2

标本 02T7 ④：28，夹砂褐陶。方唇。唇面饰交错细绳纹，腹部饰斜向细绳纹及附加堆纹。残高 7.0 厘米（图 4-72，4）。

标本 02H41：13，夹砂灰陶。方唇。口径 20.0、残高 4.0 厘米（图 4-72，5）。

Cb 型 I 式　7 件。

标本 02T1 ⑨北扩方：3，夹砂褐陶。方唇。唇部、通身饰斜向细绳纹。口径 16.0、残高 5.0 厘米（图 4-72，6）。

标本 02H16 ②：8，唇面压成锯齿状装饰（其上又印斜向绳纹），沿下及上腹加贴索状泥条附加堆纹（其上又印绳纹）。口径 30.0、残高 5.2 厘米（图 4-72，7）。

Cb 型 II 式　4 件。

标本 02H39：50，夹细砂褐陶。卷沿，方唇。腹表饰交错细绳纹。口径 16.0、残高 6.0 厘米（图 4-72，8）。

D 型 I 式　23 件。

标本 02T1 ⑨：6，夹砂褐陶。方唇。腹表饰交错及纵向绳纹。口径 16.0、残高 5.2 厘米（图 4-72，9）。

标本 02H44：127，粗砂褐陶。方唇。唇面压印纵向绳纹，颈部加戳印纹，器表饰斜向绳纹。残高 8.0 厘米（图 4-72，10）。

标本 02T1 ④：10，夹砂褐陶。方唇。唇面饰交错细绳纹，通身饰斜向细绳纹。残高 5.0 厘米（图 4-72，11）。

标本 02H30：36，夹砂灰陶。方唇。唇部饰横向细绳纹，颈部饰纵向细绳纹及附加堆纹一周，腹部饰斜向细绳纹。口径 24.0、残高 7.6 厘米（图 4-72，12）。

D 型 II 式　37 件。侈口外敞。

标本 02H44：54，夹砂褐陶。宽沿内凹，方唇。唇面压印横向细绳纹，器表饰纵向细绳纹。口径 32.0、残高 8.0 厘米（图 4-72，13）。

标本 02H44：25，夹砂褐陶。方唇。唇面压印横向绳纹，上腹加饰密集的圆形戳印纹，器表饰纵向绳纹。口径 34.0、残高 11.6 厘米（图 4-72，14）。

标本 02H44：520，夹砂褐陶。方唇。唇面压印斜向绳纹，器表饰纵向绳纹。残高 6.0 厘米（图 4-72，15）。

标本 02H44：125，夹砂褐陶。方唇。唇面压印交错绳纹，器表饰斜向及纵向绳纹。残高 8.0 厘米（图 4-72，16）。

标本 02H44：130，夹砂褐陶。方唇。唇面饰横向绳纹，器表饰斜向粗绳纹。口径 43.0、残高 9.2 厘米（图 4-72，17）。

标本 02H44：19，夹砂褐陶。方唇。唇面亦饰斜向绳纹，器表饰交错及斜向绳纹。口径 36.0、残高 8.8 厘米（图 4-72，18）。

标本 02H44：31，夹砂灰陶。方唇。唇面压印波浪式花边并饰斜向绳纹，器表饰交错绳纹。口径 41.0、残高 11.0 厘米（图 4-72，21）。

标本 02H44：161，粗砂灰陶。方唇加厚。唇面压印横向绳纹，器表饰交错绳纹。残高 4.2 厘米（图 4-72，19）。

标本 02H36 ：2，夹砂褐陶。方唇。唇面饰纵向细绳纹，通身饰斜向细绳纹。残高 8.0 厘米（图 4-72，22）。

标本 02H44 ：860，夹砂黑陶。方唇，沿面内弧。唇面压印斜向绳纹，器表饰纵向绳纹。残高 4.4 厘米（图 4-72，20）。

2．罐

C 型 I 式　7 件。卷沿，束颈，沿较短，腹略鼓。

标本 02H25 ：2，夹砂褐陶。尖唇。上腹加贴小泥饼装饰，器表饰纵向细绳纹。口径 17.0、残高 5.2 厘米（图 4-73，1）。

标本 02H25 ：52，夹砂褐陶。尖唇。腹表饰纵向细绳纹。口径 12.4、残高 3.4 厘米（图 4-73，2）。

标本 02H12 ：8，夹砂灰陶。方唇。唇面饰斜向绳纹，器表饰纵向细绳纹。口径 17.6、残高 6.2 厘米（图 4-73，3）。

C 型 II 式　2 件。颈微束，弧腹。

标本 02H45 ：1，夹砂褐陶。尖唇。腹部饰纵向细绳纹。口径 26.0、残高 8.4 厘米（图 4-73，4）。

标本 02H36 ：44，夹砂褐陶。周身饰纵向绳纹。口径 16.8、残高 13.5 厘米（彩版九六，2）。

标本 02H44 ：23，夹砂灰陶。上腹饰五道附加泥条，下腹饰斜向绳纹。残高 6.7 厘米（彩版九六，3）。

标本 02T19 ⑧ ：6，夹砂褐陶。唇部印压绳纹。残高 2.6 厘米（彩版九六，4）。

标本 02T19 ⑧ ：9，夹砂黄褐陶。上腹饰纵向绳纹和附加泥条。残高 2.6 厘米（彩版九六，5）。

Da 型　卷沿较短，圆唇，束颈，鼓腹。

标本 02H44 ：27，夹粗砂褐陶。厚胎，唇面饰斜向绳纹，腹表饰交错绳纹。口径 23.0、残高 7.8 厘米（图 4-73，5）。

标本 02H41 ：5，夹砂褐陶。唇面饰纵向绳纹，沿面饰斜向绳纹，器表饰斜向绳纹。口径 26.8、残高 4.8 厘米（图 4-73，6）。

标本 02H38 ：79，夹砂灰陶。唇部、颈部饰纵向细绳纹。残高 3.2 厘米（图 4-73，7）。

标本 02H44 ：35，夹砂褐陶。腹壁厚，唇面饰斜向绳纹，腹表饰交错绳纹。口径 30.0、残高 7.0 厘米（图 4-73，8）。

Db 型　卷沿较短，方唇，颈微束。

标本 02H28 ：10，夹砂褐陶。厚沿外卷，沿面饰斜向绳纹，器表及唇面饰纵向绳纹。口径 23.0、残高 5.6 厘米（图 4-73，9）。

标本 02H40 ：20，夹砂灰陶。方唇加厚。沿面饰斜绳纹，颈部饰纵向绳纹，腹表及唇面饰斜绳纹。残高 4.6 厘米（图 4-73，10）。

标本 02T10 ⑤ ：1，夹砂灰陶。唇部饰斜向细绳纹，颈部饰附加堆纹一周。残高 3.2 厘米（图 4-73，11）。

标本 02H8 ：22，夹砂褐陶。方唇。唇部饰横向细绳纹，颈部饰纵向细绳纹，肩部饰斜向细绳纹。残高 8.6 厘米（图 4-73，12）。

E 型　3 件。卷沿，束颈较长，弧腹。

标本 02H36 ：47，夹砂褐陶。方唇。唇面、通身饰斜向细绳纹。残高 3.8 厘米（图 4-73，13）。

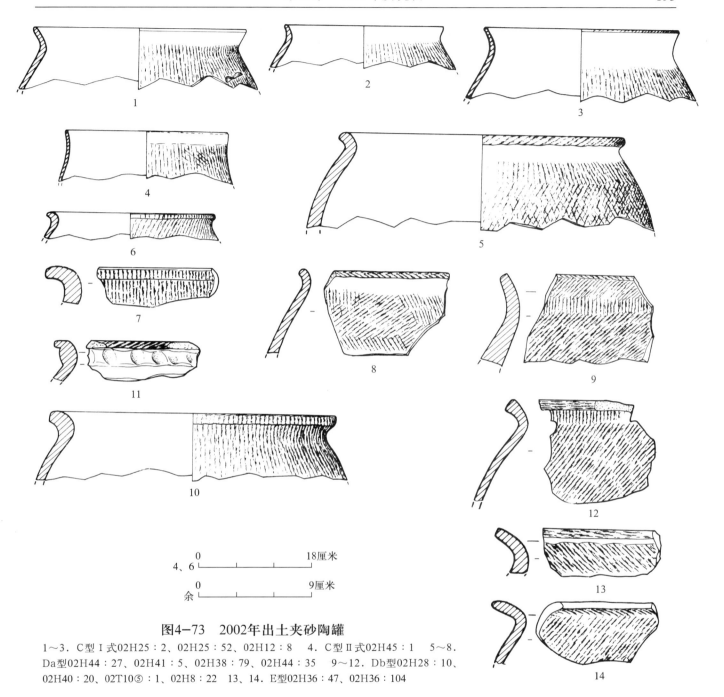

图4-73 2002年出土夹砂陶罐

1~3. C型Ⅰ式02H25：2、02H25：52、02H12：8 4. C型Ⅱ式02H45：1 5~8. Da型02H44：27、02H41：5、02H38：79、02H44：35 9~12. Db型02H28：10、02H40：20、02T10⑤：1、02H8：22 13、14. E型02H36：47、02H36：104

标本02H36：104，夹砂灰陶。圆唇。颈部、肩部饰斜向细绳纹。残高5.2厘米（图4-73，14）。

Fa型 2件。

标本02T18④：6，夹细砂灰陶。薄胎，卷沿，圆唇，鼓腹。器表饰交错线纹构成细菱格装饰，腹部加贴索状细泥条装饰。口径10.0、残高5.4厘米（图4-74，1）。

G型 2件。侈口，折沿，尖唇，短颈，鼓腹。

标本02T1⑨：2，夹砂黑陶。折沿，尖唇，短颈。唇面饰交错绳纹，颈部饰斜向绳纹，腹表饰纵向绳纹。口径 15.2、残高 4.4 厘米（图 4-74，2）。

H 型　3 件。直口，平沿，尖唇，垂腹略鼓。

标本 02H25：5，夹砂褐陶。尖唇。颈下部饰三周戳印纹，腹表饰斜向细线纹，并加贴小泥条装饰。口径 19.2、残高 7.6 厘米（图 4-74，3）。

标本 02H25：6，夹砂褐陶。圆唇，颈下部饰三周戳印纹，腹表饰斜向细绳纹。口径 16.8、残高 8.0 厘米（图 4-74，4）。

I 型　1 件。侈口，尖唇。

标本 02H36：41，夹砂褐陶。通身饰纵向、斜向细绳纹。口径 13.6、残高 2.8 厘米（图 4-74，5；

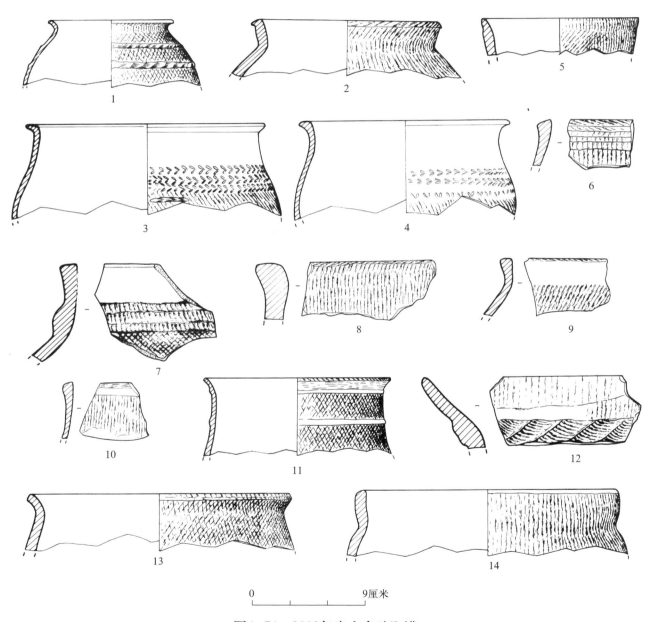

0　　　　　　　　　9 厘米

图 4-74　2002 年出土夹砂陶罐

1. Fa 型 02T18④：6　2. G 型 02T1⑨：2　3、4. H 型 02H25：5、02H25：6　5. I 型 02H36：41　6. J 型 I 式 02H43：360　7～10. J 型 II 式 02H8：9、02H44：157、02H32：70、02H5：16　11～13. K 型 02T23①：3、02H36：40、02H25：25　14. L 型 02T25②：24

彩版九六，1）。

J 型 I 式　4 件。立领较长，口微敛。

标本 02H43：360，夹砂褐陶。方唇较厚。唇面饰斜绳纹，器表饰纵绳纹并加贴多道横向及纵向泥条（上又饰绳纹）。残高 4.2 厘米（图 4-74，6）。

J 型 II 式　6 件。直口。

标本 02H8：9，夹砂灰陶。方唇。领部饰三周附加堆纹，肩部饰交错细绳纹。残高 8.2 厘米（图 4-74，7）。

标本 02H44：157，夹砂褐陶。唇加厚。沿面饰斜向绳纹，腹表及唇面饰纵向绳纹。残高 5.0 厘米（图 4-74，8）。

标本 02H32：70，夹砂褐陶。唇加厚。唇部、肩部饰斜向细绳纹。口径 23.0、残高 4.6 厘米（图 4-74，9）。

标本 02H5：16，方唇。唇面饰横向绳纹。口径 21.0、残高 4.6 厘米（图 4-74，10）。

K 型　5 件。敛口，折沿，方唇，长径。

标本 02T23 ①：3，夹砂褐陶。唇部饰斜向细绳纹，通身饰交错细绳纹及附加堆纹。口径 14.0、残高 6.0 厘米（图 4-74，11）。

标本 02H36：40，夹砂褐陶。唇部、通身饰斜向细绳纹及附加堆纹。口径 15.0、残高 12.0 厘米（图 4-74，12）。

标本 02H25：25，夹砂灰陶。唇面饰纵横线纹，器表饰交错线纹构成菱格状装饰。口径 20.6、残高 4.6 厘米（图 4-74，13）。

L 型　1 件。直口，束颈，弧腹。

标本 02T25 ②：24，夹砂褐陶。圆唇。通身饰纵向斜绳纹。口径 21.0、残高 5.4 厘米（图 4-74，14）。

3．小罐

C 型 I 式　13 件。沿微卷，尖圆唇，鼓腹。

标本 02H44：131，夹细砂褐陶。卷沿，圆唇，鼓腹，薄胎。腹表饰交错细绳纹并加贴圆形小泥饼。口径 10.8、残高 5.6 厘米（图 4-75，1）。

标本 02H25：7，夹砂褐陶。尖唇，薄胎。腹表饰斜向细绳纹。口径 10.0、残高 3.0 厘米（图 4-75，2）。

标本 02H47：89，夹砂灰陶。尖唇。肩部、腹部饰交错细绳纹。口径 9.8、残高 4.4 厘米（图 4-75，3）。

标本 02H25：11，夹砂灰陶。圆唇。器表饰纵向绳纹。残高 7.2 厘米（图 4-75，4）。

标本 02H25：41，夹砂褐陶。尖唇，薄胎。腹表饰交错细线纹。口径 9.0、残高 3.0 厘米（图 4-75，6）。

标本 02H3：10，夹砂灰陶。圆唇。颈部饰斜向细绳纹，肩部、腹部饰纵向细绳纹。残高 3.8 厘米（图 4-75，5）。

C 型 II　6 件。件。沿外卷，圆唇。

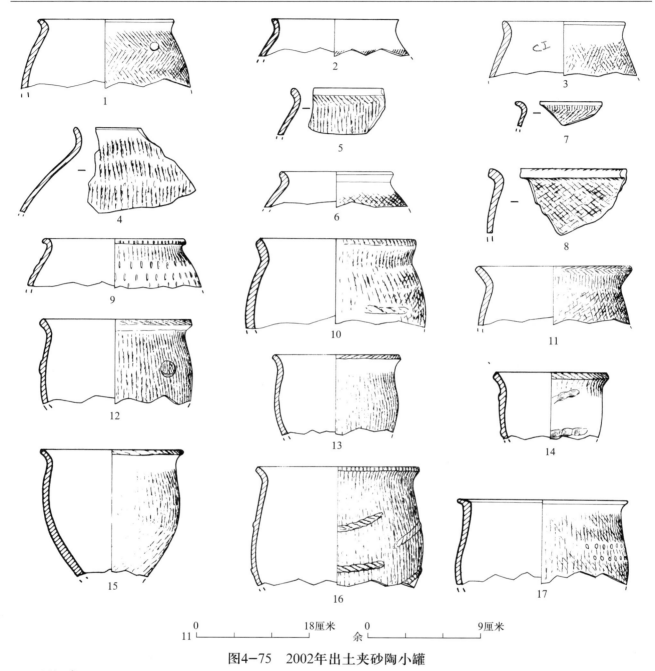

图4-75　2002年出土夹砂陶小罐

1～6. C型Ⅰ式02H44：131、02H25：7、02H47：89、02H25：11、02H3：10、02H25：41　7～9. C型Ⅱ式02H3：18、02T8④：11、02H15：2　10、11. D型Ⅰ式02H23：1、02T18⑧：16　12～15. D型Ⅱ式02H30：14、02H44：631、02H28：8、02H44：21　16、17. D型Ⅲ式02H44：24、02H25：3

标本02H3：18，夹砂褐陶。尖唇。颈部饰纵向细绳纹，肩部饰斜向细绳纹。残高2厘米（图4-75，7）。

标本02T8④：11，夹砂灰陶。方唇。唇部饰斜向细绳纹，肩部、腹部饰交错细绳纹。残高5.4厘米（图4-75，8）。

标本02H15：2，夹细砂褐陶。敛口，卷沿，圆唇。唇面饰纵向绳纹，腹表饰纵向细绳纹及半月形戳印纹。口径11.2、残高4.2厘米（图4-75，9）。

D型I式 4件。侈口，折沿，弧腹略鼓，口径小于腹径。

标本02T18⑧：16，夹粗砂红褐陶。卷沿，方唇，圆腹。唇面饰横绳纹，腹表饰交错绳纹。口径24.6、残高9.6厘米（图4-75，11）。

标本02H23：1，夹砂灰陶。方唇。唇部饰斜向细绳纹，颈部饰纵向细绳纹，腹部饰交错细绳纹及附加泥条。口径13.0、残高7.0厘米（图4-75，10）。

D型Ⅱ式 9件。弧腹。

标本02H30：14，夹砂褐陶。方唇。唇部饰斜向细绳纹，腹部饰纵向细绳纹及乳钉纹。口径12.2、残高7.0厘米（图4-75，12）。

标本02H44：631，夹砂褐陶。方唇。腹表饰纵向细绳纹。口径10.4、残高6.6厘米（图4-75，13）。

标本02H28：8，夹细砂褐陶。腹表饰波浪式细泥条，唇面饰斜向细绳纹。口径9.2、残高5.4厘米（图4-75，14）。

标本02H44：21，夹砂褐陶。方唇。唇部饰斜向细绳纹，腹部饰纵向细绳纹及斜向细绳纹。口径11.4、残高10.6厘米（图4-75，15）。

D型Ⅲ式 4件。

标本02H44：24，夹砂褐陶。方唇。器表饰纵向细绳纹，腹部加贴斜向细泥条（其上又印斜向绳纹），内壁可见划痕。口径14.8、残高10.0厘米（图4-75，16）。

标本02H25：3，夹砂褐陶。薄胎，尖唇。上腹戳印两排圆圈纹，器表饰交错细绳纹构成菱格状装饰。口径15.4、残高7.0厘米（图4-75，17）。

E型I式 13件。侈口，卷沿，束颈、弧腹略鼓。

标本02H44：40，夹砂褐陶。方唇。内壁可见泥条粘接痕迹，器表饰纵向及交错绳纹。口径11.6、残高10.6厘米（图4-76，1）。

标本02H20：7，夹砂褐陶。方唇。唇部饰纵向细绳纹，通身饰交错细绳纹。口径13.0、残高4.4厘米（图4-76，2）。

标本02H43：28，夹砂褐陶。尖唇，薄胎。腹表加贴小泥条装饰。口径13.0、残高7.0厘米（图4-76，3）。

标本02H1：8，夹砂褐陶。尖唇。唇部饰斜向细绳纹，通身饰交错细绳纹。口径11.8、残高3.2厘米（图4-76，4）。

标本02H26：15，夹砂灰陶。方唇。口径9.6、残高2.2厘米（图4-76，5）。

标本02H12：76，夹细砂黑陶。薄壁，器表饰交错细绳纹。口径26.0、残高3.0厘米（图4-76，6）。

E型Ⅱ式 8件。弧腹，口径大于腹径。

标本02H43：43，夹砂灰陶。方唇。颈部抹光，唇部饰纵细绳纹。口径14.4、残高6.6厘米（图4-76，7）。

标本02H25：4，夹砂褐陶。方唇。腹表饰交错线纹并加贴鸡冠状泥条。口径14.0、残高8.0厘米（图4-76，8；彩版九七，1）。

标本02H26：7，夹砂褐陶。方唇。唇部饰斜向细绳纹，腹部饰纵向细绳纹。口径6.8、残高5.0厘米（图4-76，9）。

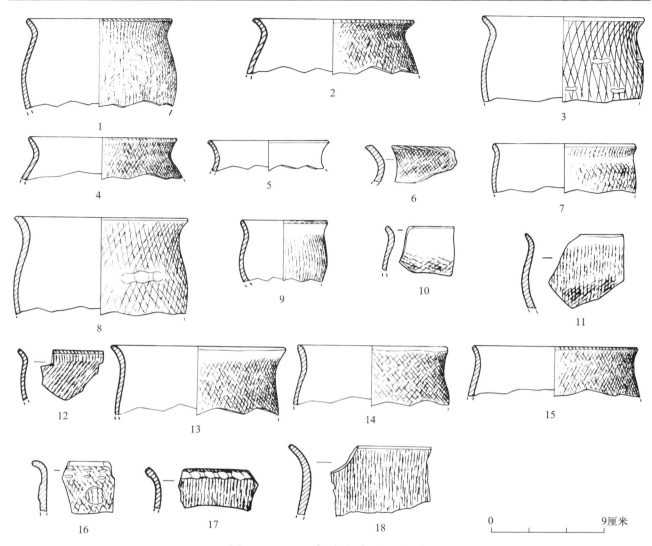

图4-76　2002年出土夹砂陶小罐

1～6. E型 I 式02H44：40、02H20：7、02H43：28、02H1：8、02H26：15、02H12：76　　7～12. E型 II 式02H43：43、02H25：4、
02H26：7、02H43：285、02H27：33、02H5：7　　13～15. E型 III 式02H25：33、02T8②：11、02H5：17　　16. F型 I 式02H43：270
17、18. F型 II 式02H12：49、02T18⑤：6

　　标本02H43：285，夹细砂黑陶。口部及颈部表面磨光。残高4.0厘米（图4-76，10）。

　　标本02H27：33，夹砂褐陶。尖唇。颈部、肩部饰纵向细绳纹，腹部饰交错细绳纹。残高6.2厘米（图4-76，11）。

　　标本02H5：7，夹砂褐陶。方唇，薄胎。器表饰交错细绳纹构成的菱格状装饰，唇面饰斜向绳纹。残高4.1厘米（图4-76，12）。

　　E型 III 式　6件。垂腹。

　　标本02H25：33，夹砂褐陶。尖唇。器表饰交错细绳纹构成菱格状装饰。口径14.0、残高5.6厘米（图4-76，13）。

　　标本02T8②：11，夹细砂褐陶。尖唇，鼓腹。腹表饰交错线纹。口径12.0、残高5.0厘米（图4-76，14）。

标本 02H5：17，夹细砂褐陶。敛口，方唇，溜肩。唇面饰纵向线纹，器表通体饰交错细线纹构成的菱格状装饰。口径 13.2、残高 4.2 厘米（图 4-76，15）。

F 型 I 式　2件。直口，直腹。

标本 02H43：270，夹砂灰陶。颈部饰两周戳印纹，腹部加贴圆形小泥饼（表面又压绳纹）。残高 4.2 厘米（图 4-76，16）。

F 型 II 式　4件。侈口，直腹。

标本 02H12：49，夹砂褐陶。方唇。唇外侧加贴横向波浪式泥条附加堆纹，颈部加贴纵向泥条附加堆纹（其上又压印绳纹），器表饰交错细绳纹。残高 4.4 厘米（图 4-76，17）。

标本 02T18 ⑤：6，夹砂灰陶。方唇。颈部、腹部饰纵向细绳纹。残高 5.6 厘米（图 4-76，18）。

标本 02H43：3，夹砂灰褐陶，卷沿（彩版九七，2）。

标本 02H44：36，夹砂黄褐陶，装饰戳印圆圈纹和泥饼（彩版九七，3、4）。

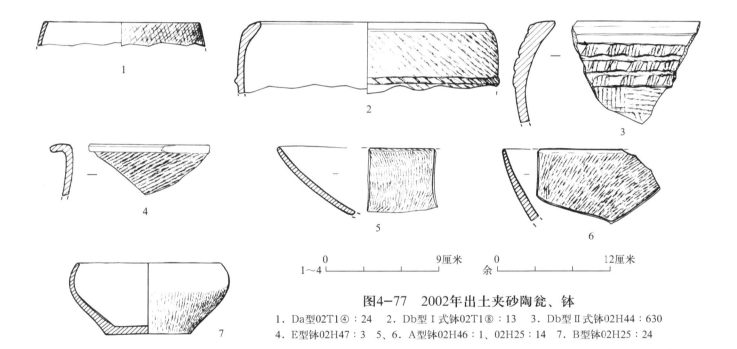

图4-77　2002年出土夹砂陶瓮、钵
1. Da型02T1④：24　2. Db型 I 式钵02T1⑧：13　3. Db型 II 式钵02H44：630
4. E型钵02H47：3　5、6. A型钵02H46：1、02H25：14　7. B型钵02H25：24

4. 筒形罐

I 型 1件。

标本 02T1 ⑦：4，夹砂灰褐陶。带双鋬。口径 19.8、底径 17.2、通高 36.7 厘米（彩版九六，7）。

5. 钵

A 型　2件。敞口，弧腹。

标本 02H46：1，夹砂褐陶。方唇。唇部饰斜向细绳纹，腹部饰纵向细绳纹及斜向细绳纹。残高 7.0 厘米（图 4-77，5）。

标本 02H25：14，夹砂灰陶。尖唇。腹部饰斜向细绳纹。残高 8.0 厘米（图 4-77，6）。

B 型　1件。敛口。

标本 02H25：24，夹砂灰陶。圆唇，弧腹略鼓。下腹饰纵向细绳纹。口径 15.6、底径 8.4、通高 8.0 厘米（图 4-77，7；彩版九七，5）。

Da 型　1件。敛口，弧腹。

标本 02T1 ④：24，夹砂褐陶。方唇。通身饰交错细绳纹。口径 12.0、残高 2.0 厘米（图 4-77，1）。

Db 型 I 式　1件。口微敛，直腹。

标本 02T1 ⑧：13，夹砂褐陶。尖唇。腹部饰斜向细绳纹及附加堆纹。口径 18.0、残高 5.4 厘米（图 4-77，2）。

Db 型 II 式　1件。敛口较甚，弧腹。

标本 02H44：630，夹粗砂黑陶。方唇，鼓腹，厚胎。唇面有明显的慢轮修整旋痕，器表饰交错绳纹并加贴三周索状泥条（其上又印纵向绳纹）。口径 38.0、残高 8.4 厘米（图 4-77，3）。

E 型　1件。

标本 02H47：3，夹砂灰陶。平沿，直口，方唇，直腹。腹部饰斜向细绳纹。残高 4.2 厘米（图 4-77，4）。

6. 带嘴锅

A 型 I 式　2件。敛口较甚，弧腹。

标本 02H12：50，夹砂褐陶。方唇。腹部饰交错细绳纹、斜向细绳纹及附加堆纹。残高 6.2 厘米（图 4-78，1）。

标本 02T18 ⑧：51，夹砂灰陶。方唇。腹部饰纵向细绳纹、斜向细绳纹及附加堆纹。残高 7.6 厘米（图 4-78，2）。

A 型 II 式　1件。

标本 02H44：34，夹砂灰陶。方唇。腹部饰纵向细绳纹及附加堆纹。残高 8.4 厘米（图 4-78，3）。

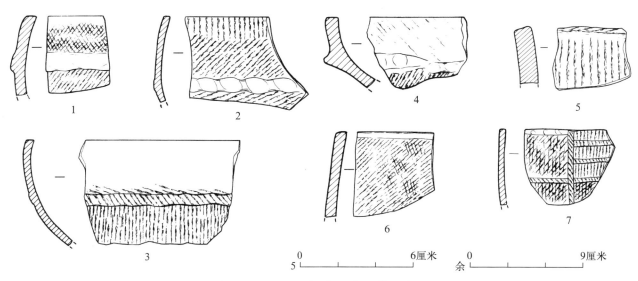

图4-78　2002年出土夹砂带嘴锅

1、2. A 型 I 式02H12：50、02T18⑧：51　3. A 型 II 式02H44：34　4、5. B 型 I 式02H44：501、02H4：3　6、7. C 型02H28：44、02H1：10

B型 I 式　3件。侈口，弧腹。

标本02H44：501，夹砂灰陶。方唇。腹部饰斜向细绳纹及附加堆纹。残高6.0厘米（图4-78，4）。

标本02H4：3，夹砂灰陶。方唇。唇部饰斜向细绳纹，腹部饰纵向细绳纹。残高3.4厘米（图4-78，5）。

C型　2件。直口。

标本02H28：44，夹砂灰陶。方唇。腹部饰斜向细绳纹。残高7.0厘米（图4-78，6）。

标本02H1：10，夹砂褐陶。方唇。腹部饰交错细绳纹及附加泥条。残高6.2厘米（图4-78，7）。

7．盘

1件。

标本02H46：39，夹砂褐陶。侈口，方唇，浅弧腹。盘内壁上泥质陶衣，黑色磨光，腹部饰斜向细绳纹和交错细绳纹。残高3.6厘米（图4-79，1）。

8．豆

1件。

标本02H21：12，夹砂灰陶。仅剩豆盘，侈口，尖唇，弧腹，平底。口径12.0、残高4.4厘米（图4-79，2）。

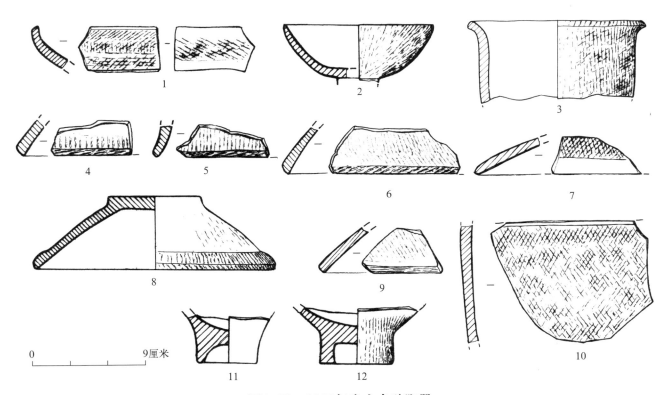

图4-79　2002年出土夹砂陶器

1．盘02H46：39　2．豆02H21：12　3．C型 I 式杯02H43：34　4～9．器盖02T18④：16、02H32：67、02T19④：9、02H43：25、
02H27：2、02H47：17　10．切割陶片02T18⑧：15　11．A型圈足02采：84　12．B型圈足02采：615

9．杯

C 型 I 式　1 件。敞口，尖圆唇、弧直较深。

标本 02H43 ：34，夹砂黑皮陶。方唇，卷沿。器表饰交错细绳纹，唇部捏成波浪状并饰纵细绳纹。口径 14.0、残高 6.4 厘米（图 4-79，3）。

10．器盖

6 件。

标本 02T18 ④ ：16，夹砂灰陶。饰纵向细绳纹。残高 3.0 厘米（图 4-79，4）。

标本 02T19 ④ ：9，夹砂灰陶。饰斜向细绳纹。残高 4.0 厘米（图 4-79，6）。

标本 02H27 ：2，夹砂褐陶。表面磨光，方唇，浅腹，底外折形成假圈足，凹底。唇面加贴一周泥条装饰，器表饰绳纹，唇面饰纵向绳纹。口径 19.2、底径 7.4、高 6.0 厘米（图 4-79，8）。

标本 02H32 ：67，夹砂褐陶。饰纵向细绳纹。残高 2.4 厘米（图 4-79，5）。

标本 02H43 ：25，夹砂褐陶。饰交错细绳纹。残高 3.2 厘米（图 4-79，7）。

标本 02H47 ：17，夹砂褐陶。饰斜向细绳纹。残高 3.6 厘米（图 4-79，9）。

11．切割陶片

标本 02T18 ⑧ ：15，夹砂褐陶。饰交错细绳纹，可见明显的切割痕迹。残高 5.0 厘米（图 4-79，10）。

12．器底

42 件。平底。

标本 02T23 ③ ：4，夹砂褐陶。底部饰交错细绳纹。底径 12.0、残高 3.0 厘米（图 4-80，1）。

标本 02H44 ：1，夹砂灰陶。底径 12.8、残高 14.8 厘米（图 4-80，2）。

标本 02H46 ：8，夹砂褐陶。底径 10.0、残高 9.2 厘米（图 4-80，3）。

标本 02T18 ⑧ ：7，夹砂褐陶。底部饰斜向细绳纹。底径 5.0、残高 1.8 厘米（图 4-80，4）。

标本 02H30 ：38，夹砂褐陶。底径 17.2、残高 8.0 厘米（图 4-80，5）。

标本 02H35 ：2，夹砂灰陶。底径 5.4、残高 4.8 厘米（图 4-80，6）。

标本 02H30 ：37，夹砂褐陶。底径 11.4、残高 3.6 厘米（图 4-80，7）。

标本 02H35 ：1，夹砂灰陶。底径 5.6、残高 6.8 厘米（图 4-80，8）。

标本 02H40 ：519，夹砂褐陶。底径 12.0、残高 4.8 厘米（图 4-80，9）。

标本 02H34 ：4，夹砂褐陶。底径 4.0、残高 3.2 厘米（图 4-80，10）。

标本 02H29 ：32，夹砂褐陶。底径 9.6、残高 6.4 厘米（图 4-80，11）。

标本 02H44 ：50，夹砂褐陶。底径 15.2、残高 5.4 厘米（图 4-80，12）。

标本 02H44 ：22，夹砂灰陶。底部饰交错细绳纹和斜向细绳纹，底内侧饰斜向细绳纹。底径 11.8、残高 2.2 厘米（图 4-80，13）。

标本 02H27 ：101，夹砂褐陶。腹部饰交错绳纹及一周附加堆纹。底径 12.4、残高 30.6 厘米（彩版九七，6）。

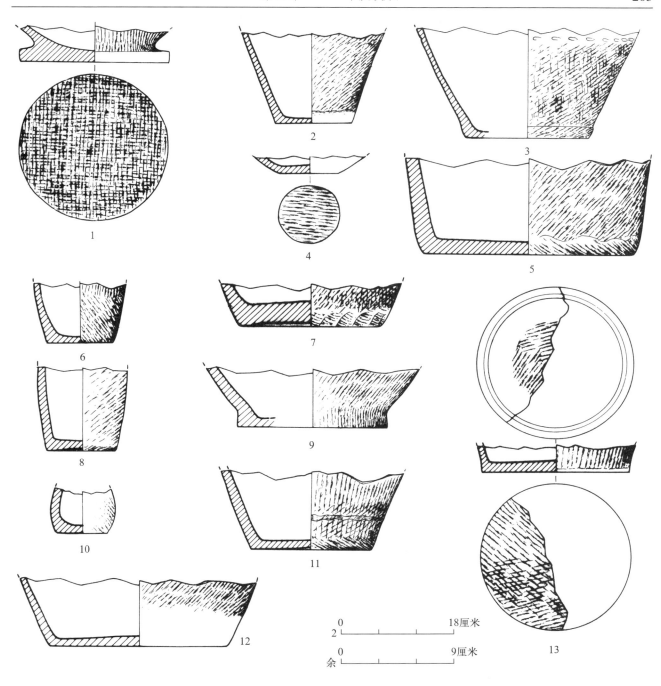

图4-80　2002年出土夹砂陶器底

1~13. 02T23③：4、02H44：1、02H46：8、02T18⑧：7、02H30：38、02H35：2、02H30：37、02H35：1、02H40：519、02H34：4、02H29：32、02H44：50、02H44：22

13. 圈足

A型　1件。足根外撇。

标本02采：84，夹砂灰陶。底径5.0、残高3.8厘米（图4-79，10）。

B型　1件。足根陡直。

标本02采：615，夹砂褐陶。饰纵向细绳纹。底径5.8、残高4.2厘米（图4-79，11）。

二　玉石器

石器可分为打制和磨制两类。打制石器分为直接打制和间接打制两种，其中直接打制石器、磨制石器的石料的岩性主要为变质岩、砂岩、粉砂岩等；间接打制石器全部为细石器，石料的岩性包括燧石、水晶和石英三种。打制石器的器类有两侧打缺石刀、砍砸器、切割器、尖状器、刮削器、穿孔形器，另有石核、石片等。细石器的器类有细石核、细石叶、琢背小刀等。磨制石器的器类有斧、锛、石刀、凿、镞、矛、砺石、研磨器、磨制石片、环、镯、璧形器、纺轮、球、网坠、穿孔形器等。

（一）打制石器

1. 尖状器

3 件。

标本 02T1 ② ：17，黑色燧石。长 4.6、宽 3.0、厚 1.4 厘米（图 4-81，1）。

标本 02H25 ：101，灰色硅质灰岩，表面可见纵向脊和剥片疤痕，尖经过二次加工作成。长 5.8、宽 4.2、厚 0.9 厘米（图 4-81，2）。

标本 02H44 ：741，黑色燧石。长 3.0、宽 2.1、厚 0.8 厘米（图 4-81，3）。

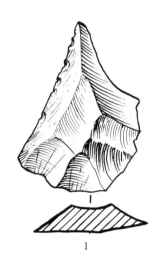

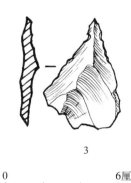

图4-81　2002年出土尖状器
1～3. 02T1②：17、02H25：101、02H44：741

2. 砍砸器

59 件。

A 型　5 件。盘状砍砸器。

标本 02H25 ：95，白色大理石。椭圆，扁平，一面较平，另一面凸起，周边经琢击修整，周身遍布打击疤痕及放射线、同心圆。长径 7.9、短径 7.0、厚 2.1 厘米（图 4-82，1；彩版九八，1、2）。

B 型　17 件。端刃砍砸器。

标本 02H38 ：189，粉砂岩。斜刃，平背。长 6.8、厚 1.6 厘米（图 4-82，2）。

标本 02H44 ：696，粉砂岩。上端有小台面及打击点，器身遍布剥片疤痕。长 6.4、宽 8.8、厚 1.0

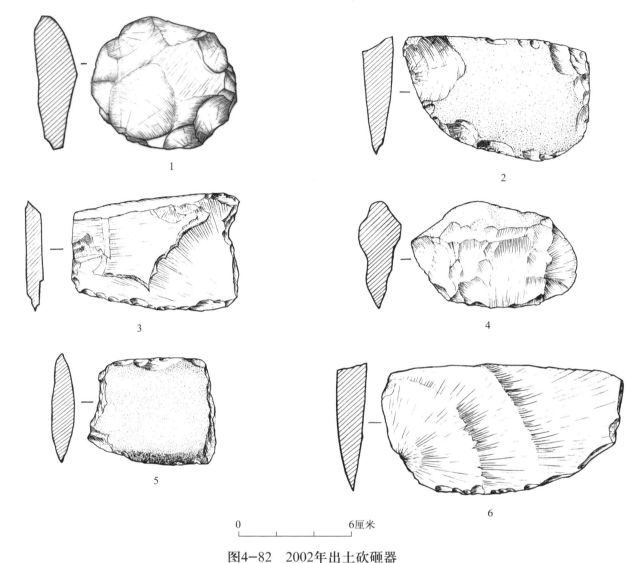

图4-82 2002年出土砍砸器

1.A型02H25：95 2～6.B型02H38：189、02H44：696、02H44：698、02H38：38、02T19⑧：23

厘米（图4-82，3）。

标本02H44：698，长方形，粉砂岩。上下端及左侧有打击疤痕。长6.0、宽8.8、厚2.2厘米（图4-82，4）。

标本02H38：38，深灰色粉砂岩。弧刃。长6.2、宽4.4、厚1.0厘米（图4-82，5）。

标本02T19⑧：23，粉砂岩。背部斜平。长12.8、宽7.1、厚1.6厘米（图4-82，6）。

标本02H44：642，石英岩。弧刃，凹背，一面保留局部卵石面。长9.4、宽7.0、厚1.4厘米（图4-83，1）。

标本02H38：153，灰黑色粉砂岩。磨制石器残片，弧刃，平背。长6.8、宽14.0、厚3.2厘米（图4-83，2）。

标本02T19⑩：8，石英砂岩。长6.7、宽4.7、厚1.8厘米（图4-83，3）。

标本02H12：85，粉砂岩。周边经琢击加工，一面保留卵石自然面，另一面为劈裂面。长7.6、

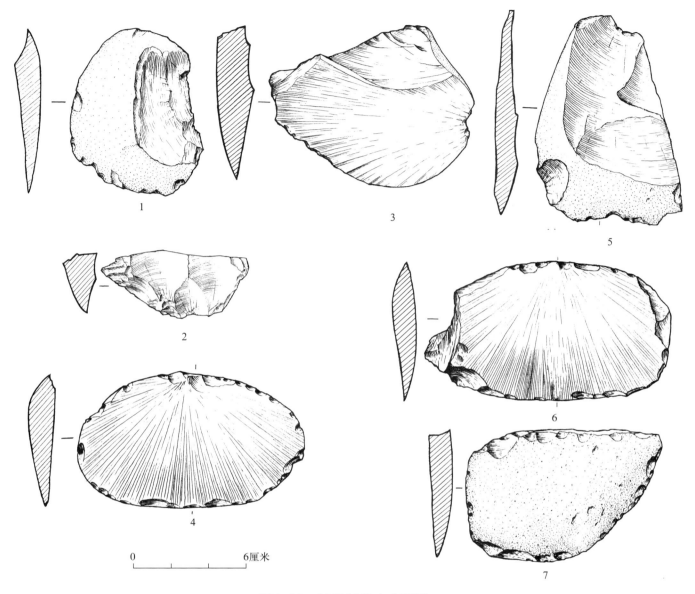

图4-83　2002年出土砍砸器

1～7.B型02H44：642、02H38：153、02T19⑩：8、02H12：85、02H38：141、02H8：117、02H38：142

宽13.2、厚1.2厘米（图4-83，4；彩版九八，3、4）。

标本02H38：141，深灰色粉砂岩。弧刃，一面局部保留卵石面。长11.2、宽8.0、厚1.2厘米（图4-83，5）。

标本02H8：117，灰色粉砂岩。周边经琢击加工，一面保留卵石自然面，另一面为劈裂面，可见打击点和放射线，弧刃。长6.2、宽9.0、厚2.2厘米（图4-83，6；彩版九八，5、6）。

标本02H38：142，深灰色粉砂岩。斜刃，厚重，背斜平。长7.4、宽10.8、厚1.2厘米（图4-83，7）。

C型　13件。一端和一侧刃砍砸器。

标本02H25：84，青灰色千枚岩。梯形，端刃。长9.0、宽8.4、厚0.8厘米（图4-84，1）。

标本02H44：689，白色石英。弧刃，一面局部劈裂。长9.2、宽5.6、厚2.2厘米（图4-84，2）。

标本02H25：82，石英砂岩。长11.2、宽4.7、厚1.8厘米（彩版九九，5）。

标本02T1⑧：41，粉砂岩。长8.2、宽9.2、厚2.1厘米（彩版九九，6、7）。

D型 复刃砍砸器。

标本02H15：29，残，灰黑色粉砂岩。长方形，两面磨光，一侧磨平，另一侧有琢击痕。残长5.2、宽2.4、厚1.2厘米（图4-84，3；彩版九九，3、4）。

标本02H12：89，粉砂岩。一面局部保留卵石自然面。长9.4、宽12.0、厚1.5厘米（图4-84，4）。

标本02H44：651，粉砂岩。弧刃，背部平齐，一面为卵石面，另一面劈裂面有打击点。长6.2、宽6.0、厚0.8厘米（图4-84，5）。

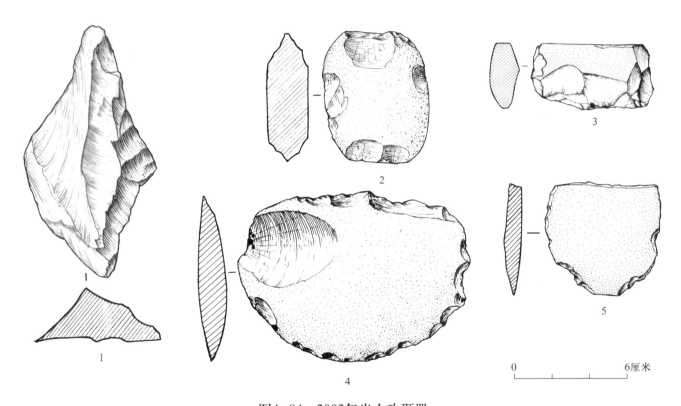

图4-84 2002年出土砍砸器

1、2.C型02H25：84、02H44：689 3～5.D型02H15：29、02H12：89、02H44：651

3．刮削器

A型 33件。端刃刮削器。

标本02H44：734，黑色燧石。弧刃，有斜平台面。长2.1、宽1.8、厚0.5厘米（图4-85，1）。

标本02H20：135，深青色千枚岩。楔形，斜平顶，弧刃，一面可见纵向剥片疤痕及放射线。长3.3、宽3.4、厚0.7厘米（图4-85，2）。

标本02H8：121，深灰色粉砂岩。磨制石器残片，斜刃。长2.7、宽2.9、厚0.3厘米（图4-85，3）。

标本02T1②：21，粉砂岩。楔形，斜刃。长3.0、宽2.5、厚1.0厘米（图4-85，4）。

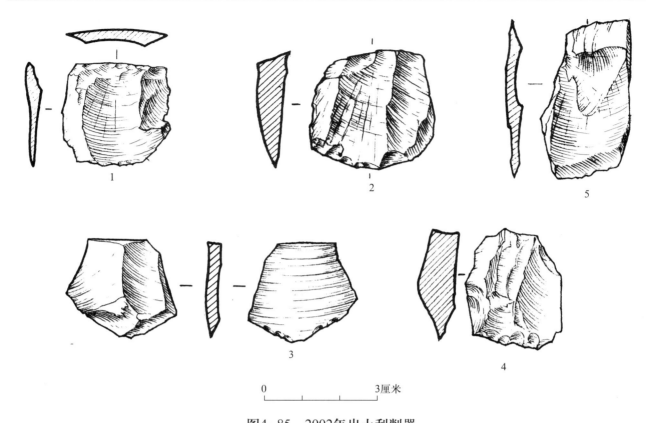

图4-85　2002年出土刮削器

1~5.A型02H44：734、02H20：135、02H8：121、02T1②：21、02H38：159

标本02H38：159，灰色粉砂岩。斜刃。长4.4、宽2.4、厚0.4厘米（图4-85，5）。

标本02H38：162，黑色燧石，直刃略小。长2.3、宽2.1、厚0.4厘米（图4-86，1）。

标本02H38：164，黑色燧石。斜刃，一面有更窄的纵向细石叶剥片疤痕。长2.5、宽2.4、厚0.4厘米（图4-86，2）。

标本02H38：161，灰色粉砂岩。直刃，体量小。长1.8、宽2.7、厚0.4厘米（图4-86，3）。

标本02H25：104，黑色燧石。长2.6、宽1.8、厚0.5厘米（图4-86，4）。

标本02H25：98，黑色燧石。台面斜平。长2.0、宽2.6、厚0.6厘米（图4-86，5）。

标本02H38：163，深灰色粉砂岩。弧刃。长2.4、宽2.19、厚0.4厘米（图4-86，6）。

标本02H44：724，黑色燧石。弧刃，台面斜平，一面有斜向脊。长2.4、宽2.1、厚0.5厘米（图4-86，7）。

标本02H38：165，黑色燧石。直刃，两侧凹。长2.2、宽3.3、厚0.5厘米（图4-86，8）。

B型　5件。侧刃刮削器。

标本02H12：111，黑色燧石。靴形，凹刃，一面可见为劈裂面。长3.5、宽2.7、厚0.5厘米（图4-87，1）。

标本02H12：113，灰色燧石。楔形，凹刃，一面可见多道纵向剥片疤痕。长1.7、宽1.6、厚0.4厘米（图4-87，2）。

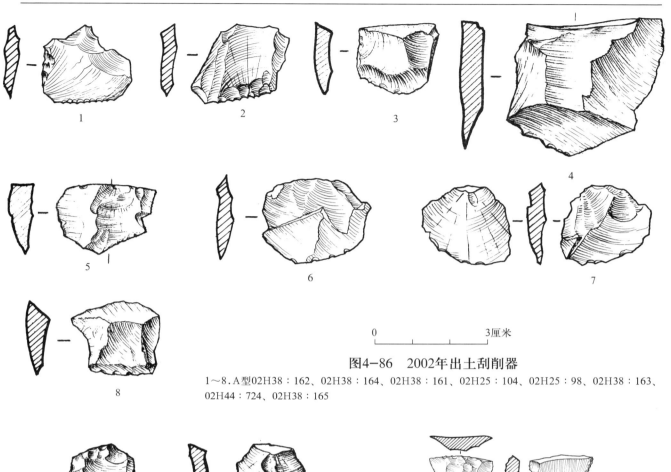

图4-86　2002年出土刮削器

1～8.A型02H38：162、02H38：164、02H38：161、02H25：104、02H25：98、02H38：163、02H44：724、02H38：165

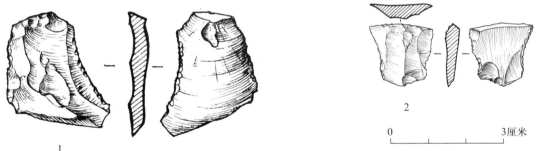

图4-87　2002年出土刮削器

1、2.B型02H12：111、02H12：113

4．切割器

A型　24件。一端刃。

标本02H44：655,灰色粉砂岩。一面为卵石面,弧刃,另一面劈裂面可见打击疤痕。长3.2、宽5.2、厚0.8厘米（图4-88，1）。

标本02H12：88,石英砂岩。弯月形,弧背。长4.8、宽10.0、厚1.0厘米（图4-88，2）。

标本02T18⑧：59,粉砂岩。长11.0、宽8.5、厚1.2厘米（图4-88，3）。

标本02H8：116,灰色粉砂岩。一面保留卵石自然面,另一面为劈裂面,可见打击点和放射线,弧刃。长5.6、宽6.6、厚0.8厘米（图4-88，4）。

标本02H12：86,灰色粉砂岩。背部保留卵石自然面,弧刃。长6.2、宽9.0、厚1.0厘米（图4-88，5；彩版一〇〇，1、2）。

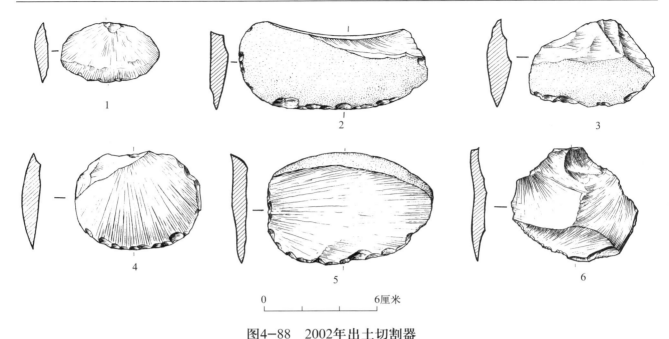

图4-88　2002年出土切割器
1～6.A型02H44：655、02H12：88、02T18⑧：59、02H8：116、02H12：86、02H25：85

标本02H25：85，青灰色千枚岩。两面均为劈裂面，可见剥片疤痕，弧刃。长6.6、宽7.0、厚0.8厘米（图4-88，6）。

标本02H38：151，灰色粉砂岩。弧刃，扇形，劈裂面可见打击点及放射线。长6.2、宽8.2、厚1.0厘米（图4-89，1）。

标本02T18⑥：30，粉砂岩。背部凹。长9.0、宽6.4、厚1.8厘米（图4-89，2）。

标本02T18⑨：19，粉砂岩。残断。残长8.0、宽6.7、厚1.0厘米（图4-89，3）。

标本02H44：648，深灰色粉砂岩。略呈方形，弧刃，一面保留局部卵石面。长8.2、宽7.0、厚1.0厘米（图4-89，4）。

标本02H12：98，灰色粉砂岩。弧背，弧刃，一面保留卵石自然面。长5.6、宽5.2、厚0.8厘米（图4-89，5）。

标本02H38：155，粉砂岩。长9.2、宽6.4、厚1.8厘米（彩版一〇〇，3、4）。

标本02采：527，石英砂岩。长11.6、宽6.2、厚2.1厘米（彩版一〇〇，7、8）。

标本02采：537，石英砂岩。长12.1、宽6.4、厚1.8厘米。

标本02采：522，石英砂岩。长8.5、宽6.2、厚1.7厘米（彩版一〇一，1、2）。

标本02采：896，石英砂岩。长9.6、宽7.2、厚1.6厘米（彩版一〇一，3、4）。

标本02采：897，石英砂岩。长10.2、宽6.2、厚1.4厘米（彩版一〇一，5、6）。

B型　4件。两端刃。

标本02H12：82，灰色粉砂岩。一面保留卵石自然面，斜刃。长7.4、宽9.8、厚1.0厘米（图4-90，1）。

标本02H12：172，灰黑色粉砂岩。一面保留卵石自然面，平背，弧刃。长3.2、宽5.2、厚0.8厘米（图4-90，2）。

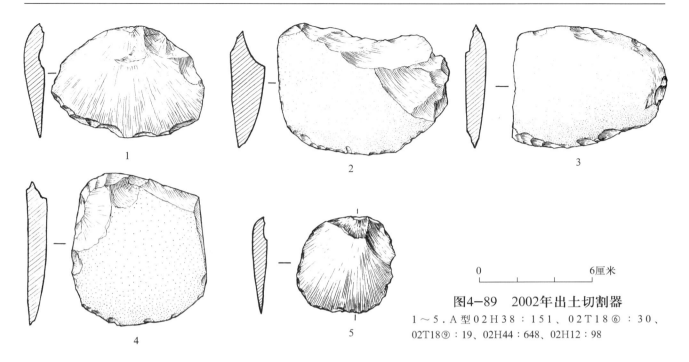

图4-89　2002年出土切割器

1～5．A型02H38：151、02T18⑥：30、02T18⑨：19、02H44：648、02H12：98

C型　5件。一端刃和一侧刃。

标本02H12：84，灰色粉砂岩。一面保留卵石自然面，背部打制平齐，弧刃。长5.2、宽7.8、厚1.0厘米（图4-90，3）。

标本02H25：89，深灰色粉砂岩。一面局部保留卵石面，弧刃。长7.4、宽4.8、厚0.8厘米（图4-90，4）。

D型　7件。复刃。

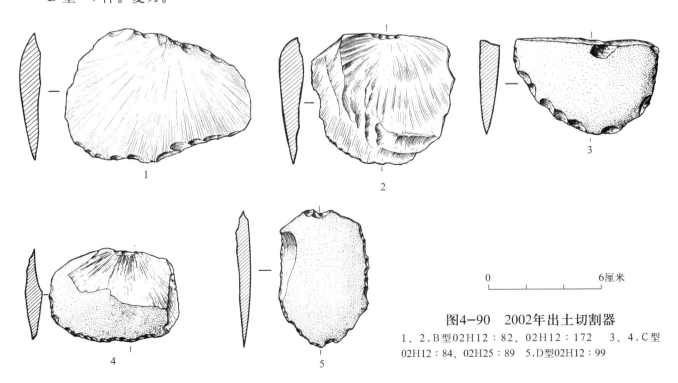

图4-90　2002年出土切割器

1、2．B型02H12：82、02H12：172　3、4．C型02H12：84、02H25：89　5．D型02H12：99

标本02H12：99,灰色粉砂岩。两侧琢击平齐,一面保留卵石自然面。长7.6、宽4.8、厚0.6厘米(图4-90，5)。

标本02T1④：40,粉砂岩。长8.6、宽5.4、厚1.6厘米（彩版一〇〇，5、6）。

5. 两侧打缺石刀

10件。

标本02H44：660,粉砂岩。一面为卵石自然面,另一面为劈裂面,可见打击点及疤迹,弧刃,有使用痕。长5.2、宽10.6、厚1.0厘米(图4-91，1；彩版一〇二，1)。

标本02H20：39,石英砂岩。一面为卵石自然面,另一面为劈裂面,两侧均为直刃。长8.3、宽5.6、厚0.8厘米（图4-91，2）。

标本02T1⑧：33,粉砂岩。长方形,弧刃,可见使用痕,两侧经琢击修整。长10.3、宽4.5、厚1.1厘米（图4-91，3；彩版一〇二，2）。

标本02T1⑨：12,粉砂岩。残长4.3、宽4.2、厚0.5厘米（图4-91，4）。

标本02H44：658,粉砂岩。剥离石片加工而成,弧刃,刃磨光,一面为劈裂面可见疤痕,另一面保留卵石自然面。长8.5、中宽4.0、背厚0.7厘米（图4-91，5；彩版一〇二，3、4）。

标本02H25：115,千枚岩。刃口有使用痕迹。残长5.8、宽4.0、厚1.0厘米（图4-91，6）。

标本02H7：39,粉砂岩。长4.2、宽2.6、厚0.7厘米（彩版一〇二，5）。

标本02T11④：36,石英砂岩。长11.2、宽5.6、厚1.0厘米（彩版一〇二，6）。

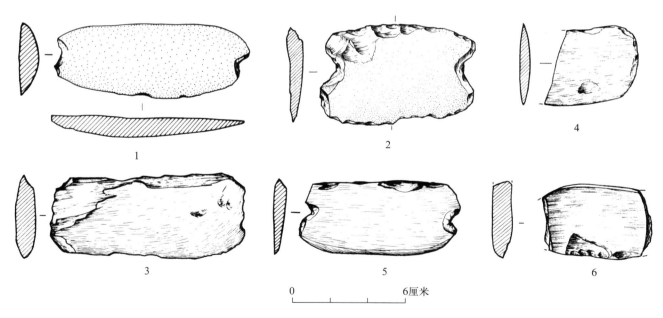

图4-91　2002年出土两侧打缺石刀
1~6.02H44：660、02H20：39、02T1⑧：33、02T1⑨：12、02H44：658、02H25：115

6. 琢背刀

2件。

标本02H12：112,灰黑色燧石。弧刃,一面有纵向脊。长4.2、宽2.6、厚0.7厘米（图4-92，1）。

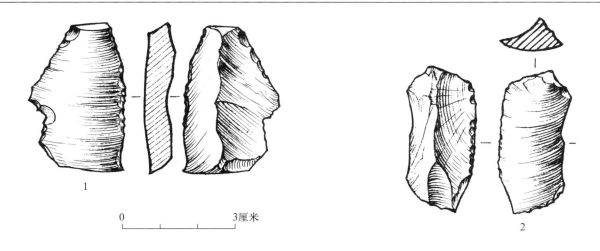

图4-92 200.琢背刀
1、2.02H12：112、02H38：160

标本02H38：160，黑色燧石。弧刃，有纵向脊。长4.0、宽1.8、厚0.9厘米（图4-92，2）。

7. 石核

8件。

标本02T18⑤：23，粉砂岩。背部斜平，一面保留局部自然面。长10.5、宽8.5、厚3.5厘米（图4-93，1；彩版一〇三，1）。

标本02H44：645，深灰色粉砂岩。背部台面有打击点。长12.9、宽10.2、厚3.9厘米（图4-93，2）。

标本02T18⑤：24，粉砂岩。两侧平。长13.1、宽10.0、厚4.0厘米（图4-93，3；彩版一〇三，2）。

标本02T1①：1，燧石。船底形，表面的打击点及放射线清晰。长5.4、宽3.0、厚4.7厘米（图4-93，4）。

标本02T1⑨：13，燧石。方形，上下台面平。长3.3和2.6、宽3.1和2.2厘米（图4-93，5）。

标本02T1⑧：34，深灰色石英岩。体量大。长13.8、宽6.7、厚2.8厘米（图4-93，6）。

8. 细石核

21件。大多为燧石。

标本02H1：23，燧石。楔形，剥片疤痕较宽。长3.8、宽1.6、厚1.4厘米（图4-94，1）。

标本02H44：744，灰色。楔形。台面平齐。长2.8、宽2.3、厚1.1厘米（图4-94，2）。

标本02H8：122，灰黑色燧石。半透明，楔形。台面略宽，表面有多道纵向细石叶剥片疤痕。长2.6、宽1.7、厚1.1厘米（图4-94，3）。

标本02H44：745，灰色硅质岩。半透明，楔形。台面斜。长2.6、宽2.4、厚1.3厘米（图4-94，4）。

标本02H44：746，黑色燧石。锥形，台面规整。长1.9、宽1.2、厚0.5厘米（图4-94，5）。

标本02H19：18，水晶。有尖。长2.2、宽3.0、厚1.4厘米（图4-94，6）。

标本02H25：102，黑色燧石。柱状，台面规整。长2.3、宽0.8、厚0.4厘米（图4-94，7）。

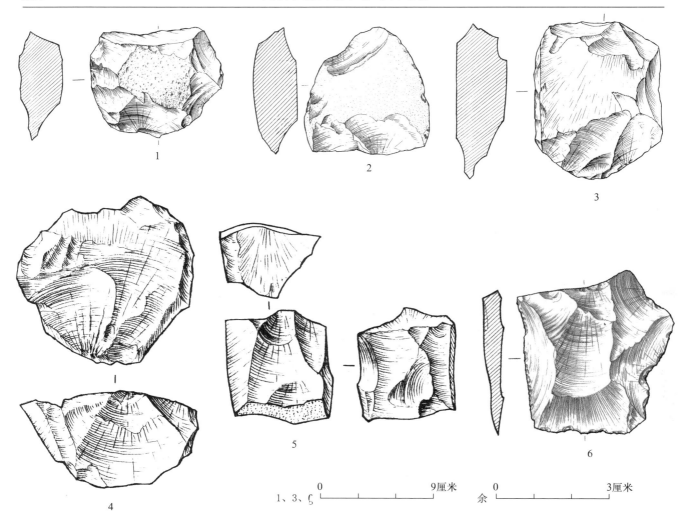

图4-93　2002年出土石核

1～6.02T18⑤：23、02H44：645、02T18⑤：24、02T1①：1、02T1⑨：13、02T1⑧：34

标本02H44：736，黑色燧石。有纵向石叶剥片疤痕，台面斜平。长2.0、宽1.8、厚0.5厘米（图4-94，8）。

标本02H44：821～824，4件，燧石。均为柱状，可见剥片疤痕（彩版一〇三，3）。

9．石片

78件。

标本02H4：17，黑色燧石。表面遍布剥片疤痕。长3.5、宽4.2、厚1.6厘米（图4-95，1）。

标本02H4：15，黑色燧石核。剥片疤痕较宽。长2.4、宽2.4、厚0.8厘米（图4-95，2）。

标本02H44：733，黑色燧石。石片远端。残长2.4、宽2.3、厚0.6厘米（图4-95，3）。

标本02H19：9，黑色燧石。长2.1、宽3.1、厚0.6厘米（图4-95，4）。

标本02H25：103，黑色燧石。长2.7、宽4.1、厚0.8厘米（图4-95，5）。

标本02H12：117，黑色燧石。中间断片。长1.9、宽2.3、厚0.5厘米（图4-95，6）。

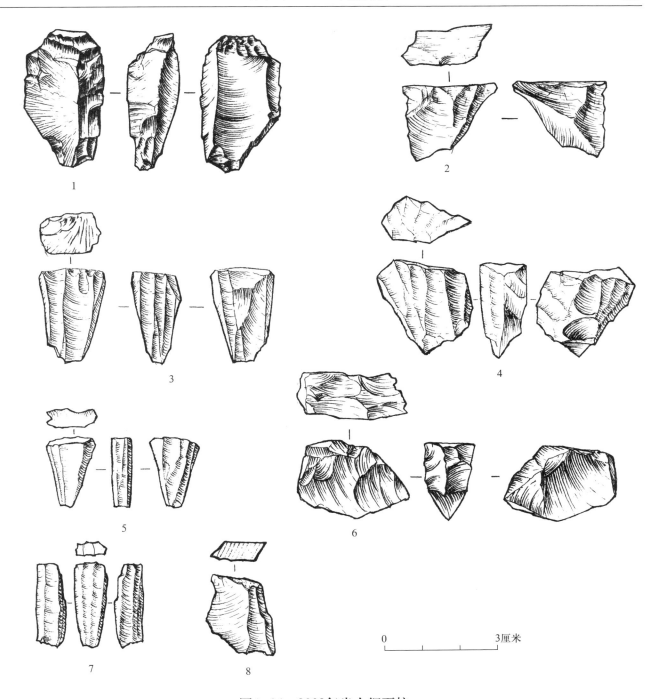

图4-94 2002年出土细石核

1～8.02H1：23、02H44：744、02H8：122、02H44：745、02H44：746、02H19：18、02H25：102、02H44：736

标本02H44：735，灰色粉砂岩。完整石片。长3.0、宽2.4、厚0.3厘米（图4-95，7）。

标本02H19：10，黑色燧石。长2.2、宽2.4、厚0.6厘米（图4-95，8）。

标本02T1②：19，黑色燧石。长2.7、宽1.5、厚0.6厘米（图4-95，9）。

标本02H44：737，硅质灰岩。半透明，局部磨光，有纵向脊。长3.9、宽1.8、厚0.5厘米（图4-96，1）。

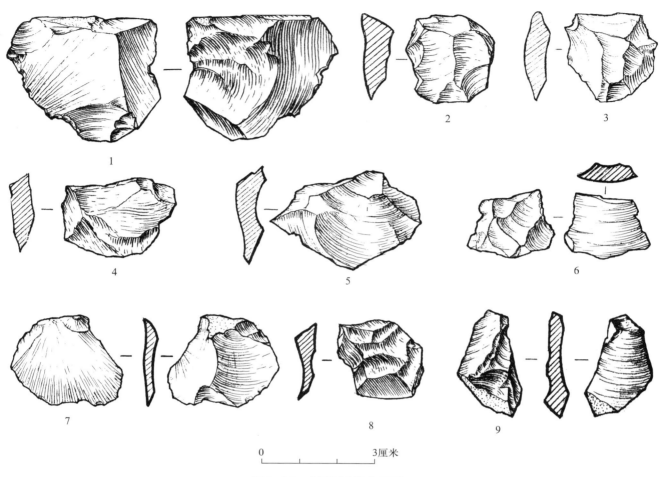

图4-95　2002年出土石片

1~9.02H4：17、02H4：15、02H44：733、02H19：9、02H25：103、02H12：117、02H44：735、02H19：10、02T1②：19

标本 02H44：739，黑色燧石。长3.5、宽2.0、厚0.6厘米（图4-96，2）。

标本 02H44：732，黑色燧石。一面遍布剥片疤痕，长2.0、宽1.1、厚0.3厘米（图4-96，3）。

标本 02H44：725，灰黑色燧石。一面有纵向脊。长2.4、宽1.0、厚0.3厘米（图4-96，4）。

标本 02H44：726，灰色燧石。长2.7、宽1.8、厚0.4厘米（图4-96，5）。

标本 02H44：727，灰色粉砂岩。长2.5、宽2.4、厚0.3厘米（图4-96，6）。

标本 02H44：740，灰色粉砂岩。长3.2、宽1.8、厚0.5厘米（图4-96，7）。

标本 02H44：729，灰色燧石。长1.8、宽1.7、厚0.2厘米（图4-96，8）。

标本 02H44：730，黑色燧石。长3.2、宽1.4、厚0.3厘米（图4-96，9）。

标本 02H44：731，灰色粉砂岩。长2.0、宽1.1、厚0.3厘米（图4-97，1）。

标本 02H12：116，黑色燧石。楔形，一面可见剥片疤痕。长2.2、宽2.0、厚0.6厘米（图4-97，2）。

标本 02H12：115，灰黑色粉砂岩。长2.2、宽3.2、厚0.4厘米（图4-97，3）。

标本 02H44：740，黑色燧石。长3.2、宽1.8、厚0.4厘米。

标本 02H38：158，灰色粉砂岩。长2.1、宽2.1、厚0.3厘米（图4-97，4）。

标本 02H25：99，黑色燧石。长3.2、宽1.4厘米（图4-97，5）。

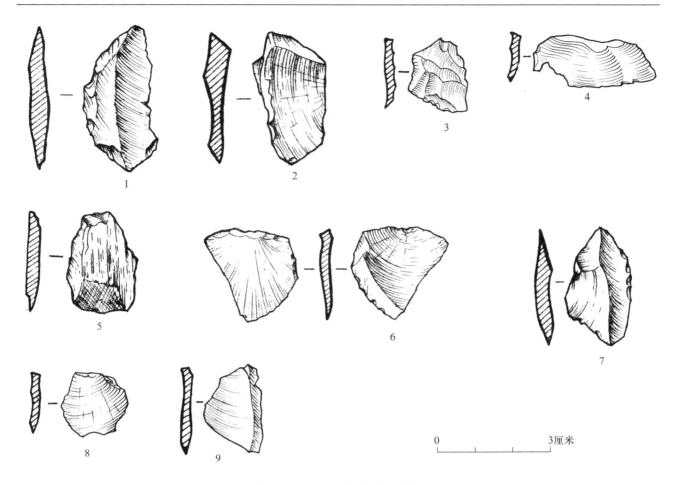

图4-96　2002年出土石片

1～9.02H44：737、02H44：739、02H44：732、02H44：725、02H44：726、02H44：727、02H44：740、02H44：729、02H44：730

标本02H25：106，黑色燧石。长3.2、宽1.4厘米（图4-97，6）。

标本02H38：166，灰黑色。长1.8、宽1.7、厚0.4厘米（图4-97，7）。

标本02H38：167，黑色燧石。长2.4、宽3.7、厚0.6厘米（图4-97，8）。

标本02H25：100，黑色燧石。长5.0、宽1.7、厚0.7厘米（图4-97，9）。

标本02H44：744～746，3件，玛瑙（彩版一○三，4）。

标本02H25：101，燧石。长4.6、宽5.2、厚0.8厘米。

10．细石叶

25件。均为燧石。

标本02H19：11，较宽，一面有脊。长1.7、宽1.3、厚0.2厘米（图4-98，1）。

标本02H19：12，一面有多道纵向石叶剥片疤痕。长1.2、宽0.6、厚0.15厘米（图4-98，2）。

标本02H1：24，长2.3、宽1.1、厚0.6厘米（图4-98，3）。

标本02H19：19，长3.3、宽1.5、厚0.7厘米（图4-98，4）。

标本02H38：168、169、170、171、172，原料均为燧石（图4-98，5～9）。

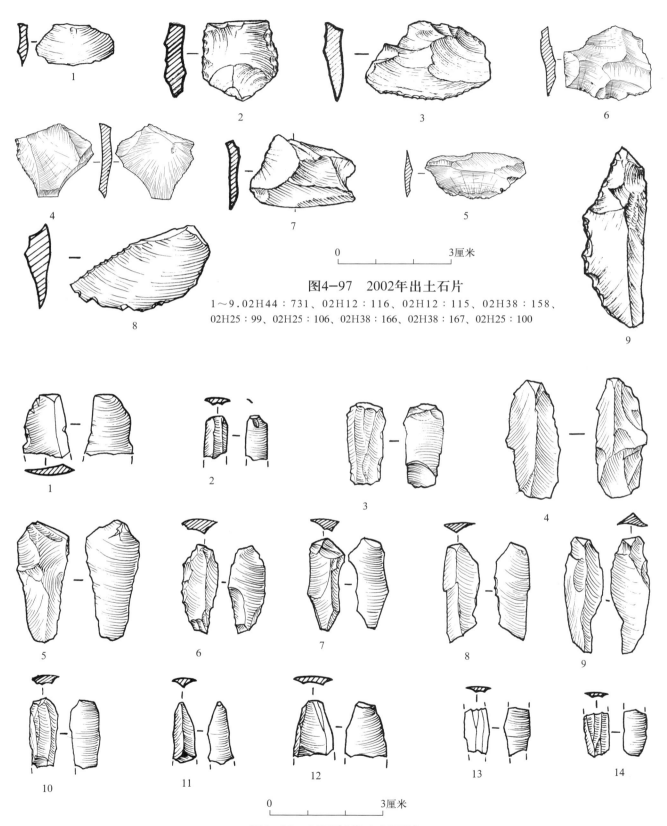

图4-97　2002年出土石片
1~9.02H44：731、02H12：116、02H12：115、02H38：158、
02H25：99、02H25：106、02H38：166、02H38：167、02H25：100

图4-98　2002年出土细石叶
1~14.02H19：11、02H19：12、02H1：24、02H19：19、02H38：168~172、02H12：120、121、123~125

标本 02H12：120～125，6件。多数为残断的半石叶，表面还有多道更细的石叶剥片疤痕（图4-98，10～14）。黑色燧石，表面还有纵向细石叶剥片疤痕。

标本 02H25：108～114，原料均为燧石（图4-99，1～7）。

标本 02H25：115～117，残断的细石叶（图4-99，8～10）。

标本 02 采：802、803、804、805，燧石，均为细石叶近端。残长 2.1～2.5、宽 0.5～0.6、厚 0.2～0.3 厘米（彩版一〇三，5、6）。

标本 02H44：756、759、760（白色石英）、761，多为黑色燧石，长条石叶，表面还有更窄的细石叶剥片疤痕。长 1.9～2.7、宽 0.5～0.7 厘米（图4-99，11～13；彩版一〇四，1）。

标本 02H44：757、758，黑色燧石，表面有纵向脊，残断的细石叶。长 1.9、1.5、宽 0.4、0.5 厘米（图4-99，14、15）。

标本 02H36：238～240，水晶。均为细石叶近端断片。长 1.2～2.2、宽 0.8～1.2、厚 0.2～0.4 厘米（彩版一〇四，2）。

标本 02H44：662～665，4件，燧石。细石叶断片。长 1.2～1.5、宽 0.7～1.1、厚 0.2～0.4 厘米（彩版一〇四，3）。

11．穿孔形器

2件。

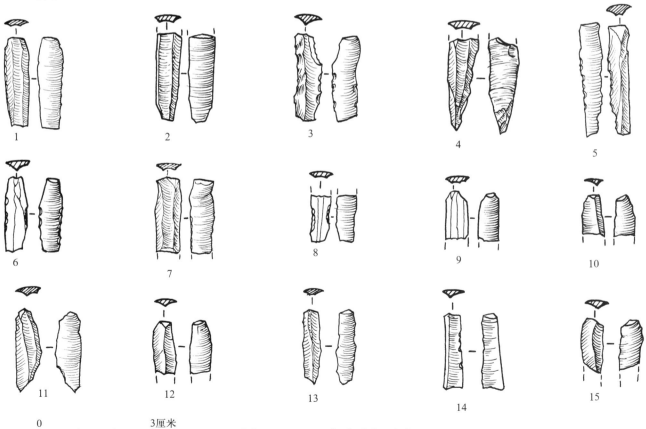

图4-99　2002年出土细石叶

1～15.02H25：108～114、02H25：115～117、02H44：756、759、760、02H44：757、758

标本 02H12 ： 128，变质岩。中部有双向圆形穿孔。残长 6.2、宽 4.8、厚 0.5 厘米（彩版一〇四，4）。

标本 02 采：527，变质岩。中部有双向圆形穿孔。残长 5.2、宽 5.0、厚 0.4 厘米（彩版一〇四，5）。

12．石饼

2 件。

标本 02T18 ⑦ ： 29，千枚岩。直径约 6.4、厚 0.6 厘米（彩版一〇四，6、7）。

标本 02 采：924，粉砂岩。直径约 5.6、厚 0.4 厘米。

13．石料

5 件。

标本 02H44 ： 666、671、672、678、679，均为水晶（彩版一〇四，8）。

（二）磨制石器

1．石斧

A 型　5 件。上窄下宽，呈梯形。

标本 02H41 ： 24，磨制，黄白色大理石加工成。器体狭长，厚重，质地坚硬，一侧加工平齐，另一侧及下端呈弧刃状（可见砸击使用痕迹），握端为尖状，一面中部保留自然杂质石纹，周边有加工疤痕；另一面均为打击疤痕和劈裂面。长 20.7、宽 7.5、厚 3.6 厘米（图 4-100，1；彩版九八，7、8）。

标本 02H8 ： 76，粉砂岩。弧刃，中锋。长 18.3、宽 7.5、厚 3.6 厘米（图 4-100，2）。

标本 02H1 ： 21，灰黑色粉砂岩。表面磨光，石质坚硬，斜肩，弧刃，一侧磨平齐，另一侧略弧，中锋有使用疤，周身可见疤点。长 11.0、宽 5.2、厚 1.7 厘米（图 4-100，3；彩版一〇五，1、2）。

标本 02T1 ③ ： 12，粉砂岩。残长 5.1、宽 5.5、厚 2.3 厘米（图 4-100，4）。

标本 02H8 ： 120，粉砂岩。弧刃，中锋。长 16.2、宽 6.8、厚 3.2 厘米（彩版一〇五，5、6）。

B 型　2 件。长条形。

标本 02H8 ： 115，石英砂岩。两侧琢制平齐，可能为器坯。长 12.4、宽 6.2、厚 2.2 厘米（图 4-100，5；彩版九九，1、2）。

标本 02T1 ⑧ ： 42，青黑色粉砂岩。残断，磨光，弧刃，中锋。残长 6.5、宽 5.5、厚 1.4 厘米（图 4-100，6）。

残石斧　多为粉砂岩。

标本 02T1 ④ ： 41，粉砂岩。长 4.8、宽 8.6、厚 1.2 厘米（图 4-101，1；彩版一〇五，3、4）。

标本 02H44 ： 702，粉砂岩。长 5.0、宽 3.8、厚 2.6 厘米（图 4-101，2）。

标本 02H25 ： 118，粉砂岩。青黑色。残断，磨光，弧刃。长 3.6、宽 5.6、厚 1.4 厘米（图 4-101，3）。

标本 02T1 ④ ： 39，粉砂岩。长 5.6、宽 4.2、厚 0.8 厘米（图 4-101，4）。

标本 02 采：520，蛋白石。残长 3.2、宽 4.2、厚 2.6 厘米（彩版一〇五，7、8）。

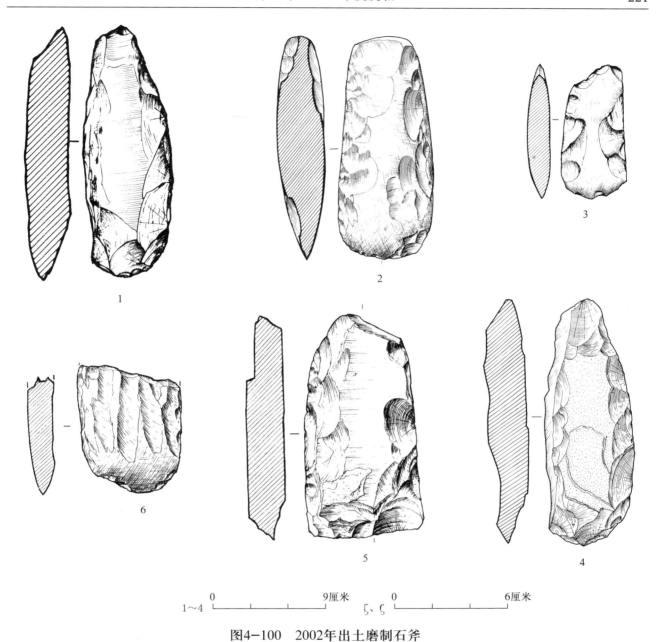

图4-100 2002年出土磨制石斧
1~4.A型02H41：24、02H8：76、02H1：21、02T1③：12 5、6.B型02H8：115、02T1⑧：42

2．石锛

15件。

A型石锛

标本02H12：83，千枚岩。坯料。长7.6、宽5.2、厚0.7厘米（彩版一○七，3、4）。

标本02M8填土：1，千枚岩。长8.4、宽4.3、厚0.6厘米（彩版一○七，5、6）。

B型石锛

标本02H16：25，透闪石。梯形，平肩，弧刃，侧锋，刃略残，通体磨光。长7.9、刃宽3.5、肩宽2.5、

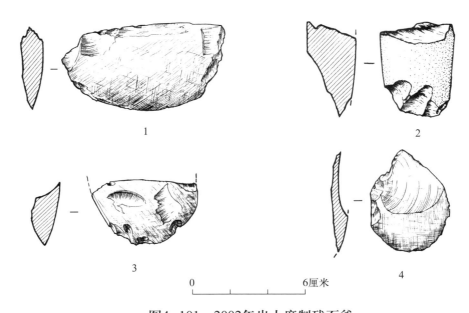

图4-101　2002年出土磨制残石斧

1～4.02T1④：41、02H44：702、02H25：118、02T1④：39

厚1.0厘米（图4-102，1）。

标本02采：602，绿色千枚岩。残，两面磨光，两侧琢平。残长4.5、宽7.0、厚1.2厘米（图4-102，2；彩版一○六，1、2）

标本02T1⑥：18，长6.4、宽3.8、厚0.6厘米（图4-102，3；彩版一○六，3、4）。

标本02G3：33，长7.2、宽3.8、厚0.8厘米（图4-102，4）。

标本02采：603，千枚岩。长6.6、宽3.9、厚1.0厘米（彩版一○六，5、6）。

标本02H44：659，灰黑色粉砂岩。打制，梯形，弧刃，刃略磨光，一侧平齐，另一侧可见加工疤痕，一面保留卵石自然面。长12.5、刃宽6.0、背宽4.0、厚1.0厘米（图4-103，1；彩版一○七，1）。

标本02T10②：19，粉砂岩。长10.4、宽5.2、厚1.0厘米（图4-103，2；彩版一○七，2）。

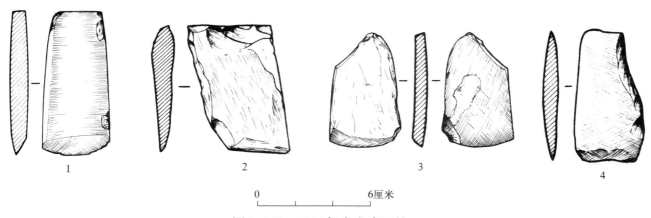

图4-102　2002年出土磨石锛

1～4.B型石锛02H16：25、02采：602、02T1⑥：18、02G3：33

　　标本02H44 ：700,深灰色粉砂岩。残断,一面保留卵石面。长6.2、宽5.2、厚0.8厘米（图4-103,3）。

　　标本02H25 ：82,淡绿色千枚岩。打制,周边经琢击加工,一面保留卵石面。长13.2、宽5.1、厚1.8厘米（图4-103, 4）。

　　标本02H25 ：96,灰色千枚岩。质软,易起层,长条形,两侧磨平,磨制弧刃,偏锋,上端有两排穿孔（上排三个,单向钻成,下排双向穿透二孔,一孔未透）。长9.8、宽4.2、厚0.3厘米（图4-103,5；彩版一一二, 4）。

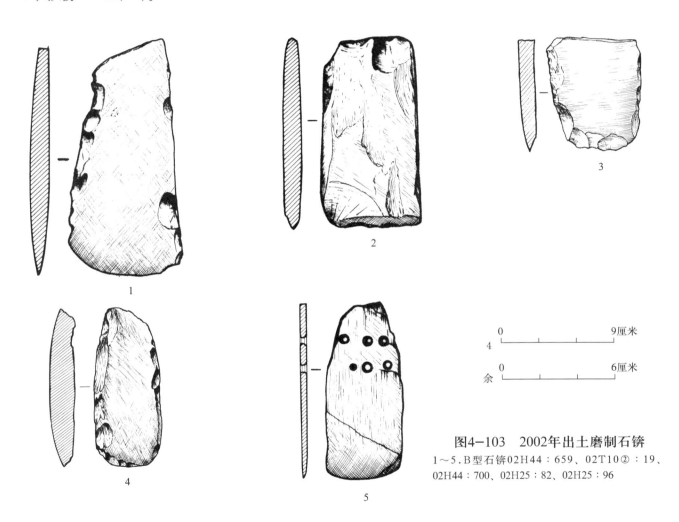

图4-103　2002年出土磨制石锛
1～5.B型石锛02H44：659、02T10②：19、02H44：700、02H25：82、02H25：96

3. 石凿

11件。

　　标本02T9 ① ：1,偏锋。长7.2、宽2.0、厚1.2厘米（图4-104, 1；彩版一〇八, 1）。

　　标本02H12 ：10,长9.4、宽3.4、厚0.4厘米（图4-104, 2；彩版一〇八, 2）。

　　标本02G3 ：24,灰绿色千枚岩。保留切割断裂痕迹。长3.8、宽2.6、厚1.6厘米（图4-104,3）。

　　标本02H8 ：125,长5.0、宽2.4、厚0.5厘米（图4-104, 4）。

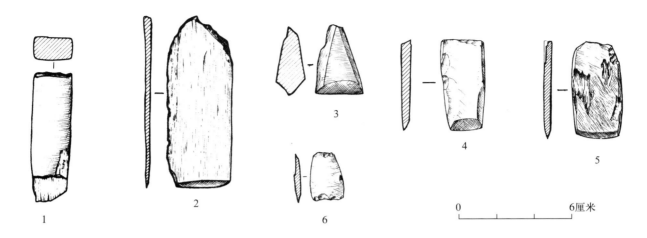

图4-104 2002年出土磨制石凿

1~6.02T9①：1、02H12：10、02G3：24、02H8：125、02H19：20、02H44：713

标本02H19：20，灰绿色千枚岩。通体磨光，扁平，弧刃、中锋。长5.4、宽2.6、厚0.4厘米（图4-104，5；彩版一○八，3）。

标本02H44：713，淡绿色千枚岩。通体磨光，器体小巧。长2.6、宽1.8、厚0.3厘米（图4-104，6；彩版一○八，4）。

标本02H44：714，淡绿色千枚岩。长条形，刃端残，两侧磨平。长4.0、宽1.6、厚0.4厘米（图4-105，1；彩版一○八，5）。

标本02H44：711，灰白色硅质岩。残，扁平，直刃。长6.0、宽3.3、厚0.8厘米（图4-105，2；彩版一○八，6）。

标本02H1：22，墨绿色千枚岩。长条形，肩略残，表面磨光，弧刃，侧锋，有使用疤痕。长15.0、中宽3.6、厚1.0厘米（图4-105，3；彩版一○九，1）。

标本02T1⑥：21，绿色千枚岩。长条形，刃部磨光，弧刃。长10.3、宽1.1厘米（图4-105，4）。

标本02H36：290，透闪石，通体磨光。残长7.2、宽1.4、厚0.5厘米（彩版一○九，2）。

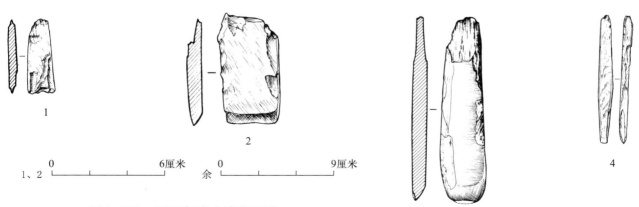

图4-105 2002年出土磨制石凿

1~4.02H44：714、02H44：711、02H1：22、02T1⑥：21

4．石刀

B型　穿孔石刀3件

标本02T1②：18，粉砂岩。刃磨光，长方形，弧刃，一面为卵石面，中部有一双向钻孔。长8.2、宽4.4、厚0.8厘米（图4-106，1；彩版一一○，1、2）。

标本02H25：162，淡红色。磨制，长方形，近背部单向钻双孔，弧刃、中锋。长4.4、宽6.2、厚0.4厘米（图4-106，2；彩版一一○，3）。

标本02H45：1，透闪石。质地细腻，抚之有温润感，略呈长方形，通体磨光，壁薄，弧刃，中锋，两侧平齐，一侧磨成侧刃，背部平齐，中部单向钻有一大一小双孔，近背部还有二未穿之孔，刃部未见使用痕迹。长3.6、宽8.6、厚0.4厘米（图4-106，3；彩版一一○，4、5）。

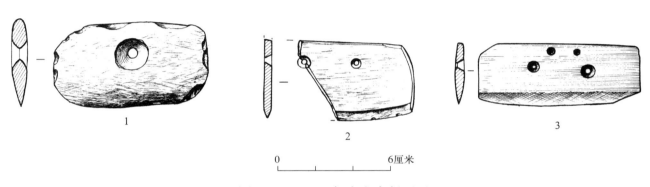

图4-106　2002年出土磨制石刀

1～3.B型穿孔石刀02T1②：18、02H25：162、02H45：1

5．石镞

3件。

标本02H44：712，灰绿色透闪石。扁状侧铤，边刃中锋，细长铤。长5.7、铤长1.5、宽1.7厘米（彩版一○九，3）。

标本02H44：806，灰黑色粉砂岩。残断，打制，短铤。残长5.3、铤长0.7、宽1.2厘米（彩版一○九，4）。

标本02T8①：1，透闪石。通体磨光。长6.2、铤长1.0、宽1.2、厚0.8厘米（彩版一○九，5、6）。

6．磨制石片

3件。

标本02H25：117，淡绿色千枚岩。两端磨光。残长5.4、宽3.4、厚0.3厘米（图4-107，2）。

标本02H38：156，灰绿色千枚岩。周边经琢击略残。残长3.7、宽5.1、厚0.4厘米（图4-107，1）。

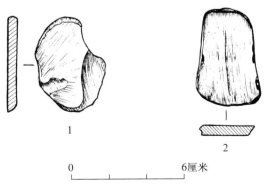

图4-107　2002年出土磨制石片

1、2.02H38：156、02H25：117

7. 砺石

21 件。

标本 02H20：132，灰白色砂岩。残断，四面内凹。残长 3.0、宽 5.0、厚 2.0 厘米（图 4-108，1；彩版一一一，1、2）。

标本 02T19⑩：9，灰白色砂岩。磨面内凹。残长 10.8、宽 6.0、厚 2.2 厘米（图 4-108，2）。

标本 02T18⑧：62，淡黄色砂岩。磨面内凹，有多重磨面。残长 11.0、宽 7.3 厘米（图 4-108，3；彩版一一一，3、4）。

标本 02T19⑩：2，淡黄色砂岩。磨面内凹。残长 9.8、宽 4.2、厚 3.2 厘米（彩版一一一，5、6）。

标本 02H44：641，灰黄色砂岩。磨面内凹且有刻槽。长 7.0、宽 5.6、厚 3.8 厘米（图 4-108，4；彩版一一一，7、8）。

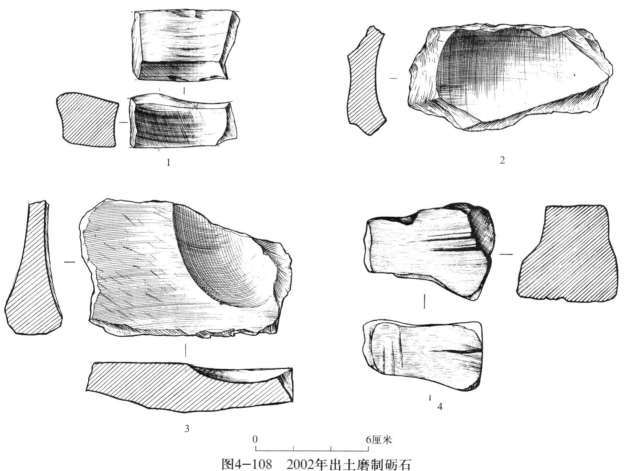

0   6厘米

图4-108 2002年出土磨制砺石
1～4.02H20：132、02T19⑩：9、02T18⑧：62、02H44：641

8. 石环

18 件。

标本 02H44：657，深灰色大理石。磨光，粗大，厚重，外弧内平，制作精细。直径 5.2、厚 2.0 厘米（图 4-109，1；彩版一一二，1）。

标本 02H22 ∶ 17，白色蛋白石。已残断，内壁略平，外壁圆弧。直径7.0、厚1.4厘米（图4-109，2）。

标本 02T18 ⑧ ∶ 71，千枚岩。直径6.2、厚0.8厘米（图4-109，3）。

标本 02H44 ∶ 718，截面呈圆形或扁弧形。厚0.6厘米（图4-109，4）。

标本 02H7 ∶ 49，白色蛋白石。已残断，宽扁，内壁较平，外壁圆弧（图4-109，5）。

标本 02H30 ∶ 112，淡绿色千枚岩。磨光，外弧内平，肉部窄，厚1.5厘米（图4-109，6；彩版一一二，2）。

标本 02H30 ∶ 113，截面呈圆形或扁弧形。厚0.8厘米（图4-109，7）。

标本 02H44 ∶ 719～722，截面呈圆形或扁弧形。厚0.6～0.8厘米（图4-109，8～11）。

标本 02T9 ④ ∶ 23，直径10.4、厚2.0厘米（彩版一一二，3）。

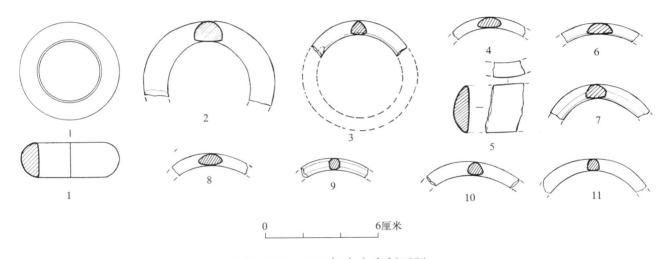

图4-109　2002年出土磨制石环

1～11.02H44∶657、02H22∶17、02T18⑧∶71、02H44∶718、02H7∶49、02H30∶112、02H30∶113、02H44∶719～722

9. 璧形器

1件。

标本 02采 ∶ 600，灰白色大理石。残，内面磨平，外面琢成斜坡状，肉厚4.0、高1.5厘米（图4-110）。

10. 穿孔形器

10件。

标本 02H44 ∶ 649，灰绿色千枚岩。残留一单向钻孔。长5.0、宽7.2、厚0.8厘米（图4-111，1）。

标本 02H44 ∶ 643，灰黑色板岩。周边磨平，残断，孔径较大。长7.2、宽2.0、厚1.0厘米（图4-111，2）。

标本 02H44 ∶ 639，深灰色千枚岩。残留二双向钻孔。长4.6、宽2.6、厚0.3厘米（图4-111，3）。

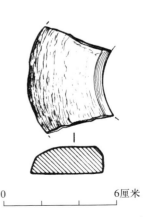

图4-110　2002年出土磨制璧形器02采∶600

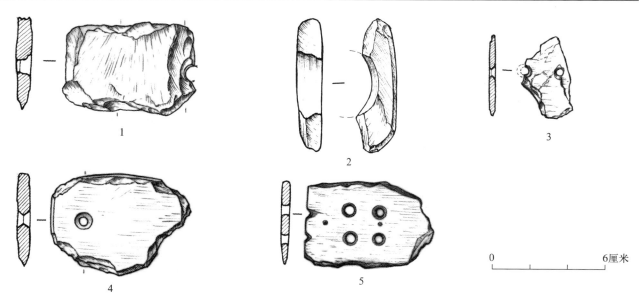

图4-111　2002年出土磨制穿孔石器
1～5.02H44：649、02H44：643、02H44：639、02H44：697、02T26⑦：2

标本02H44：697，深灰色板岩。顶端有一双向钻孔。长5.6、宽7.4、厚0.8厘米（图4-111，4；彩版一一二，7）。

标本02T26⑦：2，灰色板岩。质软，易起层，长条形，两侧磨平，磨制弧刃，偏锋，有两排穿孔，上、下排均三个，均双向钻成。长4.8、宽6.8、厚0.4厘米（图4-111，5；彩版一一二，5、6）。

11．研磨器

3件。

标本02H41：25，砂岩。圆形，周缘遍布琢击疤痕，一面平，一面琢出凹窝。直径9.4、厚2.1厘米，窝径4.0、深0.5厘米（图4-112，1；彩版一一三，1、2）。

标本02采：161，白色大理石。残断，椭圆形，遍布琢击疤，一面平，一面琢出凹窝。长8.5、残宽4.5、厚2.0厘米（图4-112，2）。

标本02采：516，变质粉砂岩。中间有一浅凹圆窝。直径2.2厘米（彩版一○一，7、8）。

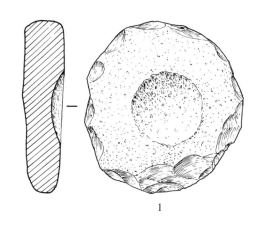
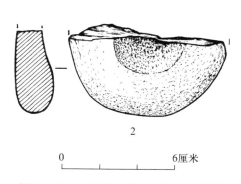

图4-112　2002年出土磨制研磨器
1、2.02H41：25、02采：161

12．石纺轮

A型　15件。扁平圆形。

标本02H20：139，灰绿色千枚岩。周边磨光，残，双向钻孔。孔径1.0、厚0.3厘米（图4-113，1）。

标本02H20：128，灰绿色千枚岩。周边磨光，双向钻孔。直径约7.6、孔径1.4～2.0、厚0.5厘米（图4-113，2）。

标本02H20：129，灰色千枚岩。周边磨光。直径约5.8、厚0.6厘米（图4-113，3；彩版一一三，5、6）。

标本02H20：145，灰绿色千枚岩。通体磨光，圆形，扁平，中部单向穿孔。直径6.6、孔径0.9～1.1、厚0.8厘米（图4-113，4；彩版一一三，3、4）。

标本02H5：32，深灰色千枚岩。周边磨光，残。厚约0.4厘米（图4-113，5）。

标本02采：601，白色蛋白石。半成品，磨光，圆形，中部有一未透之穿孔。直径7.6、厚0.6厘米（图4-113，6；彩版一一四，1、2）。

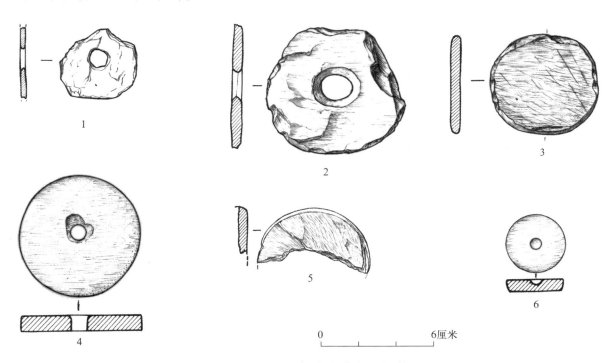

图4-113　2002年出土磨制石纺轮
1～5.A型02H20：139、02H20：128、02H20：129、02H20：145、02H5：32、02采：601

标本02H44：701，深灰石英砂岩。器胚，残断。直径0.8、厚0.9厘米（图4-114，1）。

标本02T18⑦：29，青灰色千枚岩。周边打制斜平，器胚。直径6.7、厚0.7厘米（图4-114，2）。

标本02H44：640，绿色千枚岩。器胚，周边经琢击加工。直径约8.2、厚0.6厘米（图4-114，3；彩版一一四，3、4）。

标本02H8：118，灰白色大理石。器胚，已残。直径约6.4、厚0.8厘米，周边经双向琢击加工（图4-114，4）。

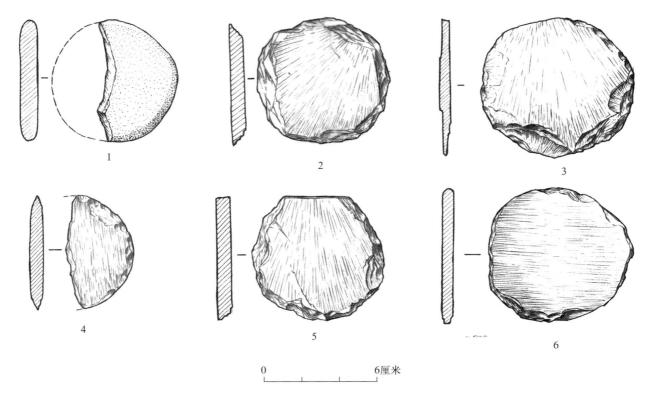

图4-114　2002年出土磨制石纺轮
1～6. A型02H44：701、02T18⑦：29、02H44：640、02H8：118、02H38：138、02H12：79

标本 02H38：138，灰绿色千枚岩。周边经琢击，器胚。直径约7.0、厚0.8厘米（图4-114，5）。

标本 02H12：79，淡绿色千枚岩。圆形，周边琢平，器胚。直径7.6、厚0.6厘米（图4-114，6；彩版一一三，7、8）。

13. 石球

Aa 型　12件。正圆形。

标本 02T1 ⑧：39，灰色石英砂岩。直径4.3、厚3.2厘米（图4-115，1）。

标本 02T1 ⑥：19，白色石英砂岩，扁状。直径约8.5厘米（图4-115，2）。

标本 02H12：102，灰色石英砂岩。直径约3.2、厚2.4厘米（图4-115，3）。

标本 02H12：1，灰色闪长岩。长径10.4、短径8.6、厚6.8厘米（图4-115，4）。

标本 02H12：103，灰色闪长岩。直径约4.8、厚3.2厘米（图4-115，5）。

标本 02H8：113，灰色石英砂岩。直径约7.6、厚6.4厘米（图4-115，6）。

Ab 型　31件。椭圆形。

标本 02H38：157，灰白色闪长岩。截面呈椭圆形。长径8.6、短径7.6、厚5.6厘米（图4-116，1）。

标本 02H38：149，灰白色石英砂岩。截面呈椭圆形。长径6.0、短径5.1、厚3.8厘米（图4-116，2）。

标本 02T18 ⑨：17，灰色闪长岩。截面呈椭圆形。长径6.6、短径5.3、厚4.6厘米（图4-116，3）。

标本 02T19 ④：30，灰色石英砂岩。长径5.8、短径5.1、厚4.9厘米（图4-116，4）。

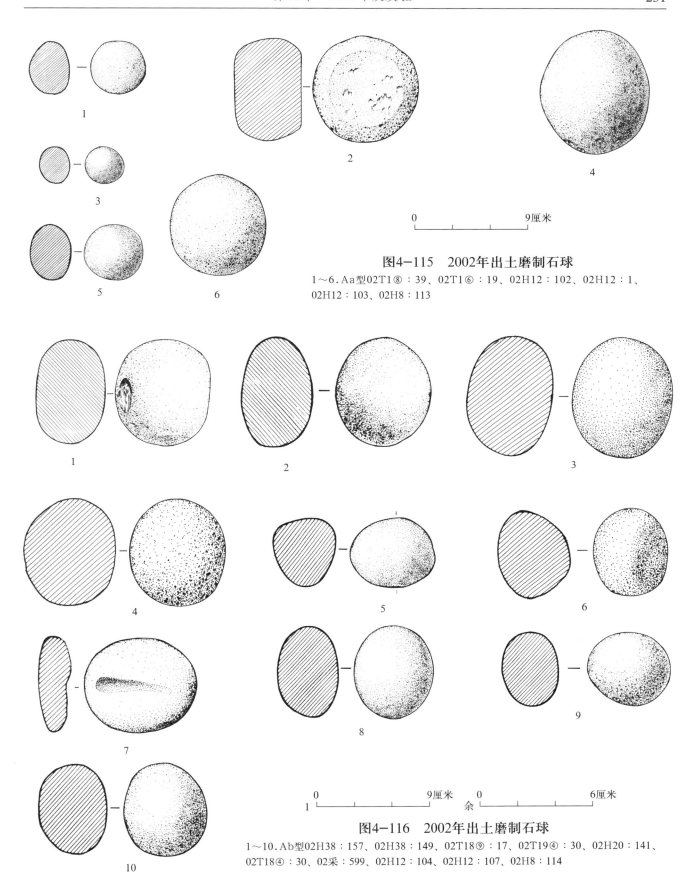

图4-115 2002年出土磨制石球

1～6.Aa型02T1⑧：39、02T1⑥：19、02H12：102、02H12：1、02H12：103、02H8：113

0 9厘米

图4-116 2002年出土磨制石球

1～10.Ab型02H38：157、02H38：149、02T18⑨：17、02T19④：30、02H20：141、02T18④：30、02采：599、02H12：104、02H12：107、02H8：114

0 9厘米 0 6厘米

1 余

标本02H20：141，灰白色石英砂岩。长径4.6、短径3.8、厚3.2厘米（图4-116，5）。

标本02T18④：30，灰白色闪长岩。长径4.8、短径3.8、厚3.9厘米（图4-116，6）。

标本02采：599，灰色石英砂岩。长径6.0、短径5.1、厚1.7厘米（图4-116，7；彩版一一四，5、6）。

标本02H12：104，灰色石英砂岩。长径5.1、短径4.2、厚3.2厘米（图4-116，8）。

标本02H12：107，灰色闪长岩。长径4.5、短径4.0、厚3.0厘米（图4-116，9）。

标本02H8：114，灰色石英砂岩。长径5.1、短径4.4、厚3.6厘米（图4-116，10）。

Ba型　2件。通体磨光，正圆形。

标本02H12：105，灰色闪长岩。直径约4.7、厚3.4厘米（图4-117，1）。

Bb型　2件。通体磨光，椭圆形。

标本02H12：106，灰色闪长岩。长径6.7、短径5.3、厚4.0厘米（图4-117，2）。

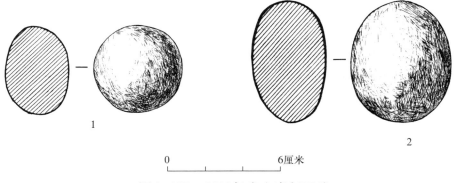

图4-117　2002年出土磨制石球
1.Ba型02H12：105　2.Bb型02H12：106

14．石网坠

1件。

标本02H44：656，原料为灰色石英砂岩扁平椭圆形砺石。两侧打缺，呈亚腰状。长7.4、宽6.2、厚1.6厘米（图4-118；彩版一一四，7、8）。

三　骨角蚌器

出土骨器标本包括锥、笄、箭镞等。

1．骨锥

9件。

标本02H12：148，黄色。弯曲，尖磨光。长3.6、宽0.9、厚0.5厘米（图4-119，1；彩版一一五，1）。

标本02H12：144，原料系动物肢骨，保持肢骨弧度，尖刃，刃部烧黑并磨光。长7.2、宽1.8、厚0.7厘米（图

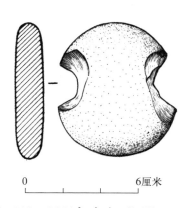

图4-118　2002年出土石网坠02H44：656

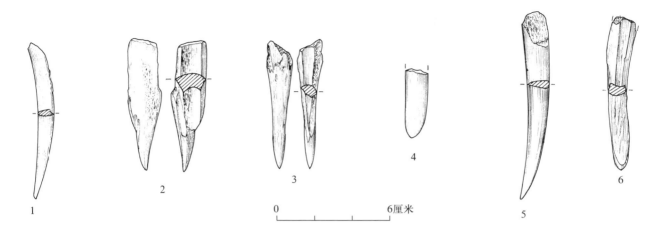

图4-119 2002年出土骨锥
1~6.02H12：148、02H12：144、02H12：145、02H44：816、02H12：142、02H32：94

4-119，2；彩版一一五，2）。

标本 02H12：145，原料系动物肢骨，保持肢骨弧度，尖刃，黄色，刃部磨光。长7.0、宽1.4、厚0.6厘米（图4-119，3；彩版一一五，4）。

标本 02H44：816，灰黄色。残断，磨光，表面有多道纵向凹槽。残长3.5、宽1.1厘米（图4-119，4）。

标本 02H12：142，淡黄色。扁平，刃端弯曲，仅磨光刃部。长10.5、宽1.3、厚0.4厘米（图4-119，5；彩版一一五，6）。

标本 02H32：94，灰黄色。水鹿角制作，仅磨出刃部，粗糙。长17.0、宽2.8、厚1.0厘米（图4-119，6；彩版一一五，5）。

2．骨镞

11件。通体磨光，兽骨制成。

标本 02H44：840，仅剩铤部，呈扁平状，通体磨光。残长2.6、宽1.2、厚0.4厘米（图4-120，1）。

标本 02H30：121，黑色泛白。无铤。长5.6、径0.6厘米（图4-120，2）。

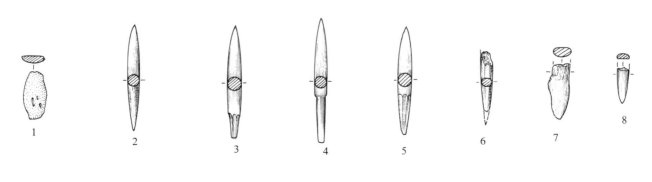

图4-120 2002年出土骨镞
1~8.02H44：840、02H30：121、02H12：143、02H28：86、02H44：835、837、841、842

标本 02H12：143，黑色。短铤。长 6.0、径 0.6、铤长 1.5 厘米（图 4-120，3）。

标本 02H28：86，黑色。铤略长。长 6.8、径 0.7、铤长 2.3 厘米（图 4-120，4）。

标本 02H44：835、837、841、842，深灰色骨或黑色烧骨。均残，多数有铤，通体磨光，圆状或扁状。残长 1.8～5.4 厘米（图 4-120，5～8；彩版一一五，3）。

3．骨笄

15 件。

标本 02H16：27，黄色。细长，骨质坚硬，柄端残断，通体磨光。残长 16.8、直径 0.6 厘米（图 4-121，1；彩版一一五，7）。

标本 02H44：688，黄色。纤细修长，柄端有帽，通体磨光，有蚀痕，骨质细腻。长 10.3、径 0.3、帽径 0.7 厘米（图 4-121，2；彩版一一五，8）。

标本 02H12：141，黄色。柄端有扁平状帽，骨质坚硬，通体磨光，制作精细，短而粗。长 7.6、径 0.7、宽 1.2 厘米（图 4-121，3；彩版一一五，9）。

标本 02H12：149，灰色。略曲，表面磨光。直径 0.4、残长 12.7 厘米（图 4-121，4）。

标本 02H12：150，灰色。平顶，磨光。直径 0.5、残长 4.1 厘米（图 4-121，5）。

标本 02H44：847，黄色骨或黑色烧骨。残断，通体磨光，圆状或扁状。残长 3.0 厘米（图 4-121，6）。

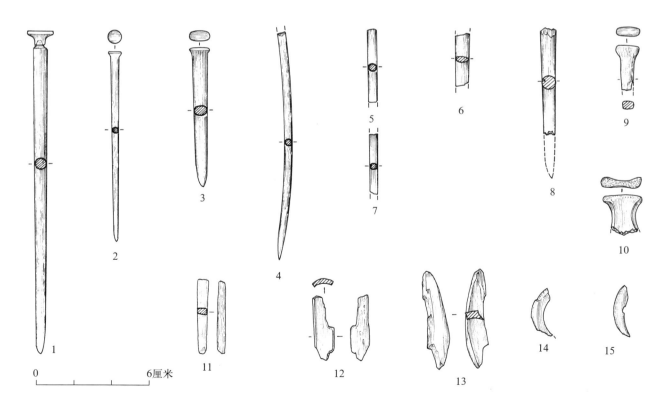

图4-121　2002年出土骨笄、烧骨片和牙饰

1～11.骨笄02H16：27、02H44：688、02H12：141、02H12：149、02H12：150、02H44：847、02H12：151、T18⑥：31、02H44：845、02H12：152、02H44：807　12、13.烧骨片02H12：146、02H12：147　14、15.牙饰02H44：706、707

标本 02H12：151，灰色。残断，磨光。直径 0.4、残长 3.3 厘米（图 4-121，7）。

标本 T18 ⑥：31，黄色。残长 4.6、径 0.6 厘米（图 4-121，8）。

标本 02H44：845，黄色骨或黑色烧骨。残断，通体磨光，圆状或扁状。残长 2.4 厘米（图 4-121，9）。

标本 02H12：152，扁平柄，烧黑，磨制，宽 2.1、残长 2.2 厘米（图 4-121，10）。

标本 02H44：807，灰黑色。残断，通体磨光。残长 5.7、直径 0.7 厘米（图 4-121，11）。

4．烧骨片

2 件。

标本 02H12：146，原料为动物肢骨片，保持肢骨弧度。残长 3.5、宽 1.0、厚 0.2 厘米（图 4-121，12）。

标本 02H12：147，原料为动物肢骨片，保持肢骨弧度。残长 5.4、宽 1.2、厚 0.35 厘米（图 4-121，13）。

5．牙饰

2 件。

标本 02H44：706、707，黄色，略均，弯曲。残长分别为 2.2、2.6 厘米（图 4-121，14、15）。

第五章　2003年度发掘

　　2003年10月9日至12月17日，进行了第一次正式发掘，发掘面积1000平方米（图5-1；彩版一一六、一一七）。

　　本次发掘的第一轮工作在遗址中部偏西地带（即2000、2002年重点发掘区以北地带）布5米×5米探方10个（方向为0°，按东西方向分两列进行排列，各探方留下东、北两个隔梁，编号为03T1～T10（彩版一一八～一二九），待测绘了遗址的详细平面图以后再按分区的象限进行统一编号）。之后在遗址中部新开布5米×5米探方2个（方向为0°，按东西方向排列，各探方留下东、北两个隔梁，编号为03T11、T12（彩版一三〇））。接着在03T11北面新开5米×5米探方1个（方向为0°，留下东隔梁，编号为03T13）（图5-2；彩版一三一）。

　　为了解遗址中部偏北地带的文化堆积情况，接第二轮发掘工作在2002年发掘的探方02T1的北面新开5米×5米探方1个（方向为0°，其东部留下一个探方的位置，编号为03T14（彩版一三二））；在遗址中部、探方03T10的东面相隔1个探方的位置新开5米×5米探方1个（方向为0°，其东部留下一个探方的位置，编号为03T15（彩版一三三））；并在03T9的北面新开5米×5米探方1个（方向为0°，留下东隔梁，编号为03T16（彩版一三四））；在03T10的北面新开5米×5米探方1个（方向为0°，编号为03T17）；在03T1西面新开5米×5米探方1个（方向为0°，编号为03T18（彩版一三五、一三六））；在T3南面新开5米×5米探方1个（方向为0°，编号为03T19（彩版一三七））。又在遗址中部西侧的养猪场以西的空地上新开5米×5米探方1个（方向为0°，编号为03T20（彩版一三八、一三九））；在03T14西面新开5米×5米探方1个（方向为0°，留下东隔梁，编号为03T21（彩版一四〇））；在03T17的北面新开5米×5米探方1个（方向为0°，编号为03T22（彩版一四一））；在03T17的东面新开5米×5米探方1个（方向为0°，留下东隔梁，编号为03T23（彩版一四二））；在03T15的南面新开5米×5米探方1个（方向为0°，编号为03T24，留下北隔梁（彩版一四三））；在03T20的东面新开4米×5米探方1个（方向为0°，留下03T20的东隔梁，编号为03T25（彩版一四四、一四五））。

　　第三轮发掘工作在03T14及03T21的北面新开5米×5米探方2个，方向为0°，编号为03T26、T27（彩版一四六），留下东、北隔梁，目的在于全面揭露新发现的大型房屋遗迹；在03T25北面（间隔5米）新开4米×5米探方1个，方向为0°，编号为03T28（彩版一四七），留下东隔梁；在03T24南面新开5米×5米探方1个，方向为0°，编号为03T29（彩版一四八），以便发掘新发现的窑址03Y4；在03T29以东（间隔5米）新开5米×5米探方1个，方向为0°，编号为03T30（彩版一四九），以便了解高处台地之上的文化层情况；在03T14以东（间隔5米，跨过水沟）新开5米×5米探方1个，方向为0°，编号为03T31（彩版一五〇、一五一）；又在03T31南面新开5米×5米探方1个，方向为0°，编号为03T32（彩版一五二），并留下北隔梁；在03T26

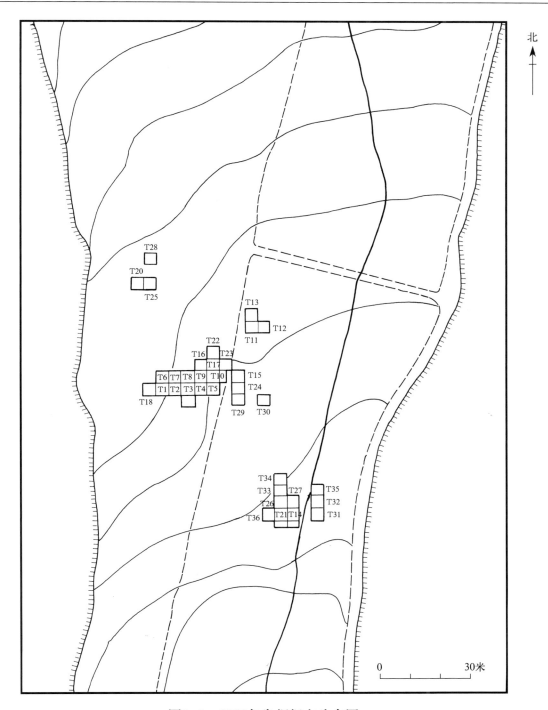

图5-1 2003年发掘探方分布图

北面新开 5 米 × 5 米探方 1 个，方向为 0°，编号为 03T33（彩版一五三），并留下 03T26 的北隔梁；在 03T33 的北面新开 5 米 × 5 米探方 1 个，方向为 0°，编号为 03T34（彩版一五四），留下北隔梁；在 03T21 的西面新开 5 米 × 5 米探方 1 个，方向为 0°，编号为 03T36（彩版一五五），留下北隔梁，目的在于发掘出土文物丰富、呈长条形的灰坑 03H43；在 03T32 的北面新开 5 米 × 5 米探方 1 个，方向为 0°，编号为 03T35（彩版一五六、一五七），留下北隔梁（图 5-3）。

2003 年度共计发掘面积 1000 平方米，并一共清理完整及残损石棺葬、器物坑 38 座。

第一节　地层堆积

1．03T27北壁

第一地点的地层堆积以03T27北壁剖面为例，介绍如下（图5-4；见彩版一四六，1）。

第①层：灰黑色的松散农耕土。厚0.10～0.15米。出土一些近现代农作物根系、塑料薄膜、布巾等，另有石棺葬遗物、新石器时代陶片。

第②层：浅褐色砂黏土夹密集小颗粒石块等，土质较紧。厚0～0.25米。包含物以石棺葬遗物为主，另有少量新石器时代的陶罐、钵等残片。有5座残石棺葬开口于此层下。

第③a层：浅褐色粉沙土，内夹少许的碎石颗粒，土质疏松。厚0.20～0.30米。包含物有少量石棺葬遗物和新石器时代的罐、钵等残片。

本探方缺失第③b层。

第④a层：红褐色黏土夹黄土颗粒，土质较紧。厚0～0.25米。包含物有少量泥质灰陶、黑皮陶、红陶，夹砂灰陶和少量兽骨，为新石器时代地层堆积。03H39、03H44开口于此层下，打破④b层，同时03H39打破03H44。

第④b层：浅黄褐色黏土夹杂灰色粉沙土，土质较疏松。厚0～0.30米。包含物有泥质灰陶、磨光黑皮陶、红陶、夹砂褐陶等残片。03L1、03H41开口于此层下，打破第⑤层，且03L1打破03H41。

第⑤层在本探方内缺失。该层仅在发掘区内零星分布。

第⑥层：紫色土，土质紧密较硬，呈南高北低的斜坡状堆积。厚0.15～0.20米。基本无包含物，为新石器时代晚期垫土层。

第⑦层：砖红色土，土质致密。厚0.15～0.25米。不见陶器、石器等包含物，为新石器时代晚期垫土层。

第⑦层以下为生土。

2．03T3北壁

第二地点地层堆积以03T3北壁剖面为例介绍如下（图5-5）。

第①层：灰黑色的松散农耕土。厚0.10～0.15米。出土一些近现代农作物根系、塑料薄膜等，另有石棺葬遗物、新石器时代陶片。

第②层：浅褐色黏土，夹杂密集的碎石子，土质紧密。厚0～0.20米。石棺葬03M5、扰乱的坑和残石棺葬开口于此层下。

第③a层：浅褐色粉土，夹杂很少的碎石颗粒，局部掺杂灰色粉沙土。呈东南—西北向坡状堆积。厚0～0.25米。03H5开口于此层下。

第③b层：灰白色土，土质较紧。主要分布在探方东部，呈坑状堆积。厚0～0.12米。未出土任何遗物，为间歇层。

第④a层：红褐色黏土夹黄土颗粒，土质较紧。在探方南部分布较厚，呈东南—西北向坡状堆积。厚0～0.32米。包含物有少量泥质灰陶、黑皮陶、红陶、夹砂灰陶和少量兽骨。

第④b层：浅黄褐色黏土夹杂灰色粉沙土，土质较疏松。厚0.10～0.30米。包含物与④a层基

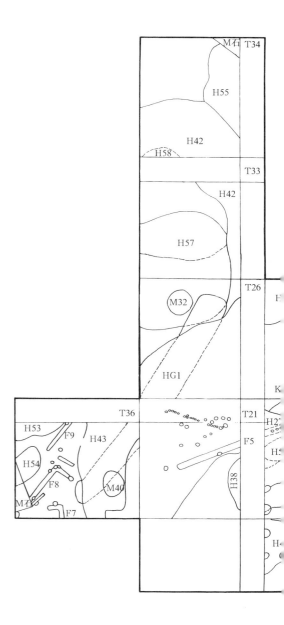

图5-3

北

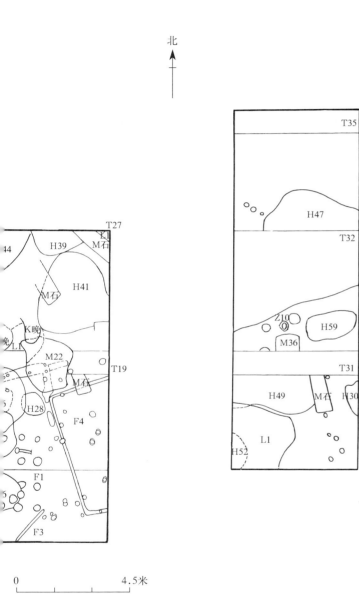

T35

H47

T27

H39 K1
M石
H41
M石

K晚
L1
M22
T19
M石
H28
F4

F1

F3

T32

Z10
H59
M36

T31

H49 M石 H30

L1

H52

0 ━━━━━━ 4.5米

03T14～T35遗迹分布平面图

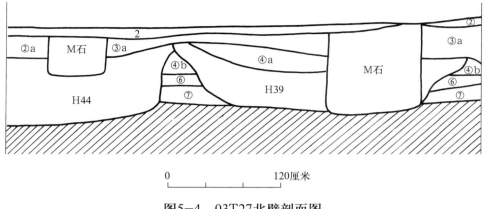

图5-4　03T27北壁剖面图

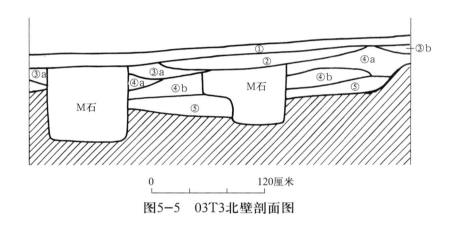

图5-5　03T3北壁剖面图

本相同。

第⑤层：红褐色砂黏土，土质较紧。厚0.10～0.30米。出土少许泥质灰陶和夹砂陶。

第⑤层以下为生土。

第二节　遗迹

本年度发现的遗迹有房址、灶、灰坑、灰沟、人祭坑、窑几类。

一　房址

房址共9座（03F1～F9；彩版一五八～一六七）。

1. 03F1

位于03T14扩方西南（图5-6；彩版一五八，1、2），开口于第③a层下，平面形状呈规整的长方形，长2.80、宽2.30米，仅存10个柱洞在四方等距分布，方向为正方向（正东西或南北），推测为木骨泥墙结构房子。

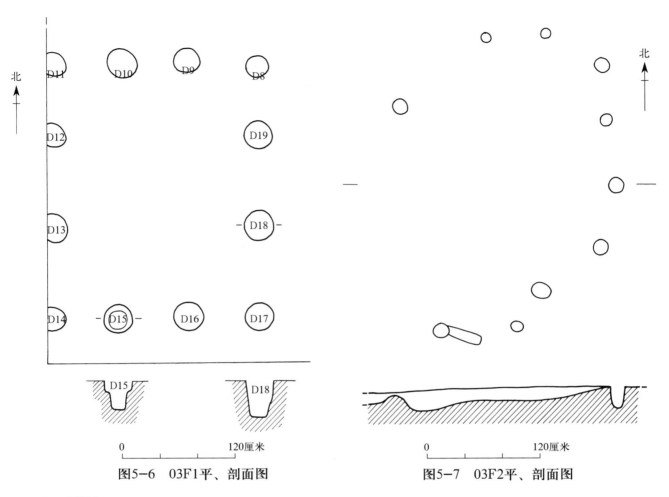

图5-6　03F1平、剖面图　　　　　　图5-7　03F2平、剖面图

2．03F2

位于 03T14 中部（图 5-7；彩版一五九，1、2），开口于第④ b 层下，打破第⑤层。长 3.25、宽 2.25 米，方向 270°。由于被晚期石棺葬 03M22、M25 和 03H22 打破，03F2 墙基和屋内垫土不清楚，仅存周围柱洞，柱洞直径约 0.15、深约 0.30 米。

3．03F3

位于 03T14 南部扩方的东南（图 5-8；彩版一六〇、一六一），开口于第④ b 层下，打破第⑤层。骨木泥墙体残高 0.06～0.14 米，东面墙体比西面略高 0.08 米，屋内踩踏面较平面板结、纯净。圆形柱洞直径约 0.05、深 0.10 米。在西隔间的屋面上有垮塌墙体土块，房子由于破坏严重，房屋的方向和门道难以确定。

4．03F4

位于 03T14 南部扩方区域（图 5-9 彩版一六二、一六三），开口于第④ b 层下，打破 F5 和第⑤层。03F4 平面形状呈圆角方形（或长方形），因清理发掘的只是房址的西边部分，不知完整形态。加之晚期石棺葬破坏，不能确定其门道位置及方向。房屋为木骨泥墙结构，基槽内有柱洞，基槽宽 0.15～0.20、深 0.10～0.15 米，柱洞直径 0.15、深 0.20 米左右。

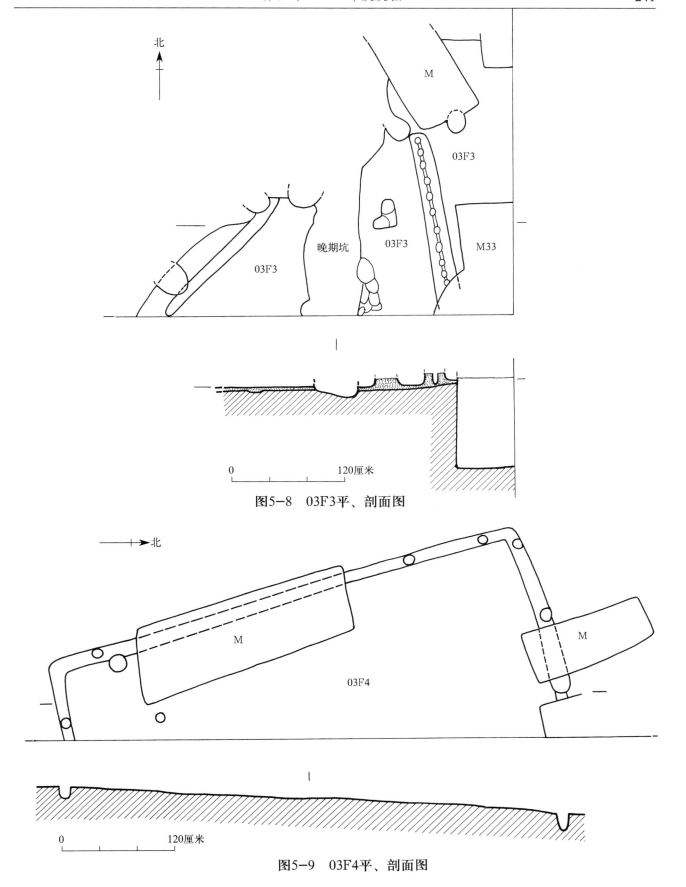

北

M

03F3

03F3

晚期坑

03F3

M33

0 120厘米

图5-8 03F3平、剖面图

北

M

M

03F4

0 120厘米

图5-9 03F4平、剖面图

5. 03F5

位于03T14北部（图5-10；彩版一六四），开口于第④b层下出一较完整的基槽，向南拐弯，西连开口于03H43下一基槽。在03T14内的一段宽基槽深度较其余部分深，有大小不一的柱洞，其余部分无柱洞，可能为03F5的门道。

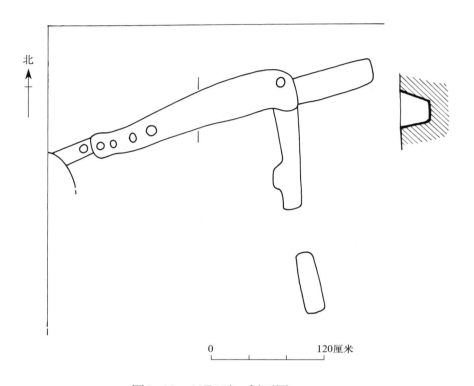

图5-10　03F5平、剖面图

6. 03F9

位于03T36北部（图5-11；彩版一六七，1、2），开口于第⑤层下，被03H43打破。03F9在探方内呈长方形，为基槽式建筑，基槽宽0.10～0.15、深0.10米，方向220°。在西南方向有一宽0.50米的空隙，可能是门道。03F9的大部分在东部和北部探方区域，东部被03H43打破，北部未发掘。

二　灶坑

8座（03Z1、Z4～Z10；彩版一六八～一七二）。

1. 03Z1

位于03T5西南（图5-12；彩版一六八，1～5），

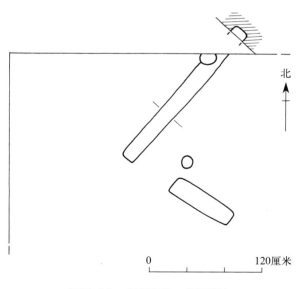

图5-11　03F9平、剖面图

开口①层下，直接打破生土（该探方无②、
③层分布），被03H1打破部分。灶内填土
可分两层。第一层为红褐色土，有垮塌的
红烧土块，无其他包含物。第二层为黑褐
色填土，夹杂大量木炭，出土有兽骨和少
许陶片。灶的平面形状略呈葫芦形（"8"），
由灶门、火膛和灶坑组成。灶面呈圆形，
灶坑为椭圆形。灶内壁有一圈厚约1～2
厘米的烧结面，外圈红烧土厚达2.0～6.0
厘米，在火膛壁内还附有一层灰黑色烧结
土。从灶壁周围烧结情况来看，其使用时
间较长。

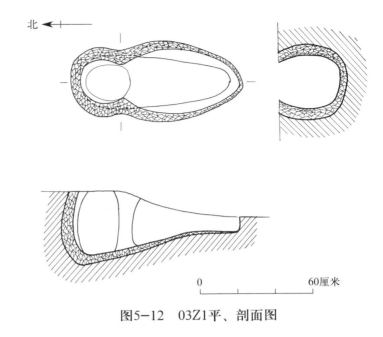

图5-12　03Z1平、剖面图

2．03Z5

位于03T29的西部（图5-13；彩版
一七一，1～4），开口第④a层下，打破第⑥层生土。平面形状呈椭圆形，被后期破坏较为严重，
仅存有灶坑，灶坑直径0.20～0.30米，圆底，红烧土面厚5.0～6.0厘米。灶坑内填土呈黑灰色，
结构松散，含有少量的红烧土块等。出土有少量的早期泥质陶和夹砂灰陶等陶片。

3．03Z10

位于营盘山遗址03T32中部偏南（图5-14；
彩版一七二，3）。平面略呈椭圆形，火膛（烧火
孔）向南，方向约175°。整个灶南北长0.35、宽
0.10～0.20、深约0.13～0.16米。灶南北两端为
斜壁内收，东西两侧壁略直。灶内有青灰色烧结
面厚约1.0厘米，外侧有一厚约17厘米的红烧土

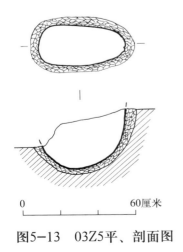

图5-13　03Z5平、剖面图

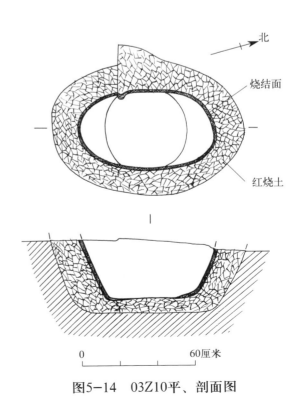

图5-14　03Z10平、剖面图

范围，说明使用时间较长。灶西壁中部向灶内伸入约 2 厘米的一瓦槽状凸入烧结土块，不明其用途。灶内填土黑色土，土质疏松，内夹木炭灰烬和烧结块等，未见其他包含物。

三　灰坑

59 个。其中椭圆形 17 个，03H7 ～ H10（彩版一七三、一七四）、H13（彩版一七五，1）、H14（彩版一七五，2）、H16、H18、H19、H25、H26（彩版一七六，1、2）、H36、H37、H41（彩版一七七，1、2）、H48、H51、H57，圆形（含半圆形）14 个，03H1 ～ H4（彩版一七八、一七九）、H6（彩版一八〇，1）、H17、H20、H23（彩版一八〇，2）、H24（彩版一八一，1、2）、H27、H30、H39、H45（彩版一八二，1）、H46，近长方形 4 个，H21、H43、H49、H59，近方形 1 个，H28，扇形 5 个，H11（彩版一八二，2）、H14、H44、H53、H54，不规则形 19 个，H5（彩版一八三，1）、H12（彩版一八三，2）、H14、H15、H22、H29、H31 ～ H35、H38、H40、H42、H47、H50、H52、H55、H56、H58。

1．03H8

位于 03T10 东北角（图 5-15；彩版一七四，1、2），开口于第④ a 层下，打破第⑤ 层。平面形状呈椭圆形，斜壁，圜底，长径 1.94、短径 1.20 米。填土为灰黑色，呈颗粒状，结构松散。包含物有泥质灰陶、红陶，夹砂灰陶和石凿等。

2．03H58

位于 03T33 北部和 03T34 南部（图 5-16），被 H57 打破，打破第⑤ 层。平面形状不规则，

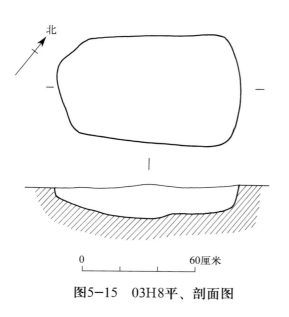

图5-15　03H8平、剖面图

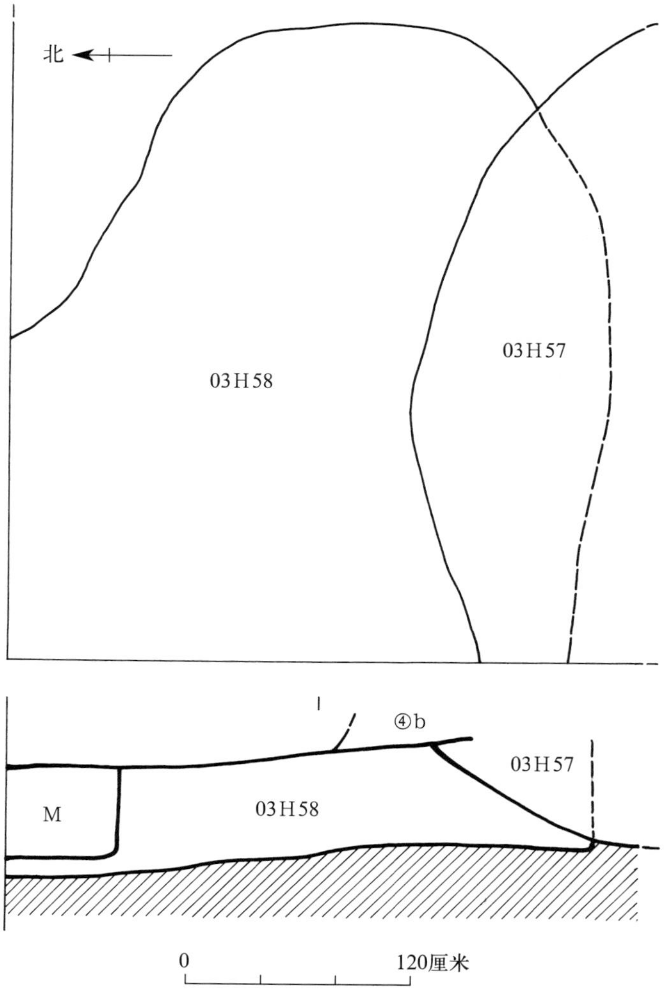

图5-16　03H58平、剖面图

长 3.50、宽 2.80、深 0.54 米。填土为红褐色夹杂黑灰色粉砂土，含有大量碳屑，土质疏松。包含物有陶器、石器和兽骨，可辨器类有缸、高领罐、盆、钵等。

3. 03H59

位于 03T32 东南部（图 5-17），开口于第④b 层下，打破第⑥层。平面呈不规则形，斜壁，底部凹凸不平，长 1.95、宽 0.60～1.10、深 0.60 米。填土呈灰黑色，夹杂少量灰烬、碎石和骨渣。包含物有泥质灰陶、褐陶、夹砂灰陶等，可辨器类有缸、钵等。

4. 03H48

位于 03T30 中部偏西（图 5-18），开口于第④b 层下，打破第⑤层。已揭露范围平面呈半圆形，长 5.00、宽 2.40～3.60、深 1.24 米。填土为黑灰色土夹杂草木灰和零星红烧土。包含物有大量陶器和少许石器、骨器，可辨器类有缸、钵、碗、陶球等。

5. 03H37

位于 03T24 东北部（图 5-19），开口于第②层下，打破第⑥层和生土。平面呈椭圆形，长径 1.90、短径 1.60、深 0.20 米。填土为灰黑色土夹杂黄土和少量灰烬，土质疏松，呈颗粒状。包含物有大量泥质灰陶、红陶，夹砂灰陶和少许石器、骨器。

6. 03H22

位于 03T14 中部（图 5-20），开口于第③a 层下，打破 H24 和第④a 层。平面形状不规则，斜壁，圆底，长 2.20、宽 1.76、深 0.46 米。填土为灰黑色土夹杂少量灰烬、红烧土和碎石颗粒，土质疏松。包含物主要为陶器，可辨器类有高领罐、侈口罐和陶球等。

7. 03H23

位于 03T15 中部（图 5-21；彩版一八〇，2），开口于第②层下，打破第⑥层和生土。平面形状呈圆形，直径 0.90、深 0.20 米。填土为灰黑色土夹杂黄土，土质疏松。包含物有少量陶片。

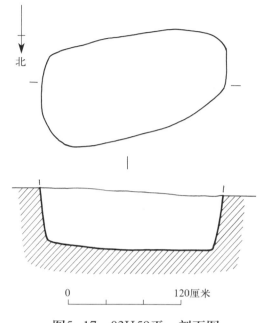

图5-17　03H59平、剖面图

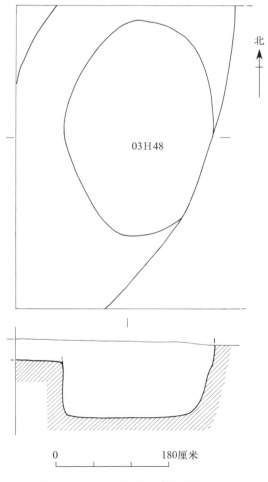

图5-18　03H48平、剖面图

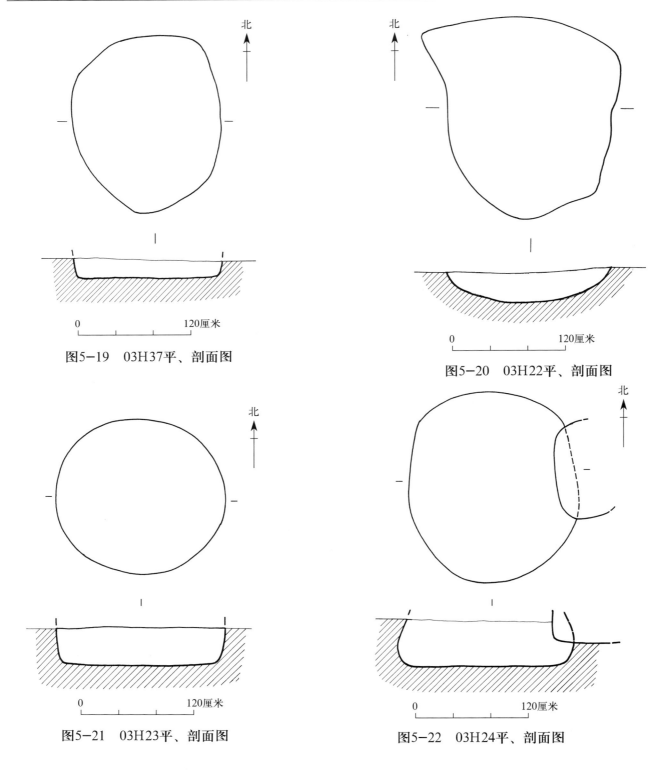

图5-19　03H37平、剖面图

图5-20　03H22平、剖面图

图5-21　03H23平、剖面图

图5-22　03H24平、剖面图

8．03H24

位于03T20中部（图5-22；彩版一八一，1、2），开口于第③a层下且被03H22打破，打破03H35。平面形状呈椭圆形，长径2.10、短径1.56、深0.60米。填土为浅褐色花土夹杂零星红烧土和碎石块。包含物有大量陶器和少许石器、骨角器，可辨器类有缸、高领罐、石杵、角锥等。

9．03H26

位于03T17北部和03T22的南部（图5-23;彩版一七六，1、2），开口于第②层下，打破第⑥层。平面形状呈椭圆形，长径3.10、短径2.10、深0.60～0.82米。填土为黑色土夹杂少许红烧土块和黄土块。包含物有少量陶器、石器和骨器，可辨器类有罐、钵、碗等。

10．03H41

位于03T27南部（图5-24;彩版一七七，1、2），开口于第④a层下且被03L1叠压，打破第④b层，距地表0.50～0.65米。平面略呈椭圆形，坑壁较直，平底。长径3.50、短径2.80、深0.62米。填土可分五层，包含物有陶片、石器和骨器，可辨器类有罐、钵等。

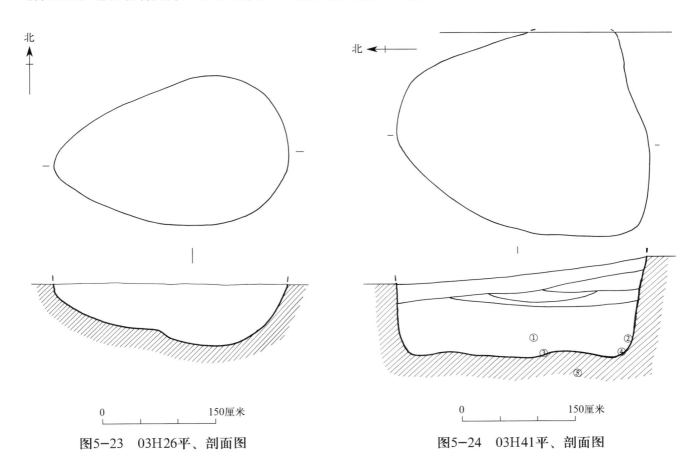

图5-23　03H26平、剖面图　　　　　　　　图5-24　03H41平、剖面图

四　灰沟

1条（03HG1）。

03HG1

位于03T26、T21、T36内，上部被03H43叠压（图5-25），打破第⑥层。灰沟平面呈长条形，长10.1、宽1.10～1.25、深0～0.80米。沟壁斜缓呈弧形收至为圆底，沟壁部分有卵石块叠砌成的

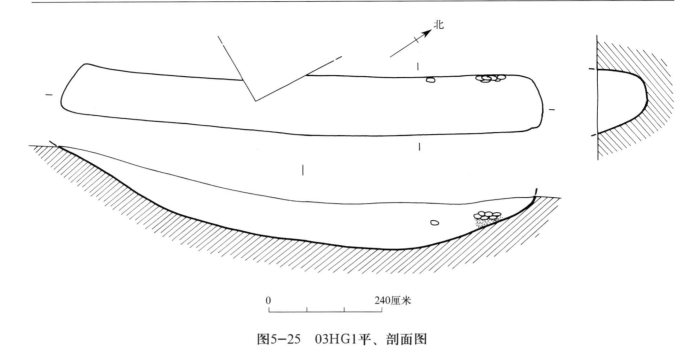

图5-25　03HG1平、剖面图

护壁，石块为不规则的椭圆，长 0.12～0.15、宽 0.08～0.12 米。沟南端高，北端低，剖面形状为月牙形。出土包含物有泥质灰陶罐、红陶钵、磨光黑陶钵等，另有少量兽骨、石器、红烧土块、灰烬等。

五　人祭坑

3 座（03M32、M36、M40）。

1．03M32

位于 03T26 探方北部居中（图 5-26；彩版一八四、一八五），开口于第③ b 层下且被 03H42 打破，打破第④ b 层。平面形状为圆形，坑径 1.00～1.10、深 0.20～0.30 米，南高北低。填土为浅灰黄疏松土，从中夹大石一块，位于坑西壁，右为扭曲的人骨架。人骨架完好，跪式后平躺，头偏于身体左侧，腿侧折，弯曲，口大张，手指骨伸直，作痛苦状，牙齿完好，只有少许的肋骨、指骨残，其他部分均保存完好。填土中夹杂有较多泥质灰陶、夹砂陶、燧石块和少量石片等。

2．03M36

位于 03T32 中南部（图 5-27；彩版一八六，1），开口于第④ b 层下，打破第⑤层，距地表深 0.55～0.60 米。平面形状呈长方形，坑壁陡直，长 1.90、宽 1.70、深 0.20～0.25 米，方向 180°。人骨保存较差，曲肢，不见头骨部分。灰色填土，无葬具及随葬品。

3．03M40

位于 03T36 东部（图 5-28；彩版一八六，2、一八七、一八八），开口于第④ b 层下，打破

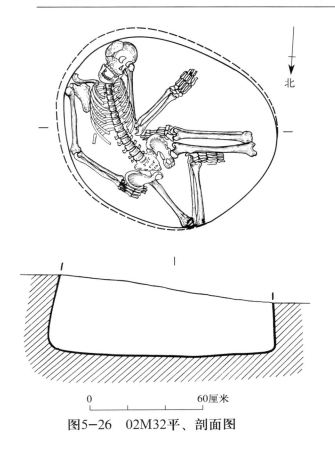

图5-26　02M32平、剖面图

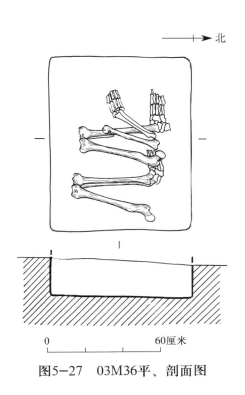

图5-27　03M36平、剖面图

03H43，距地表深 0.65 米。平面形状呈椭圆形，长径 1.05、短径 0.70、深 0.30～0.40 米，头向 180°，面向 90°。人骨保存完好，侧身曲肢。填土为黑褐色粉砂土，无葬具及随葬品。

六　窑址

3 座（03Y1～Y3）。

1. 03Y1

位于 03T8 东南角和 03T3 东北角（图 5-29；彩版一八九～一九一），开口第②层下，直接打破第⑥层至生土。平面呈馒头形，由窑室、窑床、火膛及烟道组成。窑室平面呈圆形，直径约 1.40、残高 0.10～0.12 米，窑壁的青灰色烧结面厚 2～3 厘米，红烧土厚 8～10 厘米。窑床为圆形，但部分被破坏，直径 1.40、底厚 0.15 米，青灰色烧结面厚 4 厘米。

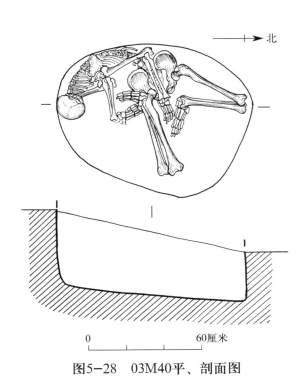

图5-28　03M40平、剖面图

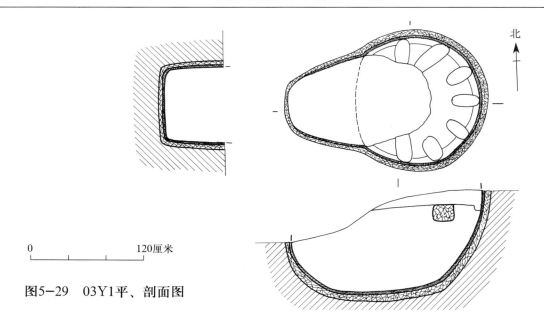

图5-29　03Y1平、剖面图

火膛平面形状为椭圆形，位于窑床下面，长1.60、宽0.60～0.70米，直壁圆底，有1～20厘米厚的青灰色烧结面，红烧土厚2～4厘米。烟道位于窑床的周围，有7个排列均匀的椭圆形烟孔，孔径0.15～0.30米。烟孔与烟孔之间的间距均为0.15～0.20米，与窑床周边有一道环形的烟道与烟孔相通，其深0.06～0.07、宽0.05～0.06米。窑内的填土呈黑灰色，夹有大量的红烧土块、灰烬等，土质松散。出土有少量泥质灰陶和红陶等。

2. 03Y2

位于03T8北部（图5-30；彩版一九二，1、2），被03H20打破，直接打破生土。平面形状为馒头形，窑床破坏较为严重，仅剩部分窑床面及火膛。现有窑壁高0.05～0.10、厚0.03～0.05米。窑床直径为0.50～0.60米，其上面有3个排列略均匀的烟道，直径0.08～0.10米，火膛呈圆底，高0.30～0.36、直径0.50～0.60米，其火膛和窑床壁的青灰色烧结面厚3～6厘米。窑内填土呈黑灰色，松散呈颗粒状，含有大量的草木灰烬和红烧土块等。出土器物有大量的陶片，以泥质灰陶居多，其他较少。

3. 03Y3

位于03T15南部（图5-31；彩版一九三、一九四），开口于第②层下，打破第⑥层至生土。平面形状呈馒头形。该窑破坏较为严重，仅剩火膛部分，长0.90、深0.40米，窑壁厚5～6厘米。烟道位于窑床南部，双烟道，大小相同，烟道平面形状为椭圆形，直径0.20～0.30、深0.15～0.16米，其青灰色烧结面厚4～5厘米。窑内填土呈黑灰色，结构松散，内含有大量的草木灰烬和红烧土块，呈颗粒状。出土有少量的泥质灰陶和夹砂褐陶。

第三节　器物

陶片的纹饰种类丰富，包括粗细绳纹（包括交错绳纹形成的网格纹）、附加堆纹、素面磨光、彩陶、

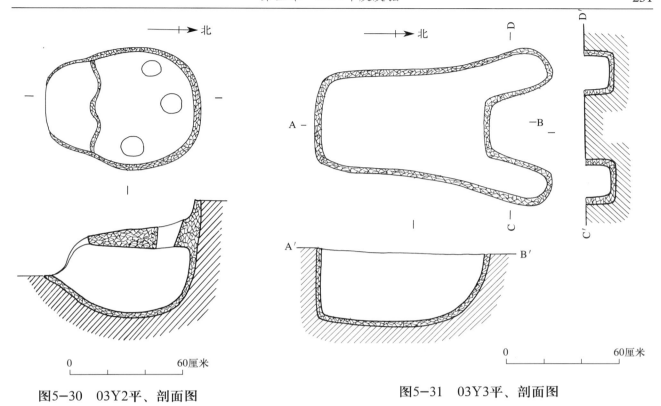

图5-30 03Y2平、剖面图   图5-31 03Y3平、剖面图

绳纹花边口沿装饰、弦纹、瓦棱纹、划纹、复合纹饰（绳纹与附加堆纹组合成的箍带形装饰、绳纹之上饰凹弦纹）、捏塑与刻划相结合的人面像等（图5-32～37）。陶器以平底器和小平底器为主，有少量矮圈足器。彩陶均为黑彩绘制，图案题材有草卉纹、条带纹、变体鸟纹、平行线纹、弧线三角形纹、网格纹、蛙纹等内外彩，彩陶类有瓶、罐、盆、钵、球、圆形陶片等。泥质陶有小口瓶、壶、矮领罐、高领罐、罐、缸、盆、带嘴锅、钵、碗、环、纺轮、网坠、镯、球、圆形陶片、杯、器盖、人头像等。夹砂陶器类有侈口罐、罐、小罐、筒形罐、盆、带嘴锅、甑、钵、盘、杯、器盖、圈足等。

一 陶器

（一）彩陶

1. 彩陶瓶

A型I式 4件。侈口，平沿，圆唇。

标本03T21④b：19，泥质橙黄陶。颈部饰平行条带纹，沿面饰弧边三角锯齿纹。口径15.4、残高6.0厘米（图5-38，1）。

标本03H48：145，泥质橙黄陶。颈部饰平行条带纹，沿面饰弧边三角黑彩，口沿周围有意打缺，呈锯齿状。口径9.6、残高7.5厘米（图5-38，2）。

标本03T27⑤：13，A型I式彩陶瓶。泥质橙黄陶。沿面饰弧边三角纹，颈部饰平行条带纹。口径11.8、残高8.6厘米（彩版一九七，7、8）。

图5-32　2003年出土陶器纹饰拓片

1～15. 03T18④a：4、03T21扩④a：5、03T2④a：3、03T10扩④a：23、03T36④a：6、03T21扩④a：3、03T30④b：19、03T18④a：7、03T7④b：3、03T33④b：10、03T29④b：1、03T33④b：37、03T27④b：12、03T30④b：50、03T25④a：4

图5-33　2003年出土陶器纹饰拓片

1～8. 03H52：6、03H23：6、03H35：2、03H5：10、03H11：3、03L1：12、03H11：2、03H5：8

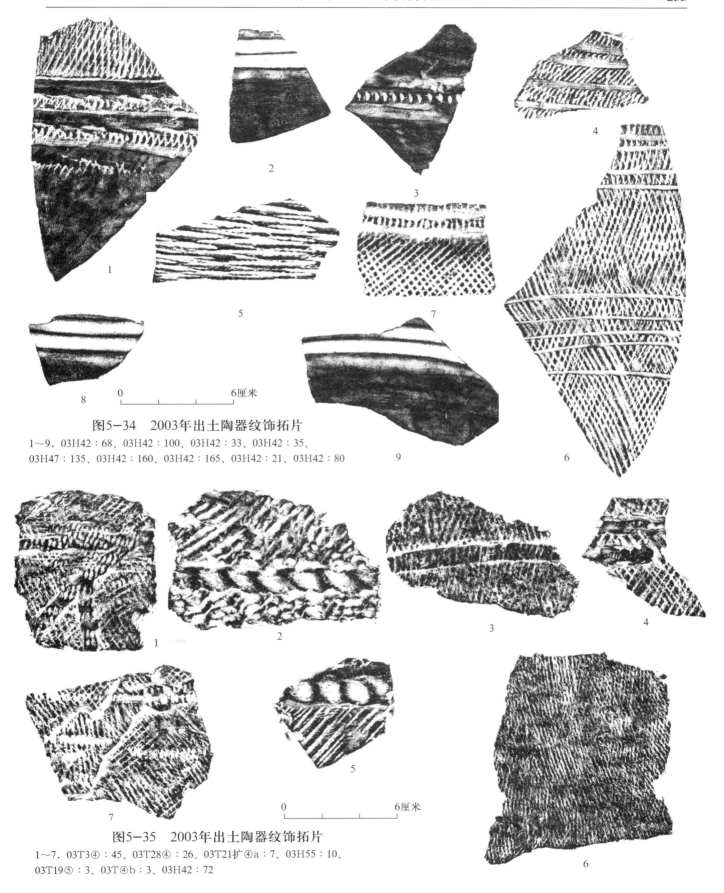

图5-34　2003年出土陶器纹饰拓片

1～9. 03H42：68、03H42：100、03H42：33、03H42：35、
03H47：135、03H42：160、03H42：165、03H42：21、03H42：80

图5-35　2003年出土陶器纹饰拓片

1～7. 03T3④：45、03T28④：26、03T21扩④a：7、03H55：10、
03T19⑤：3、03T④b：3、03H42：72

图5-36　2003年出土陶器纹饰拓片

1～7. 0303T14④b：4、03T27④b：16、03H43：282、03H43：206　5. 03H43：245、03H59：13、03H43：20

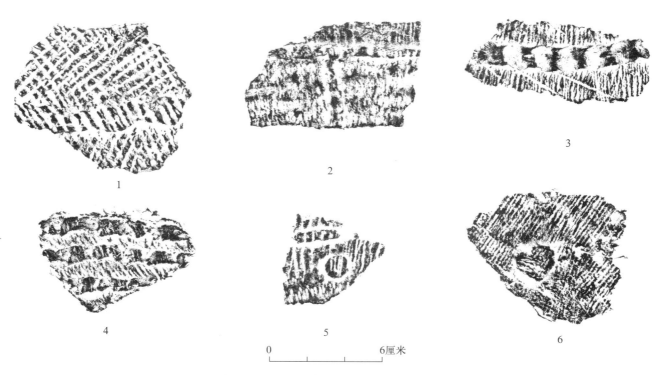

图5-37　2003年出土陶器纹饰拓片

1～6. 03T17⑤：6、03H41：28、03H59：38、03H24：14、03H48：227、03H20：8

A 型 Ⅱ 式　3 件。侈口，平沿下折，圆唇或尖圆唇。

标本 03H48 ：331，泥质橙黄陶。颈部饰平行条带纹，沿面饰弧边三角锯齿纹。口径 9.0、残高 3.2 厘米（图 5-38，3）。

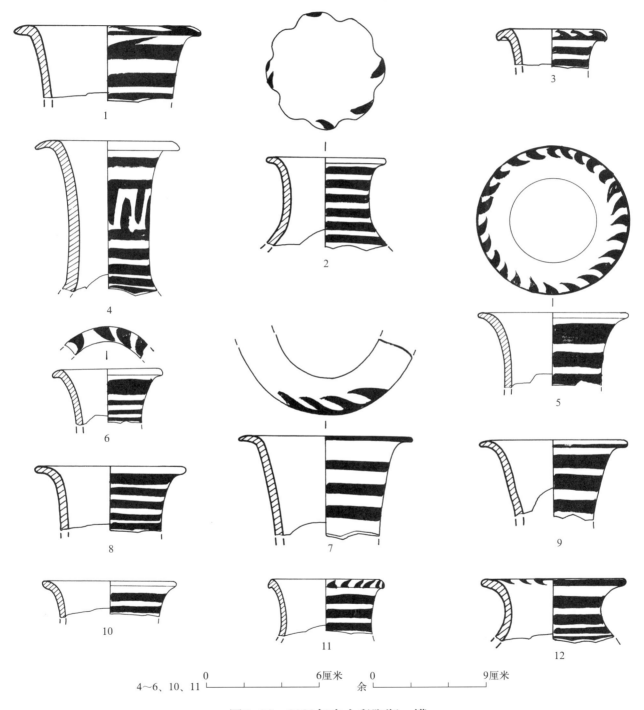

图5-38　2003年出土彩陶瓶、罐

1、2．A型Ⅰ式彩陶瓶03T21④b：19、03H48：145　3、4．A型Ⅱ式彩陶瓶03H48：331、03H48：146　5、6．B型Ⅰ式03H14：174、03H2：25　7、8．B型Ⅱ式彩陶瓶03H14：10、03T21扩④b：8　9、10．C型Ⅰ式彩陶瓶03采：1、03H6：5　11．E型彩陶罐03T28④：15　12．C型Ⅱ式彩陶瓶03H42：130

标本 03H48：146，泥质橙黄陶。圆唇。颈部饰平行条带纹、椭圆长条纹。口径 7.8、残高 8.4 厘米（图 5-38，4）。

B 型 I 式　件。喇叭口，卷沿，尖圆唇。

标本 03H14：174，泥质橙黄陶。颈部饰平行条带纹，沿面饰弧边三角锯齿纹。口径 8.0、残高 4.1 厘米（图 5-38，5）。

标本 03H2：25，泥质砖红陶。颈部饰平行条带纹，沿面饰弧边三角锯齿纹。口径 6.0、残高 3.0 厘米（图 5-38，6）。

B 型 II 式　3 件。喇叭口，卷沿外翻，尖圆唇。

标本 03H14：10，泥质橙黄陶。颈部饰平行条带纹黑彩，沿面饰弧边三角锯齿纹。口径 14.0、残高 8.0 厘米（图 5-38，7）。

标本 03T2 扩④ b：8，泥质橙黄陶。颈部饰平行条带纹，沿面饰草叶纹黑彩。口径 12.0、残高 6.6 厘米（图 5-38，8）。

C 型 I 式　4 件。直口，直颈，侈沿，圆唇。

标本 03 采：1，泥质砖红陶。颈部饰平行条带纹。口径 11.2、残高 5.2 厘米（图 5-38，9）。

标本 03H6：5，泥质橙黄陶。颈部饰平行条带纹。口径 14.4、残高 3.8 厘米（图 5-38，10）。

C 型 II 式　1 件。直口，直颈，沿微外卷，尖唇。

标本 03H42：130，泥质橙黄陶。颈部饰平行条带纹，沿面饰弧边三角锯齿纹。口径 6.2、残高 3.0 厘米（图 5-38，11）。

颈部残片　6 件。

标本 03T21⑤：3，泥质砖红陶。颈部较直，饰平行条带纹。残高 4.8 厘米（图 5-39，1）。

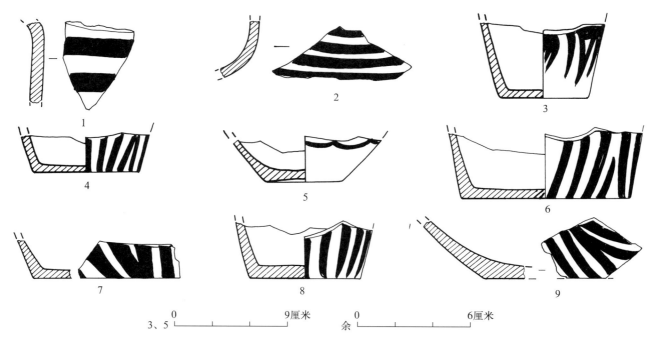

图5-39　2003年出土彩陶瓶陶片

1、2. 颈部03T21⑤：3、03T23④b：16　　3~9. 底部03H47：56、03T28④b：46、03H48：242、03T8②：5、03T23④b：39、03T25④：2、03T23④b：27

标本 03H52：4，泥质红陶。饰变体鸟纹（彩版一九七，6）。

标本 03T23 ④ b：16，泥质橙黄陶。颈部饰平行条带纹黑彩。残高 3.0 厘米（图 5-39，2）。

底部残片 22 件。

标本 03H47：56，泥质橙黄陶。腹部饰草叶纹黑彩。底径 7.2、残高 6.0 厘米（图 5-39，3）。

标本 03T28 ④：46，泥质砖红陶。下腹饰纵向条带纹。底径 5.4、残高 2.2 厘米（图 5-39，4）。

标本 03H48：242，泥质橙黄陶。腹部饰垂帐纹黑彩。底径 6.2、残高 3.8 厘米（图 5-39，5）。

标本 03T8 ②：5，泥质砖红陶。下腹饰纵向条带纹。底径 9.0、残高 3.8 厘米（图 5-39，6）。

标本 03T23 ④ b：39，泥质橙黄陶。下腹饰纵向条带纹。残高 2.0 厘米（图 5-39，7）。

标本 03T25 ④：2，泥质砖红陶。下腹饰纵向条带纹。底径 6.0、残高 3.1 厘米（图 5-39，8）。

标本 03T23 ④ b：27，泥质橙黄陶。器内饰弧线条带纹。残高 3.3 厘米（图 5-39，9）。

标本 03T9 ⑤：7，彩陶瓶。泥质橙黄陶。一侧残留鸡冠状耳，腹部饰平行条带纹和弧带纹。径 11.4、残高 19.8 厘米（彩版一九七，3）。

2. 彩陶罐

A 型 1 件。敛口，束颈，广肩，鼓腹。

标本 03T6 ⑤：5，泥质砖红陶。颈部、肩部饰平行条带纹，沿面饰弧条带纹组成的几何形纹黑彩。口径 14.0、残高 3.6 厘米（图 5-40，1）。

B 型 1 件。

标本 03H57：1，泥质红陶。饰弧边三角纹、条带纹、圆点纹。口径 26、残高 12.厘米（彩版一九七，2）。

E 型 2 件。侈口，卷沿，颈较长。

标本 03T28 ④：15，泥质橙黄陶。圆唇。颈部饰平行条带纹，沿面饰弧边三角锯齿纹。口径 6.2、残高 3.1 厘米（图 5-38，11）。

标本 03T21 ②：3，泥质橙黄陶。颈部饰平行条带纹。残高 5.0 厘米（图 5-40，2）。

3. 彩陶钵

Ab 型 2 件。侈口，弧腹。

标本 03H14：135，泥质橙黄陶。圆唇。内饰弧边三角纹、外侧饰条带纹。残高 2.7 厘米（图 5-41，1）。

标本 03T20 ①：17，泥质橙黄陶。尖圆唇。上腹饰弧线条带纹。残高 3.0 厘米（图 5-41，2）。

B 型 1 件。敛口，折沿，尖唇，弧腹。

标本 03L1：15，泥质橙黄陶。器内饰平行条带纹黑彩，外侧饰草叶纹。口径 16.8、残高 4.0 厘米（图 5-41，3）。

Cb 型 1 件。敛口，方唇，折腹较深。

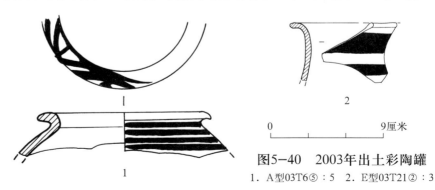

图5-40 2003年出土彩陶罐

1. A型03T6⑤：5 2. E型03T21②：3

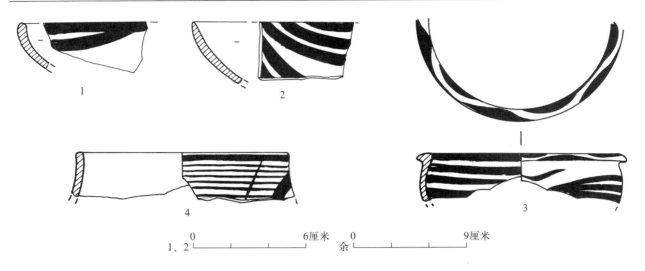

图5-41　2003年出土彩陶钵

1、2. Ab型03H14∶135、03T20①∶17　3. B型03L1∶15　4. Cb型03H39∶15

标本03H39∶15，泥质砖红陶。腹部饰平行细线纹及草叶纹。口径17.2、残高4.0厘米（图5-41，4）。

4. 彩陶盆

A型I式　6件。敛口，仰折沿，圆唇，折腹。

标本03H58∶22，泥质砖红陶。沿面饰弧边三角锯齿纹，上腹饰条带纹及草叶纹。口径26.5、残高6.1厘米（图5-42，1）。

标本03H45∶15，泥质橙黄陶。沿面饰弧边三角锯齿纹，盆外均是弧形条带纹。残高4.4厘米（图5-42，2）。

标本03H5∶2，泥质砖红陶。沿面饰草叶纹。口径23.6、残高4.4厘米（图5-42，3）。

A型II式　2件。敛口，平沿，圆唇。

标本03H45∶76，泥质橙黄陶。盆内饰弧形条带纹黑彩，外侧饰条带纹及草叶纹，沿面饰短线纹。口径22.0、残高3.0厘米（图5-42，4）。

Ba型II式　2件。平沿下折，圆唇，弧腹。

标本03T18⑤∶13，泥质橙黄陶。沿面饰椭圆点状纹，盆内侧饰平行条带纹，外侧饰弧线条带纹。残高2.7厘米（图5-42，5）。

标本03H20∶10，泥质橙黄陶。沿面饰椭圆点状纹及弧线条带纹，盆内外均是弧线条带纹。残高3.0厘米（图5-42，6）。

Bc型　2件。敞口。

标本03H14∶138，泥质橙黄陶。沿面、器表均饰弧线条带纹。残高2.0厘米（图5-42，7）。

标本03H2∶19，泥质橙黄陶。上腹饰弧线条带纹。残高3.0厘米（图5-42，8）。

5. 彩陶球

1件。

标本03T33③∶1，泥质橙黄陶。残，球面饰点状黑彩（图5-43，1）。

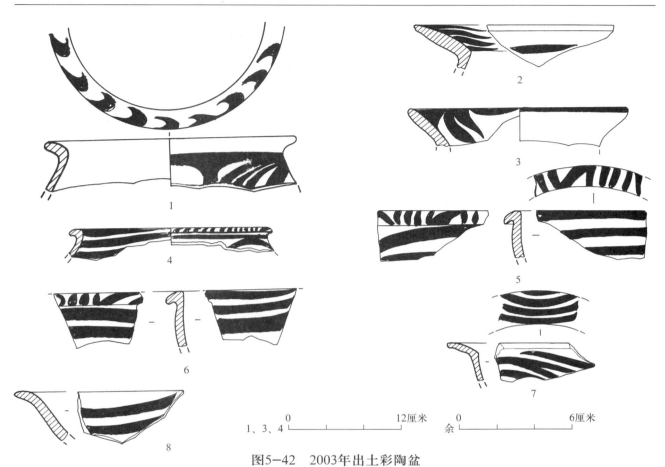

图5-42 2003年出土彩陶盆

1~3. A型Ⅰ式03H58：22、03H45：15、03H5：2 4. A型Ⅱ式03H45：76 5、6. Ba型Ⅱ式03T18⑤：13、03H20：10 7、8. Bc型 03H14：138、03H2：19

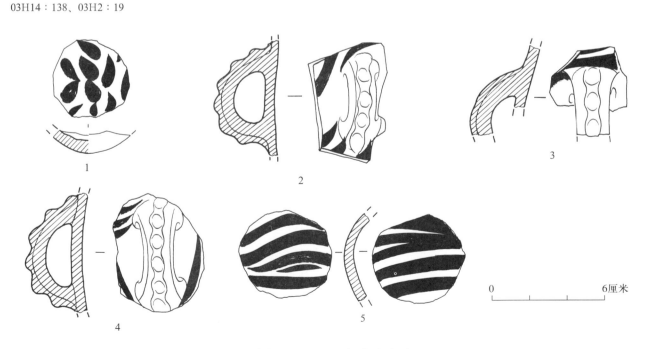

图5-43 2003年出土彩陶

1. 陶球03T33③：1 2~3. 器耳03H48：333、03H48：276、03H24：4 5. 圆陶片03H10：10

6．器耳

5件。桥形，外附加一道鸡冠状泥条。

标本 03H48：276，泥质橙黄陶。腹部饰草叶纹。残高 4.8 厘米（图 5-43，3）。

标本 03H48：333，泥质橙黄陶。腹部饰草叶纹。残高 6.4 厘米（图 5-43，2）。

标本 03H24：4，泥质橙黄陶。腹部饰草叶纹。残高 6.5 厘米（图 5-43，4）。

7．圆陶片

标本 03H10：10，泥质橙黄陶。内外均饰弧线条带纹。直径约 5.0 厘米（图 5-43，5）。

8．彩陶片

57件。

蛙纹　较少。

标本 03G1：44、03T30 ④ b：3、03T25 ③ a：17（图 5-44，1～3）。

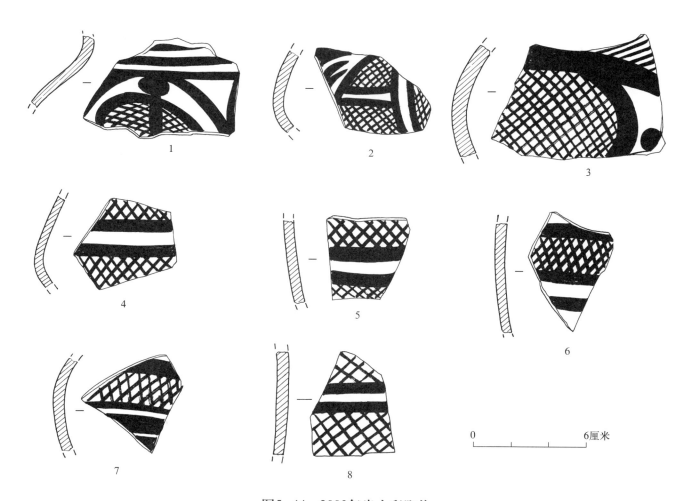

图5-44　2003年出土彩陶片

1～3．蛙纹03G1：44、03T30④b：3、03T25③a：17　4～8．网格纹03H42：141、03T21④b：27、03H47：144、03T15⑤：4、03T21③a：9

网格纹

标本03H42：141、03T21④b：27、03H47：144、03T15⑤：4、03T21③a：9（图5-44，4～8）。

变体鸟纹

标本03H21：5、03T9②：4、03T11①：8、03T10①：40、03T19①：5、03T23④b：4、03H14：19、03H2：2、03T34④：20（图5-45，1～9）、03H14：29、03H43：171、03采：318、

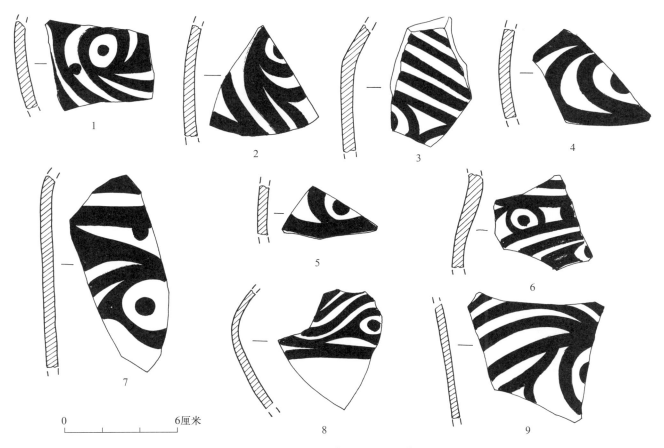

0　　　　　　　6厘米

图5-45　2003年出土彩陶片

1～9. 变体鸟纹03H21：5、03T9②：4、03T11①：8、03T10①：40、03T19①：5、03T23④b：4、03H14：19、03H2：2、03T34④：20

03H48：327、03Y4：14、03T28①：5、03H52：5、03H2：15（图5-46，1～8）。

草卉纹

标本03H51：6、03H26：68、03T23④b：33、03H45：18、03H45：22、03H14：106、03H42：123、03T23④b：13（图5-47，1～8）。

平行细线纹

标本03H14：143、03H33：3、03H42：138、03H21：9、03T18⑤：3（图5-48，1～5）。

平行条带纹

标本03T30④b：6、03T33④b：26、03H43：26、03H43：76、03采：319、03T36③a：29、03T33①：3、03T21⑤：7、03H43：313（彩版一九七，5）03T25③a：23、03T13②：15、

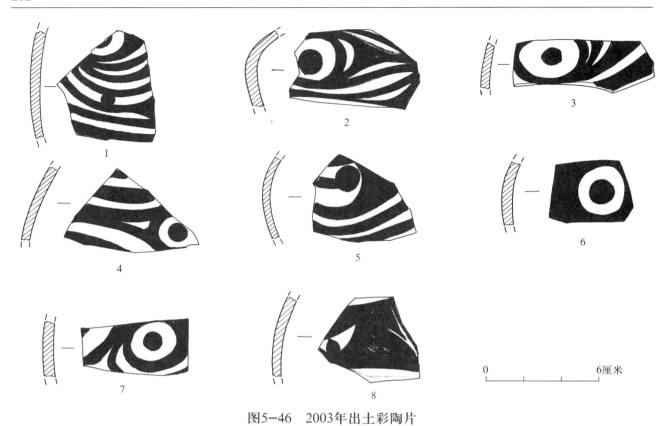

图5-46　2003年出土彩陶片

1～8. 变体鸟纹03H14：29、03H43：171、03采：318、03H48：327、03Y4：14、03T28①：5、03H52：5、03H2：15

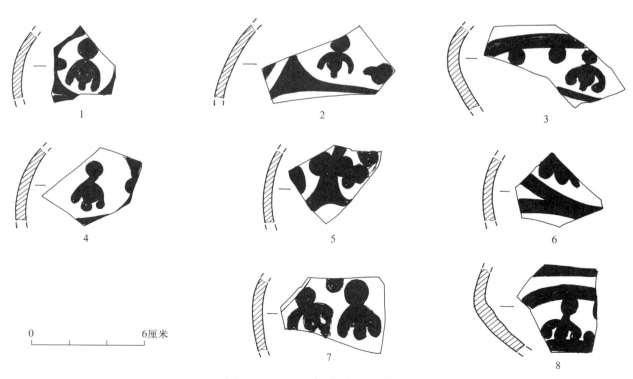

图5-47　2003年出土彩陶片

1～8. 草卉纹03H51：6、03H26：68、03T23④b：33、03H45：18、03H45：22、03H14：106、03H42：123、03T23④b：13

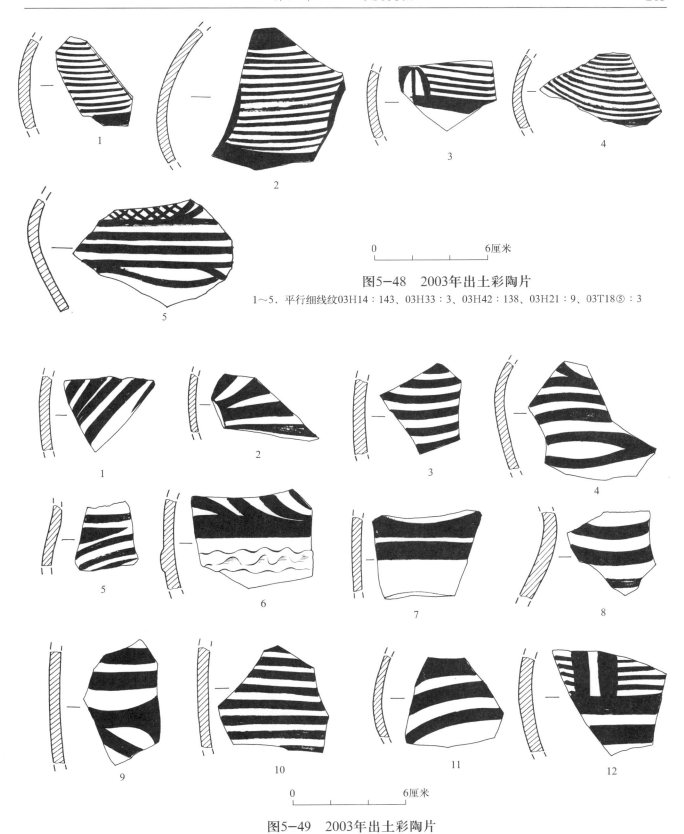

图5-48　2003年出土彩陶片

1～5. 平行细线纹03H14：143、03H33：3、03H42：138、03H21：9、03T18⑤：3

图5-49　2003年出土彩陶片

1～12. 平行条带纹03T30④b：6、03T33④b：26、03H43：26、03H43：76、03采：319、03T36③a：29、03T33①：3、03T21⑤：7、03T25③a：23、03T13②：15、03T8②：10、03T28①：11

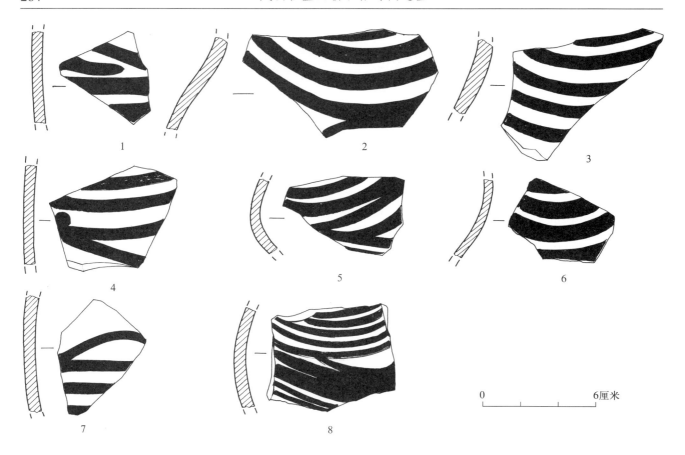

图5-50　2003年出土彩陶片

1～8. 条带纹03H26：60、03H2：13、03H23：17、03H24：23、03T25③a：26、03T21扩④a：9、03T18⑤：10、03H14：116

03T8 ② ：10、03T28 ① ：11（图5-49，1～12）、03H26：60、03H2：13、03H23：17、03H24：23、03T25 ③ a：26、03T21 扩④a：9、03T18 ⑤ ：10、03H14：116（图5-50，1～8）。

弧边三角纹

标本 03T16 ② ：17、03H2：6、03H26：15、03T31 ④ b：9、03T11 ① ：12、03H2：15、03T21 ④ b：23、03H42：125（图5-51，1～8）、03H26：20、03T17 ⑤ ：8、03 采：320、03T9 ④ a：1、03H50：1、03H14：103、03H14：134、03T2 ④ b：23、03H41 ⑤ ：76（图5-52，1～9）。

弧线条带纹

标 本 03H48：234、03T32 ④ a：20、03T10 ① ：9、03T25 ③ a：18、03H43：186、03T17 ⑤ ：11、03H5：11、03H10：4（图 5-53，1～8）。标本 03H43：329、03H47：95、03H47：99、03T10 ② ：12、03H47：78、03T45：14、03T14扩④ a：1（图5-54，1～7）。

标本03T13 ③ ：11、03H42：137、03T26 ③ a：79、03H58：15、03H43：241、03T10 ② ：15（图5-55，1～6）。

内外彩

标本03H10：7（图5-55，7）。

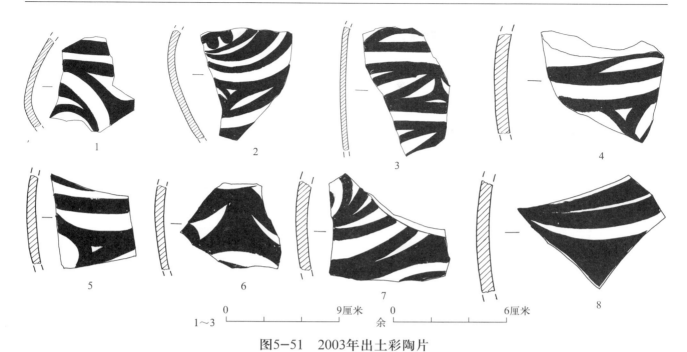

图5-51　2003年出土彩陶片

1~8. 弧边三角纹03T16②：17、03H2：6、03H26：15、03T31④b：9、03T11①：12、03H2：15、03T21④b：23、03H42：125

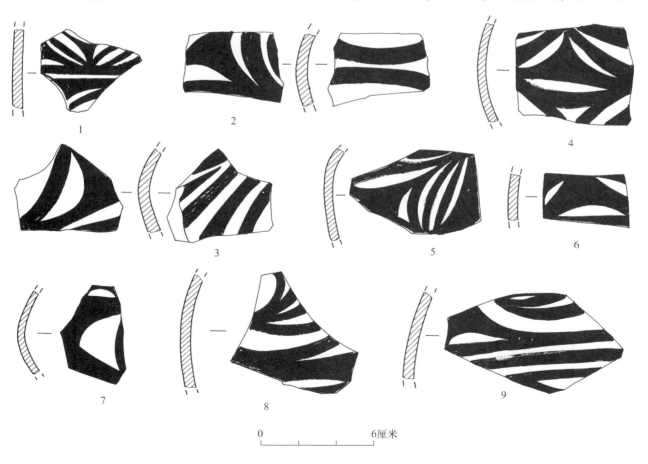

图5-52　2003年出土彩陶片

1~9. 弧边三角纹03H26：20、03T17⑤：8、03采：320、03T9④a：1、03H50：1、03H14：103、03H14：134、03T2④b：23、03H41⑤：76

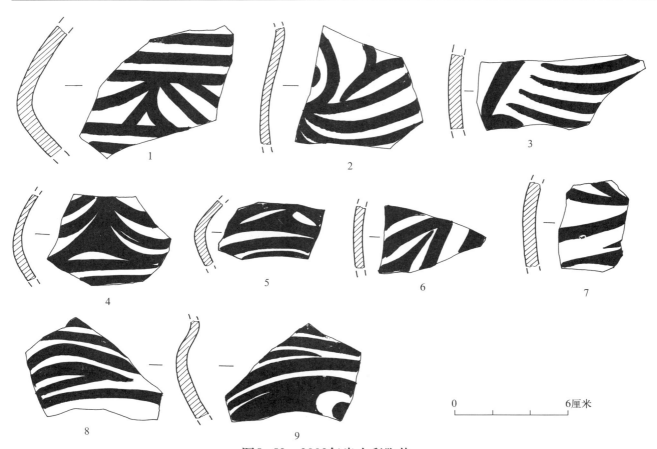

图5-53 2003年出土彩陶片

1~8.弧线条带纹03H48：234、03T32④a：20、03T10①：9、03T25③a：18、03H43：186、03T17⑤：11、03H5：11、03H10：4

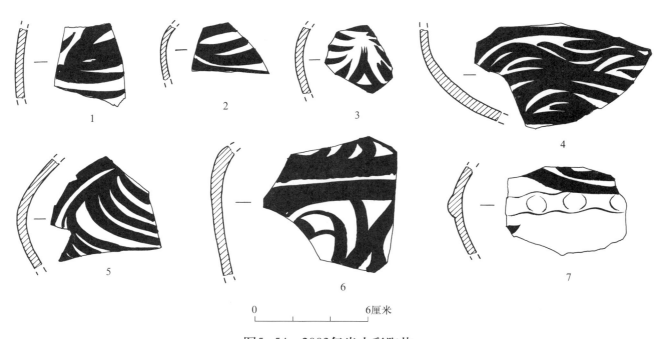

图5-54 2003年出土彩陶片

1~7.弧线条带纹03H43：329、03H47：95、03H47：99、03T10②：12、03H47：78、03T45：14、03T14扩④a：1

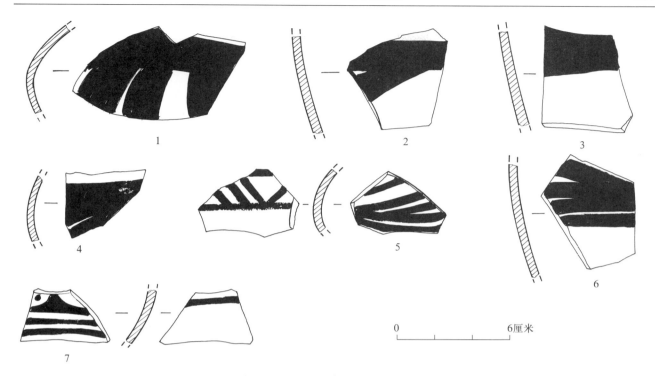

图5-55 2003年出土彩陶片

1~6. 弧线条带纹03T13③：11、03H42：137、03T26③a：79、03H58：15、03H43：241、03T10②：15 7. 内外彩03H10：7

（二）泥质陶

1. 小口瓶

A型Ⅱ式 8件。侈口，退化重唇。

标本03H43：213，泥质灰陶。口径10.0、残高6.4厘米（图5-56，1）。

标本03H48：191，泥质灰陶。口径12.0、残高10.2厘米（图5-56，2）。

标本03H48：236，泥质灰黄陶。口径12.2、残高5.2厘米（图5-56，3）。

标本03T10扩④a：6，泥质灰陶。口径12.0、残高8.8厘米（图5-56，4）。

标本03T30④a：8，泥质灰陶。口径12.8、残高6.0厘米（图5-56，5）。

标本03T36③a：8，泥质灰陶。口径15.2、残高11.2厘米（图5-56，6）。

A型Ⅲ式 4件。敞口，退化重唇。

标本03T3④b：8，泥质灰陶。残高5.0厘米（图5-56，7）。

B型Ⅰ式 20件。直口，侈沿或仰折沿，圆唇，直领。

标本03H57：4，泥质灰陶。口径12.0、残高8.6厘米（图5-56，8）。

标本03T18⑤：2，泥质灰陶。口径12.0、残高3.6厘米（图5-56，9）。

标本03H48：267，泥质灰陶。口径12.0、残高7.6厘米（图5-56，10）。

标本03T8④b：10，泥质灰陶。口径14.0、残高5.4厘米（图5-56，13）。

标本03T7④：1，泥质灰陶。口径13.0、残高3.2厘米（图5-56，12）。

标本03H47：127，泥质灰陶。口径11.0、残高4.4厘米（图5-56，11）。

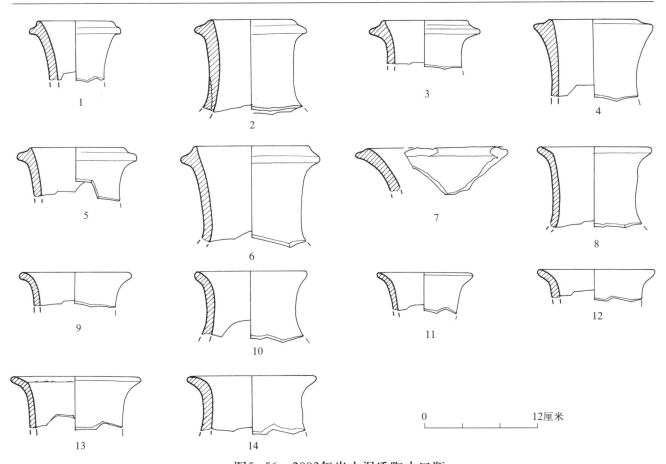

图5-56　2003年出土泥质陶小口瓶

1～6. A型Ⅱ式03H43：213、03H48：191、03H48：236、03T10扩④a：6、03T30④a：8、03T36③a：8　7. A型Ⅲ式03T3④b：8　8～14.
B型Ⅰ式03H57：4、03T18⑤：2、03H48：267、03H47：127、03T7④：1、03T8④b：10、03H14：90

标本03H14：90，泥质灰陶。口径14.0、残高6.4厘米（图5-56，14）。

标本03H41⑤：123，泥质灰陶。口径10。残高5.0厘米（图5-57，1）。

标本03T28④a：50，泥质灰陶。口径9.6、残高4.8厘米（图5-57，2）。

标本03H31：3，泥质灰陶。口径10.0、残高4.0厘米（图5-57，3）。

标本03H43：150，泥质灰陶。口径9.0、残高3.0厘米（图5-57，4）。

标本03H48：180，泥质灰陶。口径12.0、残高4.0厘米（图5-57，5）。

标本03H14：45，泥质灰陶。口径10.0、残高4.7厘米（图5-57，6）。

B型Ⅱ式　4件。直口，平沿，圆唇，直领。

标本03H47：120，泥质灰陶。口径9.8、残高7.0厘米（图5-57，7）。

标本03H47：126，泥质灰陶。口径9.0、残高7.0厘米（图5-57，8）。

标本03H8：5，泥质灰陶。口径11.8、残高3.9厘米（图5-57，9）。

标本03H14：25，泥质灰陶。口径12.0、残高7.0厘米（图5-57，10）。

C型Ⅰ式　3件。平沿，圆唇。

标本03H9：2，泥质灰陶。口径12.0、残高5.2厘米（图5-57，11）。

标本03T28④b：11，泥质灰陶。口径14.0、残高6.0厘米（图5-57，12）。

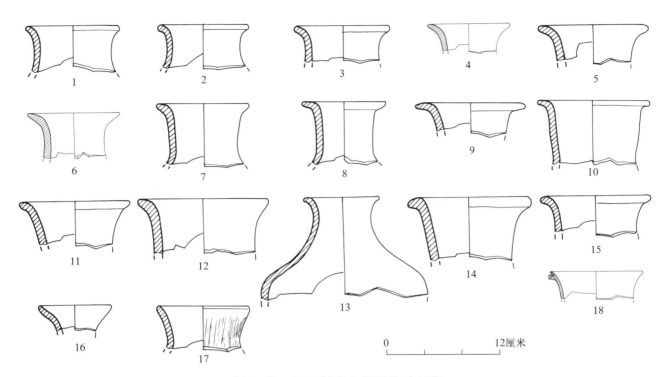

图5-57　2003年出土泥质陶小口瓶

1~6. B型Ⅰ式03H41⑤：123、03T28④a：50、03H31：3、03H43：150、03H48：180、03H14：45　　7~10. B型Ⅱ式03H47：120、03H47：126、03H8：5、03H14：25　　11~13. C型Ⅰ式03H9：2、03T28④b：11、03H52：9　14、15. C型Ⅱ式03H42：81、03H43：155　16、17. D型03T28④b：45、03H42：124　18. Eb型03H14：18

标本03H52：9，泥质灰陶。口径8.0、残高10.8厘米（图5-57，13）。

C型Ⅱ式　3件。平沿外卷，尖圆唇。

标本03H42：81，泥质灰陶。口径12.8、残高7.2厘米（图5-57，14）。

标本03H43：155，泥质灰陶。口径12.0、残高4.6厘米（图5-57，15）。

D型　2件。侈口，卷沿，束颈。

标本03T28④b：45，泥质橙黄陶。尖圆唇。口径7.8、残高3.0厘米（图5-57，16）。

标本03H42：124，泥质橙黄陶。方唇。口径10.0、残高5.0厘米（图5-57，17）。

Eb型　1件。

标本03H14：18，泥质橙黄陶。带耳或錾。口径10.0、残高3.0厘米（图5-57，18）。

2. 壶

A型　1件。侈口，束颈，垂腹。

标本03H41⑤：71，泥质橙黄陶。圆唇。口径9.6、底径12.4、通高12.4厘米（图5-58，1；彩版一九五，1）。

B型　2件。直口，短平沿，圆唇，高领，鼓腹。

标本03H42：81，泥质橙黄陶。口径10.8、残高11.2厘米（图5-58，2）。

标本03H65：3，泥质橙黄陶。口径8.0、残高6.8厘米（图5-58，3）。

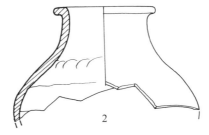
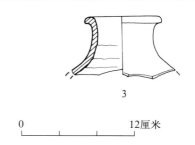

图5-58　2003年出土泥质陶壶

1. A型03H41⑤：71　2、3. B型03H42：81、03H65：3

3．矮领罐

A型Ⅰ式　1件。侈口，卷沿，尖圆唇。

标本03H58：23，泥质橙黄陶。口径10.0、残高5.4厘米（图5-59，1）。

A型Ⅱ式　2件。侈口，卷沿，圆唇。

标本03T14③a：3，泥质灰陶。口径10.8、残高7.2厘米（图5-59，2）。

标本03H48：174，泥质橙黄陶。口径9.0、残高6.4厘米（图5-59，3）。

B型Ⅰ式　1件。侈口，平沿，尖圆唇。

标本03H14：20，泥质灰陶。口径16.8、残高5.4厘米（图5-59，4）。

标本03H14：28，泥质灰陶。口径26.0、残高6.9厘米（图5-59，6）。

标本03H13：2，泥质灰陶。口径36.0、残高5.4厘米（图5-59，7）。

B型Ⅱ式　2件。平沿，方唇。

标本03T8④b：6，泥质灰陶。口径23.6、残高9.0厘米（图5-59，8）。

标本03H14：120，泥质灰陶。口径27.0、残高4.5厘米（图5-59，5）。

B型Ⅲ式　2件。折沿，圆唇，颈部较短。

标本03H42：104，泥质灰陶。口径21.0、残高5.1厘米（图5-59，9）。

标本03H42：37，泥质灰陶。口径27.0、残高5.1厘米（图5-59，10）。

4．高领罐

A型Ⅰ式　9件。直口，宽平沿，圆唇或尖圆唇。

标本03H47：65，泥质灰陶。肩部饰交错细绳纹。口径13.0、残高11.0厘米（图5-60，1；彩版一九五，3）。

标本03H34：7，泥质灰陶。肩部饰纵向细绳纹。口径13.8、残高9.6厘米（图5-60，2）。

标本03H41⑤：13，泥质灰陶。肩部饰交错细绳纹。口径13.0、残高7.6厘米（图5-60，3）。

标本03H20：7，泥质灰陶。肩部饰纵向细绳纹。口径14.0、残高10.4厘米（图5-60，4）。

标本03H58：6，泥质灰陶。沿部有打缺痕迹，肩部饰纵向细绳纹。口径11.8、残高8.2厘米（图5-60，5；彩版一九五，4、5）。

标本03T3④b：11，泥质灰陶。口径15.4、残高6.0厘米（图5-60，6）。

标本03T7④b：4，泥质灰陶。口径16.0、残高3.6厘米（图5-60，7）。

标本03H55：3，泥质褐陶。口径13.2、残高15.4厘米（彩版一九五，2）。

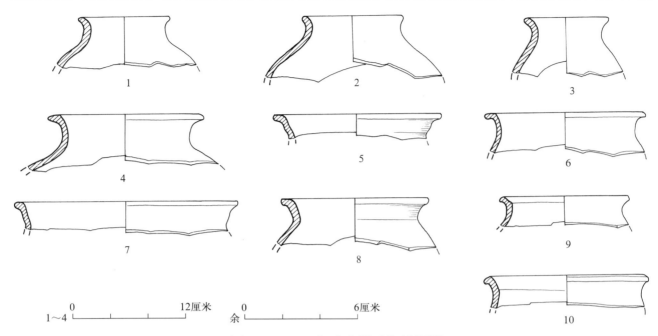

图5-59 2003年出土泥质陶矮领罐

1. A型Ⅰ式03H58：23 2、3. A型Ⅱ式03T14③a：3、03H48：174 4、6、7. B型Ⅰ式03H14：20、03H14：28、03H13：2 5、8. B型Ⅱ式03H14：120、03T8④b：6 9、10. B型Ⅲ式03H42：104、03H42：37

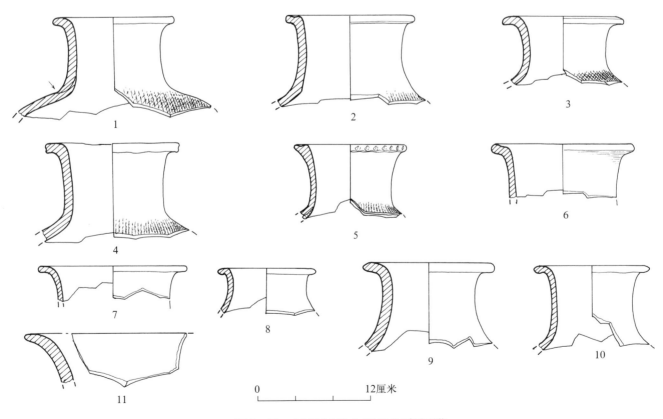

图5-60 2003年出土泥质陶高领罐

1～7. A型Ⅰ式03H47：65、03H34：7、03H41⑤：13、03H20：7、03H58：6、03T3④b：11、03T7④b：4 8～11. A型Ⅱ式03H42：23、03T10扩④a：12、03T10扩④a：13、03H41①：17

A 型 II 式 　4 件。口微侈，平折沿，沿较窄，圆唇。

标本 03H42：23，泥质灰陶。口径 10.5、残高 5.0 厘米（图 5-60，8）。

标本 03T10 扩④ a：12，泥质灰陶。口径 14.2、残高 9.6 厘米（图 5-60，9）。

标本 03T10 扩④ a：13，泥质灰陶。口径 12.4、残高 8.8 厘米（图 5-60，10）。

标本 03H41 ①：17，泥质灰陶。残高 6.0 厘米（图 5-60，11）。

B 型 I 式 　13 件。喇叭口，卷沿，圆唇或尖圆唇。

标本 03H14：104，泥质灰陶。口径 13.0、残高 3.0 厘米（图 5-61，1）。

标本 03H11：6，泥质灰陶。口径 14.0、残高 5.0 厘米（图 5-61，2）。

标本 03H53：12，泥质灰陶。口径 11.0、残高 3.6 厘米（图 5-61，3）。

标本 03H11：20，泥质灰陶。口径 15.0、残高 4.0 厘米（图 5-61，4）。

标本 03H39：11，泥质灰陶。口径 12.0、残高 6.4 厘米（图 5-61，5）。

标本 03H43：105，泥质灰陶。口径 17.0、残高 2.0 厘米（图 5-61，6）。

标本 03H14：50，泥质灰陶。口径 22.0、残高 4.5 厘米（图 5-61，7）。

标本 03T1 ⑤：4，泥质灰陶。残高 3.2 厘米（图 5-61，8）。

标本 03H48：377，泥质灰陶。口径 9.0、残高 3.8 厘米（图 5-62，1）。

标本 03H53：13，泥质橙黄陶。口径 11.0、残高 7.0 厘米（图 5-62，2）。

标本 03H58：31，泥质灰陶。口径 20.0、残高 4.4 厘米（图 5-63，1）。

B 型 II 式 　3 件。口沿外卷较甚，束颈，圆唇。

标本 03T14 ④ b：5，泥质灰陶。口径 14.0、残高 7.4 厘米（图 5-62，3）。

标本 03H2：7，泥质灰陶。口径 16.0、残高 8.0 厘米（图 5-62，4；彩版一九五，6）。

标本 03H22：2，泥质灰陶。颈部戳印圆点纹。残高 5.8 厘米（图 5-62，5）。

C 型 I 式 　10 件。喇叭口，平沿。

标本 03H58：10，泥质灰陶。口径 16.0、残高 11.0 厘米（图 5-62，6）。

标本 03H48：146，泥质灰陶。口径 14.0、残高 6.2 厘米（图 5-63，2）。

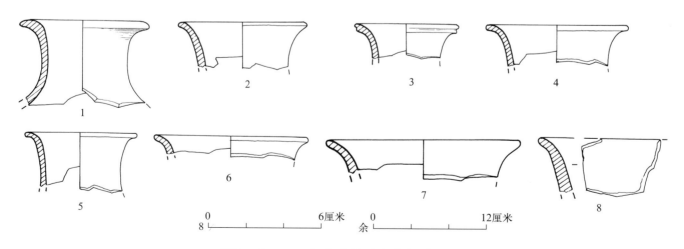

图5-61　2003年出土泥质陶高领罐

1～8. B 型 I 式 03H14：104、03H11：6、03H53：12、03H11：20、03H39：11、03H43：105、03H14：50、03T1⑤：4

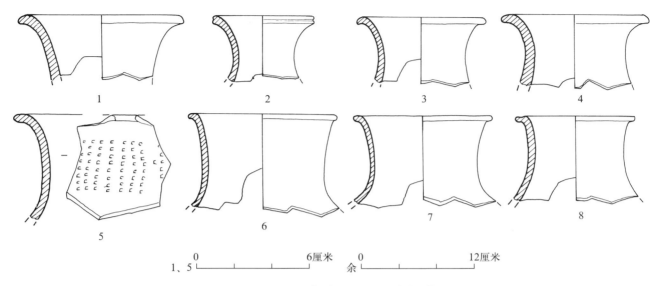

图5-62　2003年出土泥质陶高领罐

1、2. B型Ⅰ式03H48：377、03H53：13　　3～5. B型Ⅱ式03T14④b：5、03H2：7、03H22：2　　6～8. C型Ⅰ式03H58：10、03T18④a：8、03H42：58

标本03H20：1，泥质灰陶。口径14.0、残高11.0厘米（图5-63，3）。

标本03T21④b：32，泥质灰陶。口径14.0、残高3.0厘米（图5-63，5）。

标本03H42：45，泥质灰陶。沿下饰附加堆纹一周。口径16.6、残高3.6厘米（图5-63，6）。

标本03T7⑤：8，泥质灰陶。残高4.0厘米（图5-63，7）。

标本03T18④a：8，泥质灰陶。口径15.0、残高11.0厘米（图5-62，7）。

标本03H42：58，泥质灰陶。口径13.0、残高9.2厘米（图5-62，8）。

C型Ⅱ式　8件。喇叭口，平沿下折。

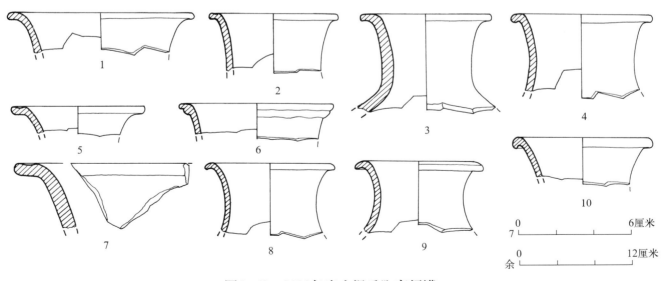

图5-63　2003年出土泥质陶高领罐

1. B型Ⅰ式03H58：31　　2、3、5～7. C型Ⅰ式03H48：146、03H20：1、03T21④b：32、03H42：45、03T7⑤：8　　4、8～10. C型Ⅱ式03H58：9、03T27④b：5、03T14④b：12、03T33④b：12

标本 03T27 ④ b：151，泥质灰陶。口径 14.0、残高 8.0 厘米（图 5-64，1）。

标本 03H41 ⑤：58，泥质灰陶。口径 12.0、残高 6.4 厘米（图 5-64，2）。

标本 03T27 ④ b：5，泥质灰陶。口径 12.8、残高 7.8 厘米（图 5-63，8）。

标本 03H58：9，泥质灰陶。口径 15.0、残高 9.0 厘米（图 5-63，4）。

标本 03T14 ④ b：12，泥质灰陶。口径 13.8、残高 7.8 厘米（图 5-63，9）。

标本 03T33 ④ b：12，泥质灰陶。口径 15.0、残高 5.0 厘米（图 5-63，10）。

D 型　4 件。大口。

标本 03T30 ④ b：4，泥质橙黄陶。口径 41.0、残高 2.6 厘米（图 5-64，4）。

标本 03H14：27，泥质灰陶。口径 30.0、残高 2.0 厘米（图 5-64，3）。

5. 罐

Ab 型　5 件。侈口，折沿，尖唇。

标本 03H42：117，泥质灰陶。口径 20.0、残高 4.2 厘米（图 5-64，5）。

标本 03H3：2，泥质灰陶。口径 18.8、残高 4.4 厘米（图 5-64，6）。

标本 03H43：85，泥质灰陶。口径 16.8、残高 3.8 厘米（图 5-64，7）。

B 型 I 式　2 件。直口，束颈，平沿，广肩，鼓腹。

标本 03H55：11，泥质灰陶。口径 20.0、残高 5.4 厘米（图 5-64，8）。

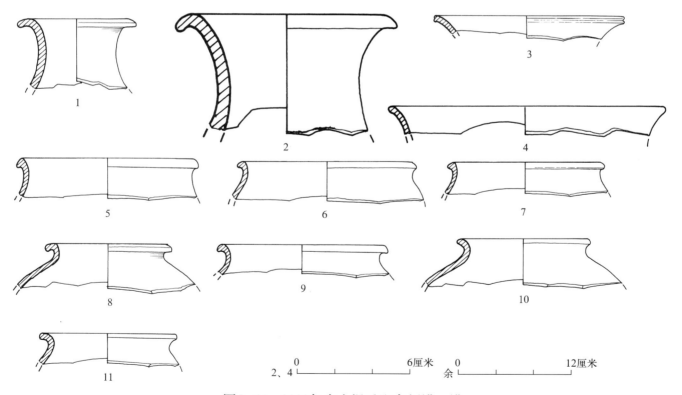

图 5-64　2003 年出土泥质陶高领罐、罐

1、2. C 型 II 式高领罐 03T27 ④ b：151、03H41 ⑤：58　3、4. D 型高领罐 03T30 ④ b：4、03H14：27　5～7. Ab 型罐 03H42：117、
03H3：2、03H43：85　8、9. B 型 I 式罐 03H55：11、03H17：120　10、11. C 型 I 式罐 03L1：6、03H13：216

标本03H17：120，泥质灰陶。口径37.0、残高6.4厘米（图5-64，9）。

C型Ⅰ式　9件。侈口，卷沿，圆唇，短颈，鼓腹。

标本03L1：6，泥质灰陶。口径14.0、残高5.4厘米（图5-64，10）。

标本03H42：24，泥质灰陶。口径27.0、残高4.4厘米（图5-65，1）。

标本03H42：85，泥质灰陶。圆唇。口径27.0、残高4.8厘米（图5-65，2）。

标本03H13：216，泥质灰陶。圆唇。口径14.4、残高3.6厘米（图5-64，11）。

标本03H14：59，泥质灰陶。圆唇。口径24.0、残高5.1厘米（图5-65，3）。

标本03H42：115，泥质灰陶。口径36.0、残高6.0厘米（图5-65，4）。

C型Ⅱ式　6件。侈口，卷沿，尖圆唇，束颈。

标本03H17：2，泥质灰陶。口径18.6、残高4.2厘米（图5-65，5）。

标本03H42：98，泥质灰陶。口径24.0、残高3.0厘米（图5-65，6）。

标本03H42：63，泥质灰陶。口径26.6、残高12.0厘米（图5-65，7）。

标本03H42：74，泥质灰陶。口径24.0、残高4.6厘米（图5-65，8）。

D型　1件。直口，尖唇，溜肩。

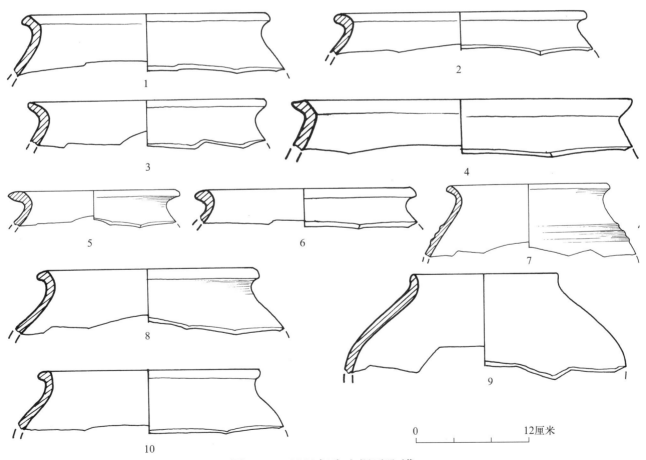

图5-65　2003年出土泥质陶罐

1～4. C型Ⅰ式03H42：24、03H42：85、03H14：59、03H42：115　　5～8. C型Ⅱ式03H17：2、03H42：98、03H32：63、03H42：74
9. D型03T14③a：3　　10. E型03H27：10

标本03T14 ③ a ： 3，泥质灰陶。口径15.6、残高11.8厘米（图5-65，9）。

E 型　1件。直口，卷沿，圆唇，垂腹。

标本03H27 ： 10，泥质灰陶。口径24.0、残高4.4厘米（图5-65，10）。

6．缸

A 型 I 式　35件。侈口，沿略卷。

标本03H2 ： 8，泥质灰陶。尖圆唇。口径25.2、残高3.2厘米（图5-66，1）。

标本03H48 ： 162，泥质灰陶。圆唇。口径40.0、残高12.0厘米（图5-66，2）。

标本03H55 ： 1，泥质灰陶。口径33.6、残高8.8厘米（图5-66，3）。

标本03H47 ： 111，泥质灰陶。尖圆唇。口径25.0、残高10.5厘米（图5-66，4）。

标本03H14 ： 93，泥质灰陶。圆唇。口径36.0、残高3.8厘米（图5-66，5）。

标本03H42 ： 152，泥质灰陶。圆唇。口径34.8、残高6.0厘米（图5-66，6）。

标本03T19 ⑤ ： 6，泥质灰陶。圆唇。口径46.8、残高4.2厘米（图5-66，7）。

标本03H11 ： 5，泥质灰陶。尖圆唇。口径29.4、残高8.0厘米（图5-67，1）。

标本03H14 ： 47，泥质灰陶。尖圆唇。口径26.0、残高6.3厘米（图5-67，2）。

标本03H14 ： 63，泥质灰陶。圆唇。口径24.0、残高7.5厘米（图5-67，3）。

标本03H43 ： 59，泥质灰陶。口径36.0、残高6.0厘米（图5-67，4）。

标本03H58 ： 37，泥质灰陶。尖圆唇。口径26.0、残高4.2厘米（图5-67，5）。

标本03T23 ④ b ： 22，泥质灰陶。口径38.0、残高6.8厘米（图5-67，6）。

标本03H43 ： 287，泥质灰陶。口径33.0、残高2.8厘米（图5-67，7）。

标本03H26 ： 43，泥质灰陶。圆唇。口径32.0、残高7.2厘米（图5-67，8）。

标本03H48 ： 183，泥质灰陶。圆唇。口径26.0、残高10.5厘米（图5-67，9）。

标本03H48 ： 169，泥质灰陶。圆唇。口径40.0、残高12.0厘米（图5-68，1）。

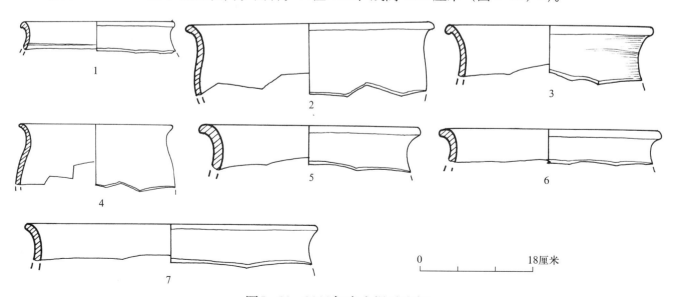

图5-66　2003年出土泥质陶缸

1～7. A型 I 式03H2：8、03H48：162、03H55：1、03H47：111、03H14：93、03H42：152、03T19⑤：6

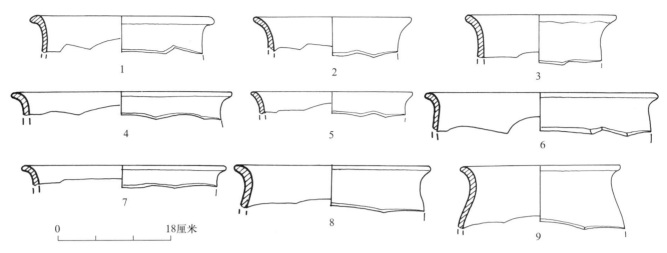

图5-67 2003年出土泥质陶缸

1～9.A型Ⅰ式03H11：5、03H14：47、03H14：63、03H43：59、03H58：37、03T23④b：22、03H43：287、03H26：43、03H48：143

标本03H22：5，泥质灰陶。圆唇。口径18.4、残高2.4厘米（图5-68，3）。

标本03T30④b：26，泥质灰陶。圆唇。口径28.0、残高4.8厘米（图5-68，4）。

A型Ⅱ式 21件。卷沿较宽外翻，束颈。

标本03H48：166，泥质灰陶。圆唇。口径48.0、残高10.6厘米（图5-68，2）。

标本03H42：143，泥质灰陶。圆唇。口径37.0、残高4.4厘米（图5-68，5）。

标本03H14：56，泥质灰陶。圆唇。口径30.0、残高5.7厘米（图5-68，6）。

标本03T8④b：8，泥质灰陶。口径30.0、残高4.5厘米（图5-68，7）。

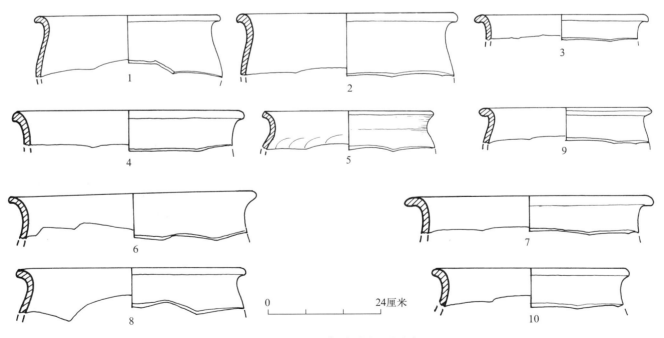

图5-68 2003年出土泥质陶缸

1、3、4.A型Ⅰ式03H48：169、03H22：5、03T30④b：26 2、5～10.A型Ⅱ式03H48：166、03H42：143、03H14：56、03T8④b：8、03H43：216、03T23④b：78、03T7④b：2

标本 03H43：216，泥质灰陶。口径28.0、残高6.6厘米（图5-68，8）。

标本 03T23④b：78，泥质灰陶。尖圆唇。口径38.0、残高7.2厘米（图5-68，9）。

标本 03T7④b：2，泥质灰陶。圆唇。口径24.0、残高4.5厘米（图5-68，10）。

B型Ⅰ式　16件。仰折沿，方唇，束颈。

标本 03T6⑤：8，泥质灰陶。口径32.0、残高6.0厘米（图5-69，1）。

标本 03T16⑤：7，泥质灰陶。口径39.0、残高6.4厘米（图5-69，2）。

标本 03H26：55，泥质灰陶。口径33.0、残高6.0厘米（图5-69，3）。

标本 03T21④b：21，泥质灰陶。口径42.0、残高6.0厘米（图5-69，4）。

标本 03T33④b：2，泥质灰陶。口径32.0、残高4.8厘米（图5-69，5）。

标本 03H14：21，泥质灰陶。口径40.0、残高7.2厘米（图5-69，6）。

标本 03H42：104，泥质灰陶。口径21.0、残高5.4厘米（图5-69，7）。

标本 03H14：46，泥质灰陶。口径42.0、残高7.2厘米（图5-69，8）。

B型Ⅱ式　6件。平沿下折，窄沿，圆唇。

标本 03H53：7，泥质灰陶。口径30.0、残高5.2厘米（图5-69，9）。

标本 03H25：6，泥质灰陶。口径42.0、残高6.0厘米（图5-69，10）。

C型Ⅰ式　32件。口微敛。

标本 03H58：11，泥质灰陶。圆唇。口径40.0、残高6.4厘米（图5-70，1）。

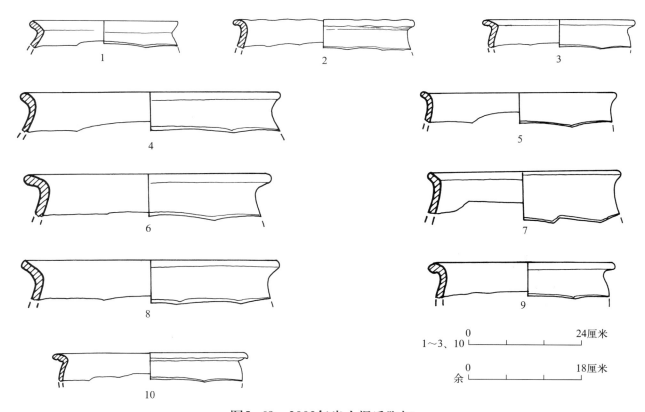

图5-69　2003年出土泥质陶缸

1～8. B型Ⅰ式03T6⑤：8、03T16⑤：7、03H26：55、03T21④b：21、03T33④b：2、03H14：21、03H42：104、03H14：46　9、10. B型Ⅱ式03H53：7、03H25：6

标本03L1：19，泥质灰陶。尖圆唇。口径43.0、残高7.2厘米（图5-70，2）。

标本03T30④b：9，泥质灰陶。尖圆唇。口径36.0、残高6.8厘米（图5-70，3）。

标本03H48：158，泥质灰陶。尖圆唇。口径39.0、残高9.2厘米（图5-70，4）。

标本03T33④b：9，泥质灰陶。尖圆唇。口径30.0、残高4.8厘米（图5-70，5）。

标本03H47：140，泥质灰陶。圆唇。口径27.0、残高3.9厘米（图5-70，6）。

标本03H17：1，泥质灰陶。尖圆唇。口径32.0、残高6.0厘米（图5-70，7）。

标本03H43：201，泥质灰陶。尖圆唇。口径36.0、残高18.8厘米（图5-71，1）。

标本03T19⑤：5，泥质灰陶。圆唇。口径25.0、残高4.5厘米（图5-71，2）。

标本03H11：14，泥质灰陶。圆唇。口径34.0、残高4.4厘米（图5-71，3）。

标本03H47：116，泥质灰陶。尖圆唇。口径26.0、残高4.5厘米（图5-71，4）。

标本03T18④a：2，泥质灰陶。圆唇。口径31.0、残高4.8厘米（图5-71，5）。

C型Ⅱ式　27件。敛口，束颈。

标本03H42：107，泥质灰陶。尖圆唇。口径23.0、残高5.0厘米（图5-72，1）。

标本03L1：8，泥质灰陶。尖圆唇。口径37.0、残高4.8厘米（图5-72，2）。

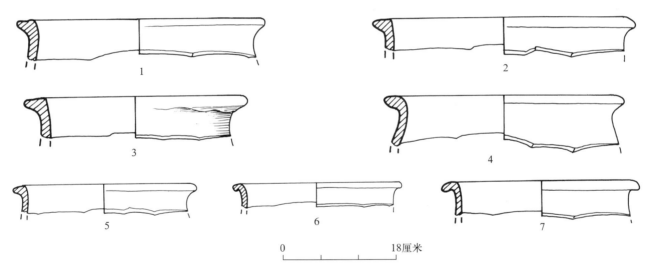

图5-70　2003年出土泥质陶缸

1～7. C型Ⅰ式03H58：11、03L1：19、03T30④b：9、03H48：158、03T33④b：9、03H47：140、03H17：1

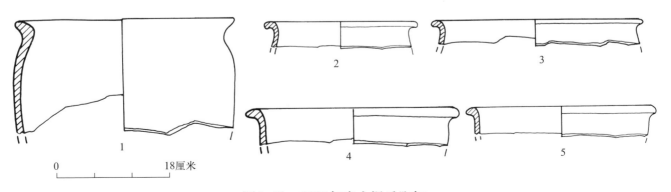

图5-71　2003年出土泥质陶缸

1～5. C型Ⅰ式03H43：201、03T19⑤：5、03H11：14、03H47：116、03T18④a：2

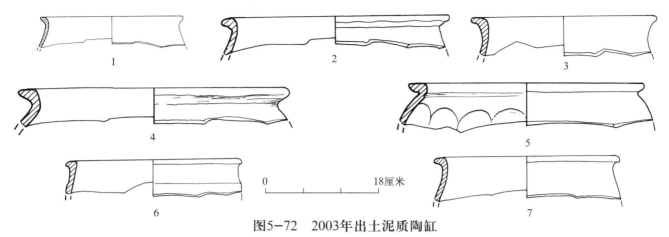

图5-72　2003年出土泥质陶缸

1～7. C型Ⅱ式03H42：107、03L1：8、03H42：153、03H14：58、03H35：1、03H14：52、03T14扩④a：2

标本03H42：153，泥质灰陶。尖圆唇。口径44.0、残高6.0厘米（图5-72，3）。

标本03H14：58，泥质灰陶。圆唇。口径30.0、残高6.3厘米（图5-72，4）。

标本03H35：1，泥质灰陶。圆唇。口径38.0、残高7.2厘米（图5-72，5）。

标本03H14：52，泥质灰陶。尖圆唇。口径28.0、残高6.0厘米（图5-72，6）。

标本03T14扩④a：2，泥质灰陶。圆唇。口径30.0、残高6.9厘米（图5-72，7）。

D型Ⅰ式　3件。敞口，折沿，弧腹。

标本03Y1：2，泥质灰陶。口径30.0、残高3.6厘米（图5-73，1）。

标本03H48：122，泥质灰陶。圆唇。口径38.0、残高8.4厘米（图5-73，2）。

E型　2件。敞口，平沿，直腹。

标本03H42：151，泥质灰陶。尖圆唇。口径30.0、残高4.5厘米（图5-73，3）。

7. 钵

A型Ⅰ式　6件。侈口微敞，口径明显大于腹径。

标本03H58：12，泥质灰陶。圆唇。口径21.6、残高9.2厘米（图5-74，1）。

标本03T6⑤：7，泥质灰陶。圆唇。口径10.8、残高5.6厘米（图5-74，2）。

标本03T29④b：9，泥质灰陶。圆唇。口径15.0、残高4.0厘米（图5-74，3）。

标本03H58：14，泥质灰陶。圆唇。口径25.0、残高6.0厘米（图5-74，5）。

标本03H41⑤：92，泥质灰陶。圆唇。口径16.4、残高3.2厘米（图5-74，4）。

标本03Z8：1，泥质灰陶。通体磨光。口径24.8、底径16.2、通高15.6厘米（彩版一九六，6）。

A型Ⅱ式　3件。侈口。

标本03L1：28，泥质灰陶。圆唇。口径3.6厘米（图5-74，6）。

标本03T27④b：4，泥质灰陶。圆唇。口径19.0、残高7.0厘米（图5-74，7）。

标本03H24：26，泥质灰陶。方唇。口径22.2、残高4.2厘米（图5-74，8）。

Ba型Ⅱ式　5件。口径与腹径等大。

标本03H14：130，泥质灰陶。尖圆唇。口径28.0、残高4.5厘米（图5-75，1）。

标本03H27：11，泥质灰陶。圆唇。口径16.0、残高4.0厘米（图5-75，2）。

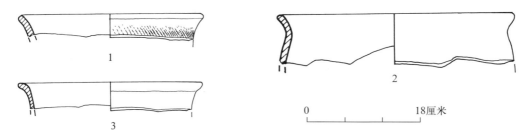

图5-73　2003年出土泥质陶缸
1、2. D型Ⅰ式03Y1：2、03H48：122　3. E型03H42：151

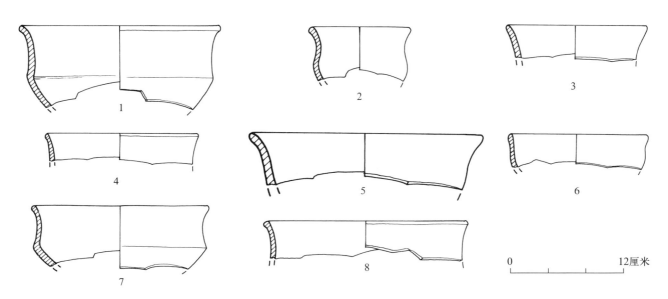

图5-74　2003年出土泥质陶钵
1～5. A型Ⅰ式03H58：12、03T6⑤：7、03T29④b：9、03H41⑤：92、03H58：14　6～8. A型Ⅱ式03L1：28、03T27④b：4、03H24：26

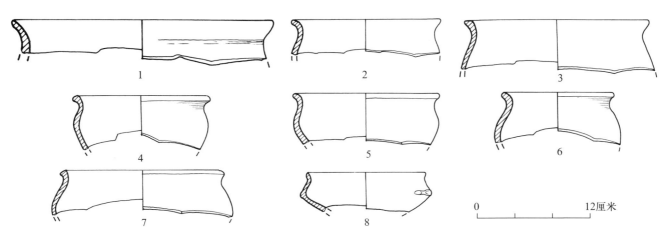

图5-75　2003年出土泥质陶钵
1～5. Ba型Ⅱ式03H14：130、03H27：11、03T26③：7、03T28④：44、03T33④b：31　6～8. Ba型Ⅲ式03H10：5、03T23④b：12、03H48：184

标本 03T26 ③：7，泥质灰陶。尖圆唇。口径 19.6、残高 5.4 厘米（图 5-75，3）。

标本 03T28 ④：44，泥质灰陶。圆唇。口径 14.8、残高 5.8 厘米（图 5-75，4）。

标本 03T33 ④ b：31，泥质灰陶。圆唇。口径 15.6、残高 5.4 厘米（图 5-75，5）。

Ba 型Ⅲ式　3 件。口径小于腹径。

标本 03H10：5，泥质灰陶。圆唇。口径 11.8、残高 8.1 厘米（图 5-75，6）。

标本 03T23 ④ b：12，泥质灰陶。尖唇。口径 17.6、残高 5.0 厘米（图 5-75，7）。

标本 03H48：184，泥质灰陶。圆唇，腹部饰横向附加泥条按捺纹。口径 12.5、残高 4.4 厘米（图 5-75，8）。

Ca 型　12 件。敛口较甚。

标本 03H42：118，泥质灰陶。口径 26.0、残高 4.5 厘米（图 5-76，1）。

标本 03H55：15，泥质灰陶。尖圆唇。口径 16.0、残高 4.4 厘米（图 5-76，2）。

标本 03H11：11，泥质灰陶。尖唇。口径 16.0、残高 4.2 厘米（图 5-76，3）。

标本 03H17：3，泥质灰陶。圆唇。口径 21.0、残高 4.2 厘米（图 5-76，4）。

标本 03H36：7，泥质灰陶。圆唇。口径 14.6、残高 6.0 厘米（图 5-76，5）。

标本 03H42：29，泥质灰陶。圆唇。口径 24.0、残高 7.2 厘米（图 5-78，5）。

标本 03H42：32，泥质灰陶。尖唇。口径 24.0、残高 4.6 厘米（图 5-78，6）。

Cb 型　3 件。口微敛，窄沿。

标本 03T24 ⑤：2，泥质灰陶。圆唇。口径 17.6、残高 6.8 厘米（图 5-76，6）。

标本 03H2：16，泥质灰陶。尖唇。口径 16.0、残高 3.2 厘米（图 5-76，7）。

Da 型Ⅰ式　2 件。直口，折腹，卷沿。

标本 03H47：114，泥质灰陶。圆唇，腹部饰横向附加泥条按捺纹。口径 14.0、残高 6.0 厘米（图 5-77，1）。

标本 03H48：219，泥质橙黄陶。通体磨光。口径 16.8、底径 6.4、通高 9.2 厘米（彩版一九六，5）。

Da 型Ⅱ式　2 件。直口，折腹，窄平沿。

标本 03H37：6，泥质灰陶。平沿下折，尖唇。口径 15.2、底径 5.0、通高 9.8 厘米（图 5-77，2）。

标本 03H48：325，泥质灰陶。尖唇。口径 15.6、残高 4.0 厘米（图 5-77，3）。

标本 03H37：5，泥质灰陶。折腹。口径 15.6、底径 3.8、通高 10 厘米（彩版一九六，2）。

Eb 型Ⅰ式　1 件。敛口。

标本 03T18 ⑤：6，泥质灰陶。尖圆唇，腹部饰横向附加泥条按捺纹。口径 17.0、残高 5.4 厘米（图 5-77，4）。

Eb 型Ⅱ式　4 件。口微敛。

标本 03H48：212，泥质灰陶。尖圆唇。口径 13.2、底径 5.6、通高 6.6 厘米（图 5-77，5）。

标本 03H48：239，泥质灰陶。尖圆唇。腹部饰横向附加泥条按捺纹。口径 18.0、残高 5.0 厘米（图 5-77，7）。

标本 03H48：280，泥质灰陶。尖唇。口径 14.2、残高 3.2 厘米（图 5-77，6）。

F 型　4 件。直口，圆唇，弧腹较深。

标本 03H42：144，泥质灰陶。口径 18.0、残高 6.6 厘米（图 5-78，1）。

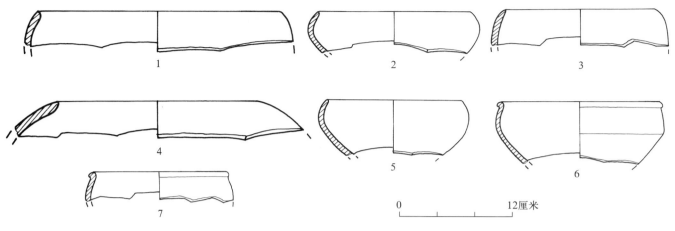

图5-76 2003年出土泥质陶钵

1～5．Ca型03H42：118、03H55：15、03H11：11、03H17：3、03H36：7 6、7．Cb型03T24⑤：2、03H2：16

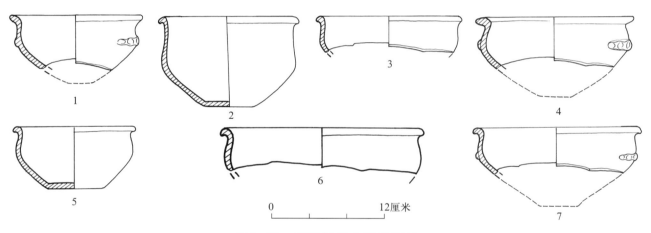

图5-77 2003年出土泥质陶钵

1．Da型Ⅰ式03H47：114 2、3．Da型Ⅱ式03H37：6、03H48：325 4．Eb型Ⅰ式03T18⑤：6 5～7．Eb型Ⅱ式03H48：212、03H48：280、03H48：239

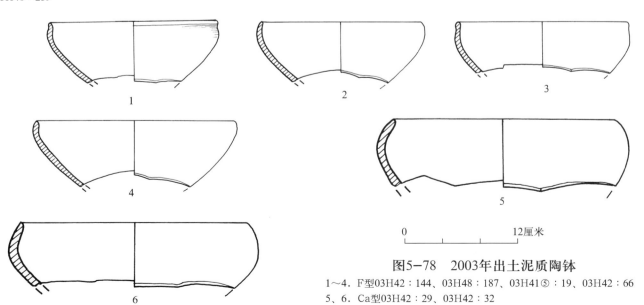

图5-78 2003年出土泥质陶钵

1～4．F型03H42：144、03H48：187、03H41⑤：19、03H42：66
5、6．Ca型03H42：29、03H42：32

标本 03H48：187，泥质灰陶。口径 17.2、残高 6.6 厘米（图 5-78，2）。

标本 03H41⑤：19，泥质灰陶。圆唇。口径 18.0、残高 5.6 厘米（图 5-78，3）。

标本 03H42：66，泥质灰陶。口径 22.0、残高 7.2 厘米（图 5-78，4）。

Ha 型　8 件。侈口，尖圆唇，弧腹。

标本 03T30⑤：3，泥质灰陶。圆唇。口径 21.0、残高 5.6 厘米（图 5-79，1）。

标本 03H55：6，泥质灰陶。尖圆唇。腹部饰横向附加泥条按捺纹。口径 2.5、残高 4.2 厘米（图 5-79，2）。

标本 03T36④b：3，泥质灰陶。口径 29.0、残高 6.0 厘米（图 5-79，3）。

标本 03H42：38，泥质灰陶。方唇。口径 18.0、残高 4.6 厘米（图 5-79，4）。

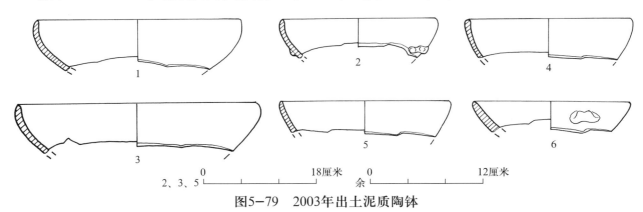

图5-79　2003年出土泥质陶钵
1~6. Ha型03T30⑤：3、03H55：6、03T36④b：3、03H42：38、03L1：13、03H14：67

标本 03L1：13，泥质灰陶。圆唇。口径 27.5、残高 4.0 厘米（图 5-79，5）。

标本 03H14：67，泥质灰陶。尖唇。腹部饰横向附加泥条按捺纹。口径 17.0、残高 3.2 厘米（图 5-79，6）。

标本 03H48：109，泥质灰陶。带双錾。口径 23.2、底径 14.2、通高 13.2 厘米（彩版一九六，3、4）。

Hb 型　14 件。敛口，弧腹。

标本 03T28④：41，泥质灰陶。尖圆唇。腹部饰横向附加泥条按捺纹。口径 20.0、残高 4.0 厘米（图 5-80，1）。

标本 03H43：159，泥质灰陶。尖圆唇。腹部饰横向附加泥条按捺纹。口径 24.0、残高 4.0 厘米（图 5-80，2）。

标本 03T6⑤：4，泥质灰陶。尖圆唇。腹部饰横向附加泥条戳印纹。口径 24.0、残高 6.0 厘米（图 5-80，3）。

标本 03H26：27，泥质灰陶。尖唇。口径 28.0、残高 6.0 厘米（图 5-80，4）。

标本 03HG1：17，泥质灰陶。圆唇。口径 15.0、残高 5.6 厘米（图 5-80，5）。

标本 03H43：229，泥质灰陶。尖圆唇。口径 22.0、残高 5.2 厘米（图 5-80，6）。

标本 03H41③：97，泥质灰陶。圆唇。口径 16.8、残高 5.2 厘米（图 5-80，7）。

标本 03H52：10，泥质灰陶。圆唇。口径 21.5、残高 5.2 厘米（图 5-80，8）。

标本 03T8④b：11，泥质灰陶。尖圆唇。口径 19.6、残高 4.8 厘米（图 5-80，9）。

标本 03H30：3，泥质灰陶。尖唇。口径 17.0、残高 4.2 厘米（图 5-80，10）。

Ja 型　4 件。腹较深。

标本 03H57 ：8，泥质灰陶。圆唇。口径 14.5、残高 4.0 厘米（图 5-81，1）。

标本 03H48 ：194，泥质灰陶。圆唇，上腹饰瓦棱纹。口径 24.5、残高 3.8 厘米（图 5-81，2）。

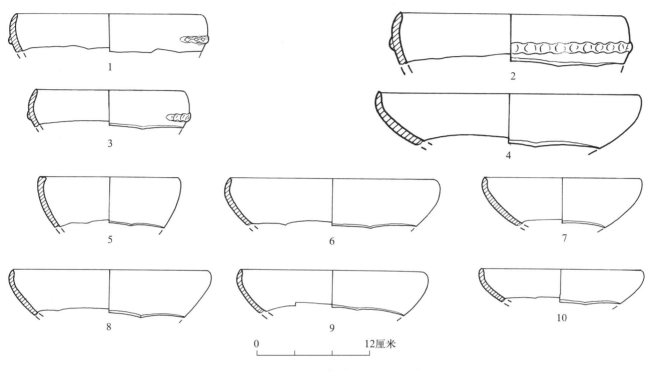

图5-80　2003年出土泥质陶钵

1~10. Hb型03T28④：41、03H43：159、03T6⑤：4、03H26：27、03HG1：17、03H43：229、03H41③：97、03H52：10、
03T8④b：11、03H30：3

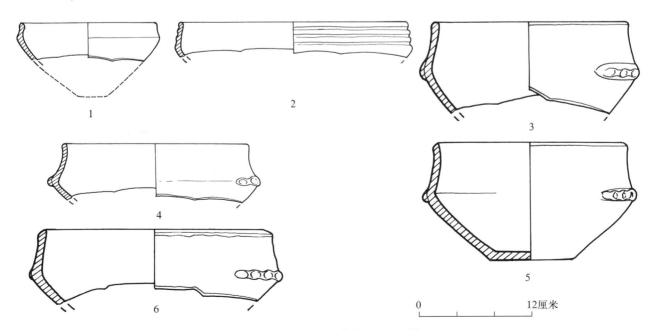

图5-81　2003年出土泥质陶钵

1、2. Ja型03H57：8、03H48：194　3~6. Jb型03H41⑤：12、03T3④：3、03T6③a：2、03H41⑤：33

Jb 型　5 件。浅腹。

标本 03H41 ⑤ ：12，泥质灰陶。方唇。口径 21.0、残高 10.2 厘米（图 5-81，3）。

标本 03T3 ④ ：3，泥质灰陶。圆唇。口径 20.0、残高 6.4 厘米（图 5-81，4）。

标本 03T6 ③ a ：2，泥质灰陶。方唇。口径 14.0、底径 5.8、通高 8.6 厘米（图 5-81，5；彩版一九六，1）。

标本 03H41 ⑤ ：33，泥质灰陶。方唇。口径 25.0、残高 7.8 厘米（图 5-81，6）。

8．盆

Aa 型　5 件。敛口，浅腹，带双錾。

标本 03T23 ④ b ：12，泥质灰陶。尖圆唇。腹部饰交错细绳纹及横向附加泥条。口径 27.8、残高 7.5 厘米（图 5-82，1）。

Ab 型　7 件。敛口，浅腹，腹部无双錾。

标本 03H48 ：210，泥质灰陶。尖圆唇。腹部饰斜向细绳纹。口径 31.8、残高 6.0 厘米（图 5-82，2）。

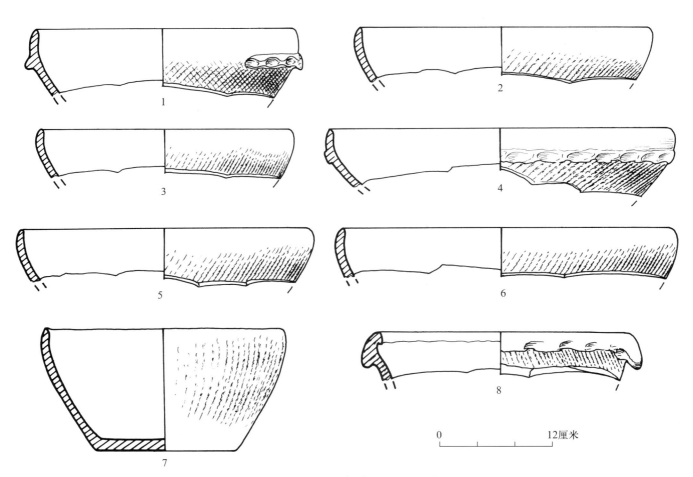

图5-82　2003年出土泥质陶盆

1．Aa型03T23④b：12　2~6．Ab型03H48：210、03H19：1、03H20：94、03H47：92、03H48：279　7．Ac型03H58：19　8．Ad型03H58：39

标本03H19：1，泥质灰陶。腹部饰斜向细绳纹。口径27.0、残高7.2厘米（图5-82，3）。

标本03H20：94，泥质灰陶。圆唇。腹部饰斜向细绳纹及附加堆纹一周。口径38.0、残高5.0厘米（图5-82，4）。

标本03H47：92，泥质灰陶。圆唇。腹部饰斜向细绳纹。口径32.0、残高6.0厘米（图5-82，5）。

标本03H48：279，泥质灰陶。尖圆唇。腹部饰斜向细绳纹。口径35.6、残高7.2厘米（图5-82，6）。

Ac型　2件。深腹。

标本03H58：19，泥质灰陶。尖圆唇。口径26.0、底径10.0、通高9.0厘米（图5-82，7）。

Ad型　3件。

标本03H58：39，1件。斜腹，上腹带双鋬，腹部饰斜向细绳纹。口径27.0、残高5.1厘米（图5-82，8）。

Ba型Ⅰ式　5件。仰折沿，圆唇，折腹。

标本03T23④b：18，泥质灰陶。圆唇。口径29.6、残高7.5厘米（图5-83，1）。

标本03T30④b：51，泥质灰陶。口径28.0、残高9.0厘米（图5-83，2）。

Ba型Ⅱ式　6件。平折沿，沿较宽，圆唇或尖圆唇。

标本03H43：219，泥质灰陶。尖圆唇。口径30.0、残高12.0厘米（图5-83，3）。

标本03H58：17，泥质灰陶。圆唇。口径28.0、残高7.2厘米（图5-83，4）。

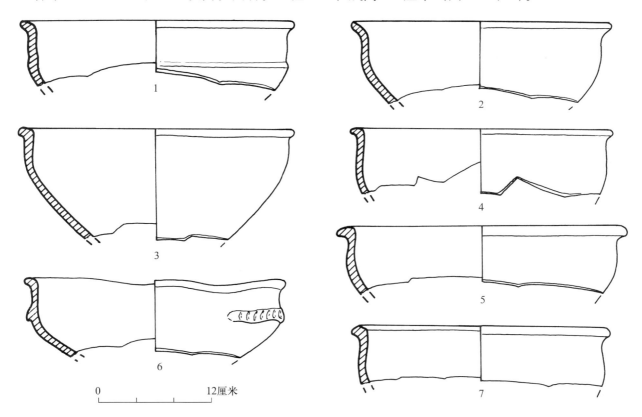

0　　　　　　　　12厘米

图5-83　2003年出土泥质陶盆

1、2. Ba型Ⅰ式03T23④b：18、03T30④b：51　3～6. Ba型Ⅱ式03H43：219、03H58：17、03H48：185、03T25②：1　7. Bc型Ⅱ式03H48：318

标本03H48：185，泥质灰陶。圆唇。口径31.0、残高7.5厘米（图5-83，5）。

标本03T25②：1，泥质灰陶。口部呈波浪状。腹部饰横向附加泥条戳印纹。口径28.0、残高8.1厘米（图5-83，6）。

Bc型Ⅱ式　1件。卷沿，尖唇。

标本03H48：318，泥质灰陶。口径28.0、残高6.0厘米（图5-83，7）。

Ca型Ⅰ式　14件。仰折沿，圆唇。

标本03H24：27，泥质灰陶。口径28.0、残高5.4厘米（图5-84，1）。

标本03H48：271，泥质灰陶。口径23.0、残高4.0厘米（图5-84，2）。

标本03H42：50，泥质灰陶。口径28.0、残高3.2厘米（图5-84，3）。

标本03H47：147，泥质灰陶。腹部饰横向附加泥条双錾。口径26.0、残高7.2厘米（图5-84，4）。

标本03采：278，泥质灰陶。腹部饰附加泥条戳印纹一周。口径27.0、残高7.5厘米（图5-84，5）。

标本03采：279，泥质灰陶。腹部饰附加泥条戳印纹一周。口径25.2、残高6.0厘米（图5-84，6）。

Ca型Ⅱ式　17件。平折沿，圆唇。

标本03H48：167，泥质灰陶。口径30.0、残高5.4厘米（图5-85，1）。

标本03T23④b：38，泥质灰陶。口径24.0、残高5.1厘米（图5-85，2）。

标本03H58：28，泥质灰陶。口径24.0、残高4.8厘米（图5-85，3）。

标本03H14：54，泥质灰陶。口径24.0、残高6.0厘米（图5-85，4）。

标本03H14：157，泥质灰陶。口径28.0、残高6.6厘米（图5-85，5）。

标本03H43：149，泥质灰陶。口径27.0、残高3.9厘米（图5-85，6）。

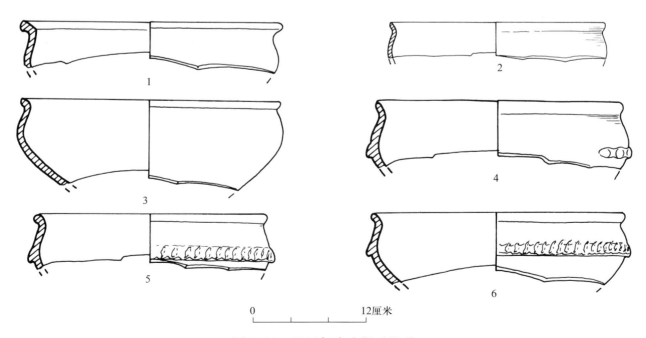

0　　　　　　　　12厘米

图5-84　2003年出土泥质陶盆

1～6. Ca型Ⅰ式03H24：27、03H48：271、03H42：50、03H47：147、03采：278、03采：279

标本 03T28 ④ b：4，泥质灰陶。口径 22.0、残高 10.2 厘米（图 5-85，7）。

标本 03T28 ④ b：32，泥质灰陶。口径 22.0、残高 9.6 厘米（图 5-85，8）。

标本 03H47：128，泥质灰陶。口径 32.0、残高 9.6 厘米（图 5-85，9）。

标本 03H48：182，泥质灰陶。口径 30.0、残高 6.0 厘米（图 5-85，10）。

标本 03H55：4，泥质灰陶。口径 27.0、残高 7.5 厘米（图 5-85，11）。

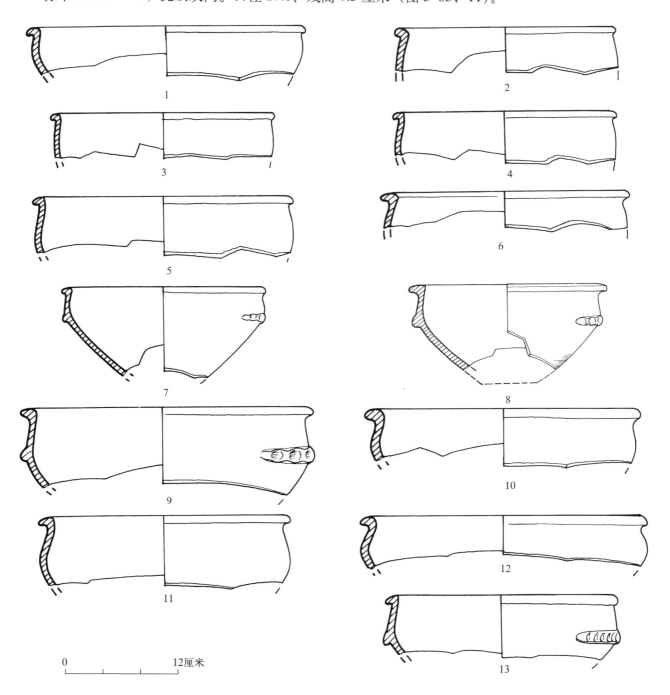

图5-85　2003年出土泥质陶盆

1～12. Ca型Ⅱ式03H48：167、03T23④b：38、03H58：28、03H14：54、03H14：157、03H43：149、03T28④b：4、03T28④b：32、03H47：128、03H48：182、03H55：4、03H48：274　13. Ca型Ⅲ式03H42：79

标本03H48：274，泥质灰陶。口径31.0、残高5.4厘米（图5-85，12）。

Ca型Ⅲ式　1件。平沿下折，尖唇。

标本03H42：79，泥质灰陶。腹部饰横向附加泥条戳印纹。口径25.0、残高6.9厘米（图5-85，13）。

Cb型Ⅰ式　3件。平沿，圆唇。

标本03H51：10，泥质灰陶。口径33.0、残高11.1厘米（图5-86，1）。

标本03H48：123，泥质灰陶。口径38.0、残高7.8厘米（图5-86，2）。

标本03H47：54，泥质灰陶。口径29.5、残高12.6厘米（图5-86，3）。

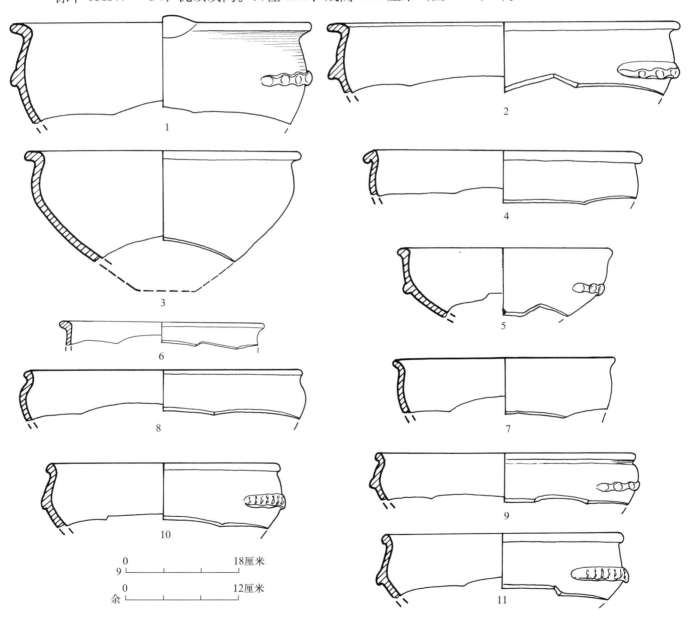

0　　　　　　　18厘米
9
0　　　　　　　12厘米
余

图5-86　2003年出土泥质陶盆

1～3. Cb型Ⅰ式03H51：10、03H48：123、03H47：54　4、5、7～11. Cc型Ⅰ式03T7④b：4、03H48：286、03H43：156、03H48：188、03H48：176、03H42：102、03H21：111　6. Cb型Ⅱ式03H1：9

Cb型Ⅱ式 2件。平沿下折。

标本03H1：9，泥质灰陶。口径22.4、残高5.4厘米（图5-86，6）。

标本03H41：10，泥质灰陶，带双扳。口径30.2、残高9.8厘米（彩版一九七，1）。

Cc型Ⅰ式 12件。口微敛，斜沿，尖唇，弧腹。

标本03H48：286，泥质灰陶。腹部饰附加泥条双錾。口径23.0、残高5.0厘米（图5-86，5）。

标本03T7④b：4，泥质灰陶。口径22.0、残高3.2厘米（图5-86，4）。

标本03H43：156，泥质灰陶。口径24.0、残高6.6厘米（图5-86，7）。

标本03H48：188，泥质灰陶。口径30.0、残高5.4厘米（图5-86，8）。

标本03H48：176，泥质灰陶。口径37.0、残高6.8厘米（图5-86，9）。

标本03H42：102，泥质灰陶。腹部饰横向附加泥条戳印纹。口径25.0、残高7.2厘米（图5-86，10）。

标本03H21：111，泥质灰陶。腹部饰横向附加泥条戳印纹。口径25.6、残高7.2厘米（图5-86，11）。

Cc型Ⅱ式 16件。敛口，平沿，尖唇或尖圆唇，弧腹略折。

标本03H21：1，泥质灰陶。口径24.0、残高6.6厘米（图5-87，1）。

标本03T24⑤：2，泥质灰陶。圆唇。口径16.0、残高6.6厘米（图5-87，2）。

标本03H11：9，泥质灰陶。圆唇。口径32.0、残高7.5厘米（图5-87，3）。

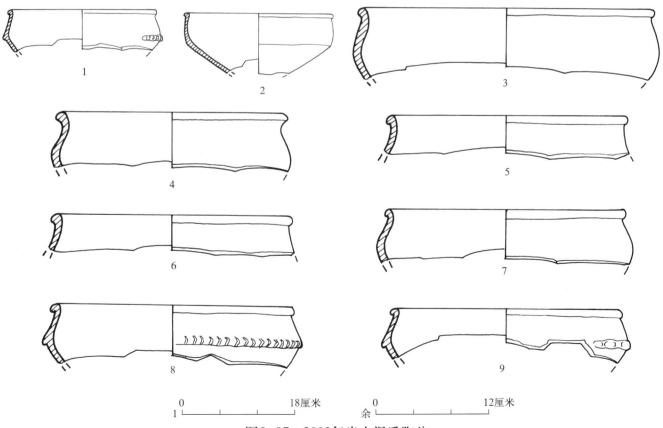

图5-87 2003年出土泥质陶盆

1～9. Cc型Ⅱ式03H21：1、03T24⑤：2、03H11：9、03T28④b：25、03H41④：6、03H41⑤：124、03H8：41、03H42：114、03H42：34

标本03T28④b：25，泥质灰陶。圆唇。口径30.8、残高6.0厘米（图5-87，4）。

标本03H41④：6，泥质灰陶。口径26.0、残高4.5厘米（图5-87，5）。

标本03H41⑤：124，泥质灰陶。口径26.0、残高4.2厘米（图5-87，6）。

标本03H8：41，泥质灰陶。口径26.0、残高6.0厘米（图5-87，7）。

标本03H42：114，泥质灰陶。腹饰附加泥条戳印纹一周。口径26.0、残高6.9厘米（图5-87，8）。

标本03H42：34，泥质灰陶。尖唇。口径41.4、残高6.0厘米（图5-87，9）。

Da型Ⅰ式　13件。侈口，折腹。

标本03H50：2，泥质灰陶。口径25.0、残高6.9厘米（图5-88，1）。

标本03H58：2，泥质灰陶。口径30.0、残高3.0厘米（图5-88，2）。

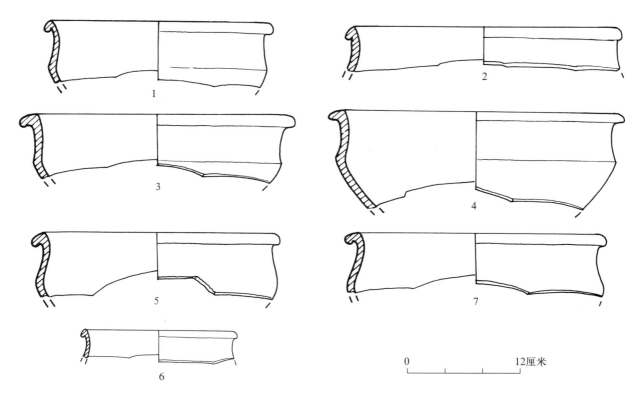

图5-88　2003年出土泥质陶盆
1~7. Da型Ⅰ式03H50：2、03H58：2、03H41⑤：75、03H41⑤：87、03H14：71、03H37：11、03T28④b：5

标本03H41⑤：75，泥质灰陶。口径29.8、残高7.5厘米（图5-88，3）。

标本03H41⑤：87，泥质灰陶。口径32.0、残高12.0厘米（图5-88，4）。

标本03H14：71，泥质灰陶。口径27.5、残高7.2厘米（图5-88，5）。

标本03H37：11，泥质灰陶。口径17.0、残高3.6厘米（图5-88，6）。

标本03T28④b：5，泥质灰陶。口径28.0、残高6.6厘米（图5-88，7）。

Da型Ⅱ式　5件。侈口微敞，卷沿，圆唇，折腹。

标本03T31④a：6，泥质灰陶。口径23.2、残高1.5厘米（图5-89，1）。

标本03T8④b：14，泥质灰陶。口径29.0、残高7.8厘米（图5-89，2）。

标本03T10扩④a：4，泥质灰陶。口径25.0、残高6.0厘米（图5-89，3）。

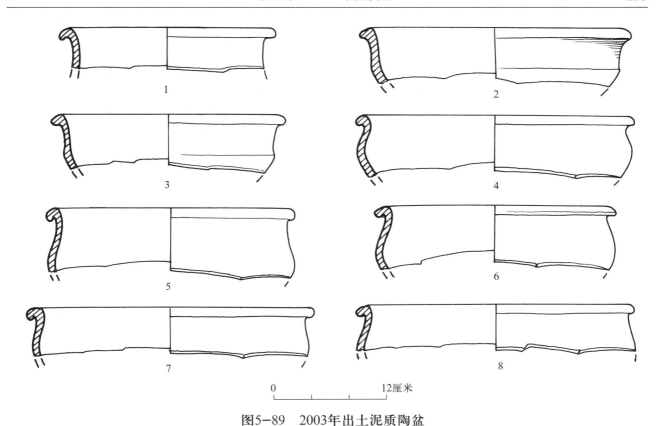

图5-89 2003年出土泥质陶盆

1～3. Da型Ⅱ式03T31④a：6、03T8④b：14、03T10扩④a：4　4～8. Db型Ⅰ式03T7⑤：3、03T33④b：19、03H14：57、03H31：2、03H45：13

Db 型Ⅰ式　5件。敛口，圆唇。

标本 03T7 ⑤：3，泥质灰陶。口径 30.0、残高 6.6 厘米（图 5-89，4）。

标本 03T33 ④ b：19，泥质灰陶。口径 27.0、残高 7.8 厘米（图 5-89，5）。

标本 03H14：57，泥质灰陶。口径 26.0、残高 6.9 厘米（图 5-89，6）。

标本 03H31：2，泥质灰陶。口径 31.0、残高 5.4 厘米（图 5-89，7）。

标本 03H45：13，泥质灰陶。口径 30.0、残高 5.4 厘米（图 5-89，8）。

Ed 型　2件。大口弧腹，方唇，带双錾。

标本 03H42：77，泥质灰陶。腹部饰横向附加泥条戳印纹双錾。口径 30.0、残高 6.6 厘米（图 5-90，1）。

标本 03H58：15，泥质灰陶。腹部饰横向附加泥条戳印纹双錾。口径 28.0、残高 8.1 厘米（图 5-90，2）。

Ee 型Ⅰ式　2件。仰折沿，尖圆唇，腹较浅。

标本 03H26：28，泥质灰陶。口径 44.4、残高 9.6 厘米（图 5-90，3）。

标本 03H58：114，泥质灰陶。口径 24.0、残高 6.0 厘米（图 5-90，4）。

标本 03T25 ④ b：1，泥质灰陶。口径 28.0、残高 4.5 厘米（图 5-90，5）。

标本 03Z8：5，泥质灰陶。口径 20.8、底径 7.2、通高 8.6 厘米（图 5-90，6）。

Ee 型Ⅱ式　2件。窄平沿，尖唇，腹较深。

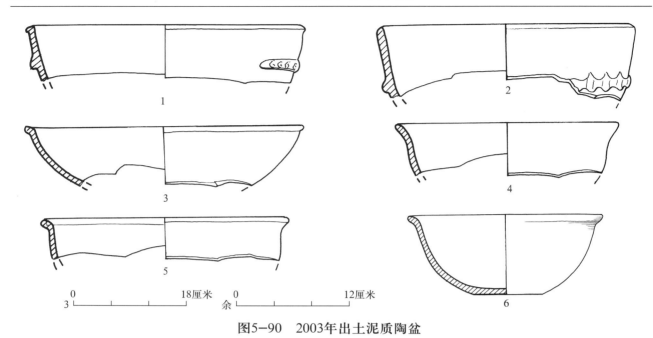

图5-90 2003年出土泥质陶盆

1、2. Ed型03H42：77、03H58：15 3~6. Ee型Ⅰ式03H26：28、03H58：114、03T25④b：1、03Z8：5

标本03H26：36，泥质灰陶。口径34.0、残高8.8厘米（图5-91，1）。

标本03H55：14，泥质灰陶。口径16.0、残高3.0厘米（图5-91，2）。

标本03H48：164，泥质灰陶。口径30.0、残高9.0厘米（图5-91，3）。

标本03H47：102，泥质灰陶。口径25.0、残高9.0厘米（图5-91，4）。

标本03Z1：7，泥质灰陶。口径31.0、残高4.5厘米（图5-91，5）。

标本03H47：55，泥质灰陶。口径33.0、残高5.1厘米（图5-91，6）。

Ee型Ⅲ式 1件。平沿下折，圆唇。

标本03T28④b：10，泥质灰陶。口径28.0、残高9.0厘米（图5-91，7）。

Ef型 2件。折腹较深。

标本03H39：10，泥质灰陶。口径27.0、残高7.8厘米（图5-91，8）。

标本03H41⑤：82，泥质灰陶。口径34.8、残高12.0厘米（图5-91，9）。

9．带嘴锅

A型Ⅰ式 6件。敛口较甚，圆唇或尖圆唇。

标本03T30④b：38,泥质灰陶。圆唇。腹部饰斜向细绳纹及附加堆纹一周。口径28.8、残高8.4厘米（图5-92，1）。

标本03H48：218，泥质灰陶。圆唇。腹部饰斜向细绳纹及附加堆纹一周。口径45.6、残高8.0厘米（图5-92，2）。

标本03H41⑤：83,泥质灰陶。圆唇。腹部饰交错细绳纹。口径42.0、残高7.8厘米（图5-92,3）。

标本03H14：17，泥质灰陶。圆唇内凹。口径28.0、残高4.5厘米（图5-92，4）。

标本03T27③a：2，泥质灰陶。腹部饰斜向细绳纹。口径30.0、残高4.2厘米（图5-92，5；彩版一九七，4）。

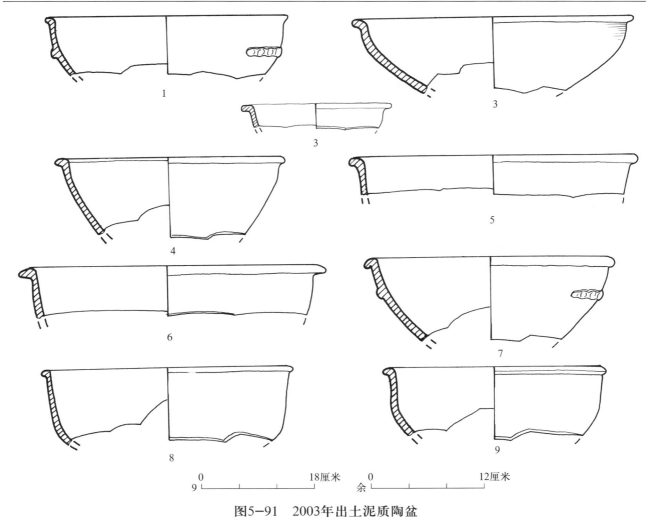

图5-91 2003年出土泥质陶盆

1～6. Ee型Ⅱ式03H26：36、03H55：14、03H48：164、03H47：102、03Z1：7、03H47：55   7. Ee型Ⅲ式03T28④b：10   8、9. Ef型 03H39：10、03H41⑤：82

A型Ⅱ式 2件。口微敛，方唇或方圆唇。

标本03Y1：3，泥质灰陶。圆唇。腹部饰交错细绳纹。口径31.0、残高4.5厘米（图5-92，6）。

B型 4件。侈口，弧腹。

标本03H43：57，泥质灰陶。尖圆唇。腹部饰横向附加泥条。口径27.0、底径15.0、通高14.4厘米（图5-93，1）。

标本03H48：203，泥质灰陶。圆唇。腹部饰横向附加泥条。口径27.0、底径14.6、通高15.8厘米（图5-93，2）。

标本03H42：133，泥质灰陶。圆唇。腹部饰斜向、交错细绳纹及附加堆纹一周。口径32.0、残高7.2厘米（图5-93，3）。

C型 4件。直口，弧腹略折。

标本03H5：1，泥质灰陶。圆唇。腹部饰交错细绳纹及附加堆纹一周。口径26.0、残高9.6厘米（图5-93，4）。

标本03H13：3，圆唇。腹部饰横向附加泥条。口径26.0、残高8.4厘米（图5-93，5）。

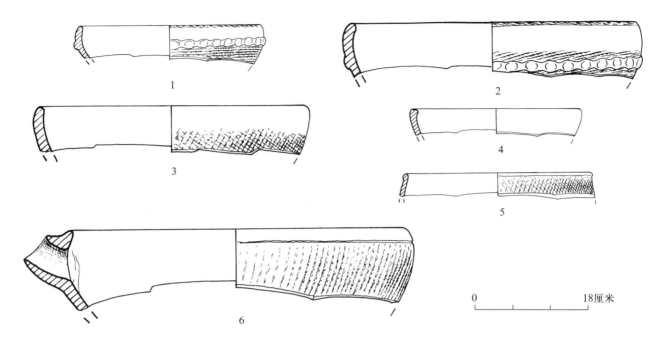

图5-92　2003年出土泥质陶带嘴锅

1～5. A型Ⅰ式03T30④b：38、03H48：218、03H41⑤：83、03H14：17、03T27③a：2　6. A型Ⅱ式03Y1：3

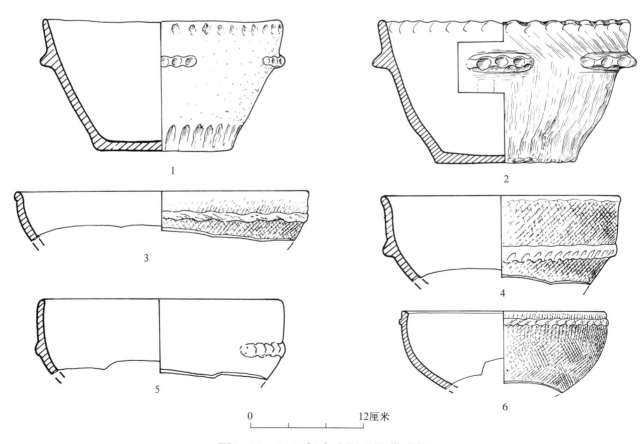

图5-93　2003年出土泥质陶带嘴锅

1～3. B型03H43：57、03H48：203、03H42：133　4～6. C型03H5：1、03H13：3、03H23：11

标本03H23：11,泥质灰陶。方唇。腹部饰纵向、交错细绳纹及附加堆纹一周。口径22.0、残高9.0厘米（图5-93，6）。

10．碗

Aa型I式 33件。弧腹，多为泥质橙黄色和砖红色。

标本03H48：287，口径12.8、底径5.2、通高5.6厘米（图5-94，1）。

标本03H26：40，口径14.6、底径4.8、通高4.7厘米（图5-94，2）。

标本03H47：110，口径13.8、底径4.6、通高5.3厘米（图5-94，3）。

标本03H48：310，口径13.8、底径5.8、通高5.2厘米（图5-94，4）。

标本03H43：166，口径14.2、底径4.5、通高4.9厘米（图5-94，5）。

标本03H43：167，口径15.0、底径4.8、通高5.7厘米（图5-94，6）。

标本03H43：63，口径12.5、底径5.2、通高5.2厘米（图5-94，7）。

标本03H14：132，口径14.0、底径5.5、通高5.4厘米（图5-94，8）。

标本03T16②：1，口径13.0、底径5.0、通高4.4厘米（图5-94，9）。

标本03T27③a：9，口径14.0、底径5.5、通高7.0厘米（图5-94，10）。

标本03H43：160，口径13.2、底径6.0、通高4.6厘米（图5-94，11）。

标本03H23：2，口径14.0、底径6.5、通高5.6厘米（图5-94，12）。

标本03H48：149，口径16.0、底径8.5、通高5.2厘米（图5-94，13）。

标本03H58：19，口径16.0、底径8.0、通高5.0厘米（图5-94，14）。

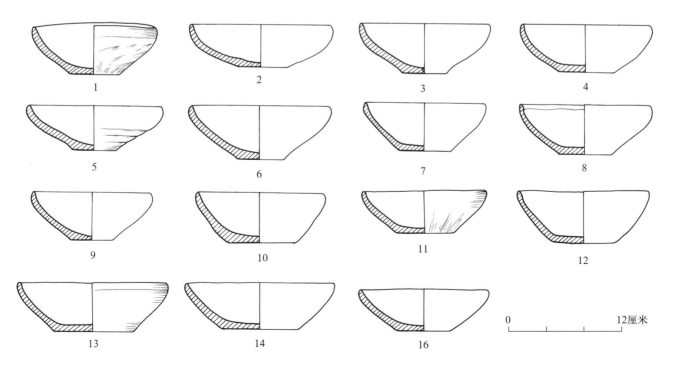

图5-94 2003年出土泥质陶碗

1~15. Aa型I式03H48：287、03H26：40、03H47：110、03H48：310、03H43：166、03H43：167、03H43：63、03H14：132、03T16②：1、03T27③a：9、03H43：160、03H23：2、03H48：149、03H58：19、03T28④b：19

标本 03T28 ④：19，口径 14.0、底径 5.6、通高 4.4 厘米（图 5-94，15）。

Aa 型 Ⅱ式　18 件。侈口外敞，尖圆唇，呈双腹状。

标本 03H8：1，口径 14.2、底径 5.4、通高 5.6 厘米（图 5-95，1）。

标本 03H43：148，口径 13.2、底径 6.0、通高 4.5 厘米（图 5-95，2）。

标本 03H42：122，口径 13.2、底径 6.0、通高 4.0 厘米（图 5-95，3）。

标本 03H47：2，口径 15.0、底径 6.5、通高 5.4 厘米（图 5-95，4）。

标本 03M32：2，口径 16.4、底径 6.6、通高 5.6 厘米（图 5-95，5）。

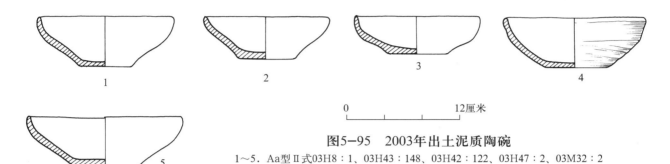

图5-95　2003年出土泥质陶碗
1～5. Aa型Ⅱ式03H8：1、03H43：148、03H42：122、03H47：2、03M32：2

Ab 型 Ⅰ式　11 件。弧腹。

标本 03T18 ⑤：7，口径 13.2、底径 5.4、通高 4.6 厘米（图 5-96，1）。

标本 03T23 ④ b：1，口径 17.0、底径 8.4、通高 5.0 厘米（图 5-96，2）。

标本 03H43：144，口径 14.4、底径 5.6、通高 4.3 厘米（图 5-96，3）。

标本 03H41 ⑤：120，口径 13.4、底径 6.0、通高 5.4 厘米（图 5-96，4）。

标本 03T30 ④ b：11，口径 15.0、底径 5.0、通高 5.5 厘米（图 5-96，5）。

Ab 型 Ⅱ式　3 件。弧腹内收较甚，呈双腹状。

标本 03H17：7，口径 12.8、底径 5.8、通高 4.0 厘米（图 5-96，6）。

标本 03T21 ③ a：39，口径 12.0、底径 4.5、通高 6.0 厘米（图 5-96，7）。

Ac 型　4 件。敞口，斜腹。

标本 03H9：81，口径 16.0、底径 4.4、通高 5.0 厘米（图 5-96，8）。

标本 03H43：158，口径 16.0、底径 8.8、通高 5.0 厘米（图 5-96，9）。

Ad 型　21 件。直口，尖唇。

标本 03T6 ④ b：1，口径 13.8、底径 5.0、通高 4.5 厘米（图 5-97，1）。

标本 03H14：137，口径 20.0、底径 8.0、通高 3.7 厘米（图 5-97，2）。

标本 03H42：121，口径 13.8、底径 5.6、通高 5.1 厘米（图 5-97，3）。

标本 03H47：8，口径 12.0、底径 4.0、通高 4.2 厘米（图 5-97，4）。

标本 03T30 ⑤：5，口径 13.8、底径 5.6、通高 4.8 厘米（图 5-97，5）。

标本 03H48：311，口径 13.6、底径 6.0、通高 5.4 厘米（图 5-97，6）。

标本 03H14：14，口径 13.6、底径 6.0、通高 5.0 厘米（图 5-97，7）。

标本 03H42：173，口径 13.0、底径 4.5、通高 5.5 厘米（图 5-97，8）。

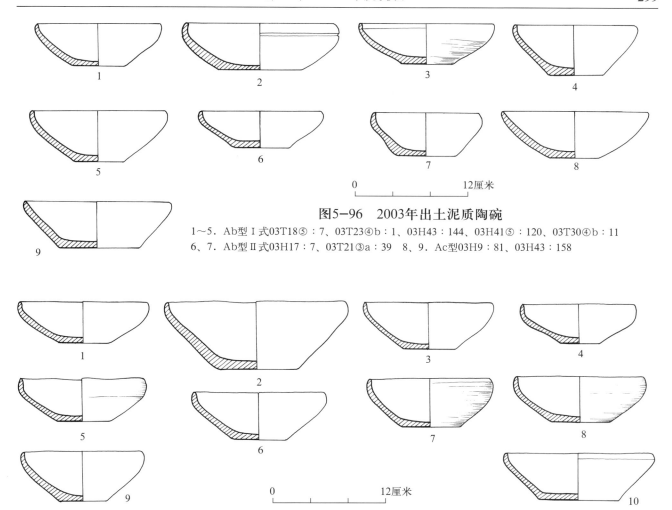

图5-96　2003年出土泥质陶碗

1～5. Ab型Ⅰ式03T18⑤：7、03T23④b：1、03H43：144、03H41⑤：120、03T30④b：11

6、7. Ab型Ⅱ式03H17：7、03T21③a：39　8、9. Ac型03H9：81、03H43：158

图5-97　2003年出土泥质陶碗

1～10. Ad型03T6④b：1、03H14：137、03H42：121、03H47：8、03T30⑤：5、03H48：311、03H14：14、03H42：173、03H48：367、03H43：58

标本 03H48：367，口径 14.0、底径 5.4、通高 5.4 厘米（图 5-97，9）。

标本 03H43：58，口径 15.8、底径 8.4、通高 5.2 厘米（图 5-97，10）。

Ba型Ⅰ式　22件。弧腹。

标本 03H44：1，口径 11.0、底径 5.0、通高 4.5 厘米（图 5-98，1）。

标本 03M32：1，口径 12.6、底径 5.6、通高 5.4 厘米（图 5-98，2）。

标本 03H41⑤：98，口径 15.0、底径 6.4、通高 7.6 厘米（图 5-98，3）。

标本 03H2：3，口径 15.6、底径 7.4、通高 8.3 厘米（图 5-98，4）。

标本 03HG1：5，口径 16.4、底径 6.8、通高 6.8 厘米（图 5-98，5）。

标本 03T6①：8，口径 18.0、底径 9.0、通高 6.6 厘米（图 5-98，6）。

标本 03H3：1，口径 14.6、底径 5.8、通高 6.5 厘米（图 5-98，7）。

标本 03H41⑤：108，口径 14.2、底径 6.2、通高 6.5 厘米（图 5-98，8）。

Ba型Ⅱ式　7件。侈口外敞，尖圆唇，呈双腹状。

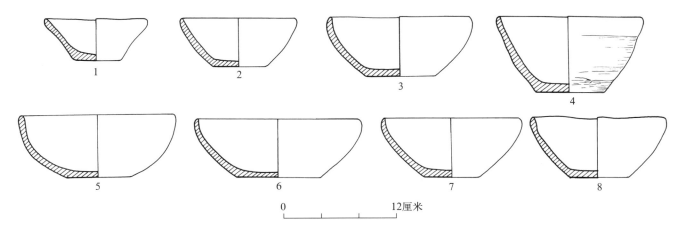

图5-98　2003年出土泥质陶碗

1～8．Ba型Ⅰ式03H44：1、03M32：1、03H41⑤：98、03H2：3、03HG1：5、03T6①：8、03H3：1、03H41⑤：108

标本03H48：303，口径13.6、底径4.8、通高5.6厘米（图5-99，1）。

标本03HG1：8，口径14.6、底径6.2、通高6.0厘米（图5-99，2）。

标本03H47：31，口径14.2、底径5.6、通高5.8厘米（图5-99，3）。

Bb型　15件。敛口。

标本03H23：4，口径11.4、底径4.8、通高5.2厘米（图5-99，4）。

标本03T15②：1，口径14.8、底径5.0、通高5.6厘米（图5-99，5）。

标本03H42：61，口径14.6、底径5.6、通高6.2厘米（图5-99，6）。

标本03H41⑤：88，口径13.6、底径7.0、通高6.0厘米（图5-99，7）。

标本03H41⑤：90，口径14.0、底径6.4、通高7.4厘米（图5-99，8）。

标本03T19②：4，口径16.5、底径6.8、通高7.0厘米（图5-99，9）。

标本03T34③a：1，口径16.4、底径6.0、通高7.6厘米（图5-99，10）。

标本03T9⑤：3，口径18.0、底径7.8、通高7.2厘米（图5-99，11）。

标本03T6①：3，口径14.4、底径6.0、通高6.7厘米（图5-99，12）。

Bc型　13件。敞口，斜腹。

标本03H41⑤：101，口径14.0、残高6.0厘米（图5-100，1）。

标本03H48：241，口径12.0、残高4.6厘米（图5-100，2）。

标本03T8②：9，口径14.0、残高5.0厘米（图5-100，3）。

标本03H48：308，口径15.0、残高5.4厘米（图5-100，4）。

标本03H24：21，口径14.0、残高5.2厘米（图5-100，6）。

标本03L1：17，口径10.8、底径5.4、通高4.7厘米（图5-100，5；彩版一九八，1）。

标本03H24：18，口径16.0、残高7.0厘米（图5-100，7）。

Bd型　17件。直口，折腹。

标本03H47：11，口径15.6、底径5.6、通高6.7厘米（图5-101，1）。

标本03H24：16，口径13.5、底径4.0、通高5.9厘米（图5-101，2）。

标本03H24：9，口径15.4、底径6.4、通高6.5厘米（图5-101，3）。

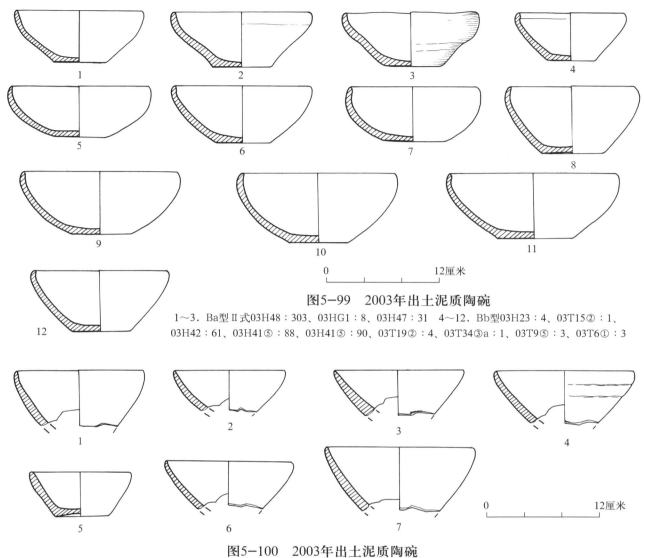

图5-99 2003年出土泥质陶碗

1～3. Ba型Ⅱ式03H48：303、03HG1：8、03H47：31 4～12. Bb型03H23：4、03T15②：1、03H42：61、03H41⑤：88、03H41⑤：90、03T19②：4、03T34③a：1、03T9⑤：3、03T6①：3

图5-100 2003年出土泥质陶碗

1～7. Bc型03H41⑤：101、03H48：241、03T8②：9、03H48：308、03L1：17、03H24：21、03H24：18

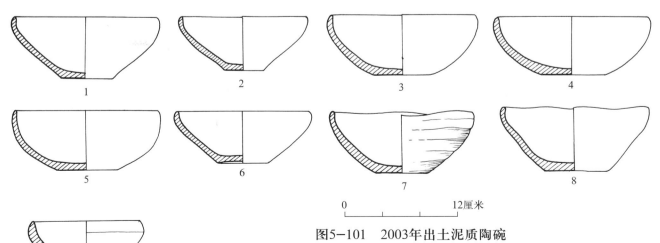

图5-101 2003年出土泥质陶碗

1～9. Bd型03H47：11、03H24：16、03H24：9、03H29：12、03T34②：2、03T30④b：1、03H47：119、03H49：94、03H14：16

标本 03H29 ： 12，口径 16.4、底径 6.8、通高 6.3 厘米（图 5-101，4）。

标本 03T34 ② ： 2，口径 16.0、底径 6.0、通高 6.4 厘米（图 5-101，5）。

标本 03T30 ④ b ： 1，口径 14.3、底径 4.8、通高 5.5 厘米（图 5-101，6）。

标本 03H47 ： 119，口径 15.0、底径 5.5、通高 6.5 厘米（图 5-101，7）。

标本 03H49 ： 94，口径 15.6、底径 6.8、通高 6.9 厘米（图 5-101，8）。

标本 03H14 ： 16，口径 12.0、底径 9.0、通高 5.1 厘米（图 5-101，9）。

11．杯

Ab 型　1 件。侈口，鼓腹。

标本 03H24 ： 5，泥质橙黄陶。圆唇。口径 4.6、高 6.0 厘米（图 5-102，1；彩版一九八，2）。

B 型　2 件。弧腹，圜底。

标本 03H9 ： 1，泥质橙黄陶。口径 2.0、高 3.5 厘米（图 5-102，2）。

C 型　3 件。直腹，平底。

标本 03 采 ： 9，泥质橙黄陶。口径 3.6、底径 4.0、通高 5.6 厘米（图 5-102，3）。

E 型　1 件。侈口，弧腹，平底。

标本 03H41 ① ： 36，泥质橙黄陶。方唇。口径 5.6、残高 5.0 厘米（图 5-102，4）。

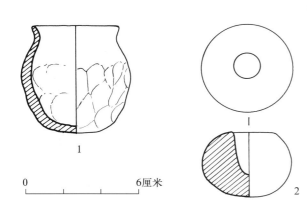

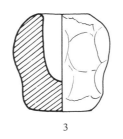

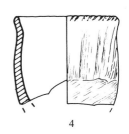

0　　　　　　6厘米

图5-102　2003年出土泥质陶杯

1. Ab型03H24：5　2. B型03H9：1　3. C型03采：9　4. E型03H41①：36

12．陶环

7 件。

标本 03H43 ： 328，泥质灰陶。直径 6.8、孔径 5.6、宽 0.9 厘米（图 5-103，1）。

标本 03H14 ： 142，泥质灰陶。直径 7.8、孔径 5.9～6.5、宽 2.0 厘米（图 5-103，2）。

标本 03T8 ④ b ： 17，泥质灰陶。直径 7.8、孔径 7.0、宽 1.3 厘米（图 5-103，3）。

标本 03H48 ： 190，泥质灰陶。直径 6.8、孔径 5.0、宽 1.4 厘米（图 5-103，4）。

标本 03H43 ： 330，泥质橙黄陶。周缘刻划平行细线纹（图 5-103，5）。

标本 03H48 ： 266，泥质灰陶。直径 8.0、孔径 6.0、宽 2.0 厘米（图 5-103，6）。

13．陶镯

1 件。

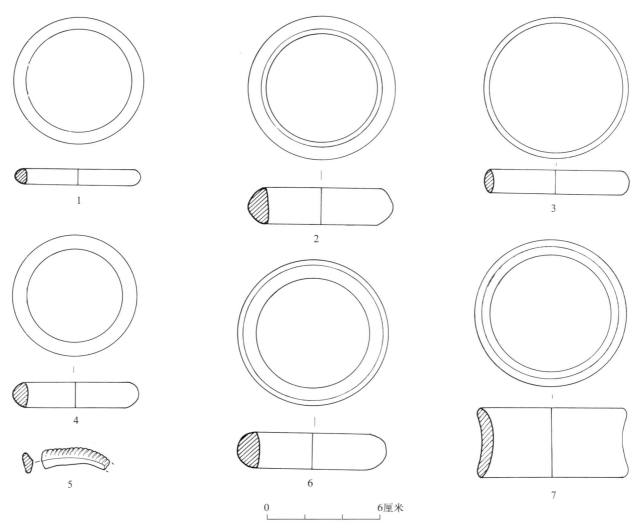

图5-103 2003年出土泥质陶环、陶镯

1~6. 陶环03H43：328、03H14：142、03T8④b：17、03H48：190、03H43：330、03H48：266 7. 陶镯03H47：63

标本 03H47：63，泥质橙黄陶。直径 8.0、孔径 6.2 ~ 7.6、厚 0.6 厘米（图 5-103，7）。

14．陶人面像

1 件。

标本 03HG1：16，泥质橙黄陶。鼻脸捏塑而成，眼口刻划，左眼呈三角形，右眼呈一字形。高约 5.2、宽 3.8 厘米（彩版一九八，3）。

15．纺轮

A 型 12 件。扁平圆形。

标本 03T34③a：7，泥质灰陶。一面饰交错细绳纹。直径 4.1、厚 0.5 厘米，单向钻孔，孔径 0.2 厘米（图 5-104，1）。

标本 03H42：219，泥质灰陶。一面饰交错细绳纹。直径 4.8、厚 0.5 厘米，单向钻孔，孔径 0.6 ~ 0.8

厘米（图5-104，2）。

标本03H35：6，泥质橙黄陶。一面饰斜向细绳纹，周缘有打缺凹痕。直径6.5、厚0.8厘米，单向钻孔，孔径0.8厘米（图5-104，3）。

标本03T14②a：21，泥质灰陶。直径7.3、厚1.2厘米，单向钻孔，孔径1.1厘米（图5-104，4）。

标本03H39：1，泥质灰陶。直径6.4、厚0.9厘米，单向钻孔，孔径0.9厘米（图5-104，5）。

标本03T14③a：21，泥质灰陶。直径7.6、厚1.1厘米，单向钻孔，孔径1.2厘米（图5-105，1）。

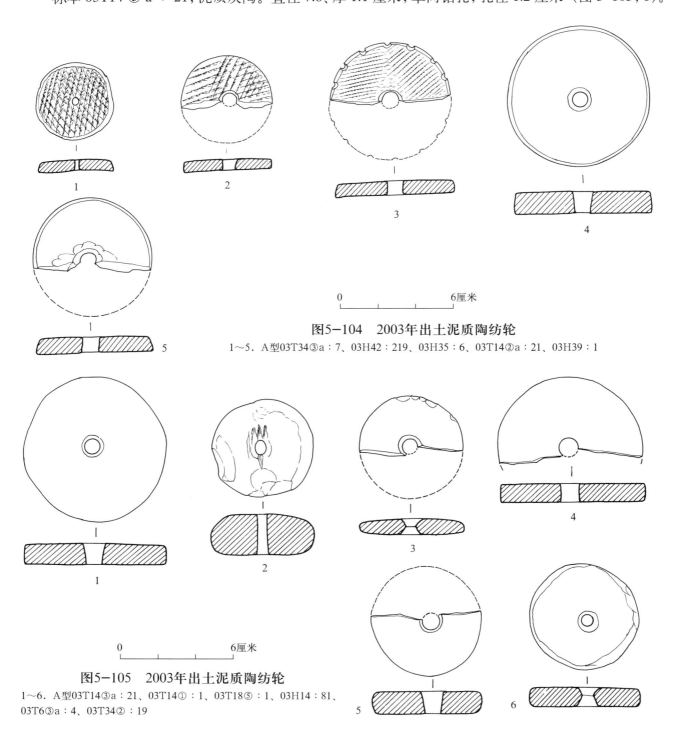

0   6厘米

图5-104　2003年出土泥质陶纺轮

1~5. A型03T34③a：7、03H42：219、03H35：6、03T14②a：21、03H39：1

0   6厘米

图5-105　2003年出土泥质陶纺轮

1~6. A型03T14③a：21、03T14①：1、03T18⑤：1、03H14：81、03T6③a：4、03T34②：19

标本 03T14 ① ：1，泥质灰陶。直径 5.6、厚 2.2 厘米，单向钻孔，孔径 0.3 厘米（图 5-105，2）。

标本 03T18 ⑤ ：1，泥质灰陶。直径 5.6、厚 0.8 厘米，双向钻孔，孔径 0.6 ～ 1.0 厘米（图 5-105，3）。

标本 03H14 ：81，泥质灰陶。直径 7.7、厚 1.0 厘米（图 5-105，4）。

标本 03T6 ③ a ：4，泥质灰陶。直径 6.0、厚 1.2 厘米，单向钻孔，孔径 0.8 ～ 1.1 厘米（图 5-105，5）。

标本 03T34 ② ：19，泥质灰陶。直径 5.9、厚 1.1 厘米，双向钻孔，孔径 0.6 ～ 1.0 厘米（图 5-105，6）。

B 型 9 件。鼓形，呈螺旋状。

标本 03T8 ② ：11，泥质灰陶。直径 5.5、厚 1.8 厘米，双向钻孔，孔径 0.25 厘米（图 5-106，1）。

标本 03M7 ：1，泥质灰陶。直径 4.5、厚 1.8 厘米，单向钻孔，孔径 0.25 厘米（图 5-106，2）。

标本 03T12 ① ：1，泥质灰陶。直径 4.5、厚 1.4 厘米（图 5-106，3）。

标本 03T9 ② ：1，泥质灰陶。直径 4.7、厚 1.6 厘米，单向钻孔，孔径 0.3 厘米（图 5-106，4）。

标本 03T13 ② ：1，泥质灰陶。直径 4.9、厚 1.5 厘米，单向钻孔，孔径 0.25 厘米（图 5-106，5）。

标本 03T34 ③ a ：22，泥质灰陶。直径 5.4、厚 2.3 厘米，单向钻孔，孔径 0.3 厘米（图 5-106，6）。

标本 03T9 ② ：7，泥质灰陶。直径 3.4、厚 1.7 厘米，单向钻孔，孔径 0.25 厘米（图 5-106，7）。

C 型 3 件。横截面呈梯形。

标本 03T32 ② ：4，泥质灰陶。直径 2.3 ～ 3.6、厚 2.4 厘米，单向钻孔，孔径 0.2 厘米（图 5-107，1）。

标本 03T21 ③ a ：44，泥质灰陶。直径 2 ～ 4.6、厚 2.2 厘米，单向钻孔，孔径 0.3 厘米（图 5-107，2）。

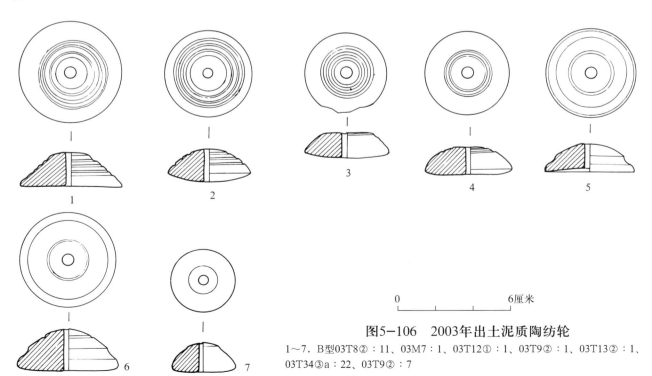

0   6厘米

图5-106 2003年出土泥质陶纺轮

1～7. B型03T8② ：11、03M7：1、03T12① ：1、03T9② ：1、03T13② ：1、03T34③a：22、03T9② ：7

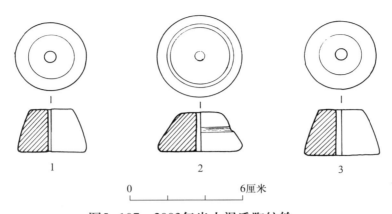

图5-107　2003年出土泥质陶纺轮

1～3. C型03T32②：4、03T21③a：44、03T32③a：4

标本03T32 ③ a ：4，泥质灰陶。直径2.4～4.0、厚2.5厘米（图5-107，3）。

16. 器盖

2件。呈覆碗状。

标本03H55：8，泥质灰陶。盖面饰交错细绳纹。直径23.0、残高5.6厘米（图5-108，1）。

标本03H26：52，泥质灰陶。盖面饰交错细绳纹，另有二道刮抹绳纹的凹弦纹。直径26.0、残高6.4厘米（图5-108，2）。

标本03H11：25，泥质黄褐陶。呈覆碗状。直径16.4、高5.6厘米（彩版一九八，4）。

图5-108　2003年出土泥质陶器盖

1、2. 03H55：8、03H26：52

17. 陶球

A 型　11件。实心，直径小于3.0厘米。

标本03H11：26，泥质橙黄陶。直径0.8厘米（图5-109，1）。

标本03H11：27，泥质橙黄陶。直径1.2厘米（图5-109，2）。

标本03H11：28，泥质橙黄。直径1.6厘米（图5-109，3）。

标本03H47：100，泥质橙黄陶。直径2.2厘米（图5-109，4）。

标本03T13 ②：16，泥质橙黄陶。直径2.1厘米（图5-109，5）。

标本03Y1：2，泥质橙黄陶。直径2.2厘米（图5-109，6）。

标本03H33：12，泥质橙黄陶。直径2.3厘米（图5-109，7）。

标本 03H42 ： 22，泥质橙黄陶。直径 2.8 厘米（图 5-109，8）。

标本 03T14 ④ b ： 2，泥质橙黄陶。直径 2.8 厘米（图 5-109，9）。

B 型　9件。实心，直径 3.0～5.0 厘米。

标本 03H24 ： 77，泥质橙黄陶。直径 3.0 厘米（图 5-109，10）。

标本 03H47 ： 46，泥质橙黄陶。直径 3.5 厘米（图 5-109，11）。

标本 03H47 ： 45，泥质橙黄陶。直径 3.4 厘米（图 5-109，12）。

标本 03H44 ： 99，泥质橙黄陶。直径 3.5 厘米（图 5-109，13）。

标本 03H44 ： 9，泥质橙黄陶。直径 3.8 厘米（图 5-109，14）。

标本 03T19 ③ a ： 2，泥质橙黄陶。直径 3.4 厘米（图 5-109，15）。

标本 03T15 ② ： 5，泥质橙黄陶。直径 3.2 厘米（图 5-109，16）。

B 型　2件。实心，直径大于 5.0 厘米。

标本 03H43 ： 137，泥质橙黄陶。直径 4.8 厘米（图 5-110，1）。

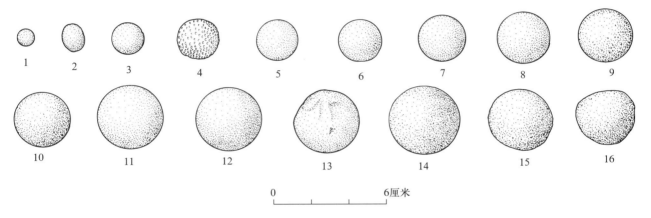

0　　　　　　　　6厘米

图5-109　2003年出土泥质陶球

1～9. A型03H11：26、03H11：27、03H11：28、03H47：100、03T13②：16、03Y1：2、03H33：12、03H42：22、03T14④b：2
10～16. B型03H24：77、03H47：46、03H47：45、03H44：99、03H44：9、03T19③a：2、03T15②：5

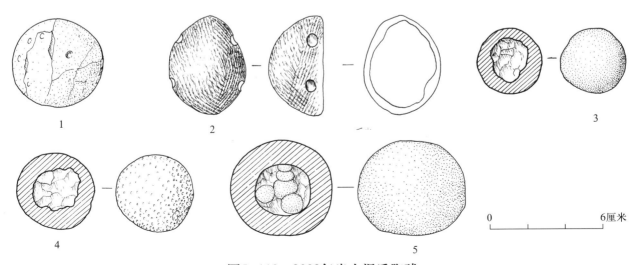

0　　　　　　　　6厘米

图5-110　2003年出土泥质陶球

1. B型03H43：137　2. D型03H39：1　3～5. E型03T7②：7、03H24：7、03H42：54

标本03H43：138，泥质黄褐陶。直径4.6厘米（彩版一九八，6）。

D型　1件。

标本03H39：1，实心，表面饰细绳纹，球表有多个向心的圆锥状钻孔，直径5.5厘米（图5-110，2）。

E型　3件。空心球。

标本03H24：7，泥质橙黄陶。直径4.1厘米（图5-110，4）。

标本03T7②：7，泥质橙黄陶。直径3.4厘米（图5-110，3）。

标本03H42：54，泥质橙黄陶。直径5.4厘米（图5-110，5；彩版一九八，5）。

18．网坠

4件。

标本03H41①：49，泥质灰陶。直径5.0、孔径3.0、长5.0厘米（图5-111，1）。

标本03T11①：1，泥质灰陶。直径1.2、孔径0.2、长2.5厘米（图5-111，2）。

标本03T22②：4，泥质灰陶。直径2.0、孔径0.2、长2.0厘米（图5-111，3）。

标本03采：280，泥质灰陶。直径5.2、孔径2.6～3.6、长4.0厘米（图5-111，4）。

19．圆陶片

10件。

标本03T25②：13，泥质灰陶。一面饰细绳纹。直径4.0、厚0.8厘米（图5-112，1）。

标本03H42：6，泥质灰陶。直径5.0、厚0.6厘米（图5-112，2）。

标本03H41①：34，泥质灰陶。直径8.6、厚0.8厘米（图5-112，3）。

标本03H42：218，泥质橙黄陶。直径3.1、厚0.5厘米（图5-112，4）。

标本03T32④b：5，泥质灰陶。直径3.5、厚0.5厘米（图5-112，5）。

标本03H43：315、317、318、319、321。直径2.8～3.4、厚0.4、0.5厘米（彩版一九九，1、2）。

20．器耳

A型　2件。桥形，素面。

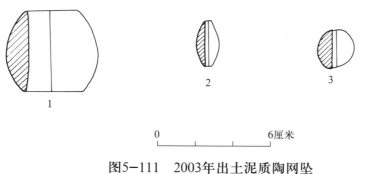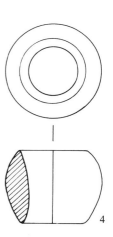

0　　　　　　　6厘米

图5-111　2003年出土泥质陶网坠

1～4．03H41①：49、03T11①：1、03T22②：4、03采：280

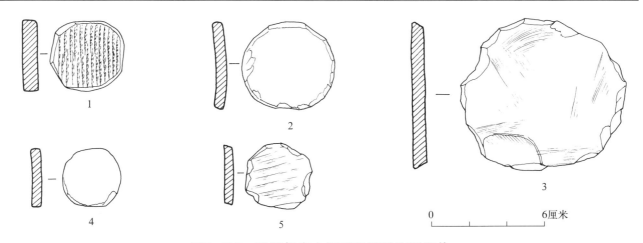

图5-112 2003年出土泥质陶泥质陶圆陶片

1~5. 03T25②：13、03H42：6、03H41①：34、03H42：218、03T32④b：5

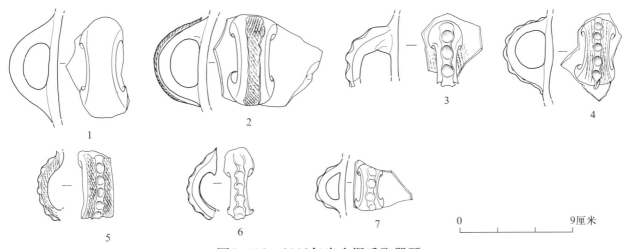

图5-113 2003年出土泥质陶器耳

1、2. A型03H48：140、03H45：6 3~7. B型03H43：199、03T36①：2、03H45：19、03H43：256、03H11：18

标本03H48：140，泥质灰陶（图5-113，1）。

标本03H45：6，泥质灰陶（图5-113，2）

B型 6件。桥形，耳面正中加贴一纵向波浪式细泥条。

标本03H43：199，泥质灰褐陶（图5-113，3）。

标本03T36①：2，泥质灰陶（图5-113，4）。

标本03H45：19，泥质灰陶（图5-113，5）。

标本03H43：256，泥质灰陶（图5-113，6）。

标本03H11：18，泥质灰褐陶（图5-113，7）。

21．器纽

6件。呈鸟喙状。

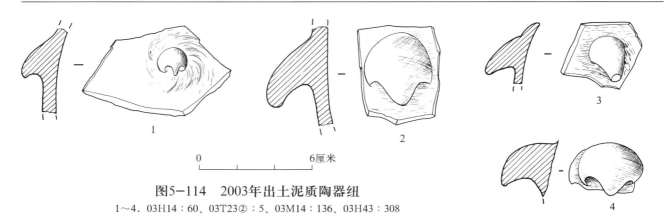

图5-114　2003年出土泥质陶器组
1～4. 03H14：60、03T23②：5、03M14：136、03H43：308

标本03H14：60，泥质灰陶（图5-114，1）。

标本03T23②：5，泥质灰陶（图5-114，2）。

标本03M14：136，泥质灰褐磨光陶（图5-114，3）。

标本03H43：308，泥质灰陶（图5-114，4）。

22. 尖底瓶底部

1件。

标本03T9①：5，泥质灰陶。可能为尖底瓶底部，夹角近90°。残高2.2厘米（图5-115，1）。

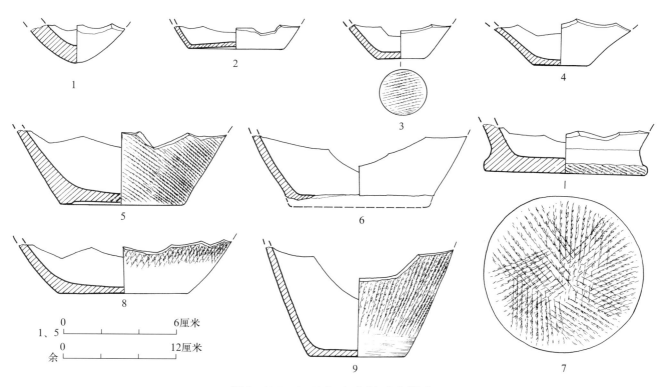

图5-115　2003年出土泥质陶器底
1. 尖底03T9①：5　2～9. 平底03T10②：6、03H41③：52、03T10①：1、03H24：11、03H1：3、03H43①：69、03T13③b：5、03H57：5

23．器底

78件。平底。

标本03T10②：6，泥质红陶。底径10.0、残高2.6厘米（图5-115，2）。

标本03H41③：52，泥质灰陶。底面拍印斜向细绳纹。直径2.5、残高3.6厘米（图5-115，3）。

标本03T10①：1，泥质红陶。底径6.0、残高5.2厘米（图5-115，4）。

标本03H24：11，泥质灰陶。下腹饰斜向细绳纹、底径6.5、残高4.0厘米（图5-115，5）。

标本03H1：3，泥质灰陶。近底部有修补器物的圆孔。底径15.8、残高7.6厘米（图5-115，6）。

标本03H43①：69，泥质灰陶。底面拍印交错细绳纹。直径9.0、残高2.4厘米（图5-115，7）。

标本03T13③b：5，泥质灰陶。底径14.0、残高2.7厘米（图5-115，8）。

标本03H57：5，泥质灰陶。下腹饰斜向细绳纹。底径10.0、残高12.0厘米（图5-115，9）。

标本03T6⑤：2，泥质灰陶。底径6.0、残高4.8厘米（图5-116，1）。

标本03H14：69，泥质灰陶。底径16.0、残高6.0厘米（图5-116，2）。

标本03H26：29，泥质灰陶。底径9.0、残高9.4厘米（图5-116，3）。

标本03H43：222，泥质灰陶。腹部饰斜向细绳纹。底径13.0、残高10.4厘米（图5-116，4）。

标本03T27③a：10，泥质灰陶。腹部饰交错细绳纹。底径3.8、残高4.5厘米（图5-116，5）。

标本03T8③：3，泥质灰陶。下腹饰斜向细绳纹。底径17.0、残高4.0厘米（图5-116，6）。

标本03T18④a：15，泥质灰陶。腹部饰交错细绳纹。底径12.0、残高14.2厘米（图5-116，7）。

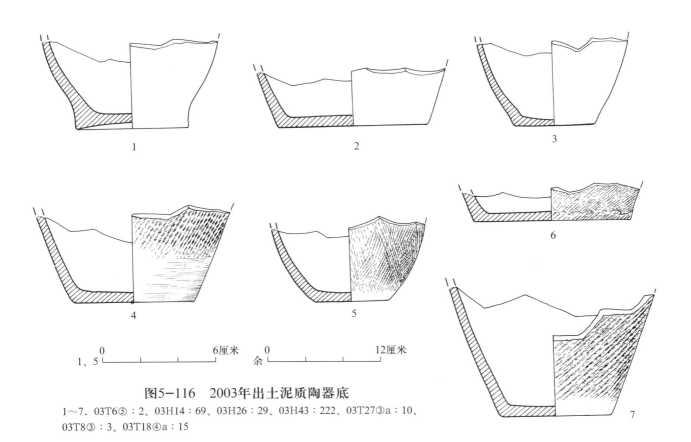

图5-116　2003年出土泥质陶器底

1～7. 03T6⑤：2、03H14：69、03H26：29、03H43：222、03T27③a：10、03T8③：3、03T18④a：15

（三）夹砂陶

1．侈口罐

Aa 型 I 式　37 件。束颈，腹径明显大于口径，弧腹略鼓。

标本 03H47：67，夹砂褐陶。方唇。唇部压印纵向细绳纹花边，颈部饰斜向细绳纹及附加堆纹一周。口径 32.0、残高 7.2 厘米（图 5-117，1）。

标本 03H14：64，夹砂褐陶。方唇。唇面压印斜向细绳纹花边，颈部饰附加堆纹一周，肩部饰斜向细绳纹。口径 28.0、残高 6.0 厘米（图 5-117，2）。

标本 03H5：9，夹砂褐陶。方唇。肩部饰纵向细绳纹。口径 18.0、残高 4.4 厘米（图 5-117，3）。

标本 03H8：9，夹砂黄褐陶。圆唇。颈部、肩部饰交错细绳纹。口径 19.0、残高 5.0 厘米（图 5-117，4）。

标本 03H57：24，夹砂褐陶。方唇。颈部饰纵向细绳纹。口径 28.0、残高 6.0 厘米（图 5-117，5）。

标本 03H43：118，夹砂褐陶。方唇。沿下、颈部饰附加堆纹二周，肩部饰斜向细绳纹。口径 32.0、残高 7.8 厘米（图 5-117，6）。

标本 03H14：94，夹砂褐陶。方唇。唇部、颈部、肩部饰斜向细绳纹。口径 24.0、残高 7.5 厘米（图 5-117，7）。

标本 03H43：18，夹砂褐陶。方唇，沿下、颈部饰附加堆纹二周，肩部饰斜向细绳纹。口径

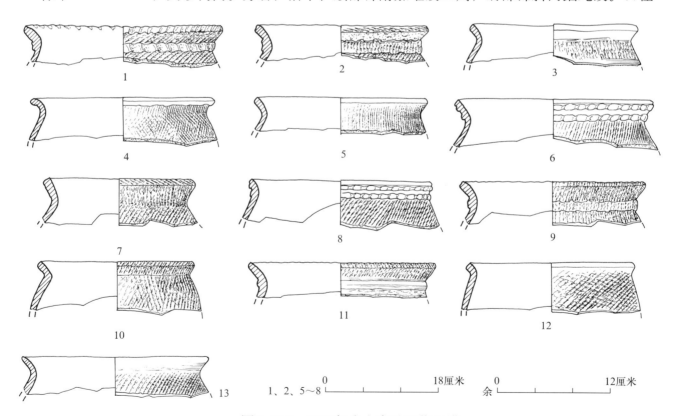

图5-117　2003年出土夹砂陶侈口罐

1～13．Aa型 I 式03H47：67、03H14：64、03H5：9、03H8：9、03H57：24、03H43：118、03H14：94、03H43：18、03H14：61、03H43：151、03T32④b：2、03H36：15、03H43：50

29.0、残高 7.8 厘米（图 5-117，8）。

标本 03H14：61，夹砂褐陶。方唇。唇部饰斜向细绳纹，颈部、肩部饰纵向细绳纹，颈部另饰附加堆纹一周。口径 20.0、残高 4.6 厘米（图 5-117，9）。

标本 03H43：151，夹砂褐陶。唇部饰斜向细绳纹，颈部、肩部、腹部饰纵向细绳纹。口径 17.0、残高 5.2 厘米（图 5-117，10）。

标本 03T32④b：2，夹砂褐陶。方唇。唇部、颈部饰斜向细绳纹，颈部另饰附加堆纹一周。口径 20.0、残高 3.6 厘米（图 5-117，11）。

标本 03H36：15，夹砂褐陶。方唇。肩部、腹部饰交错细绳纹。口径 17.6、残高 5.2 厘米（图 5-117，12）。

标本 03H43：50，夹砂褐陶。圆唇。肩部饰斜向细绳纹。口径 20.0、残高 4.2 厘米（图 5-117，13）。

Aa 型Ⅱ式　31 件。口径与腹径基本等大，弧腹。

标本 03H43：182，夹砂褐陶。方唇。唇部饰斜向细绳纹，颈部、肩部饰交错细绳纹及斜向附加泥条。口径 30.0、残高 8.4 厘米（图 5-118，1）。

标本 03T8④b：99，夹砂褐陶。方唇。唇面饰斜向细绳纹，颈部饰附加堆纹一周，肩部饰交错细绳纹。口径 24.0、残高 6.9 厘米（图 5-118，2）。

标本 03H26：30，夹砂褐陶。方唇。唇部饰交错细绳纹，颈部、肩部、腹部饰纵向细绳纹。口径 25.0、残高 6.9 厘米（图 5-118，3）。

标本 03H49：1，夹砂灰陶。方唇。唇部饰横向间断细绳纹，颈部、肩部、腹部饰交错细绳纹，颈部加饰附加堆纹一周。口径 30.0、残高 7.2 厘米（图 5-118，4）。

标本 03HG1：32，夹砂褐陶。方唇。唇部饰横向间断细绳纹，颈部、肩部饰纵向细绳纹，肩部饰附加堆纹一周。口径 16.8、残高 4.6 厘米（图 5-118，5）。

标本 03G1：34，夹砂灰陶。圆唇。颈部、肩部饰交错细绳纹。口径 24.0、残高 6.6 厘米（图 5-118，6）。

标本 03H10：13，夹砂褐陶。方唇。唇部饰斜向细绳纹，颈部、肩部饰交错细绳纹。口径 26.0、残高 7.5 厘米（图 5-118，7）。

标本 03H43：217，夹砂褐陶。方唇。唇部饰横向间断细绳纹，颈部饰附加堆纹一周，通体饰交错细绳纹。口径 25.0、残高 12.6 厘米（图 5-118，8）。

标本 03H47：57，夹砂褐陶。方唇。唇部饰横向间断细绳纹，颈部饰附加堆纹一周，通体饰交错细绳纹。口径 28.0、残高 14.8 厘米（图 5-118，9）。

标本 03H42：52，夹砂灰陶。方唇。唇面饰斜向细绳纹花边，颈部、肩部饰纵向细绳纹，腹部饰斜向附加泥条。口径 23.6、残高 8.4 厘米（图 5-118，10）。

标本 03H26：38，夹砂褐陶。方唇。唇部饰斜向细绳纹，颈部、肩部、腹部饰斜向细绳纹。口径 24.0、残高 6.9 厘米（图 5-118，11）。

标本 03T21④b：6，夹砂灰陶。方唇。颈部饰附加堆纹一周，周身饰斜向细绳纹、交错细绳纹及数根附加泥条。口径 31.0、底径 14.0、复原高 45.0 厘米（图 5-119，1）。

标本 03H47：25，夹砂褐陶。方唇。唇部、颈部饰纵向细绳纹，肩部、腹部饰交错细绳纹及附

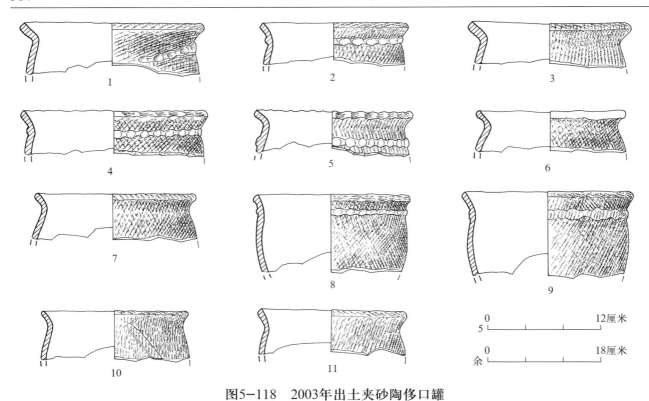

图5-118　2003年出土夹砂陶侈口罐

1～11. Aa型Ⅱ式03H43：182、03T8④b：99、03H26：30、03H49：1、03HG1：32、03G1：34、03H10：13、03H43：217、03H47：57、03H42：52、03H26：38

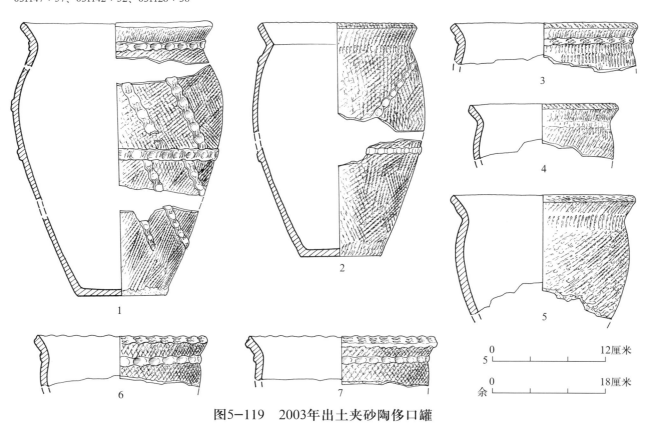

图5-119　2003年出土夹砂陶侈口罐

1～3. Aa型Ⅱ式03T21④b：6、03H47：25、03H43：188　4～7. Aa型Ⅲ式03H26：39、03H17：5、03H43：47、03H43：202

加泥条数根。口径 25.6、底径 13.2、复原高 38.0 厘米（图 5-119，2）。

标本 03H43：188，夹砂褐陶。方唇。唇部饰斜向细绳纹，颈部、肩部饰纵向细绳纹，颈部另饰附加堆纹一周。口径 30.0、残高 5.4 厘米（图 5-119，3）。

Aa 型Ⅲ式　12件。侈口外敞。口径大于腹径。

标本 03H26：39，夹砂褐陶。方唇。唇面饰斜向细绳纹，颈部饰纵向细绳纹及附加堆纹一周，肩部、腹部饰斜向细绳纹。口径 24.0、残高 9.0 厘米（图 5-119，4）。

标本 03H43：47，夹砂褐陶。方唇。唇部饰横向间断细绳纹，颈部、肩部、腹部饰交错细绳纹，颈部加饰附加堆纹一周。口径 28.0、残高 7.8 厘米（图 5-119，6）。

标本 03H43：202，夹砂褐陶。方唇。唇部饰横向间断细绳纹，颈部、肩部、腹部饰交错细绳纹，颈部加饰附加堆纹一周。口径 31.0、残高 7.8 厘米（图 5-119，7）。

标本 03H17：5，夹砂褐陶。方唇。唇部饰斜向细绳纹，颈部饰纵向细绳纹，肩部、腹部饰斜向细绳纹。口径 19.6、残高 13.6 厘米（图 5-119，5）。

标本 03H43：97，夹砂褐陶。方唇。唇部饰横向间断细绳纹，通体饰交错细绳纹，颈部饰附加堆纹一周。口径 30.0、残高 6.9 厘米（图 5-120，1）。

标本 03T21扩④a：10，夹砂褐陶。方唇。唇部饰纵向细绳纹及附加堆纹一周。口径 26.0、残高 4.5 厘米（图 5-120，2）。

Ab 型Ⅰ式　11件。束颈，腹略鼓。

标本 03H47：62，夹砂褐陶。方唇。唇面压印交错细绳纹花边，颈部、肩部饰斜向细绳纹，颈部饰附加堆纹一周。口径 26.0、残高 7.5 厘米（图 5-120，3）。

标本 03H48：113，夹砂褐陶。方唇。唇部饰斜向细绳纹，颈部饰纵向细绳纹，肩部饰交错细绳纹。口径 23.0、残高 8.1 厘米（图 5-120，4）。

标本 03H42：52，夹砂褐陶。方唇。唇部饰斜向细绳纹，颈部饰纵向细绳纹，肩部饰交错细绳纹。口径 31.2、残高 10.8 厘米（图 5-120，5）。

Ab 型Ⅱ式　8件。弧腹。

标本 03H26：47，夹砂褐陶。方唇。唇部、颈部饰斜向细绳纹，肩部、腹部饰纵向细绳纹。口径 26.0、残高 7.5 厘米（图 5-120，6）。

标本 03L1：33，夹砂褐陶。方唇。唇部饰斜向细绳纹，颈部、肩部饰斜向细绳纹。口径 26.0、残高 5.0 厘米（图 5-120，7）。

标本 03H25：13，夹砂褐陶。方唇。唇部饰斜向细绳纹，颈部、肩部饰纵向细绳纹，肩部另饰附加堆纹一周。口径 26.0、残高 9.6 厘米（图 5-120，8）。

标本 03H43：268，夹砂褐陶。方唇。唇部饰横向细绳纹，颈部、肩部饰纵向细绳纹，颈部另饰附加堆纹一周。口径 15.0、残高 5.0 厘米（图 5-120，9）。

标本 03H47：61，夹砂褐陶。方唇。唇面饰斜向细绳纹，颈部饰纵向细绳纹，肩部、腹部饰交错细绳纹。口径 27.0、残高 9.3 厘米（图 5-120，10）。

Ba 型Ⅰ式　13件。束颈，弧腹略鼓，腹部最大径在肩腹交接处。

标本 03H14：62，夹砂灰陶。圆唇。唇部饰纵向细绳纹，颈部、肩部饰纵向细绳纹。口径 26.0、残高 6.0 厘米（图 5-121，1）。

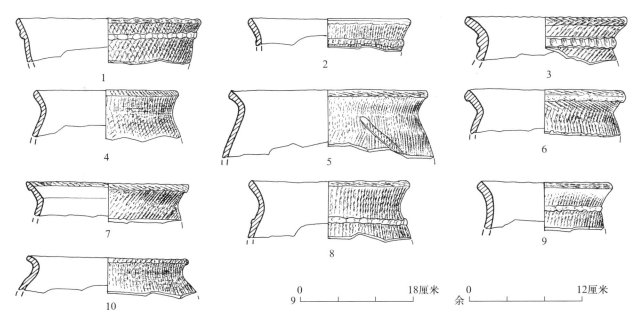

图5-120　2003年出土夹砂陶侈口罐

1、2. Aa型Ⅲ式03H43：97、03T21扩④a：10　3～5. Ab型Ⅰ式03H47：62、03H48：113、03H42：52　6～10. Ab型Ⅱ式03H26：47、03L1：33、03H25：13、03H43：268、03H47：61

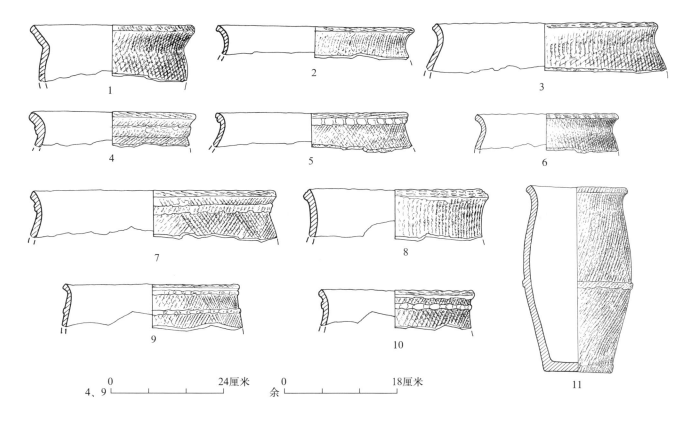

图5-121　2003年出土夹砂陶侈口罐

1～5. Ba型Ⅰ式03H14：62、03H51：4、03H26：10、03H14：159、03H33：37　6～11. Ba型Ⅱ式03H47：73、03H43：102、03T21④b：16、03H43：112、03T8④b：9、03T27⑥：1

标本03H51：4，夹砂褐陶。方唇。唇部饰横向间断细绳纹，颈部饰斜向细绳纹。口径32.0、残高4.9厘米（图5-121，2）。

标本03H26：10，夹砂褐陶。方唇。唇部饰间断横向细绳纹，颈部、肩部饰交错细绳纹。口径36.0、残高8.4厘米（图5-121，3）。

标本03H14：159，夹砂褐陶。方唇。唇部饰斜向细绳纹，颈部饰斜向细绳纹及附加堆纹一周。口径36.0、残高8.0厘米（图5-121，4）。

标本03H33：37，夹砂褐陶。方唇。唇部饰横向细绳纹，颈部、肩部饰交错细绳纹，颈部另饰附加堆纹一周。口径31.0、残高5.6厘米（图5-121，5）。

Ba型Ⅱ式 15件。弧腹，腹部最大径下移至腹中部。

标本03H47：73，夹砂褐陶。方唇。唇部饰横向间断细绳纹，颈部、肩部饰交错细绳纹。口径23.0、残高5.6厘米（图5-121，6）。

标本03H43：102，夹砂褐陶。方唇。唇部饰斜向细绳纹，颈部、肩部饰交错细绳纹及附加堆纹一周。口径40.0、残高8.1厘米（图5-121，7）。

标本03T21④b：16，夹砂褐陶。方唇。唇部饰三个一组的横向间断细绳纹，颈部、肩部饰纵向细绳纹。口径30.0、残高7.8厘米（图5-121，8）。

标本03H43：112，夹砂褐陶。方唇。唇部饰斜向细绳纹，颈部、肩部饰交错细绳纹及附加堆纹各一周。口径37.0、残高10.0厘米（图5-121，9）。

标本03T8④b：9，夹砂褐陶。方唇。唇部饰斜向细绳纹，颈部、肩部饰交错细绳纹，颈部另饰附加堆纹一周。口径25.0、残高6.0厘米（图5-121，10）。

标本03T27⑥：1，夹砂褐陶。方唇。通体饰斜向细绳纹，腹部最宽处饰附加堆纹一周。口径16.0、底径10.5、通高29.5厘米（图5-121，11）。

标本03H43：91，夹砂褐陶。圆唇。唇部饰斜向细绳纹，颈部、肩部饰交错细绳纹，颈部另饰附加堆纹一周。口径33.0、残高6.0厘米（图5-122，1）。

标本03T28④b：7，夹砂褐陶。方唇。唇部饰斜向细绳纹，颈部饰纵向细绳纹及附加堆纹一周。口径28.0、残高7.8厘米（图5-122，2）。

Ba型Ⅲ式 1件。垂腹。

标本03H42：60，夹砂褐陶。方唇。唇部饰斜向细绳纹，颈部、肩部饰交错细绳纹及附加堆纹各一周。口径29.0、残高10.0厘米（图5-122，3）。

标本03H42：55，夹砂褐陶。方唇。唇部戳印成锯齿花边状，沿下饰附加堆纹一周，通体饰交错细绳纹及横向附加泥条数根。口径33.0、残高12.8厘米（图5-122，4）。

Bb型Ⅱ式 2件。弧腹。

标本03H43：103，夹砂褐陶。方唇。唇部饰交错细绳纹，颈部、肩部饰交错细绳纹及附加堆纹一周。口径26.0、残高7.5厘米（图5-122，5）。

Bb型Ⅲ式 2件。垂腹。

标本03H13：10，夹砂褐陶。方唇。唇部饰斜向细绳纹，肩部、腹部饰交错细绳纹，颈部、腹部另饰附加堆纹各一周。口径28.0、残高15.0厘米（图5-122，6）。

标本03H42：53，夹砂褐陶。方唇。唇部压印呈锯齿花边状，沿下饰附加堆纹一周，通身饰交

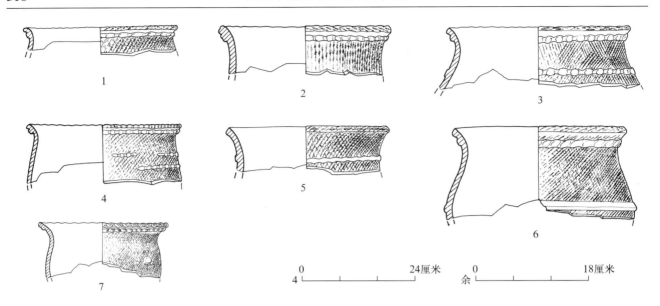

图5-122　2003年出土夹砂陶侈口罐

1、2. Ba型Ⅱ式03H43：91、03T28④b：7　3、4. Ba型Ⅲ式03H42：60、03H42：55　5. Bb型Ⅱ式03H43：103　6、7. Bb型Ⅲ式03H13：10、03H42：53

错细绳纹及贴覆泥饼。口径21.0、残高9.0厘米（图5-122，7）。

Ca型Ⅰ式　27件。卷沿。

标本03H42：70,夹砂褐陶。方唇。通体饰交错细绳纹。口径36.2、残高9.6厘米（图5-123，1）。

标本03H42：51，夹砂褐陶。方唇。唇部饰斜向细绳纹，通体饰纵向细绳纹及数根附加泥条。口径38.0、残高12.8厘米（图5-123，2；彩版一九九，3、4）。

标本03H43：115，夹砂褐陶。方唇,唇部饰横向细绳纹,通体饰纵向细绳纹。口径30.0、残高7.8厘米（图5-123，3）。

标本03H43：109，夹砂灰陶。方唇。颈部饰交错细绳纹及附加堆纹一周。口径24.0、残高4.5厘米（图5-123，4）。

标本03H43：88,夹砂灰陶。方唇。唇部饰斜向细绳纹,通体饰交错细绳纹。口径27.0、残高5.1厘米（图5-123，5）。

标本03H43：161，夹砂褐陶。方唇。唇部饰横向细绳纹，颈部饰纵向细绳纹及附加堆纹一周。口径34.0、残高10.5厘米（图5-123，6）。

标本03H43：17，夹砂褐陶。方唇。唇部饰横向细绳纹，通体饰纵向细绳纹及附加泥条数根。口径18.0、残高10.4厘米（图5-123，7）。

标本03H25：3,夹砂褐陶。方唇。通体饰纵向细绳纹及附加堆纹二周。口径27.0、残高10.6厘米（图5-123，8）。

标本03H43：94，夹砂褐陶。方唇。唇部饰横向细绳纹，通体饰纵向细绳纹及数根附加泥条。口径21.0、残高7.0厘米（图5-123，9）。

标本03H38：19，夹砂褐陶。方唇。通体饰交错细绳纹。口径18.0、残高3.0厘米（图5-123，10）。

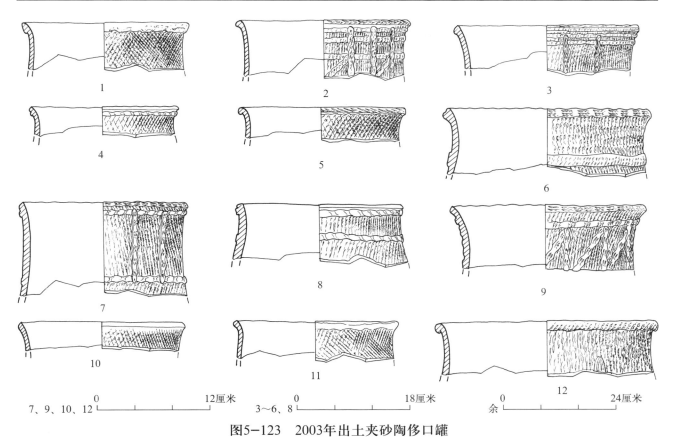

图5-123 2003年出土夹砂陶侈口罐

1～12. Ca型Ⅰ式03H42：70、03H42：51、03H43：115、03H43：109、03H43：88、03H43：161、03H43：17、03H25：3、
03H43：94、03H38：19、03H43：19、03H41③：54

标本03H43：19，夹砂褐陶。方唇。通体饰交错细绳纹。口径37.0、残高9.6厘米（图5-123，11）。

标本03H41③：54，夹砂褐陶。圆唇。唇部饰斜向细绳纹，通体饰纵向细绳纹及附加泥饼。口径24.0、残高6.0厘米（图5-123，12）。

标本03H42：57，夹砂黄褐陶。方唇。唇部饰斜向绳纹，通体饰纵向细绳纹及附加泥条。口径38.0、残高14.2厘米（彩版一九九，5、6）。

Ca型Ⅱ式 11件。沿外卷较甚。

标本03H42：71，夹砂褐陶。圆唇。通体饰斜向细绳纹及数根附加泥条。口径20.0、残高6.0厘米（图5-124，1）。

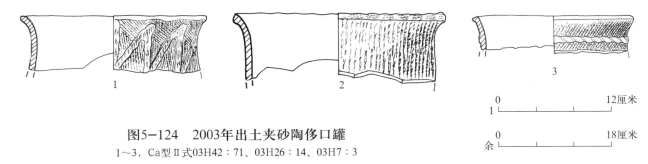

图5-124 2003年出土夹砂陶侈口罐

1～3. Ca型Ⅱ式03H42：71、03H26：14、03H7：3

标本 03H26：14，夹砂褐陶。方唇。唇部饰横向细绳纹，通体饰纵向细绳纹。口径 34.0、残高 10.8 厘米（图 5-124，2）。

标本 03H7：3，夹砂灰陶。方唇。颈部饰交错细绳纹及附加堆纹一周。口径 26.0、残高 6.3 厘米（图 5-124，3）。

Cb 型 I 式　12 件。卷沿。

标本 03H7：5，夹砂褐陶。方唇。通体饰交错细绳纹，颈部饰附加堆纹一周。口径 22.0、残高 6.0 厘米（图 5-125，1）。

标本 03H43：103，夹砂褐陶。方唇。唇部饰斜向细绳纹，通体饰交错细绳纹，颈部饰附加堆纹一周。口径 30.0、残高 6.6 厘米（图 5-125，2）。

标本 03H43：30，夹砂褐陶。方唇。唇部饰斜向细绳纹，通体饰交错细绳纹。口径 25.0、残高 5.7 厘米（图 5-125，3）。

标本 03H43：21，夹砂褐陶。方唇。唇部饰横向细绳纹，通体饰交错细绳纹，颈部饰附加堆纹一周。口径 27.0、残高 7.2 厘米（图 5-125，4）。

标本 03H43：92，夹砂褐陶。圆唇。唇部压印成锯齿花边状，颈部饰附加堆纹一周，通体饰交

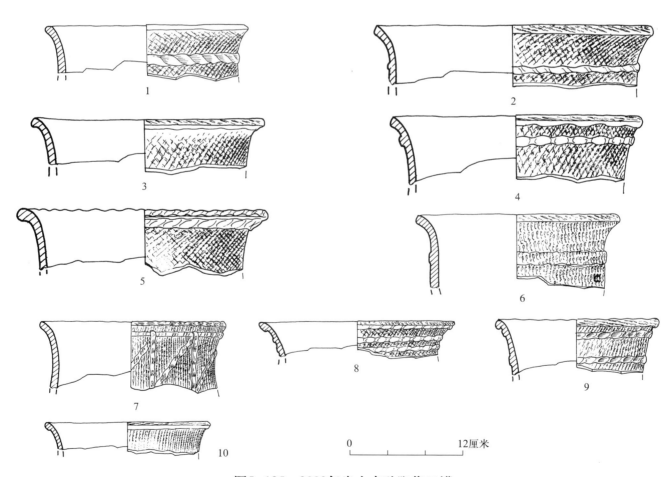

图5-125　2003年出土夹砂陶侈口罐

1～6. Cb 型 I 式 03H7：5、03H43：103、03H43：30、03H43：21、03H43：92、03H41⑤：23　7～10. Cb 型 II 式 03H43：94、03H43：120、03H15：9、03T3④b：5

错细绳纹。口径28.0、残高6.6厘米（图5-125，5）。

标本03H41⑤：23，夹砂褐陶。方唇。唇部饰斜向细绳纹，通体饰纵向细绳纹及附加堆纹一周。口径22.0、残高8.0厘米（图5-125，6）。

Cb型Ⅱ式 7件。沿外卷较甚。

标本03H43：94，夹砂褐陶。方唇。唇部饰横向细绳纹，通体饰纵向细绳纹及附加泥条。口径20.0、残高8.0厘米（图5-125，7）。

标本03H43：120，夹砂褐陶。圆唇。唇部饰斜向细绳纹，颈部饰交错细绳纹及附加堆纹三周。口径21.0、残高4.0厘米（图5-125，8）。

标本03H15：9，夹砂褐陶。圆唇。唇部饰斜向细绳纹，通体饰斜向细绳纹及附加堆纹二周。口径17.8、残高5.6厘米（图5-125，9）。

标本03T3④b：5，夹砂褐陶。方唇。唇部饰横向细绳纹，通体饰纵向细绳纹。口径18.0、残高3.4厘米（图5-125，10）。

D型Ⅰ式 8件。侈口。

标本03H43：19，夹砂褐陶。圆唇。通体饰斜向细绳纹。口径36.0、残高8.4厘米（图5-126，1）。

标本03H41⑤：6，夹砂褐陶。方唇。通体饰斜向细绳纹，腹中部饰附加堆纹一周。口径23.0、底径12.0、通高30.8厘米（图5-126，2；彩版二〇〇，1）。

标本03H48：105，夹砂褐陶。方唇。唇部饰斜向细绳纹，颈部饰交错细绳纹及附加堆纹一周。口径36.0、残高6.9厘米（图5-126，3）。

标本03T16⑤：55，夹砂褐陶。方唇。唇部饰纵向细绳纹，通体饰斜向细绳纹。口径32.0、残高12.0厘米（图5-126，4）。

E型 2件。侈口外敞，卷沿，弧腹内收。

标本03H58：45，夹砂褐陶。方唇。唇部饰横向细绳纹，腹部饰交错细绳纹。口径22.0、残高9.4

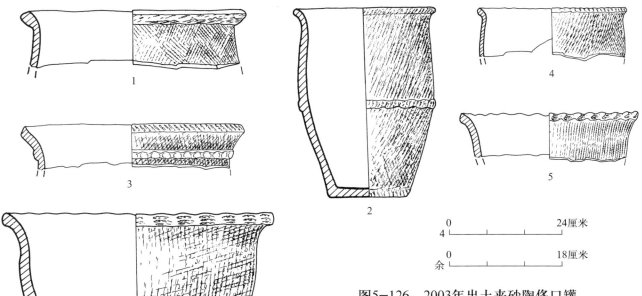

图5-126 2003年出土夹砂陶侈口罐

1～4. D型Ⅰ式03H43：19、03H41⑤：6、03H48：105、03T16⑤：55
5、6. E型03H58：45、03T18⑤：5

厘米（图5-126，5）。

标本03T18⑤：5，夹砂褐陶。方唇。唇部压印成锯齿花边状，腹部饰纵向细绳纹。口径29.0、残高8.1厘米（图5-126，6）。

2．罐

B型　1件。直口，领较高，卷沿，圆唇，鼓腹。

标本03H53：5，夹砂褐陶。方唇。唇部、颈部饰纵向细绳纹，肩部饰交错细绳纹。口径24.0、残高5.3厘米（图5-127，1）。

C型Ⅱ式　2件。颈微束，弧腹。

标本03T32②：2，夹砂褐陶。圆唇。颈部饰交错细绳纹。口径19.0、残高4.0厘米（图5-127，2）。

标本03H43：248，夹砂褐陶。尖圆唇。颈部饰交错细绳纹。口径21.0、残高3.2厘米（图5-127，3）。

Da型　12件。圆唇，束颈，鼓腹。

标本03H58：43，夹砂褐陶。唇部、颈部饰纵向细绳纹。口径20.0、残高2.1厘米（图5-127，4）。

标本03H14：62，夹砂褐陶。方唇。唇部饰交错细绳纹，颈部饰纵向细绳纹，肩部饰交错细绳纹。口径25.0、残高5.2厘米（图5-127，5）。

标本03H14：123，夹砂褐陶。唇部饰斜向细绳纹，通体饰交错细绳纹。口径17.0、残高5.6厘米（图5-127，6）。

标本03H43：37，夹砂褐陶。方唇。唇部、颈部、肩部饰斜向细绳纹，颈部另饰附加堆纹一周。口径25.0、残高6.0厘米（图5-128，7）。

标本03H33：1，夹砂褐陶。方唇。唇部饰斜向细绳纹，通体饰交错细绳纹。口径17.0、残高5.2厘米（图5-128，8）。

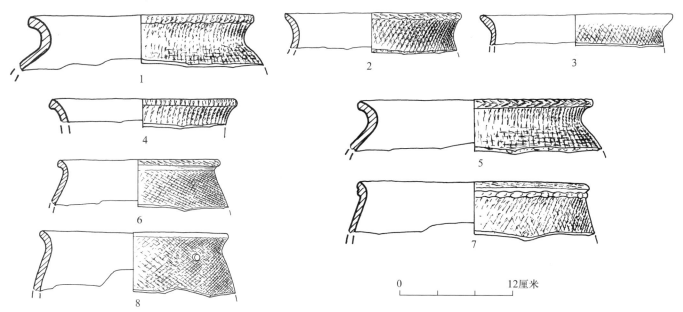

图5-127　2003年出土夹砂陶罐

1．B型03H53：5　2、3．C型Ⅱ式03T32②：2、03H43：248　4～8．Da型03H58：43、03H14：62、03H14：123、03H43：37、03H33：1

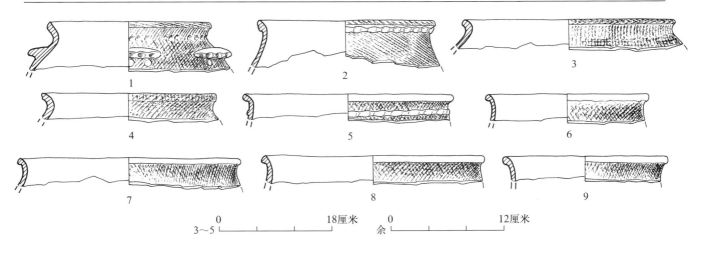

图5-128　2003年出土夹砂陶罐

1~5. Db型03H48：141、03H43：47、03T7④：3、03H23：12、03H43：118　6~9. Dc型03H43：50、03H43：82、03H43：147、03H5：98

Db 型　11件。方唇，颈微束，鼓腹。

标本03H48：141，夹砂褐陶。方唇。唇部饰斜向细绳纹，颈部、肩部饰交错细绳纹及横向附加泥条。口径15.8、残高5.2厘米（图5-128，1）。

标本03T7④：3，夹砂褐陶。唇部饰交错细绳纹，颈部饰纵向细绳纹。口径34.0、残高4.0厘米（图5-128，3）。

标本03H23：12，夹砂褐陶。唇部饰交错细绳纹，颈部饰斜向细绳纹。口径28.0、残高4.5厘米（图5-128，4）。

标本03H43：118，夹砂褐陶。颈部饰交错细绳纹及附加堆纹一周。口径34.0、残高4.5厘米（图5-128，5）。

标本03H43：47，夹砂褐陶。唇部饰斜向细绳纹，颈部、肩部饰斜向细绳纹，颈部另饰附加堆纹一周。口径19.0、残高5.0厘米（图5-128，2）。

Dc 型　6件。卷沿，弧腹。

标本03H43：50，夹砂褐陶。圆唇。颈部饰交错细绳纹。口径17.6、残高3.2厘米（图5-128，6）。

标本03H43：82，夹砂褐陶。圆唇。颈部饰交错细绳纹。口径24.0、残高3.4厘米（图5-128，7）。

标本03H43：147，夹砂褐陶。圆唇。颈部饰交错细绳纹。口径24.0、残高3.2厘米（图5-128，8）。

标本03H5：98，夹砂褐陶。圆唇。颈部饰交错细绳纹。口径18.0、残高2.8厘米（图5-128，9）。

3．小罐

Aa 型Ⅰ式　1件。领较高。

标本03H48：267，夹砂褐陶。圆唇。口径6.0、残高3.5厘米（图5-129，1）。

Aa 型Ⅱ式　5件。

标本03H26：157，夹砂褐陶。方唇。颈部饰戳印新月纹，肩部饰纵向细绳纹。口径13.8、残高4.4厘米（图5-129，3）。

标本03H37：17，夹砂褐陶。方唇。口径9.8、残高3.3厘米（图5-129，4）。

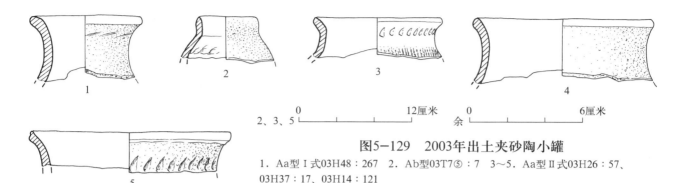

图5-129　2003年出土夹砂陶小罐

1. Aa型Ⅰ式03H48：267　2. Ab型03T7⑤：7　3～5. Aa型Ⅱ式03H26：57、03H37：17、03H14：121

标本03H14：121，夹砂褐陶。方唇。颈部饰戳印新月纹。口径21.6、残高4.4厘米（图5-129,5）。

Ab型　1件。

标本03T7⑤：7，夹砂褐陶。尖圆唇。口径6.0、残高5.0厘米（图5-129，2）。

B型　4件。侈口，有领，弧腹较直。

标本03H48：228，夹砂褐陶。圆唇。唇部饰斜向细绳纹，颈部、肩部饰纵向细绳纹。口径9.2、残高4.6厘米（图5-130，1）。

标本03T30④b：28，夹砂褐陶。方唇。肩部、腹部饰纵向细绳纹。口径8.6、残高4.0厘米（图5-130，2）。

C型Ⅰ式　15件。沿微卷，尖圆唇。

标本03H38：56，夹砂褐陶。方唇。唇部饰斜向细绳纹，周身饰交错细绳纹及附加泥条数道。口径18.4、残高11.2厘米（图5-130，3）。

标本03H42：28，夹砂褐陶。圆唇。通体饰交错细绳纹。口径15.0、残高6.0厘米（图5-130,4）。

标本03H43：183，夹砂褐陶。方唇。唇部饰纵向细绳纹，颈部、肩部饰斜向细绳纹。口径18.0、残高5.6厘米（图5-130，6）。

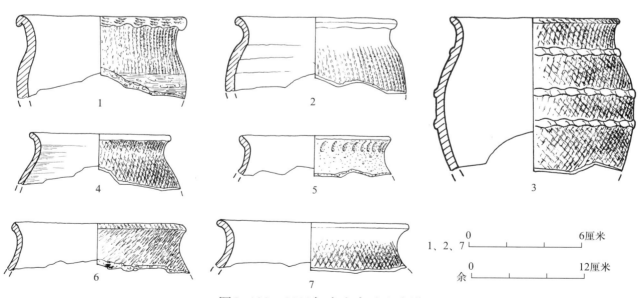

图5-130　2003年出土夹砂陶小罐

1、2. B型03H48：228、03T30④b：28　3～7. C型Ⅰ式03H38：56、03H42：28、03H26：57、03H43：183、03T20③a：1

标本03H26 : 57，夹砂褐陶。方唇。颈部饰戳印新月纹。口径16.0、残高4.0厘米（图5-130,5）。

标本03T20 ③ a : 1，夹砂褐陶。圆唇。颈部、肩部饰交错细绳纹。口径10.6、残高2.6厘米（图5-130，7）。

C型Ⅱ式　12件。沿外卷。

标本03H42 : 64，夹砂褐陶。圆唇。通体饰纵向细绳纹及凹弦纹四道。口径16.0、残高7.0厘米（图5-131，1）。

标本03H43 : 187，夹砂褐陶。方唇。唇部饰斜向细绳纹，通体饰纵向细绳纹。口径19.0、残高7.0厘米（图5-131，2）。

标本03H42 : 75，夹砂褐陶。圆唇。肩部、腹部饰交错细绳纹，颈部戳印小同心圆圈纹，可能以竹子类作为加工纹饰的工具。口径17.0、残高8.0厘米（图5-131，3）。

标本03H42 : 48，夹砂褐陶。方唇，唇部饰纵向细绳纹，通体饰交错细绳纹。口径13.6、残高4.0厘米（图5-131，4）。

标本03H12 : 1，夹砂褐陶。圆唇。唇部压印绳纹呈花边状，通体饰交错细绳纹，腹中部饰附加堆纹一周。口径11.4、残高8.7厘米（图5-131，5）。

标本03H42 : 65，夹砂褐陶。方唇。通体饰交错细绳纹及数根横向短附加泥条。口径11.5、残高5.0厘米（图5-131，6）。

C型Ⅲ式　1件。垂腹。

标本03T33 ③ a : 3，夹砂褐陶。方唇。唇部饰交错细绳纹，通体饰交错细绳纹。口径16.0、残高7.0厘米（图5-131，7）。

D型Ⅰ式　14件。弧腹略鼓。口径小于腹径。

标本03H43 : 42，夹砂褐陶。圆唇。通体饰交错细绳纹。口径14.0、残高3.6厘米（图5-132,1）。

标本03H43 : 49，夹砂褐陶。方唇。肩部饰纵向细绳纹。口径12.0、残高1.7厘米（图5-132,2）。

标本03T27 ④ b : 7，夹砂褐陶。方唇。通体饰交错细绳纹。口径13.0、残高4.0厘米（图5-132，3）。

标本03H43 : 221，夹砂褐陶。方唇。通体饰交错细绳纹。口径11.4、残高3.4厘米（图5-132,4）。

标本03H37 : 216，夹砂褐陶。圆唇。颈部、肩部饰交错细绳纹。口径10.8、残高2.2厘米（图

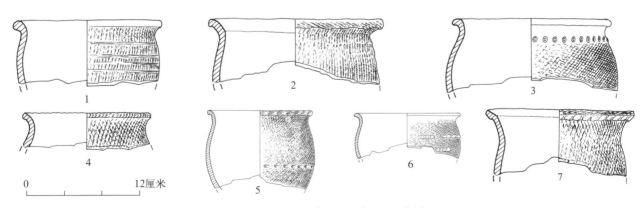

图5-131　2003年出土夹砂陶小罐

1～6. C型Ⅱ式03H42：64、03H43：187、03H42：75、03H42：48、03H12：1、03H42：65　7. C型Ⅲ式03T33③a：3

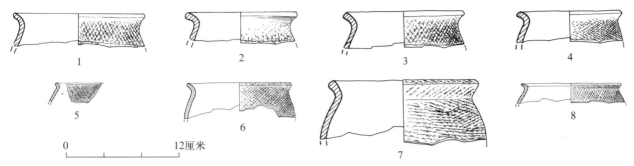

图5-132　2003年出土夹砂陶小罐

1～8. D型Ⅰ式03H43：42、03H43：49、03T27④b：7、03H43：221、03H37：216、03H2：21、03H26：25、03H37：16

5-132，5）。

标本03H2：21，夹砂褐陶。唇部饰斜向细绳纹，肩部、腹部饰交错细绳纹。残高4.2厘米（图5-132，6）。

标本03H26：25，夹砂褐陶。方唇。通体饰斜向细绳纹。口径16.0、残高7.0厘米（图5-132,7）。

标本03H37：16，夹砂褐陶。肩部饰交错细绳纹。残高2.1厘米（图5-132，8）。

D型Ⅱ式　15件。弧腹。

标本03H41⑤：93，夹砂褐陶。方唇。通体饰纵向细绳纹。口径9.8、残高6.5厘米（图5-133,1）。

标本03T25③a：7，夹砂褐陶。方唇。通体饰纵向细绳纹。口径16.0、残高4.8厘米（图5-133,2）。

标本03H45：23，夹砂褐陶。圆唇。通体饰纵向细绳纹，腹中部饰附加堆纹一周。口径9.0、残高6.0

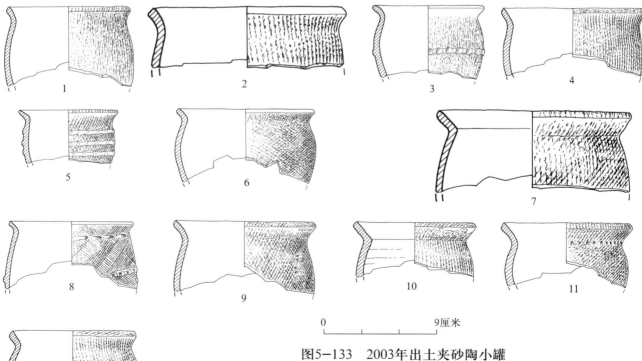

图5-133　2003年出土夹砂陶小罐

1～12. D型Ⅱ式03H41⑤：93、03T25③a：7、03H45：23、03T28④a：92、03H14：129、03H44：2、03H43：151、03T6③a：8、03H48：135、03H1：1、03H47：85、03H1：27

厘米（图5-133，3）。

标本03T28④a：92，夹砂褐陶。方唇。唇部饰斜向细绳纹，通体饰纵向细绳纹。口径11.6、残高5.5厘米（图5-133，4）。

标本03H14：129，夹砂褐陶。圆唇。唇部饰斜向细绳纹，通体饰交错细绳纹及附加堆纹三周。口径8.0、残高4.5厘米（图5-133，5）。

标本03H44：2，夹砂褐陶。方唇。通体饰交错细绳纹。口径11.2、残高6.0厘米（图5-133，6）。

标本03H43：151，夹砂褐陶。方唇。唇部饰斜向细绳纹，通体饰交错细绳纹。口径15.6、残高6.6厘米（图5-133，7）。

标本03T6③a：8，夹砂褐陶。方唇。通体饰交错细绳纹及附加泥条数根。口径10.0、残高5.5厘米（图5-133，8）。

标本03H48：135，夹砂褐陶。方唇。唇部饰斜向细绳纹，通体饰交错细绳纹。口径11.5、残高5.8厘米（图5-133，9）。

标本03H1：1，夹砂褐陶。方唇。唇部、沿面饰斜向细绳纹，肩部、腹部饰纵向细绳纹。口径10.0、残高4.3厘米（图5-133，10）。

标本03H47：85，夹砂褐陶。方唇。唇部、沿面饰斜向细绳纹，肩部、腹部饰交错细绳纹。口径10.6、残高5.2厘米（图5-133，11）。

标本03H1：27，夹砂褐陶。方唇。通体饰斜向细绳纹。口径10.4、残高3.5厘米（图5-133，12）。

D型Ⅲ式　3件。弧腹较直。口径大于腹径。

标本03H42：112，夹砂褐陶。圆唇。通体饰交错细绳纹。口径13.0、残高4.8厘米（图5-134，1）。

标本03H42：62，夹砂褐陶。方唇。通体饰纵向细绳纹。口径10.5、残高8.0厘米（图5-134，2）。

E型Ⅰ式　15件。束颈、弧腹略鼓。

标本03H42：73，夹砂褐陶。方唇。唇部饰斜向细绳纹，通体饰交错细绳纹及圆形戳印纹。口径17.0、残高5.4厘米（图5-134，3）。

标本03H43：197，夹砂褐陶。圆唇。颈部、肩部饰交错细绳纹。口径12.6、残高3.2厘米（图5-134，4）。

标本03T13⑤：5，夹砂褐陶。圆唇。颈部饰交错细绳纹，肩部饰斜向细绳纹。口径14.0、残高3.8

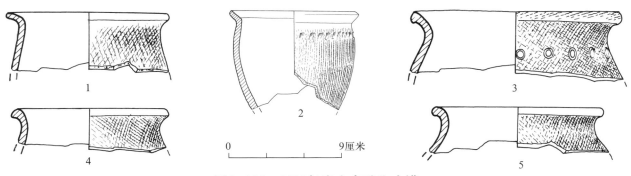

图5-134　2003年出土夹砂陶小罐

1、2．D型Ⅲ式03H42：112、03H42：62　3～5．E型Ⅰ式03H42：73、03H43：197、03T13⑤：5

厘米（图5-134，5）。

E型Ⅱ式　22件。弧腹。口径大于腹径。

标本03H13：106，夹砂褐陶。圆唇。肩部、腹部饰交错细绳纹。口径9.8、残高6.0厘米（图5-135，1）。

标本03H43：130，夹砂褐陶。方唇。通体饰交错细绳纹。口径14.0、残高4.2厘米（图5-135，2）。

标本03H48：254，夹砂褐陶。圆唇。唇部饰斜向细绳纹，通体饰斜向细绳纹。口径10.4、残高3.4厘米（图5-135，3）。

标本03H42：116，夹砂褐陶。方唇。通体饰交错细绳纹及短横向附加泥条。口径12.0、残高5.0厘米（图5-135，4）。

标本03H43：110，夹砂褐陶。方唇。唇部饰横向细绳纹，通体饰交错细绳纹。口径15.0、残高5.6厘米（图5-135，5）。

标本03H43：238，夹砂褐陶。圆唇。通体饰交错细绳纹。口径11.8、残高4.6厘米（图5-135，6）。

标本03H43：244，夹砂褐陶。方唇。通体饰交错细绳纹。口径11.4、残高3.6厘米（图5-135，7）。

标本03H43：141，夹砂褐陶。圆唇。唇部饰斜向细绳纹，通体饰交错细绳纹。口径14.6、残高4.6厘米（图5-135，8）。

标本03H42：136，夹砂褐陶。方唇。口径13.2、残高3.2厘米（图5-135，9）。

标本03H43：106，夹砂褐陶。方唇。肩部、腹部饰交错细绳纹。口径10.0、残高6.0厘米（图5-135，10）。

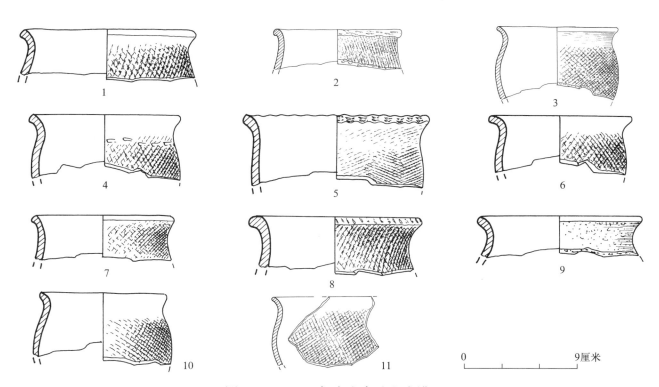

图5-135　2003年出土夹砂陶小罐

1～11. E型Ⅱ式03H13：106、03H43：130、03H48：254、03H42：116、03H43：110、03H43：238、03H43：244、03H43：141、03H42：136、03H43：106、03H48：222

标本03H48：222，夹砂褐陶。圆唇。肩部、腹部饰交错细绳纹。残高5.8厘米（图5-135，11）。

E型Ⅲ式 7件。垂腹。

标本03H43：243，夹砂褐陶。肩部、腹部饰纵向细绳纹。口径12.0、残高4.0厘米（图5-136，1）。

标本03H42：83，夹砂褐陶。圆唇。通体饰交错细绳纹、圆形泥饼及横向附加堆纹。口径11.0、残高4.7厘米（图5-136，2）。

标本03T36③a：4，夹砂褐陶。圆唇。通体饰纵向细绳纹，腹部贴饰附斜向加泥条。口径14.6、残高8.4厘米（图5-136，3）。

标本03H43：32，夹砂褐陶。方唇。唇部饰斜向细绳纹，通体饰交错细绳纹。口径16.0、残高5.5厘米（图5-136，4）。

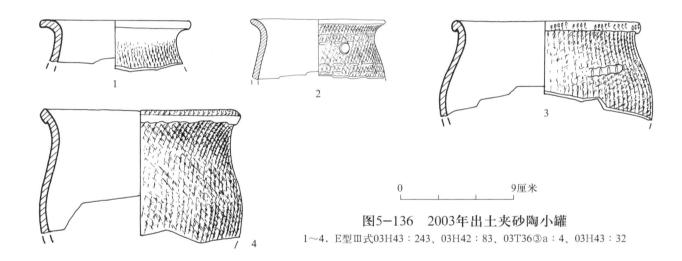

图5-136 2003年出土夹砂陶小罐
1～4. E型Ⅲ式03H43：243、03H42：83、03T36③a：4、03H43：32

F型Ⅰ式 5件。

标本03H43：28，夹砂褐陶。圆唇。通体饰交错细绳纹及横向短附加泥条。口径13.0、残高6.6厘米（图5-137，1）。

标本03H43：43，夹砂褐陶。方唇。唇部饰纵向细绳纹，颈部饰斜向细绳纹，肩部、腹部饰交错细绳纹。残高4.3厘米（图5-137，2）。

标本03H43：100，夹砂褐陶。方唇。通体饰交错细绳纹。口径16.0、残高5.0厘米（图5-137，3）。

F型Ⅱ式 3件。

标本03H42：65，夹砂褐陶。方唇。通体饰交错细绳纹及横向短附加泥条。残高5.1厘米（图5-137，4）。

标本03H15：7，夹砂褐陶。方唇。通体饰交错细绳纹，腹中部饰附加堆纹一周。口径15.0、残高6.4厘米（图5-137，5）。

G型Ⅰ式 7件。直腹略弧。

标本03T13⑤：55，夹砂褐陶。圆唇。肩部饰交错细绳纹。残高3.2厘米（图5-138，1）。

标本03H48：113，夹砂褐陶。方唇。唇部饰交错细绳纹，颈部饰纵向细绳纹，腹部饰交错细绳纹。

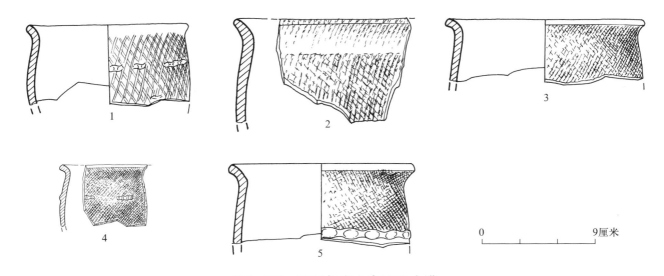

图5-137　2003年出土夹砂陶小罐

1~3. F型Ⅰ式03H43：28、03H43：43、03H43：100，4、5. F型Ⅱ式03H42：65、03H15：7

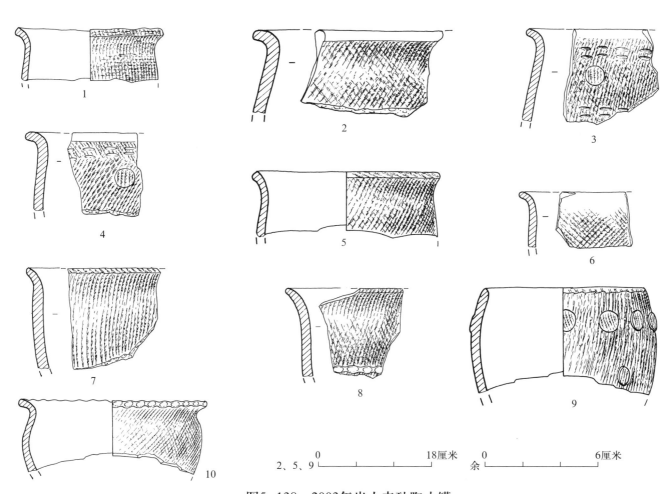

图5-138　2003年出土夹砂陶小罐

1~3. G型Ⅰ式03T13⑤：55、03H48：113、03H42：83　4~8. G型Ⅱ式03H43：270、03H25：17、03H43：246、03T28④a：2、03H43：129
9. H型03H41⑤：32　10. Ⅰ型03H57：9

残高 7.3 厘米（图 5-138，2）。

标本 03H42：83，夹砂褐陶。圆唇。腹部饰交错细绳纹及贴饰圆形泥饼。残高 5.3 厘米（图 5-138，3）。

G 型Ⅱ式 8 件。直腹。

标本 03H43：270，夹砂褐陶。圆唇。腹部饰斜向细绳纹及贴饰圆形泥饼。残高 4.7 厘米（图 5-138，4）。

标本 03H25：17，夹砂褐陶。方唇。唇部饰斜向细绳纹，通体饰交错细绳纹。口径 14.8、残高 5.2 厘米（图 5-138，5）。

标本 03H43：246，夹砂褐陶。圆唇。腹部饰交错细绳纹。残高 3.1 厘米（图 5-138，6）。

标本 03T28 ④ a：2，夹砂褐陶。方唇。唇部饰斜向细绳纹，通体饰纵向细绳纹。残高 5.6 厘米（图 5-138，7）。

标本 03H43：129，夹砂褐陶。方唇。唇部饰纵向细绳纹，腹部饰交错细绳纹。残高 5.0 厘米（图 5-138，8）。

H 型 1 件。敛口，弧腹。

标本 03H41 ⑤：32，夹砂褐陶。圆唇。通体饰纵向细绳纹及贴饰附加泥饼。口径 12.8、残高 9.0 厘米（图 5-138，9）。

Ⅰ 型 1 件。仰折沿，束颈，弧腹较浅。

标本 03H57：9，夹砂褐陶。圆唇。唇部压印成波浪状花边，颈部饰斜向细绳纹，腹部饰交错细绳纹。口径 10.0、残高 4.1 厘米（图 5-138，10）。

4．筒形罐

Ⅰ式 1 件。直口，带双錾。

标本 03T5 ⑥：62，夹砂褐陶。圆唇。残高 5.0 厘米（图 5-139，1）。

Ⅱ式 1 件。口微敛，圆唇。

标本 03T30 ④ b：41，夹砂褐陶。圆唇。口径 20.0、残高 5.2 厘米（图 5-139，2）。

标本 03H10：14，夹砂褐陶。圆唇。口径 32.0、残高 8.4 厘米（图 5-139，3）。

5．钵

A 型 2 件。敞口，弧腹。

标本 03H11：25，夹砂灰陶。尖圆唇。唇部饰纵向细绳纹。口径 16.8、底径 6.6、通高 6.0 厘米（图 5-140，1）。

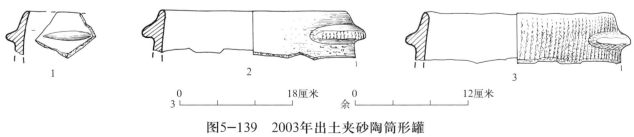

图5-139 2003年出土夹砂陶筒形罐

1．Ⅰ式03T5⑥：62 2、3．Ⅱ式03T30④b：41、03H10：14

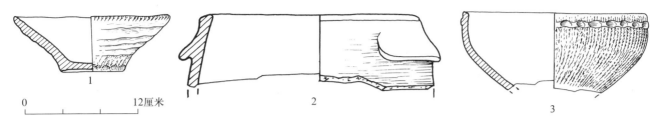

图5-140　2003年出土夹砂陶钵

1. A型03H11：25　2. B型03H26：46　3. C型03H23：11

B型　1件。敛口。

标本03H26：46，夹砂灰陶。方唇。腹部有对称双錾。口径26.0、残高8.4厘米（图5-140，2）。

C型　1件。直口。

标本03H23：11，夹砂褐陶。方唇。通体饰交错细绳纹及附加堆纹一周。口径20.0、残高8.6厘米（图5-140，3）。

6. 盆

8件。

标本03T16⑤：5，夹砂褐陶。方唇，侈口，弧腹。唇部压印成锯齿花边状，腹部饰斜向细绳纹。口径36.0、残高10.8厘米（图5-141，1）。

标本03H47：101，夹砂褐陶。方唇，侈口，弧腹。唇部饰横向细绳纹，腹部饰斜向细绳纹。口径53.0、残高10.0厘米（图5-141，2）。

标本03H14：6，夹砂褐陶。方唇，侈口，弧腹。唇部饰斜向细绳纹，腹部饰交错细绳纹。口径28.0、残高6.6厘米（图5-141，3；彩版二〇〇，2）。

标本03T23④b：3，夹砂褐陶。方唇，侈口，弧腹。腹部饰斜向细绳纹。口径43.0、残高12.0厘米（图5-141，4）。

标本03T16④b：1，夹砂褐陶。方唇，侈口，弧腹。腹部饰交错细绳纹。口径40.0、残高12.0厘米（图5-141，5）。

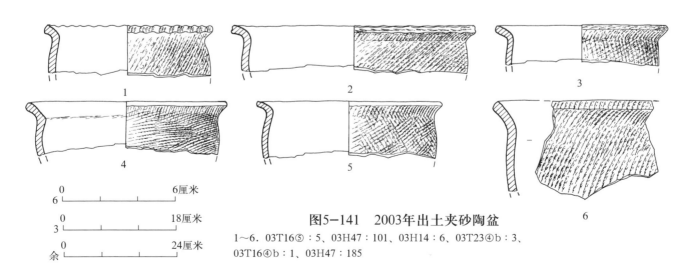

图5-141　2003年出土夹砂陶盆

1～6. 03T16⑤：5、03H47：101、03H14：6、03T23④b：3、03T16④b：1、03H47：185

标本 03H47：185，夹砂褐陶。方唇，侈口，弧腹。唇部饰纵向细绳纹，腹部饰斜向细绳纹。残高5.3厘米（图5-141，6）。

7．甑

2件。均为甑底。

标本 03H23：228，夹砂褐陶。底部残留4个椭圆形算眼。直径14.8、残高3.2厘米（图5-142,1）。

标本 03H43：38，夹砂褐陶。底部残留3个圆形算眼。直径11.6、孔径0.8～1.1、残高2.8厘米（图5-142，2）。

8．带嘴锅

A型Ⅰ式　23件。敛口较甚。

标本 03H41⑤：85，夹砂褐陶。圆唇。腹部饰交错细绳纹。口径49.0、残高4.0厘米（图5-143，1）。

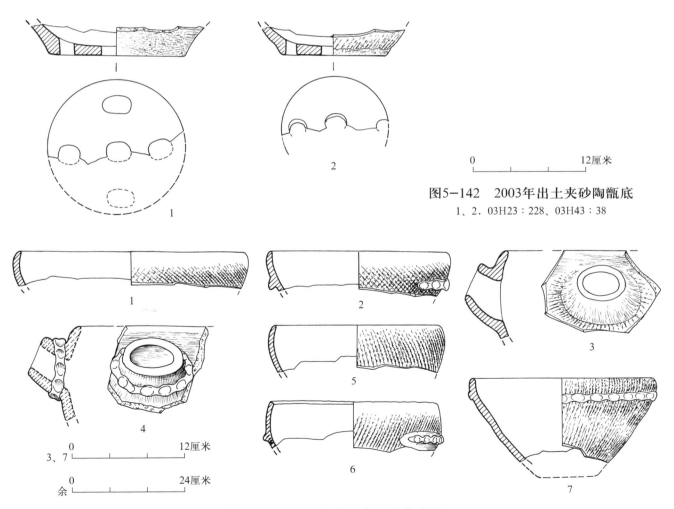

图5-142　2003年出土夹砂陶甑底

1、2. 03H23：228、03H43：38

图5-143　2003年出土夹砂陶带嘴锅

1～5. A型Ⅰ式03H41⑤：85、03H47：213、03H43：90、03T36④b：5、03H19：3　6、7. A型Ⅱ式03T28③a：9、03H2：4

标本 03H47：213，夹砂褐陶。圆唇。腹部饰交错细绳纹及横向短附加泥条。口径 38.0、残高 9.6 厘米（图 5-143，2）。

标本 03H43：90，夹砂褐陶。圆唇，管状流。残高 9.0 厘米（图 5-143，3）。

标本 03T36 ④ b：5，夹砂褐陶。圆唇，管状流。残高 4.8 厘米（图 5-143，4）。

标本 03H19：3，夹砂褐陶。方唇。通体饰纵向细绳纹。口径 36.0、残高 10.0 厘米（图 5-143，5）。

A 型 II 式　14 件。口微敛。

标本 03T28 ③ a：9，夹砂褐陶。方唇。唇部饰斜向细绳纹，腹部饰斜向细绳纹及横向短附加泥条。口径 36.0、残高 10.4 厘米（图 5-143，6）。

标本 03H2：4，夹砂褐陶。圆唇。通体饰纵向细绳纹及附加堆纹一周。口径 20.2、残高 9.4 厘米（图 5-143，7）。

B 型 I 式　17 件。

标本 03H26：112，夹砂灰陶。圆唇。通体饰纵向细绳纹及附加堆纹一周。口径 22.0、底径 11.8、通高 10.6 厘米（图 5-144，1）。

标本 03T21 ④ b：4，夹砂褐陶。圆唇。通体饰斜向细绳纹。口径 20.6、底径 6.6、通高 10.6 厘米（图 5-144，2；彩版二〇〇，3）。

标本 03T34 ⑤：2，夹砂褐陶。圆唇。饰纵向细绳纹及附加堆纹。残高 4.5 厘米（图 5-144，3）。

标本 03H5：1，夹砂褐陶。圆唇。腹部饰交错细绳纹及附加堆纹一周。口径 24.0、残高 9.0 厘米（图 5-144，5）。

标本 03H26：12，夹砂褐陶。方唇。通体饰纵向细绳纹及附加堆纹一周。口径 24.0、残高 7.5 厘米（图 5-144，6；彩版二〇〇，4、5）。

标本 03T19 ⑤：11，夹砂褐陶。方唇。饰斜向细绳纹。残高 4.2 厘米（图 5-144，7）。

B 型 II 式　9 件。侈口外敞。

标本 03T34 ③ a：10，夹砂褐陶。方唇。唇部、腹部饰斜向细绳纹。残高 6.1 厘米（图 5-144，4）。

标本 03H48：132，夹砂褐陶。方唇。通体饰交错细绳纹及附加堆纹一周。口径 40.0、残高 8.8 厘米（图 5-144，8）。

标本 03T13 ③ b：1，夹砂褐陶。方唇。通体饰交错细绳纹及附加堆纹一周。口径 40.0、残高 11.2 厘米（图 5-145，1）。

标本 03H20：190，夹砂褐陶。圆唇。腹部饰斜向细绳纹及附加堆纹一周。口径 36.0、残高 9.4 厘米（图 5-145，2）。

C 型　直口。2 件。

标本 03H47：113，夹砂褐陶。圆唇。腹部饰交错细绳纹。口径 32.0、残高 8.0 厘米（图 5-145，3）。

标本 03H11：15，夹砂褐陶。圆唇。腹部饰斜向细绳纹。残高 4.0 厘米（图 5-145，4）。

9. 盘

4 件。

标本 03H2：4，夹砂褐陶。圆唇，浅腹。腹部饰斜向细绳纹及附加残高 8.0 厘米（图 5-146，1）。

标本 03H48：137，夹砂褐陶。方唇。唇部牙印细绳纹。口径 30.0、残高 3.3 厘米（图 5-146，2）。

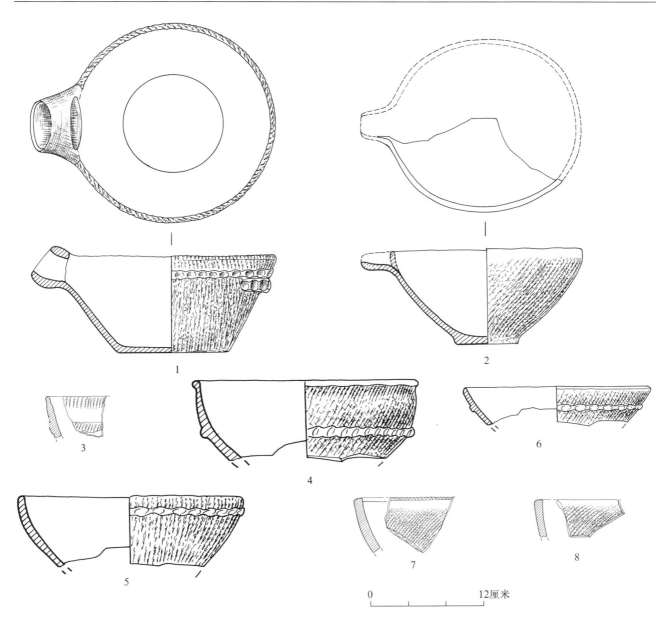

图5-144 2003年出土夹砂陶带嘴锅

1~3、5~7. B型Ⅰ式03H26：112、03T21④b：4、03T34⑤：2、03H5：1、03H26：12、03T19⑤：11 4、8. B型Ⅱ式03T34③a：10、03H48：132

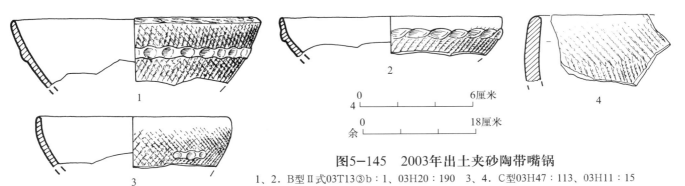

图5-145 2003年出土夹砂陶带嘴锅

1、2. B型Ⅱ式03T13③b：1、03H20：190 3、4. C型03H47：113、03H11：15

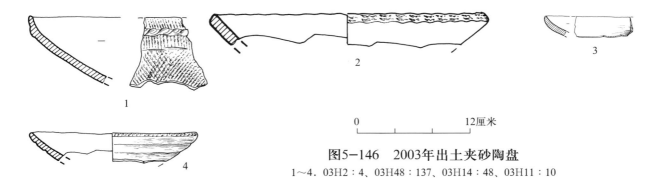

0 ────────── 12厘米

图5-146　2003年出土夹砂陶盘
1～4. 03H2：4、03H48：137、03H14：48、03H11：10

标本03H14：48，夹砂褐陶。圆唇。口径16.0、残高2.4厘米（图5-146，3）。

标本03H11：10，夹砂褐陶。方唇。唇部饰纵向细绳纹。口径18.0、残高3.4厘米（图5-146,4）。

10. 杯

A 型　2件。侈口，弧腹较深。

标本03T25③a：28，夹砂褐陶。底径5.6、残高4.5厘米（图5-147，2）。

标本03T19⑤：1，夹砂黄褐陶。尖唇。口径2.5、底径2.4、通高5.6厘米（图5-147，3）。

B 型　4件。

标本03T10④a：3，夹砂褐陶。方唇。口径5.2、残高4.2厘米（图5-147，6）。

标本03T3④b：1，夹砂褐陶。圆唇。口径3.8、底径1.6、通高3.0厘米（图5-147，4）。

标本03T28③a：33，夹砂褐陶。圆唇。口径6.0、通高4.5厘米（图5-147，5）。

Ca 型　1件。

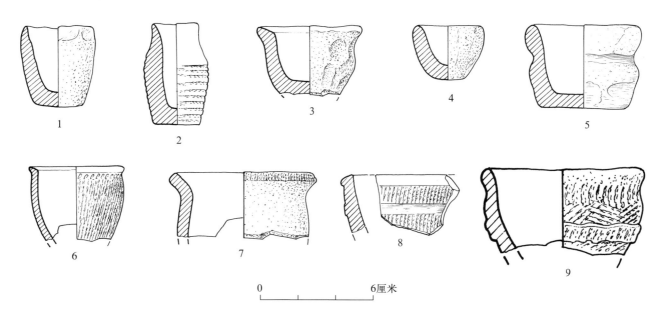

0 ────── 6厘米

图5-147　2003年出土夹砂陶小杯
1. Ca型03H42：87　2、3. A型03T25③a：28、03T19⑤：1　4～6. B型03T10④a：3、03T3④b：1、03T28③a：33　7. Cb型03T23①：12　8、9. F型03H43：75、03T34⑤：2

标本03H42：87，夹砂褐陶。尖唇。腹部饰纵向细绳纹。口径3.6、残高4.4厘米（图5-147，1）。
Cb型　1件。侈口，方唇，弧腹较直。

标本03T23①：12，夹砂褐陶。方唇。唇部饰纵向细绳纹。口径8.0、残高3.6厘米（图5-147，7）。
F型　2件。侈口，弧腹较浅。

标本03H43：75，夹砂褐陶。周身饰纵向细绳纹及附加堆纹二周。残高3.2厘米（图5-147，8）。

标本03T34⑤：2，夹砂褐陶。圆唇。腹部饰交错细绳纹及附加堆纹一周。口径8.5、残高5.0厘米（图5-147，9）。

11．器盖

6件。

标本03H58：26，夹砂褐陶。盖外侧饰纵向细绳纹。残高4.2厘米（图5-148，1）。

标本03H16：6，夹砂褐陶。仅剩捉手部分。残高3.0厘米（图5-148，2）。

标本03H41⑤：27，夹砂褐陶。仅剩捉手部分。残高4.0厘米（图5-148，3）。

标本03H11：26，夹砂褐陶。呈覆碗状，盖沿饰斜向细绳纹。直径17.0、残高2.8厘米（图5-148，4）。

标本03H43：86，夹砂褐陶。盖面饰斜向细绳纹。直径24.0、残高6.6厘米（图5-148，5）。

标本03H43：113，夹砂褐陶。直径27.0、残高4.5厘米（图5-148，6）。

12．器底

48件。

标本03T23②：7，夹砂褐陶。底部拍印交错细绳纹，下腹饰横向细绳纹。底径12.5、残高12.2厘米（图5-149，1）。

标本03H48：100，夹砂褐陶。底部拍印交错细绳纹，下腹饰斜向细绳纹。底径13.5、残高

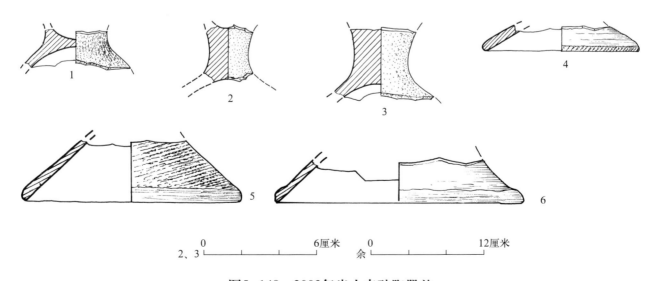

图5-148　2003年出土夹砂陶器盖

1～6. 03H58：26、03H16：6、03H41⑤：27、03H11：26、03H43：86、03H43：113

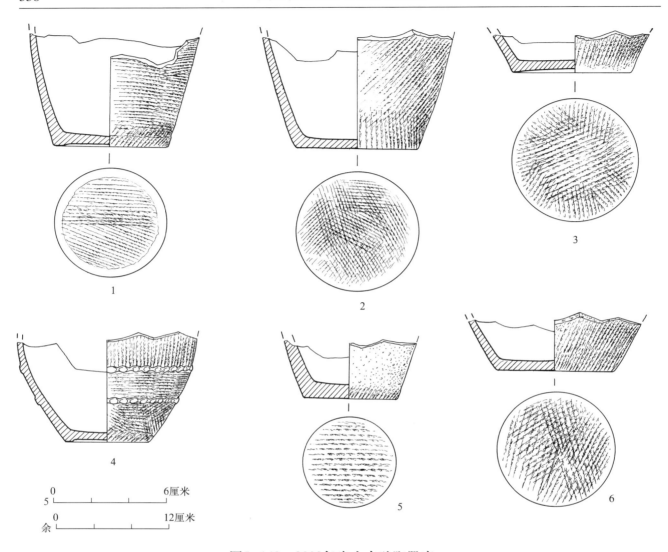

图5-149 2003年出土夹砂陶器底

1~6. 03T23②：7、03H48：100、03H42：86、03T34④：86、03H48：232、03H11：27

13.0厘米（图5-149，2）。

标本03H42：86，夹砂褐陶。底部拍印斜向细绳纹，下腹饰纵向细绳纹。底径13.6、残高4.4厘米（图5-149，3）。

标本03T34④：86，夹砂褐陶。平底略凹，腹部饰细绳纹及附加堆纹二周。底径8.6、残高12.2厘米（图5-149，4）。

标本03H48：232，夹砂褐陶。底部拍印平行细绳纹，底部外侧斜向细绳纹。底径5.0、残高3.2厘米（图5-149，5）。

标本03H11：27，夹砂褐陶。底部拍印交错细绳纹。底径12.5、残高6.8厘米（图5-149，6）。

13. 圈足

A 型　10件。足根外撇。

标本03H41③：57，夹砂褐陶。足根饰纵向细绳纹。直径6.0、残高7.2厘米（图5-150，1）。

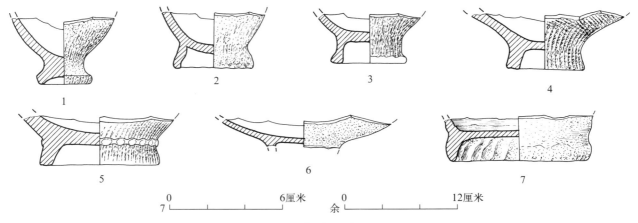

图5-150 2003年出土夹砂陶圈足

1～6. A型03H41③：57、03H45：8、03H36：27、03H47：103、03H43：232、03T30④b：14 7. B型03H11：11

标本03H45：8，夹砂褐陶。圈足外侧饰斜向细绳纹。直径8.8、残高6.2厘米（图5-150，2）。

标本03H36：27，夹砂褐陶。圈足外侧饰纵向细绳纹。直径8.2、残高5.6厘米（图5-150，3）。

标本03H47：103，夹砂褐陶。足根外侧饰纵向细绳纹。直径8.2、残高6.6厘米（图5-150，4）。

标本03H43：232，夹砂褐陶。足根外侧饰纵向细绳纹及附加堆纹一周。直径13.0、残高5.4厘米（图5-150，5）。

标本03T30④b：14，夹砂褐陶。残高3.6厘米（图5-150，6）。

B型 2件。足根陡直。

标本03H11：11，夹砂褐陶。直径7.8、残高2.5厘米（图5-150，7）。

二 石器

石器可分为打制和磨制两类。打制石器分为直接打制和间接打制两种，其中直接打制石器、磨制石器的石料的岩性主要为变质岩、砂岩、粉砂岩等；间接打制石器全部为细石器，石料的岩性包括燧石、水晶和石英三种。打制石器的器类有两侧打缺石刀、砍砸器、切割器、尖状器、刮削器、石杵，另有石核、石片等。细石器的器类有细石核、细石叶、琢背小刀等。磨制石器的器类有斧、锛、石刀、有肩石锄、凿、镰、矛、锥、砺石、石片、研磨器、环、石铲、镯、璧形器、纺轮、球、穿孔形器等。

（一）打制石器

1. 尖状器

3件。

标本03H47：3，石英砂岩。长7.8、宽3.0、厚0.7厘米（图5-151，1）。

标本03H41③：247，粉砂岩。长9.0、宽4.0、厚0.9厘米（图5-151，2）。

标本03T36③a：5，片岩。残长9.0、宽2.8、厚1.0厘米（图5-151，3）。

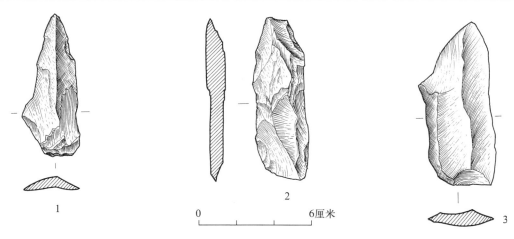

图5-151　2003年出土尖状器
1～3. 03H47：3、03H41③：247、03T36③a：5

2．砍砸器

B型　6件。

标本03H42：98，石英砂岩。刃部可见几个大的修理石片疤。残长9.0、宽10.5、厚2.7厘米（图5-152，1）。

C型　5件。

标本03T23④b：30，石英砂岩。两端刃部均可见较大的石片疤。长8.0、宽11.0、厚1.5厘米（图5-152，2）。

3．刮削器

A型　2件。端刮器。

标本03H55：101，燧石。素材为石片，刃部有四个修理小片疤。长3.2、宽2.1、厚1.3厘米（图5-153，1）。

标本03T19⑤：100，燧石。素材为石片近端，端刃，从背面向破裂面修理。长2.6、宽3.6、厚1.2

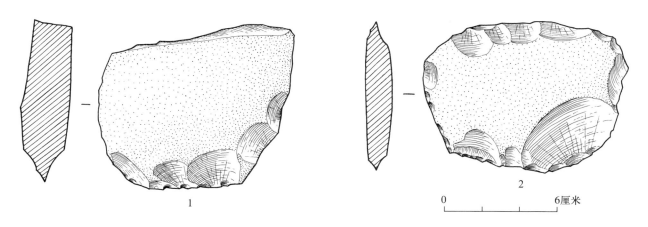

图5-152　2003年出土砍砸器
1. B型03H42：98　2. C型03T23④b：30

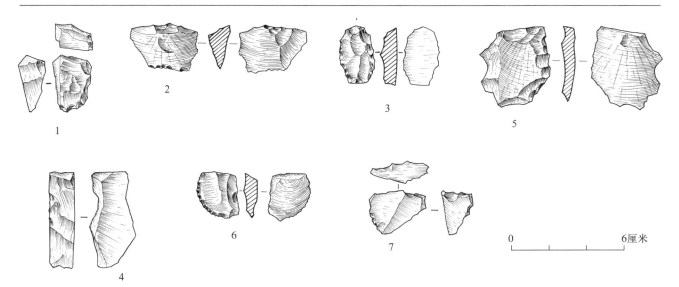

图5-153 2003年出土刮削器

1、2.A型03H55：101、03T19⑤：100 3～7.B型03H55：102、03H42：259、03H53：11、03H47：259、03T8④b：6

厘米（图 5-153，2）。

B 型 11 件。边刮器。

标本 03H55：102，燧石。素材为石叶，单刃，刃部有多个修理小片疤。长 3.2、宽 2.0、厚 0.8 厘米（图 5-153，3）。

标本 03H42：259，素材为石片，单刃，刃部可见多个修理小片疤。长 5.2、宽 6.0、厚 1.9 厘米（图 5-153，4）。

标本 03H53：11,燧石。素材为石片,单刃,从破裂面向背面修理。长 4.5、宽 3.8、厚 0.7 厘米（图 5-153，5）。

标本 03H47：259，燧石。素材为石片远端，单刃，刃部有多个连续均匀的修理小片疤。长 2.6、宽 2.4、厚 0.7 厘米（图 5-153，6）。

标本 03T8 ④ b：6,燧石。素材为石核,刃部有 4 个连续均匀的修理小片疤。长 2.4、宽 3.0、厚 1.6 厘米（图 5-153，7）。

4．切割器

A 型 11 件。

标本 03H48：8，粉砂岩。直刃。残长 7.7、宽 6.0、厚 3.5 厘米（图 5-154，1）。

标本 03H41 ③：134，石英砂岩。直刃。残长 9.8、宽 6.3、厚 1.5 厘米（图 5-154，2）。

标本 03H41 ③：133，粉砂岩。残长 9.8、宽 8.6、厚 1.9 厘米（图 5-154，3）。

标本 03 采：281，粉砂岩。长 8.6、宽 12.2、厚 1.2 厘米（图 5-154，4）。

标本 03H47：35，粉砂岩。长 4.5、宽 9.1、厚 1.1 厘米（图 5-154，5）。

标本 03T23 ④ b：41，石英砂岩。长 4.0、宽 7.8、厚 1.1 厘米（图 5-154，6）。

C 型 8 件。

标本 03HG1：29，残长 8.9、宽 5.4、厚 2.0 厘米（图 5-154，7）。

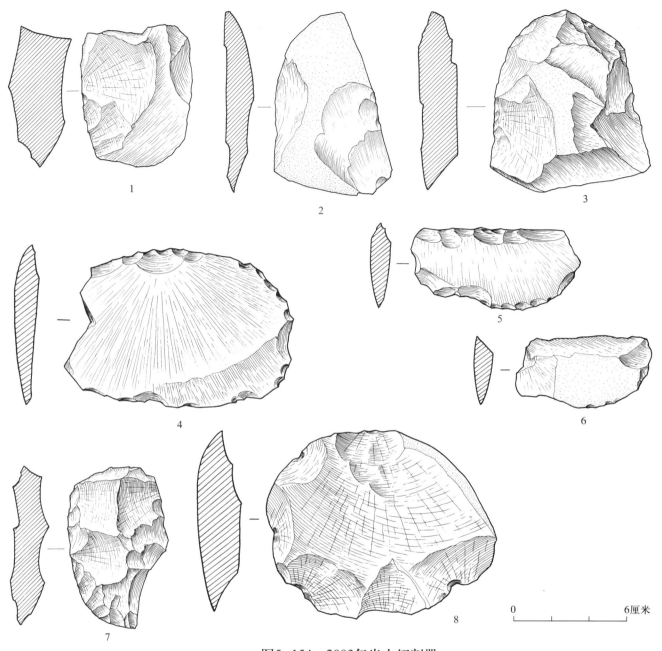

图5-154　2003年出土切割器

1～6.A型03H48：8、03H41③：134、03H41③：133、03采：281、03H47：35、03T23④b：41　7、8.C型03HG1：29、03H47：29

标本03H47：29，石英砂岩。刃部有大的修理片疤。长10.3、宽12.2、厚1.9厘米（图5-154，8）。

5．两侧打缺石刀

8件。

标本03H41⑤：10，片岩。呈长方形，一面为节理面，一面为破裂面，刃部有近半已崩损。长9.0、宽3.5、厚0.8厘米（图5-155，1）。

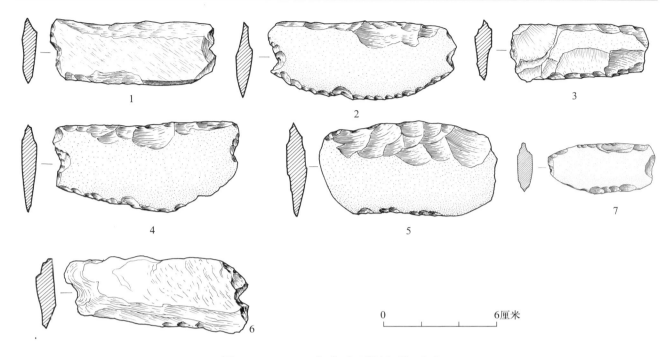

图5-155　2003年出土两侧打缺石刀

1～7.03H41⑤：10、03T32④b：2、03H47：33、03H47：37、03H14：56、03H47：34、03H47：4

标本03T32④b：2, 石英砂岩。近长方形, 一面为破裂面, 一面为砾石自然面, 两端可见打缺片疤, 刃部可见使用崩损小疤。长10.0、宽4.3、厚0.9厘米（图5-155, 2）。

标本03H47：33, 片岩。呈长方形, 一面为节理面, 一面为破裂面, 刃部有近半已崩损。长7.5、宽3.0、厚0.9厘米（图5-155, 3）。

标本03H47：37, 石英砂岩。近长方形, 一面为破裂面, 一面为砾石自然面, 两端可见打缺片疤, 刃部可见使用崩损小疤。长8.0、宽3.6、厚0.8厘米（图5-155, 4）。

标本03H14：56, 石英砂岩。近长方形, 一面为破裂面, 一面为砾石自然面。长9.5、宽7.0、厚1.0厘米（图5-155, 5）。

标本03H47：34, 片岩。呈长方形, 一面为节理面, 一面为破裂面。长10.0、宽4.0、厚0.9厘米（图5-155, 6）。

标本03H47：4, 石英砂岩。近长方形, 一面为破裂面, 一面为砾石自然面。长11.5、宽5.5、厚1.6厘米（图5-155, 7）。

标本03H43：133, 石英砂岩。近长方形, 一面为破裂口, 一面为砾石自然面。长10.8、宽5.4、厚1.5厘米（彩版二〇一, 1、2）。

6. 石核

5件。

标本03H42：260, 砂岩。呈棱柱状。长5.2、宽2.6、厚1.5厘米（图5-156, 1）。

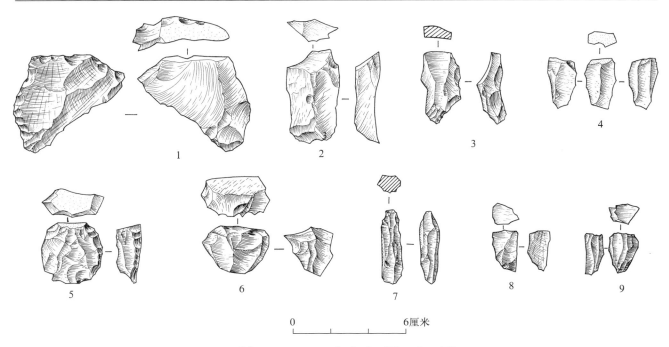

图5-156　2003年出土石核、细石核

1.石核03H42：260　　2～9.细石核03H15：16、03H15：17、03H47：26、03H47：27、03H47：28、03H47：29、03T6④：101、03H41：181

7. 细石核

17件。

标本03H15：16,燧石。呈棱柱状,有剥片不成功的小片疤。长5.1、宽2.9、厚1.3厘米(图5-156,2)。

标本03H15：17,燧石。呈不规则状,有剥取细石叶的片疤。长4.0、宽2.2、厚1.5厘米(图5-156,3)。

标本03H47：26,石英岩。呈棱柱状。长2.8、宽1.7、厚0.8厘米（图5-156,4）。

标本03H47：27,石英岩。呈棱柱状,有2个剥片台面。长3.4、宽3.3、厚1.3厘米（图5-156,5）。

标本03H47：28,燧石。近锥状,剥片台面呈长方形。长2.7、宽3.6、厚2.6厘米（图5-156,6）。

标本03H47：29,燧石。呈棱柱状,可见多个成功剥片的纵疤。长4.0、宽1.1、厚1.1厘米（图5-156,7）。

标本03T6④：101,呈棱柱状,未见成果剥取细石叶纵疤。长2.1、宽1.3、厚1.2厘米（图5-156,8）。

标本03H41：181,燧石。近锥状,可见多个细石叶纵疤。长2.1、宽1.5、厚1.0厘米（图5-156,9）。

标本03H42：386,燧石。呈棱柱状,可见多个成功剥取细石叶纵疤。长3.7、宽1.2、厚0.6厘米（图5-157,1）。

标本03T19④a：68,石英岩。已无法剥片。长3.0、宽2.5、厚1.5厘米（图5-157,2）。

标本03T19⑤：52,石英岩。呈棱柱状,可见细石叶纵疤。长2.5、宽1.4、厚1.1厘米（图5-157,3）。

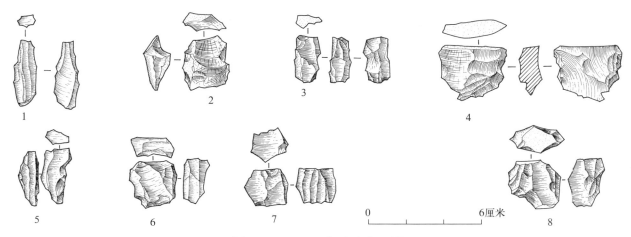

图5-157 2003年出土细石核

1~8.03H42：386、03T19④a：68、03T19⑤：52、03T32②：1、03H42：387、03H42：388、03T26④b：77、03M32：94

标本03T32②：1，石英岩。长方形自然台面。长3.0、宽3.6、厚1.3厘米（图5-157，4）。

标本03H42：387，燧石。棱柱状，可见2条剥取细石叶纵疤。长3.0、宽1.7、厚1.1厘米（图5-157，5）。

标本03H42：388，燧石。棱柱状，可见多条剥取细石叶纵疤。长2.5、宽2.5、厚1.4厘米（图5-157，6）。

标本03T26④b：77，燧石。呈棱柱状，可见多条剥取细石叶纵疤。长2.0、宽2.2、厚1.8厘米（图5-157，7）。

标本03M32：94，石英岩。呈棱柱状，可见多条剥取细石叶纵疤。长2.6、宽2.8、厚1.9厘米（图5-157，8）。

8．石片

43件。

标本03H42：185，石英岩。不规则台面，打击点、放射线、同心纹清晰，背面有2个大石片疤，刃部有使用崩损痕。长7.0、宽5.5、厚0.7厘米（图5-158，1）。

标本03M32：69，石英岩。三角形素台面，打击点不清晰，破裂面光滑，同心纹清楚，背面有2个大的纵向石片疤，远端断裂。长2.8、宽2.4、厚1.2厘米（图5-158，2）。

标本03H57：31，燧石。石片中段，破裂面光滑，可见放射线及同心纹，背面有3个小片疤。长2.8、宽4.1、厚0.4厘米（图5-158，3）。

标本03T10扩②：25，粉砂岩。长方形自然台面，保留石皮，放射线清晰。长2.3、宽3.2、厚0.9厘米（图5-158，4）。

标本03H41⑤：180，燧石。刃状台面，放射线、同心纹清晰，石片近端。残长2.3、宽2.4、厚0.5厘米（图5-158，5）。

标本03H11：1，燧石。刃状台面，破裂面光滑，同心纹清晰，石片近端。残长2.4、宽1.7、厚0.6厘米（图5-158，6）。

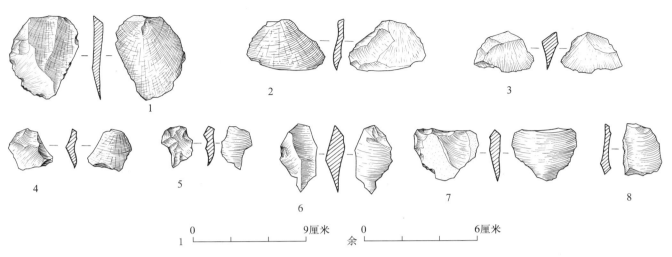

图5-158 2003年出土石片

1～9.03H42：185、03M32：69、03H57：31、03T10扩②：25、03H41⑤：180、03H11：1、03T10扩②：26、03H10：100、03H47：263

标本03T10扩②：26，燧石。破裂面光滑，同心纹清晰，石片远端。残长3.8、宽2.1、厚1.0厘米（图5-158，7）。

标本03H10：100，石英砂岩。石片远端，破裂面光滑，同心纹清晰。残长2.8、宽3.5、厚0.6厘米（图5-158，8）。

标本03H47：263，燧石。石片近端，扇形台面，打击点、清新纹清晰。残长2.8、宽2.1、厚0.6厘米（图5-158，9）。

标本03H47：261，燧石。石片近端，点状台面，打击点、打击泡、同心纹清晰。残长2.5、宽2.2、厚0.7厘米（图5-159，1）。

标本03H47：262，燧石。石片近端，可见打击泡、同心纹。残长2.1、宽3.5、厚0.7厘米（图5-159，2）。

标本03H37：2，石英岩。完整石片，梯形台面，打击点、打击泡、放射线、同心纹清晰，破裂面光滑，背面有6个片疤，两侧边在远端汇成尖刃。长3.2、宽2.1、厚1.2厘米（图5-159，3）。

标本03H15：17，燧石。菱形素台面，打击泡、放射线、同心纹清晰，两侧边近端平行，远端断裂。残长3.8、宽2.6、厚1.1厘米（图5-159，4）。

标本03H5：99，燧石。近端断片，扇形素台面。残长3.4、宽2.5、厚0.7厘米（图5-159，5）。

标本03H47：263，石英岩。菱形素台面。长3.3、宽2.1、厚0.8厘米（图5-159，6）。

标本03T10④a：120，燧石。远端断片。残长4.2、宽1.8、厚0.9厘米（图5-159，7）。

标本03H51：2，燧石。远端断片，破裂面光滑，同心纹清晰。残长4.0、宽2.4、厚0.8厘米（图5-159，8）。

标本03H47：260，燧石。破裂面光滑，背面有多个小片疤，两侧边基本平行，远端汇成尖刃状。长3.3、宽2.0、厚0.6厘米（图5-159，9）。

9. 细石叶

33件。

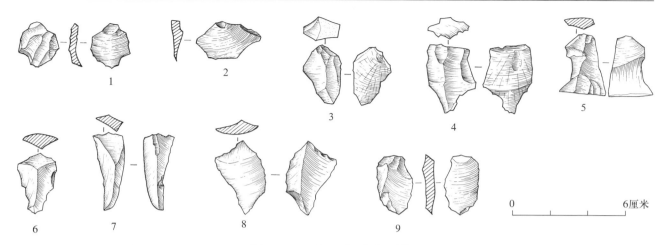

图5-159　2003年出土石片

1～9.03H47：261、03H47：262、03H37：2、03H15：17、03H5：99、03H47：263、03T10④a：120、03H51：2、03H47：260

标本03H37：252，燧石。完整细石叶，三角形素台面，左侧及远端有崩损小片疤。长2.2、宽0.7、厚0.3厘米（图5-160，1）。

标本03H5：101，燧石。远端断片。残长1.8、宽0.9、厚0.3厘米（图5-160，2）。

标本03H5：102，燧石。中间断片。残长1.5、宽0.9、厚0.3厘米（图5-160，3）。

标本03H39：301，燧石。中间断片。残长1.8、宽0.4、厚0.2厘米（图5-160，4）。

标本03H39：302，燧石。扇形素台面，右侧边可见使用崩损小片疤。长2.0、宽1.0、厚0.4厘米（图5-160，5）。

标本03H39：303，近端断片，三角形素台面。残长1.6、宽0.6、厚0.2厘米（图5-160，6）。

标本03H39：304，近端断片，三角形素台面。残长2.2、宽0.9、厚0.3厘米（图5-160，7）。

标本03M32：95，燧石。近端断片，扇形素台面。残长2.4、宽0.8、厚0.2厘米（图5-160，8）。

标本03H47：267，燧石。菱形素台面。长2.6、宽1.1、厚0.3厘米（图5-160，9）。

标本03H37：253，燧石。三角形素台面，近端。长2.2、宽1.6、厚0.5厘米（图5-160，10）。

标本03Z6：1，石英岩。三角形自然台面，两侧边基本平行，破裂面光滑，同心纹清晰，近端。

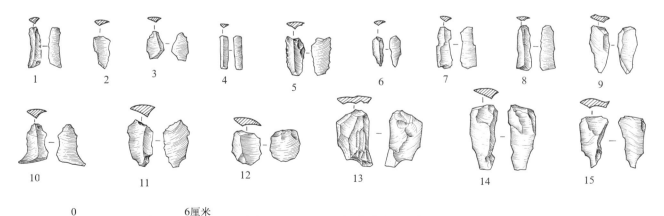

图5-160　2003年出土细石叶

1～15.03H37：252、03H5：101、03H5：102、03H39：301、03H39：302、03H39：303、03H39：304、03M32：95、03H47：267、03H37：253、03Z6：1、03H39：306、03M32：96、03H47：264、03H47：265

残长 2.6、宽 1.4、厚 0.7 厘米（图 5-160，11）。

标本 03H39 : 306，燧石。近端断片。残长 1.9、宽 1.6、厚 0.5 厘米（图 5-160，12）。

标本 03M32 : 96，燧石。扇形素台面，近端断片。残长 3.1、宽 1.8、厚 0.4 厘米（图 5-160，13）。

标本 03H47 : 264，石英岩。菱形素台面。长 1.8、宽 1.5、厚 0.5 厘米（图 5-160，14）。

标本 03H47 : 265，燧石。近端断片，扇形素台面。长 2.8、宽 1.5、厚 0.5 厘米（图 5-160，15）。

标本 03H37 : 251，燧石。近端断片，近梯形素台面，破裂面光滑。残长 1.6、宽 0.6、厚 0.2 厘米（图 5-161，1）。

标本 03T18 ④ a : 73，燧石。近梯形素台面，破裂面光滑，近端断片。残长 2.1、宽 0.8、厚 0.2 厘米（图 5-161，2）。

标本 03H39 : 305，燧石。远端断片，截面近梯形。残长 2.6、宽 1.2、厚 0.3 厘米（图 5-161，3）。

标本 03M32 : 97，燧石。近端断片。残长 1.5、宽 1.2、厚 0.25 厘米（图 5-161，4）。

标本 03H47 : 266，燧石。梯形素台面。长 3.1、宽 1.3、厚 0.4 厘米（5-161，5）。

标本 03H42 : 109 ～ 116，燧石，细石叶近端断片。残长 1.3 ～ 2.1、宽 0.5 ～ 0.9、厚 0.1 ～ 0.3 厘米（彩版二〇一，3、4）。

标本 03H42 : 101 ～ 108，黑色燧石。均出自灰坑 H42，均为细石叶断片，残长 1.4 ～ 2.1、宽 0.6 ～ 1.1、厚 0.2 ～ 0.4 厘米（彩版二〇一，5、6）。

0　　　　　　　6厘米

图5-161　2003年出土细石叶

1～5.03H37 : 251、03T18④a : 73、03H39 : 305、03M32 : 97、03H47 : 266

标本 03H42 : 117 ～ 124，燧石，细石叶断片。残长 1.2 ～ 2.2、宽 0.4 ～ 1.1、厚 0.2 ～ 0.3 厘米。

标本 03H42 : 125 ～ 132，燧石，细石叶断片。残长 1.3 ～ 2.4、宽 0.5 ～ 1.1、厚 0.1 ～ 0.3 厘米。

10. 石杵

6 件。

标本 03H24 : 2，粉砂岩。横截面呈长方形。残长 13.0、宽 3.7、厚 2.5 厘米（图 5-162，1）。

标本 03H24 : 38，石英砂岩。横截面呈椭圆形。长 13.5、宽 4.0、厚 2.4 厘米（图 5-162，2）。

标本 03H24 : 37，石英砂岩。横截面呈卵圆形。残长 11.8、宽 4.6、厚 3.2 厘米（图 5-162，3）。

标本 03L1 : 17，石英砂岩。横截面呈椭圆形。长 11.8、宽 3.7、厚 2.2 厘米（图 5-162，4）。

标本 03H41 ④ : 137，粉砂岩。横截面呈椭圆形。残长 6.8、宽 4.8、厚 3.0 厘米（图 5-162，5）。

标本 03L1 : 3，石英砂岩。横截面呈椭圆形。长 12.3、宽 4.5、厚 3.2 厘米（彩版二〇二，1、2）。

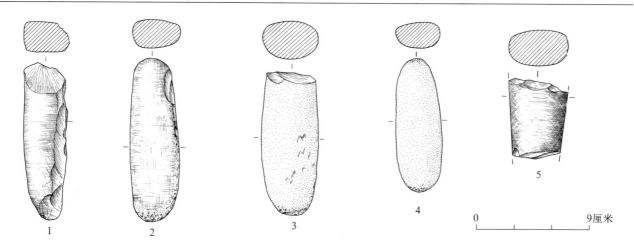

图5-162 2003年出土石杵

1～5.03H24：2、03H24：38、03H24：37、03L1：17、03H41④：137

（二）磨制石器

1. 石斧

A 型 9件。梯形。

标本03T34 ③ a ： 6,石英岩。通体磨制,刃部及两侧有多处使用崩损片疤。残长8.6、宽4.7、厚1.6厘米（图 5-163，1）。

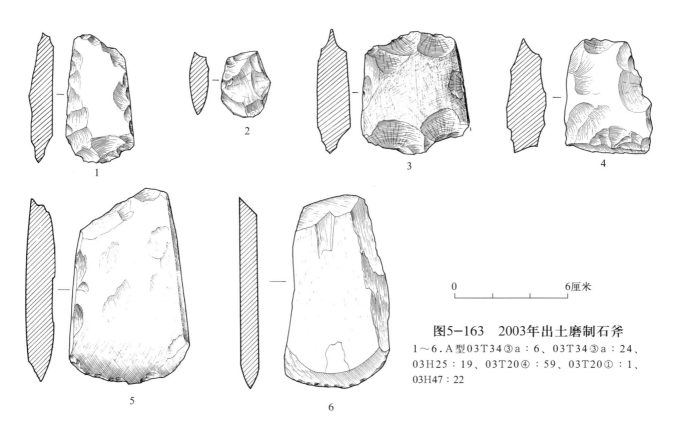

图5-163 2003年出土磨制石斧

1～6.A型03T34③a：6、03T34③a：24、03H25：19、03T20④：59、03T20①：1、03H47：22

标本03T34③a：24，石英岩。弧刃，中锋，近端及两侧破损。残长4.5、宽3.4、厚1.2厘米（图5-163，2）。

标本03H25：19，变质岩。通体磨制，近端及刃部破损。残长8.3、宽7.2、厚2.2厘米（图5-163，3）。

标本03T20④：59，石英岩。通体磨制，近端及刃部破损。残长7.8、宽5.8、厚2.6厘米（图5-163，4）。

标本03T20①：1，石英岩。近端破损，弧刃，中锋。残长10.6、宽6.6、厚1.5厘米（图5-163，5）。

标本03H47：22，变质粉砂岩。弧刃，中锋，近端及两侧多处破损。残长10.5、宽5.7、厚1.0厘米（图5-163，6）。

B型　8件。长条型。

标本03采：58，石英砂岩。弧刃，中锋，刃部及两侧见多个使用崩损片疤。残长12.0、宽6.3、厚2.7厘米（图5-164，1）。

标本03H26：9，变质粉砂岩。弧刃，通身多个崩损片疤。残长10.3、宽5.4、厚2.5厘米（图5-164，2）。

标本03H41⑤：131，石英砂岩。局部保留自然石皮。弧刃，中锋，近端破损。残长7.6、宽4.7、厚2.1厘米（图5-164，3）。

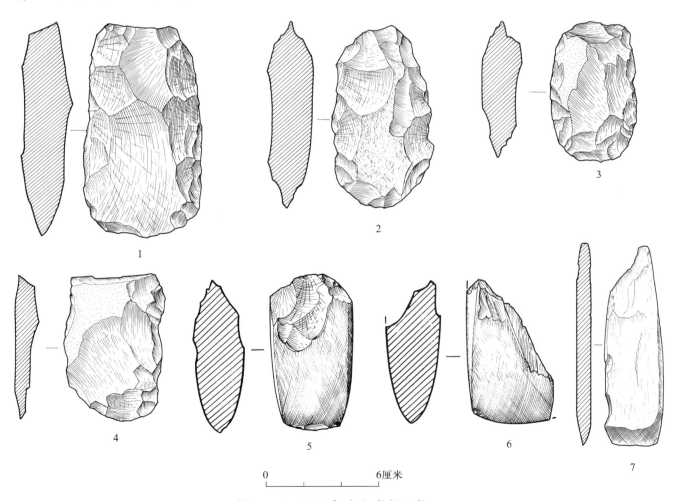

0　　　　　　　　6厘米

图5-164　2003年出土磨制石斧

1~7.B型03采：58、03H26：9、03H41⑤：131、03T34③a：5、03H42：3、03Z1：6、03T3③a：46

标本 03T34 ③ a ：5,石英砂岩。局部保留自然石皮。残长 8.0、宽 5.8、厚 1.3 厘米（图 5-164,4）。

标本 03H42 ：3，残长 8.5、宽 4.5、厚 2.7 厘米（图 5-164，5）。

标本 03Z1 ：6，残长 7.8、宽 4.6、厚 2.8 厘米（图 5-164，6）。

斧残件　1件。

标本 03T3 ③ a ：46,石英砂岩。仅剩刃部，弧刃，中锋。残长 3.0、宽 5.0、厚 1.4 厘米（图 5-164，7)

2．石锛

A 型　梯形，3 件

标本 03T33 ③：2，变质粉砂岩。近端及刃部破损，中部有一单向圆形钻孔，孔径 0.4 ～ 0.9 厘米。残长 6.9、宽 4.2、厚 0.8 厘米（图 5-165，1）。

标本 03H42 ：9，中锋，顶部破损。残长 5.6、宽 3.1、厚 0.9 厘米（图 5-165，2）。

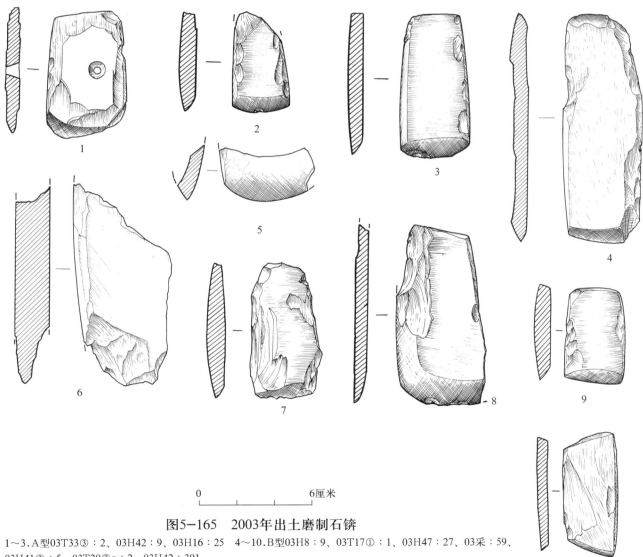

0 ———————— 6厘米

图5-165　2003年出土磨制石锛

1～3.A型03T33③：2、03H42：9、03H16：25　4～10.B型03H8：9、03T17①：1、03H47：27、03采：59、03H41③：5、03T20③a：2、03H42：301

标本03H16：25，偏锋。长8.0、宽3.7、厚0.8厘米（图5-165，3）。

B型　5件。长条形。

标本03T17①：1，变质粉砂岩。直刃，偏锋。长2.7、宽4.2、厚0.9厘米（图5-165，5）。

标本03H8：9，变质粉砂岩。近端破损，直刃，偏锋。残长10.8、宽3.1、厚0.8厘米（图5-165，4）。

标本03H47：27，石英岩。残长10.8、宽5.2、厚1.8厘米（图5-165，6）。

标本03采：59，石英岩。直刃，偏锋。残长7.4、宽3.9、厚1.0厘米（图5-165，7）。

标本03H41③：5，残长9.8、宽4.6、厚0.7厘米（图5-165，8）。

标本03T20③a：2，变质粉砂岩。直刃，偏锋。长5.2、宽3.3、厚0.9厘米（图5-165，9）。

标本03H42：301，变质粉砂岩。斜刃，偏锋，近端破损。残长6.2、宽2.9、厚0.6厘米（图5-165，10）。

3. 石凿

8件。

标本03H41③：11，变质粉砂岩。通体磨制，近端及刃部破损。残长9.0、宽3.1、厚1.7厘米（图5-166，1）。

标本03H8：2，变质粉砂岩。近端破损，一侧还留有石料切割痕，直刃，偏锋。残长5.5、宽3.6、厚0.8厘米（图5-166，2）。

标本03H43：309，硅质岩。通体磨制，部分保留石皮。残长7.2、宽4.2、厚1.3厘米（彩版二○二，3）。

标本03H49②：15，硅质岩。通体磨制。残长4.6、宽4.1、厚0.8厘米（彩版二○二，4）。

标本03L1：4，变质粉砂岩。偏锋。残长6.4、宽3.8、厚0.6厘米（图5-166，3；彩版二○二，5、6）。

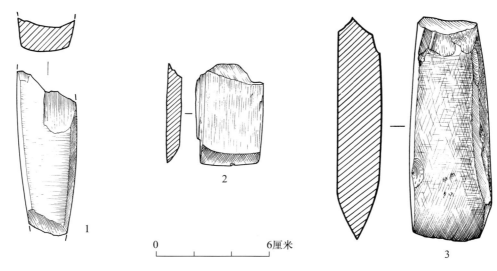

0　　　　　　6厘米

图5-166　2003年出土磨制石凿

1～3.03H41③：11、03H8：2、03L1：4

标本03T43②：14，变质粉砂岩。偏锋。残长6.5、宽4.2、厚0.7厘米（彩版二〇三，1、2）。

4．石刀

B型 6件。

标本03H41②：1，双孔，两面对钻，单刃。残长4.2、宽6.5、厚0.5厘米。孔径0.4～0.9厘米（图5-167，1）。

标本03H42：5，双孔，两面对钻，单刃。长3.4、宽7.3、厚0.5厘米（图5-167，2）。

标本03H43：7，单孔，两面对钻，单刃。长4.2、宽9.5、厚0.5厘米（图5-167，3）。

标本03H42：14，变质粉砂岩。保留一个单向钻孔。长3.6、残宽5.6、厚0.5厘米（彩版二〇四，4）。

5．有肩石锄

1件。

标本03H41④：16，石英砂岩。刃端有2个修理片疤，一侧在加工过程中断裂，系半成品。残长12.5、宽8.6、厚4.4厘米（图5-167，4）。

6．石矛

1件。

标本03T23④b：73，变质粉砂岩。残长6.8、宽2.4、厚0.4厘米（图5-167，5）。

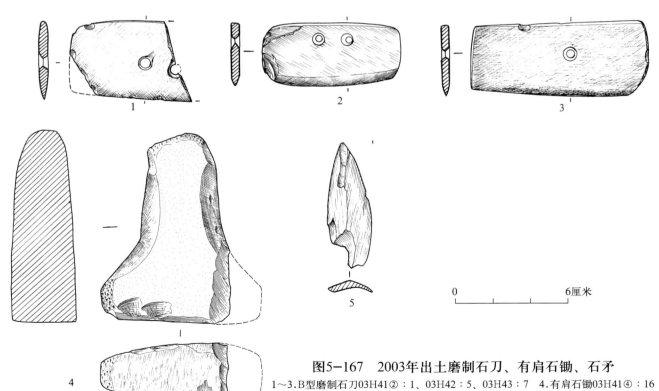

0   6厘米

图5-167 2003年出土磨制石刀、有肩石锄、石矛

1～3.B型磨制石刀03H41②：1、03H42：5、03H43：7 4.有肩石锄03H41④：16
5.石矛03T23④b：73

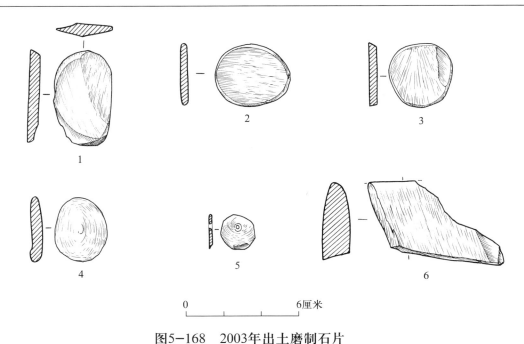

图5-168　2003年出土磨制石片

1~6.03H51：3、03H47：10、03H16：8、03T31③a：1、03T30③a：98、03T32②：1

7．磨制石片

8件。

标本03H51：3，变质粉砂岩。扁椭圆形。长径5.3、短径3.1、厚0.6厘米（图5-168，1）。

标本03H47：10，变质粉砂岩。扁椭圆形。长径4.0、短径3.5、厚0.4厘米（图5-168，2）。

标本03H16：8，变质粉砂岩。近扁圆形。直径3.5厘米（图5-168，3）。

标本03T31③a：1，变质粉砂岩。扁椭圆形。长3.5、宽2.7、厚0.7厘米（图5-168，4）。

标本03T30③a：98,变质粉砂岩。近圆形。直径1.8厘米,中部有单向圆形钻孔,孔径0.2～0.4厘米（图5-168，5）。

标本03T32②：1，石英岩。残长7.4、宽4.5、厚1.5厘米（图5-168，6）。

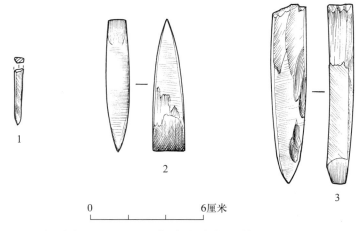

图5-169　2003年出土磨制石锥

1~3.03T8④b：5、03H43④：307、03H43：327

8．石锥

3件。

标本03T8④b：5，变质粉砂岩。截面呈梯形。残长3.1、宽0.4、厚0.3厘米（图5-169，1）。

标本03H43④：307，长7.2、宽1.7、厚1.2厘米（图5-169，2）。

标本03H43：327，长9.8、宽1.3、厚1.0厘米（图5-169，3）。

9．砺石

13件。

标本03H42：198，砂岩。大致呈梯形，可见多处磨槽。残长13.3、厚4.8厘米（图5-170，1）。

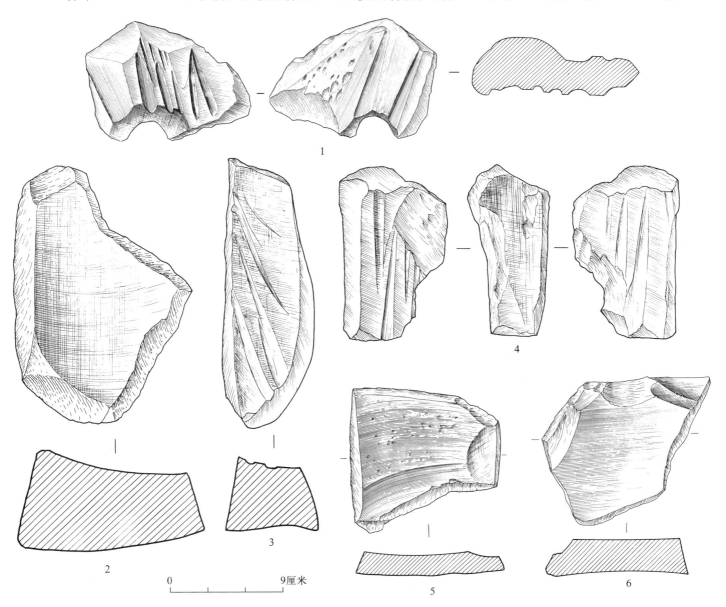

图5-170 2003年出土磨制砺石

1～6.03H42：198、03T20②：43、03T27⑥：1、03T20②：11、03T33④b：1、03H42：196

标本 03T20 ② ∶ 43，砂岩。不规则形，可见磨痕凹面。残长 14.2、宽 9.5、厚 5.5 厘米（图 5-170，2）。

标本 03T27 ⑥ ∶ 1，砂岩。大致呈长条形，可见多处磨槽。残长 14.8、宽 4.9、厚 4.0 厘米（图 5-170，3）。

标本 03T20 ② ∶ 11，砂岩。大致呈梯形，可见多处磨槽。残长 9.6、宽 5.9、厚 4.4 厘米（图 5-170，4）。

标本 03T33 ④ b ∶ 1，砂岩。呈梯形。残长 12.0、宽 11.8、厚 2.0 厘米（图 5-170，5）。

标本 03H42 ∶ 196，砂岩。不规则形。残长 13.6、宽 12.0、厚 3.0 厘米（图 5-170，6）。

标本 03H42 ∶ 174，砂岩。残长 8.6、宽 6.7、厚 2.7 厘米（彩版二〇三，3）。

标本 03H42 ∶ 197，砂岩。残长 9.6、宽 6.4、厚 3.6 厘米（彩版二〇三，4、5）。

标本 03H42 ∶ 200，砂岩。残长 5.4、宽 4.6、厚 3.5 厘米（彩版二〇三，6）。

标本 03H55 ∶ 9，砂岩。残长 4.5、宽 3.8、厚 2.6 厘米（彩版二〇四，1）。

标本 03H58 ∶ 53，砂岩。残长 5.2、宽 4.4、厚 2.7 厘米（彩版二〇四，2）。

标本 03H58 ∶ 48，砂岩。残长 6.8、宽 4.3、厚 3.2 厘米（彩版二〇四，3）。

10．石环

6 件。

标本 03H41 ⑤ ∶ 7，变质粉砂岩。截面呈梯形。残长 5.3 厘米（图 5-171，1）。

标本 03T28 ④ b ∶ 1，片岩。截面呈椭圆形。直径约 6.5、厚 0.7 厘米（图 5-171，2）。

标本 03T32 ③ a ∶ 2，变质粉砂岩。通体磨制，截面呈梯形。残长 7.2、厚 0.6 厘米（图 5-171，3）。

标本 03H14 ∶ 158，片岩。截面呈菱形。直径约 6.8、厚 0.7 厘米（图 5-171，4）。

标本 03H43 ∶ 202，变质粉砂岩。截面呈梯形。直径约 7.6、厚 0.5 厘米（图 5-171，5）。

11．石镯

A 型　12 件。亚腰形。多为千枚岩。

标本 03H14 ∶ 117，通体磨光。直径 9.2、孔径 7.5 ～ 8.0、宽 2.1 厘米（图 5-172，1）。

标本 03H14 ∶ 112，通体磨光。直径 8.5、孔径 6.7 ～ 7.2、宽 2.4 厘米（图 5-172，2）。

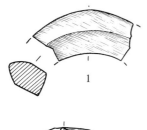
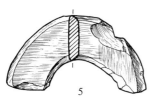
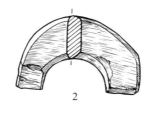
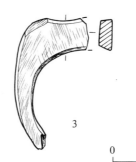
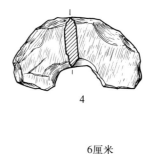

0　　　　　　　6厘米

图 5-171　2003年出土磨制石环

1～5.03H41⑤∶7、03T28④b∶1、03T32③a∶2、03H14∶158、03H43∶202

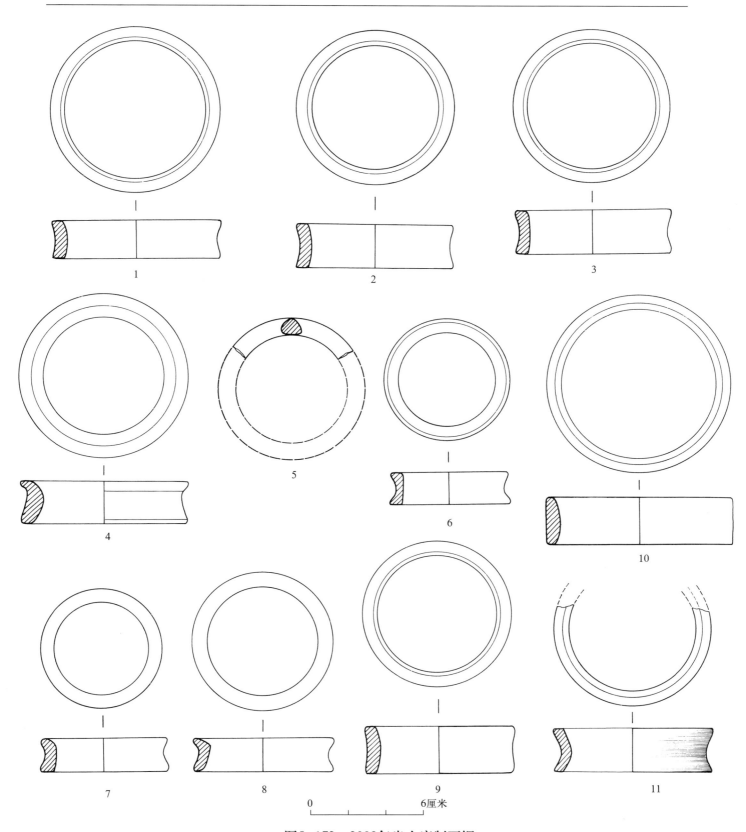

图5-172 2003年出土磨制石镯

1~11.A型03H14：117、03H14：112、03H14：77、03H51：5、03T13②：2、03H2：24、03H2：22、03H2：23、03H14：141、03H14：110、03H51：196

标本03H14：77，通体磨光。直径8.4、孔径6.8～7.3、宽2.4厘米（图5-172，3）。

标本03H51：5，通体磨光。直径9.0、孔径6.4～7.8、宽2.2厘米（图5-172，4）。

标本03T13②：2，通体磨光。复原直径7.6、孔径6.0、宽1.2厘米（图5-172，5）。

标本03H2：24，通体磨光。直径6.5、孔径5.1、宽1.7厘米（图5-172，6）。

标本03H2：22，通体磨光。直径7.0、孔径5.0、宽1.8厘米（图5-172，7）。

标本03H2：23，通体磨光。直径7.6、孔径5.8～6.4、宽1.8厘米（图5-172，8）。

标本03H14：141，通体磨光。直径10.0、孔径8.4～9.0、宽2.6厘米（图5-172，9）。

标本03H14：110，通体磨光。直径8.0、孔径7.2～7.6厘米（图5-172，10）。

标本03H51：196，蛋白石。直径7.8～8.6、宽2.4、厚0.6厘米（图5-172，11）。

B型　12件。环形。均为变质粉砂岩。

标本03T23①：13，残长4.0厘米（图5-173，1）。

标本03T23①：113，残长3.9厘米（图5-173，2）。

标本03T10④：1，直径5.5厘米（图5-173，3）。

标本03T8④b：17，残长4.5厘米（图5-173，4）。

标本03T25③a：1，残长4.0厘米（图5-173，5）。

标本03T27③a：1，残长3.0厘米（图5-173，6）。

标本03T25③a：78，残长4.6厘米（图5-173，7）。

标本03T13②：2，残长6.0厘米（图5-173，8）。

标本03T25③a：79，残长4.3厘米（图5-173，9）。

标本03T25③a：80，残长4.0厘米（图5-173，10）。

标本03T25③a：81，残长5.6厘米（图5-173，11）。

标本03H26：8，残长5.2厘米（图5-173，12）。

C型　1件。近六边形。

标本03H47：28，直径7.7、孔径3.8、厚1.6厘米（图5-173，13）。

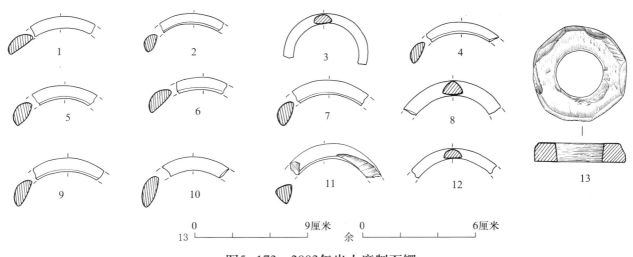

图5-173　2003年出土磨制石镯

1～11.B型03T23①：13、03T23①：113、03T10④：1、03T8④b：17、03T25③a：1、03T27③a：1、03T25③a：78、03T13②：2、03T25③a：79、03T25③a：80、03T25③a：81、03H26：8　12.C型03H47：28

12．穿孔形器

3件。

标本03T10①：42，变质粉砂岩。残留一圆形钻孔，孔径约1.6、厚0.4厘米（图5-174，1）。

标本03H47：1，片岩。中部有两圆形穿孔，保存完整的一个孔径2.2～3.0、穿孔器残长11.4、宽10.0、厚1.0厘米（图5-174，2）。

标本03H41④：60，片岩。可见三个穿孔，其中保存完整的一个孔径2.1～3.2、穿孔器残长14.2、宽13.0、厚1.4厘米（图5-174，3）。

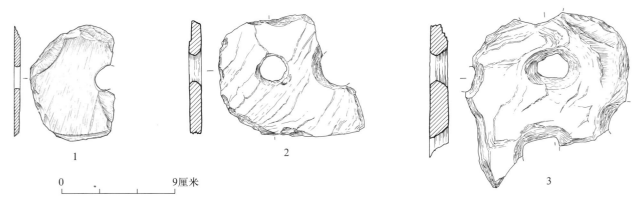

图5-174 2003年出土磨制穿孔形器

1～3.03T10①：42、03H47：1、03H41④：60

13．石饼

4件。变质粉砂岩。

标本03H47：36，变质粉砂岩。直径7.8、厚1.1厘米（图5-175，1）。

标本03L1：5，变质粉砂岩。直径7.6、厚1.0厘米（图5-175，2）。

标本03H10：162，变质粉砂岩。直径7.8、厚1.0厘米（图5-175，3）。

标本03T23④b：13，变质粉砂岩。直径7.7、厚1.1厘米（图5-175，4）。

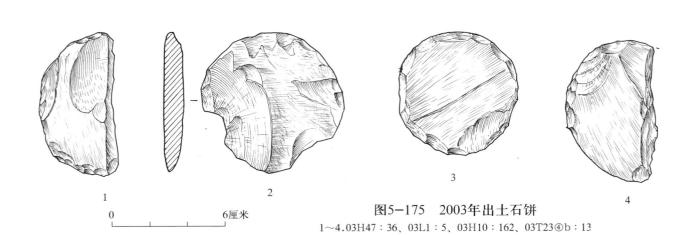

图5-175 2003年出土石饼

1～4.03H47：36、03L1：5、03H10：162、03T23④b：13

14. 纺轮

3 件。

标本 03T6 ⑤：1，变质粉砂岩。通体磨制，单向钻孔。孔径 0.7 ～ 0.8 厘米。直径 6.4、厚 0.6 厘米（图 5-176，1）。

标本 03T3 ④ b：1，变质粉砂岩。通体磨制，双向钻孔。孔径 0.9 ～ 1.2 厘米。直径 6.2、宽 0.35 厘米（图 5-176，2）。

标本 03T34 ③ a：27，变质粉砂岩。通体磨制，单向钻孔。孔径 0.5 ～ 0.6 厘米。直径 4.9、厚 0.4

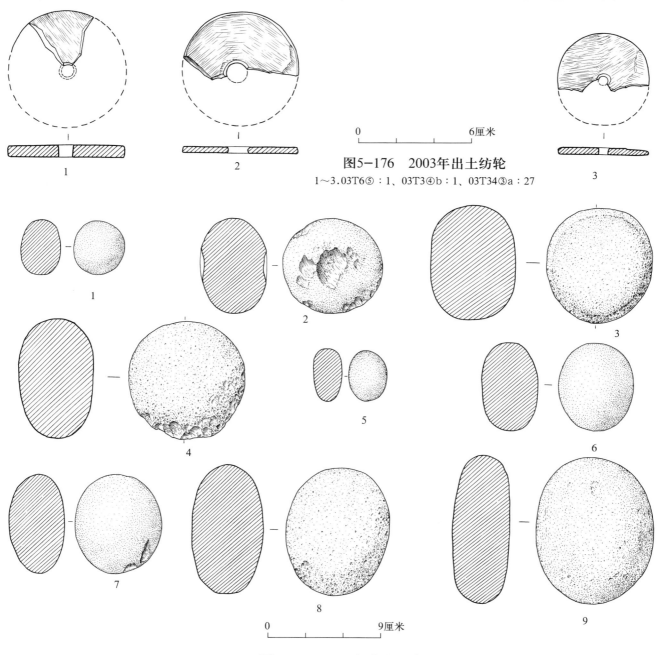

图 5-176　2003 年出土纺轮

1 ～ 3.03T6⑤：1、03T3④b：1、03T34③a：27

图 5-177　2003 年出土石球

1 ～ 4.Aa 型 03T14②：5、03H5：20、03H24：34、03H41⑤：9　5 ～ 9.Ab 型 03T14②：7、03H14：161、03H5：19、03H8：9、03T19③a：1

厘米（图5-176，3）。

标本03H42：11，变质粉砂岩。通体磨制，单向钻孔。孔径0.5～0.6厘米。直径5.2、厚0.4厘米（彩版二〇四，5、6）。

15．石球

Aa型 8件。正圆石球。

标本03T14②：5，石英砂岩。直径约4.2、厚3.2厘米（图5-177，1）。

标本03H5：20，石英砂岩。直径8.0、厚5.3厘米（图5-177，2）。

标本03H24：34，石英砂岩。直径约9.0、厚6.8厘米（图5-177，3）。

标本03H41⑤：9，石英砂岩。直径约9.5、厚6.0厘米（图5-177，4）。

Ab型 11件。椭圆石球。

标本03T14②：7，石英砂岩。长径4.4、短径3.1、厚2.4厘米（图5-177，5）。

标本03H14：161，石英砂岩。直径约7.0、厚4.5厘米（图5-177，6）。

标本03H5：19，石英砂岩。直径7.6、厚4.5厘米（图5-177，7）。

标本03H8：9，石英砂岩。长径10.4、宽8.2、厚5.8厘米（图5-177，8）。

标本03T19③a：1，石英砂岩。长径12.0、短径9.5、厚4.6厘米（图5-177，9）。

三 骨角器

1．骨锥

5件。

标本03H43：298，保留长骨近端关节的滋养孔。长11.6、宽1.9、厚0.5厘米（图5-178，1）。

2．角锥

11件。

标本03T10①：1，残长10.8、宽2.1、厚0.8厘米（图5-178，2）。

标本03H42：30，残长12.8、最大直径2.4厘米（图5-178，3）。

标本03H42：16，长14.5、宽1.4、厚1.3厘米（图5-178，4）。

标本03T10①：3，残长12.1、宽1.8、厚0.9厘米（图5-178，5）。

标本03T28④a：4，残长10.4、宽1.3、厚0.5厘米（图5-178，6）。

标本03L1：1，残长11.5、宽1.7、厚0.9厘米（图5-178，7）。

标本03T10①：2，残长13.1、宽2.0、厚0.8厘米（图5-178，8）。

标本03H43：299，长11.5、宽1.8、厚2.1厘米（图5-178，9）。

标本03H43：8，残长6.1、宽1.6、厚0.9厘米（图5-178，10）。

标本03H42：12，骨料，大型鹿类胫骨远端，有纵向锯切痕。残长9.1、宽5.0、厚4.1厘米（图5-178，11）。

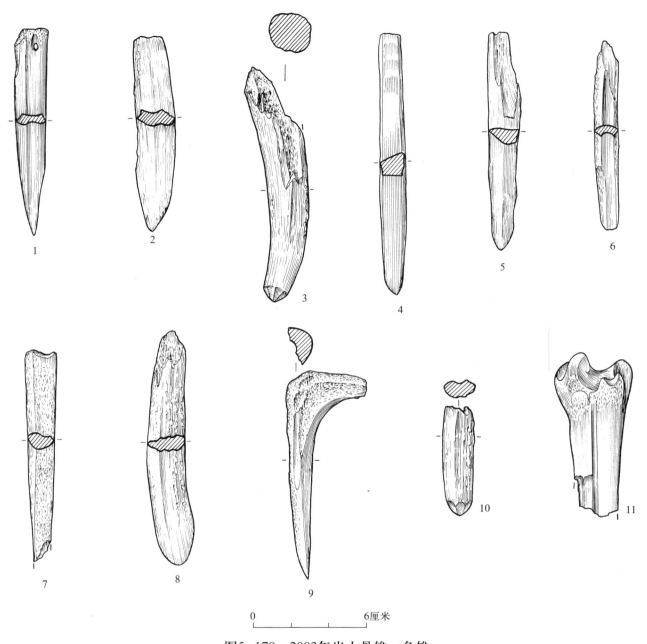

图5-178　2003年出土骨锥、角锥

1.骨锥03H43：298　　2～11.角锥03T10①：1、03H42：30、03H42：16、03T10①：3、03T28④a：4、03L1：1、03T10①：2、
03H43：299、03H43：8、03H42：12

3. 骨镞

3件。

标本03H20：1，残长5.5、铤部长1.7、最大直径0.7厘米（图5-179，1）。

标本03H10：2，残长6.3、最大直径0.9、铤部残长0.7厘米（图5-179，2）。

标本03H10：112，长5.7、铤部长1.8、最大直径0.7厘米（图5-179，3）。

4. 骨簪

38 件。

标本 03H55：2，残长 5.4、最大直径 0.8 厘米（图 5-180，1）。

标本 03T11 ②：2，残长 4.1、最大直径 0.65 厘米（图 5-180，2）。

标本 03H43：1，残长 4.5、最大直径 0.55 厘米（图 5-180，3）。

标本 03H16：8，残长 2.9、最大径 1.1 厘米（图 5-180，4）。

标本 03H19：257，残长 2.7、最大直径 0.6 厘米（图 5-180，5）。

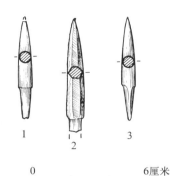

图5-179　2003年出土骨镞
1～3. 03H20：1、03H10：2、03H10：112

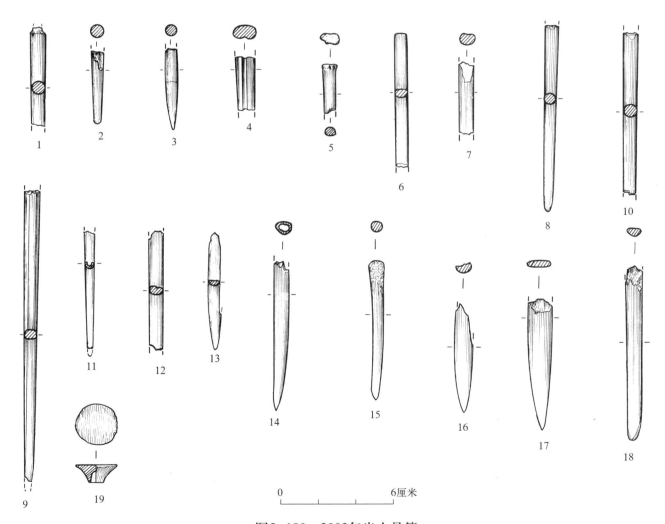

图5-180　2003年出土骨簪
1～18. 03H55：2、03T11②：2、03H43：1、03H16：8、03H19：257、03H26：1、03H20：10、03H16：4、03T30⑤：1、03H55：197、03H55：101、03H55：198、03H17：1、03H26：7、03H26：5、03H42：2、03H57：1、03T23④b：3　19. 簪帽03T10④a：78

标本03H26：1，残长7.4、最大直径0.7厘米（图5-180，6）。

标本03H20：10，残长4.1、直径1.0厘米（图5-180，7）。

标本03H16：4，残长10.4、最大直径0.7厘米（图5-180，8）。

标本03T30⑤：1，残长16.1、最大直径0.85厘米（图5-180，9）。

标本03H55：197，残长9.1、最大直径0.8厘米（图5-180，10）。

标本03H55：101，残长6.8、最大直径0.4厘米（图5-180，11）。

标本03H55：198，残长6.5、最大直径0.8厘米（图5-180，12）。

标本03H17：1，残长6.4、最大直径0.6厘米（图5-180，13）。

标本03H26：7，残长8.2、最大直径0.7厘米（图5-180，14）。

标本03H26：5，长7.6、最大直径0.7厘米（图5-180，15）。

标本03H42：2，残长5.9、最大直径0.9厘米（图5-180，16）。

标本03H57：1，残长7.1、最大直径1.3厘米（图5-180，17）。

标本03T23④b：3，残长9.6、最大直径0.8厘米（图5-180，18）。

标本03H41：1，近方形，残长6.3、宽1.0、残厚0.5厘米。

簪帽　2件。

标本03T10④a：78，帽盖呈圆形。榫口外壁直径0.6、榫口直径0.4、直径2.3、高1.0厘米（图5-180，19）。

标本03T10④a：1，管状，帽盖呈圆形。榫口外壁直径0.7、榫口直径0.5、直径2.2、高0.9厘米（彩版二〇四，7、8）。

5．骨环

1件。

标本03H47：7，宽2.2、厚0.4厘米（图5-181）。

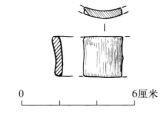

图5-181　2003年出土骨环03H47：7